글로벌 한국학의 현황과 발전 방향

글로벌 한국학의 현황과 발전 방향

정체성의 정치와 공공외교의 한국학

초판 인쇄 2024년 4월 10일
초판 발행 2024년 4월 15일

지은이 이진영 외 | 교정교열 정난진 | 펴낸이 이찬규
펴낸곳 북코리아 | 등록번호 제03-01240호
주소 13209 경기도 성남시 중원구 사기막골로45번길 14 우림2차 A동 1007호
전화 02-704-7840 | 팩스 02-704-7848
이메일 ibookorea@naver.com | 홈페이지 www.북코리아.kr
ISBN 978-89-6324-200-2 (93300)

값 29,000원

이 저서는 2021년 대한민국 교육부와 한국학중앙연구원(한국학진흥사업단)을 통해 K학술확산연구소 사업의 지원을 받아 수행된 연구임(AKS-2021-KDA-1250005).

K학술확산연구센터 총서

이진영 외 지음

글로벌 한국학의 현황과 발전 방향

정체성의 정치와 공공외교의 한국학

북코리아

간행사

인하대학교 국제관계연구소(소장: 이진영)는 한국학중앙연구원의 후원으로 2021년 7월부터 5년간 'K학술확산연구사업'을 진행하고 있다. K학술확산연구사업은 총 10건의 연구과제로 구성되어 있는데, 인하대학교 국제관계연구소는 이 중 사회과학 분야 한국학을 담당하고 있다. 특히, "정체성의 정치와 공공외교의 한국학"이라는 주제로 정치외교학 분야의 한국학을 구성해 전 세계에 확산하려 한다. 이를 위해 국제관계연구소 내에 'K학술확산연구센터(https://www.k-road.kr/)'를 설립하고, 매년 '정체성의 정치와 공공외교' 관련 10개 강좌를 촬영해 K-Mooc(https://www.kmooc.kr/)를 통해 전 세계에 보급 확산하고 있다. 지난 2년간 이루어진 20개 강좌는 K-Mooc와 인하대학교 K학술확산연구센터 홈페이지를 통해 무료로 수강·학습할 수 있다.

한국학의 확산과 보급에서 인하대학교 국제관계연구소 K학술확산연구센터의 문제의식은 사회과학 분야, 특히 당대 한국의 현실을 반영한 연구가 한국학에 충분히 반영되지 못하고 있다는 인식에서 출발한다. 한국학의 역사적 발전 과정과 최근 한류의 전 세계적 유행으로 한국에 대한 관심이 최고조에 달해 있음에도 정작 한국의 정치, 사회, 경제, 융합 현상 및 세계와의 관계 등에 대한 이해는 물론 한국학 분야에서의 연구 및 보급이 부족하다고 느낀다. 이에 한류로 관심을 가지게 된 외국인과 재외동포에게 좀 더 체계적이고 구조적인 한국에 대한 이해를 제공해야 할 필요성을 절감하여 '정체성의 정치와 공공외교의 한국학' 관련 50개 강좌를 기획했다.

이와 더불어 인하대학교 국제관계연구소 K학술확산연구센터는 사회과학 분야 한국학의 발전과 보급을 위해 지난 3년간 전 세계 한국학의 현황을 검토하는 세미나와 콜로키움을 조직해왔다. 이번에 발간하는 도서는 지난 3년의 연구와 활동을 결산하는 결과물이다. 지역과 국가마다 특색 있게 전개된 한국학은 공통점도 있고 차이도 부각되고 있다. 공통점은 한국학이 개설된 전 세계 대학 한국학과 및 연구소의 활동이 주로 한국어 교육 중심으로 이루어지고, 역사와 문화에 대한 강의와 연구가 주로 이루어지고 있음을 확인했다. 반면, 사회과학 분야, 특히 당대의 변화된 한국 사회의 현실을 반영한 교육과 연구는 지역적으로 큰 차이가 있으며, 여전히 초보적 단계임을 나타내고 있었다.

총 3부로 구성된 이 책의 1부는 한국학과 사회과학의 관계 및 앞으로의 방향에 대한 논문으로 이루어져 있다. 이진영은 한국학 발전 과정을 개괄하고, 글로벌 한국학으로의 방향을 제시하고 있다. 고상두는 지역학으로서 한국학의 발전과 내용에 대해 논의하고 있으며, 김성진은 분과학문인 정치학에서의 한국학을 고찰하고 있다. 2부에서는 한국학이 먼저 시작된 일본, 유럽 및 영미권에서의 한국학의 동향을 검토하고 있다. 송석원은 일본의 한국학을, 고상두는 러시아의 한국학 발전을 역사적으로 검토하고 있다. 이윤경은 미국과 캐나다 등 북미의 사회과학 분야 한국학의 발전을 전개하고 있으며, 이은정(독일), 김영미(영국), 김희연(프랑스)은 서유럽에서의 한국학의 발전과 현황을 논하고 있다. 또한 3부에서는 한국학 성립에서 비교적 신흥지역이라 할 아시아 및 대양주와 유라시아 한국학의 현황 및 발전 과정을 담아내고 있다. 신성철(대양주), 최경희(인도네시아), 김금현과 류승완(말레이시아), 박룡(중국)은 변화하고 있는 신흥지역의 한국학 현황을 비판적으로 제시하고 있다. 성동기는 유라시아 지역에서 한국으로 이주한 재외동포인 고려인의 한국어 교육분석을 통해 한국학의 새로운 영역을 제시하고 있다. 또한 부록으로 나동규는 전 세계 사회과학 분야 한국학의 현황을 통계적으로 제시하고 있다.

물론 이 책에서 전 세계의 한국학, 특히 사회과학 분야의 한국학의 현황과 발전을 모두 담아내지는 못했다. 오히려 현재까지의 현황과 추세 파악을 통해 앞으로 글로벌 한국학의 방향성을 모색하는 데 그 의의를 두고 있다. 이 책에서 논의된 내용을 기초로 앞으로 전 세계 한국학의 현황과 방향을 분석할 수 있는 시사점을 얻기를 바랄 뿐이다.

마지막으로, 이 책을 집필하는 데 도움을 주신 분들에게 감사의 말씀을 전하고자 한다. 런던대학교 SOAS 한국학과 연재훈 교수와 임학성 인하대학교 한국학연구소장의 통찰력 있는 비평과 조언에 감사의 인사를 드리고 싶다. 또한, 콜로키움과 학술대회 및 출판 과정의 다양한 작업을 맡아서 해결해준 나동규 박사와 박경민 박사에게도 감사의 말씀을 드린다. 무엇보다 한국학중앙연구원의 지원과 귀한 연구를 수행하시고 원고 수록을 승낙해주신 이 책의 저자들에게 깊은 감사의 말씀을 전한다.

2024년 4월

인하대학교 K학술확산연구센터 연구책임자
인하대학교 국제관계연구소장 이진영

차례

2부 일본, 유럽 및 영미권에서의 한국학의 동향

3부 아시아 및 대양주와 유라시아 한국학의 발전

부록

I

한국학과 사회과학

한국학의 발전 과정과 글로벌 한국학: 현황과 방향

이진영(인하대학교)

#한국학
#사회과학
#글로벌 한국학
#정체성의 정치
#공공외교

한국학의 발전 단계를 역사적으로 1.0, 2.0, 3.0 시대로 규정한다면, 글로벌 한국학은 4.0 시대에 해당한다. 한국학의 태동이 서구에서는 미지의 국가에 대한 탐구에 초점을 두어 주로 언어, 역사, 인류학 등에서 지역별로 불균등한 발전이 있었다면, 일제강점기 조선에서는 식민지 경영의 연장선상에서 일본적 한국학의 태동과 이에 대한 반발로서 국학이 대두했다. 제2차 세계대전 이후에는 좀 더 정책적·도구적 성격의 사회과학적인 요소가 가미된 지역학으로서의 한국학이 발전했다. 반면, 탈냉전기를 거쳐 21세기에 들어서면서 한국학에서는 근본적 변화가 나타난다. 한국 정부의 한국학 진흥사업과 공공외교에서의 사업은 '한류(Korean Wave)' 현상과 함께 한국학의 급속한 발전을 이루었다. 그러나 이제 한국학은 한 단계 더 도약하여 글로벌 한국학으로 발전해야 한다. 이를 위해 첫째, 한국의 정치·사회 현실 변화에 기반한 한국학의 개발, 둘째, 국내외 새로운 한국에 대한 지식 수요를 반영한 한국학 과목의 반영, 셋째, 한국 중심에서 세계 보편성 있는 한국학으로의 변화, 넷째, 한반도뿐 아니라 세계 한인의 활동을 포괄하는 한국학의 확대, 다섯째, SNS 및 AI 등 기술 변화를 반영한 한국학을 모색해야 한다. 인하대학교의 정체성의 정치학과 공공외교의 한국학은 글로벌 한국학으로의 방향을 모색하는 노력이다.

1. 서론

한국학이란 무엇인가는 쟁점적이다. 한국학의 정의와 그 학문적 토대는 시대와 지역, 그리고 학자에 따라 다양하게 해석되어왔다. 본질적으로 한국학은 한국과 관련된 모든 학문 분야를 포괄하는 다학제적(inter-disciplinary) 연구 분야로 간주될 수 있다. 그러나 이러한 넓은 범위는 한국학의 명확한 개념화를 어렵게 만드는 요소 중 하나다. 초기 한국학은 주로 한국어를 비롯해 문학·역사·철학(문사철) 같은 인문학적 접근에 중점을 두었으나, 시간이 흐르면서 사회과학, 자연과학, 예술 등 다양한 분야로 확장되었다.

그 결과 한국학의 정의는 시대와 함께 변모해온 것이 사실이다. 특히 한국학이 사회과학과 연결되는 경우, 개념의 내포와 외연에 대해서도 역시 논쟁적이다. 사회과학으로서 한국학, 사회과학으로 진행된 한국학, 사회과학 분야에서의 한국학 강의, 사회과학적 접근으로의 한국학, 방법론으로서의 사회과학 한국학, 분과학문으로서 사회과학의 한국학, 사회과학적 비교 연구와 한국학 등 다양한 개념이 제시될 수 있을 것이다.

이 글에서는 한국학의 개념 정의를 시도하지 않는다. 또한 사회과학과 한국학의 관계에 대해 이론적 논의를 전개하지도 않는다. 오히려 다층적이고 다면적으로 발전해온 한국학의 전개 과정을 살펴보고, '글로벌 한국학'의 방향을 모색해보려는 것이다.

이를 위해 이 글에서는 세 단계로 한국학의 발전 과정을 분석하고자 한다. 첫째, 한국학의 전개 과정을 역사와 내용을 중심으로 간략하게 기술하고, 어떤 특징이 있는지를 살펴본다. 역사적 관점과 시각, 주체, 분과학문에서의 분석이다. 둘째, 한류(Korean Wave) 시대 한국학의 발전 과정을 설명하고, 한국 정부가 지원하는 공공외교의 하나로 한국학이 결합하는 양상에 대해 제시한다. 셋째, AI 시대로 접어들고 있는 현재, 융합적이면서 온라인과 오프라인 교육이 병행되고 있는 상황을 고려하여 글로벌 시대 한국학의 방향을 제안한다. 또한 이를 통해 인하대학교 국제관계연구소가 한국학중앙연구원의 한국학진흥사업을 통해 추진하고 있는 사회과학 분야에서의 한국학 확산 노력에 대해 알아보려 한다.

2. 한국학의 전개 과정

논쟁적이긴 하나, 한국학의 역사는 19세기 말 태동으로서의 한국학, 제2차 세계대전 이후 진행된 지역학으로서의 한국학, 그리고 탈냉전기 다양하게 전개된 한국 연구로 크게 구분할 수 있다.

1) 한국학의 태동과 전개

한국에 대한 서구의 관심은 지리적 표현인 '극동(Far East)'에서 볼 수 있듯, 다른 지역보다 비교적 늦었다. 대항해 시대부터 남아시아와 동남아시아, 중국과 일본이 서구 열강의 관심권에 들어서면서 식민과 교역의 역사가 시작되었지만, '조선'에 대한 관심과 탐사는 18세기 말에야 이루어졌다.[1] 물론 18세기 말에서 19세기 전반까지 조선을 찾은 항해자들의 인

1 네덜란드인 하멜의 표류기가 1668년 유럽에서 출간되었지만, 실제 조선에 대한 탐사는 18세기 말에 이루어졌다는 것이 정설이다. 이에 대해서는 홍옥숙·김낙현(2022: 17-35) 참조.

식이 한국에 대한 체계적 연구인 한국학으로 직접 이어진 것은 아니다. 이후 기독교 선교의 하나로, 혹은 1876년 조선이 근대 국제질서에 편입되면서 외교관이 입국하고 다양한 여행자들과 학자들이 방문하면서 19세기 말부터는 한국에 대한 관심과 연구가 증가했다. 그 결과, 1900년 국내에 영국 왕립아시아학회 한국지부(Korea Branch of the Royal Asiatic Society of Great Britain and Ireland)가 창립되면서 한국에 대한 체계적인 연구가 시작되었다(이영미, 2022). 물론, 국내에서만은 아니었다. 유럽에서 가장 먼저 한국어 수업을 개설한 곳은 러시아였는데, 이는 현재 '고려인'이라 칭해지는 러시아로의 한인 이주가 1864년 시작되었고, 국경을 접하게 되면서 한국을 알아야 할 필요성이 있었기 때문이다. 러시아의 성과는 사전 편찬부터 시작하여 1900년 역사, 지리, 문화, 종교, 언어, 정치, 사회 등 전반을 아우르는 한국에 대한 박물지라 할 『한국지(Корей)』 편찬으로 이어졌다(김태우, 2021).

그러나 한국학의 시작은 동아시아의 중국학, 일본학에 비해 매우 뒤처진 것이며, 그 위치는 현재도 여전히 주변적이라고 할 수 있다. 물론 서구에서의 중국학의 발전 과정은 역사가 깊다. 적어도 400년의 역사가 있다(Chu, 1988). 17세기 로코코 시대 이후 프랑스어로 '*Chinoiserie*(중국풍, 중국 취미)'로 표현되는 중국적인 요소나 문양이 회화, 건축 등 예술에 반영되었고, 중국 차(茶)와 도자기에 이르는 산업적 측면과도 결부되면서 중국에 대한 연구는 체계적으로 자리 잡았다(Mancuso, 2022). 서구에서 일본학의 발전 과정과 관심도 중국보다 덜하지 않았다. 19세기 중·후반 유럽에서 유행하던 미술운동이자 사조인 *Japonisme*은 단순하게 '일본 취미(*Japoneserie*)'를 넘어(Chiba, 1988) 일본을 동경하고 선호하는 하나의 현상, 즉 친일(親日) 혹은 애일(愛日, *Japonophile*) 경향으로까지 발전했고, 일본에 대한 체계적 연구로 이어졌다. 그러나 한국학은 주로 몽골학, 티베트학 등과 함께 중국학 혹은 일본학의 일부로 연구 교습되고, 학교 편제에서도 대부분 독립적이지 못했다. 물론 이는 한국이 1910년 일본의 식민지가 된 연유도 작용했다.

한국학의 태동이 서구에서는 미지의 국가에 대한 탐구에 초점을 두어 주로 언어, 역사, 인류학 등에서 지역별로 불균등한 발전이 있었다면, 일제강점기 조선에서는 식민지 경영의 연장선상에서 일본적 한국학의 태동[2]과 이에 대한 반발로서 국학의 대두로 대별할 수 있다. 조선총독부의 조선 연구 후원뿐 아니라 일본인 학자들의 관심으로 조선학은 체계화되었다(정일균, 2011). 그리고 일부는 새롭게 조선(한국)학의 영역으로 재발견되었는데, 야나기 무네요시(柳宗悅)의 '한국 민예론' 등이 대표적인 경우다(주성옥, 2011). 일본인 연구자들의 근대적 조선(한국)학으로의 체계화에 반발하여 한국적인 것을 되살리려는 애국적 의도에서 시작한 국학은 1930년대에 개념이 정립되었는데, 사실상 한국인에 의한 조선(한국)학이라 할 수 있다(한국민족문화대백과사전, 2024).

2) 지역학으로서의 한국학

앞에서 한국학의 태동이 주로 문학, 역사, 철학 사상 등 문사철로서의 한국학이라면, 제2차 세계대전 이후 발달한 지역학으로서의 한국학은 좀 더 정책적·도구적 성격의 사회과학적인 요소가 가미된 것이었다. 양차 세계대전 이후 사실상 유일한 서구권 초강대국으로 자리 잡은 미국은 유럽을 넘어선 세계에 대한 이해가 필요했고, 그것은 유럽 중심

2 일제강점기 일본 한국학의 형성과 양상에 대해서는 인하대 한국학연구소 엮음, 2022 참조.

(Eurocentric)의 시각이 아닌 미국의 이해(interest)에 기초한 새로운 것이었다. 그 결과, 여러 대학에 각 지역에 대한 학과, 연구소 혹은 프로그램이 설치되었고, 이를 통해 현지 방문 연구와 함께 유학생 및 학자들을 초청한 연구가 대규모로 이루어졌다. 언어, 역사, 문화, 인류학 등과 함께 정치학, 사회학, 경제학에 대한 연구 등이 등장했고, 이는 미국 내에서 지역학과 분과학문에 대한 두 가지 정체성(double identities)을 넘어 다양한 분과학문 혹은 학제적(multi-disciplinary) 연구라는 시각을 만들었다(Szanton, 2002).

미국에서의 일본학 연구가 태평양전쟁 시기의 암호 해독과 번역을 넘어서는 정책적 연구와 함께 텍스트를 조심스럽게 읽고 해석하는 학문적인 연구가 병행되는 모순을 보였다고 한다면(Tansman, 2002), 한국학 연구는 점령과 한국전쟁 그리고 이후 안보관계 속에서 변화된 지역학 연구의 하나였다(김서연, 2022). 즉, 국제정치에서의 지역 구분과 동아시아 안보 체제하에서의 근대 국민국가로 새롭게 성립된 한국의 체제와 구조를 이해하는 데서 출발한 것이다. 이는 지역으로서의 동아시아, 그중에서도 일본을 규준으로 한 한국 바라보기부터 문화적으로는 중국의 변이형으로 바라보는 것까지(장세진, 2013) 한국학이 독립적이라기보다는 부수적이고 주변적인 존재로 범주화되었다는 것을 의미한다. 또한, 1970년대부터 더욱 관심이 다양화하고 성장했으나, 한국학은 동아시아 지역학의 일부로서 연방정부의 지역전문가 육성의 하나로 교수 되는 지역학적 성격을 강하게 띠고 발전해온 것이라는 점이다(장재용, 2022).

그러므로 한국의 경제발전과 탈냉전 그리고 한류로 이어지는 시기, 즉 한국에 대한 관심이 증가하기 전 한국학은 몇 가지 면에서 특징을 가지고 있다. 먼저 지적할 것은 한국학의 포함범위에 대한 것이다. 지리적으로는 한반도, 국가로서는 한국과 북한(조선)이 포함되고, 역사적으로는 과거의 역사와 현재가 논의되지만 지역학이 발전하면서 점차 현대 연구가 증가한다는 점이다. 또한, 분과학문으로서 문사철 특히 언어, 문학, 역사와 함께 인류학, 사회학 등이 주가 되어왔고, 비교 관점에서 정치체제나 국제관계 속에서 동아시아 국가로서의 한국에 대한 이해가 주를 이룬다는 점이다. 이는 주체와 시각 면에서 열강의 입장에서 본 한국을 대상으로 한 연구다. 19세기 말 러시아, 영국, 독일 등의 새로운 곳에 대한 관심부터 일본의 식민지 경영, 제2차 세계대전 이후 미국의 점령지 및 지역 이해 등에 기초한 한국 이해가 한국학의 기본을 이룬 것이다. 국학이 한국의 시각을 반영한다고 하나 한계가 있는 것이며, 외국의 시각이 보편적 규준을 가지고 한국을 바라보는 학문적 시각을 이루었다고 할 수 있다.

3. 한류와 한국학의 변화

그러나 탈냉전기를 거쳐 21세기에 들어서면서 한국학에서는 근본적 변화가 나타난다. 그것은 한국이 선진국에 진입하고, 한국의 대중문화가 처음으로 한반도 밖의 사람들로부터 주목을 받기 시작하면서 나타난 '한류(Korean Wave)' 현상에 기인한다.

1) 한류와 한국학

'한류'라는 용어가 처음 등장한 것은 1999년 한국의 문화관광부가 K-Pop 홍보를 위한 CD를 기획 생산해서 배포하면서부터였다고 한다.

한류는 처음 중화권에서 시작하여 점차 K-Pop을 넘어 다양한 장르로 확산된다(Lee, 2002). 많은 전문가가 잠시 반짝이다 꺼질 현상으로 예측한 것과 달리, 한류는 지난 한 세대 간 변신을 거듭하면서 폭발적으로 성장했다(채지영, 2021). 한류의 시대 구분을 시도하면 〈표 1〉과 같다.

중요한 점은 한류의 시작이 한국 정부의 문화산업정책의 하나로 정부 주도로 시작되었다는 점이다(김은기, 2022). 물론, 민간의 참여가 전제되고, 이후 민간 부문이 확장되면서 한류의 주도권은 정부에서 민간으로 옮겨가기 시작했다. 이 과정에서 한류는 아시아 및 서구의 문화가 한국적 정서 속에서 창조적으로 재생산되고, 이런 혼종성이 세계적 유행을 불

〈표 1〉 한류의 시기 구분

구분	한류 1.0	한류 2.0	한류 3.0	한류 4.0
시기	1997년~ 2000년대 중반	2000년대 중반~ 2010년대 초반	2010년대 초반~ 2018년	2019년 이후
특징	한류 태동 영상 콘텐츠 중심	한류 확산 아이돌 스타	한류의 다양화 산업화 전개	한국적인 것 전 영역 산업화, 공고화
핵심 장르	드라마	K-Pop	K-Culture	K-Contents
장르	드라마, 영화, 가요	K-Pop, 대중문화, 일부 문화예술	대중문화, 문화예술, 전통문화	음식, 식품을 비롯한 전 영역
대상 국가	아시아 국가	아시아, 일부 유럽, 아프리카, 중동, 중남미, 미국 일부	전 세계	전 세계 각 국가 내부에서 확산
주된 소비자	소수 마니아	10대, 20대	세계 시민	두터워지는 마니아층
주요 매체	케이블TV, 위성TV, 인터넷	유튜브, SNS	모든 매체	모든 매체
한국 정부	김영삼-김대중	노무현-이명박	이명박-박근혜	문재인-윤석열

출처: 문효진, 2021, p. 122를 바탕으로 저자가 추가 기입.

러일으키고 있다는 점이다. 즉, 한류는 국민국가인 한국의 문화를 넘어서 세계화 시대 글로컬 문화화 과정에서 세계지방화 또는 지방세계화의 양상을 동시에 보여주고 있다는 점이다. 이 점은 국가를 넘어서는 초국적 문화공동체 형성에 기여하는 것이며, 한류가 사회과학적 분석의 대상으로 부상하고 있음을 보여준다(임현진, 2020).

한국학 발전 과정에서 한류의 중요성은 여러 측면에서 나타난다. 먼저 한국학의 지리적 포함범위가 확장된다는 점이다. 세계화 시대 한류는 한국적이면서 동시에 세계적인 현상이다. 그 결과 한국학의 대상은 단순히 한국과 북한이라는 한반도에 머무는 것이 아니라 전 세계와 연결된다. 두 번째로 지적할 사항은 한국학의 정체성과 관련된 것으로, 과연 어떤 내용이 한국학을 구성하는가 하는 점이다. 과거나 역사적 전통으로서의 한국뿐 아니라 당대의 한국, 변화 과정 속의 한국이 한국을 이해하는 한국학의 주요 내용으로 부상했다. 세부 내용에서도 분과학문적인 것을 넘어 문화를 매개로 한 다양한 융합적 현상이 그 대상이 되었다는 점이다.

2) 한국 정부의 지원과 한국학

이런 변화 속에서 더욱 중요한 점은 한국 정부가 한국학의 발전과 세계적 확산을 위해 정책적 노력을 기울이기 시작했다는 점이다. 한국학중앙연구원의 한국학 발전을 위한 다양한 정책과 프로그램은 물론, 공공외교 영역에서도 한국학이 주요한 요소로 등장하면서 외교부와 한국국제교류재단이 공공외교의 하나로 한국학 사업을 시작한 것이다. 이제 한국학은 서구나 외부의 시각에서 규정되고 연구하는 것을 넘어 한국 정부에 의한 발전이라는 새로운 단계로 접어들었다고 할 수 있다.

한국학 진흥을 위한 대표적인 기관은 한국학중앙연구원이다. 동 기관은 "한국학 진흥 및 민족문화 창달"을 비전으로, "한국학 세계화를 선도하는" 기관으로, "한국학 교육 및 연구 리더십을 확보"하고 "27개 실행과제"를 진행하는 한국학 중앙 기관임을 표방하고 있다(한국학중앙연구원, 2024a). 특히, 한국학진흥사업단을 통해 국내적으로는 한국학의 연구기반을 구축하고, 해외 한국학을 위해서는 글로벌 한국학을 확산하는 다양한 사업(김진량, 2023)을 진행하고 있다(한국학중앙연구원, 2024b).

한국 정부 지원하의 한국학 발전 과정에서 주목할 것은 공공외교와의 결합이다. 한국학이 공공외교의 한 분야로 제시되면서, 한국학의 개념과 내용은 변모하기 시작했다. 공공외교(public diplomacy)란 "외국 국민과의 직접적인 소통을 통해 우리나라의 역사, 전통, 문화, 예술, 가치, 정책, 비전 등에 대한 공감대를 확산하고 신뢰를 확보함으로써 외교관계를 증진시키고, 우리의 국가이미지와 국가브랜드를 높여 국제사회에서 우리나라의 영향력을 높이는 외교활동"을 의미한다. 문화·예술, 원조, 지식, 언어, 미디어, 홍보 등 다양한 기제를 활용하여 외국 대중(foreign public)에게 직접 다가가 그들의 마음을 사고, 감동을 주어 긍정적인 이미지를 만들어 나간다는 것이 공공외교의 기본 개념이다(외교부, 2024). 외교부는 공공외교를 네 가지로 분류했는데, 한국문화에 대한 매력과 감동을 기대하는 문화공공외교, 지식 및 정보로 한국을 바로 알리는 지식공공외교, 우리의 정책에 대한 홍보를 통해 이해를 이끄는 정책공공외교, 기여와 봉사로 세계와 벗이 되는 개발협력공공외교가 그것이다(이진영, 2022).

한국국제교류재단 이사장은 인사말에서 "KF는 그동안 18개국 99개 대학에 교수직 156석을 설치하여 해외 43개국 싱크탱크의 한국 연구 764건을 지원했고, 10개국 28개의 세계 유수 박물관에 한국실을 만들었으며, 12,000여 명의 주요 인사를 초청하여 한국에 대한 이해를 높여왔

습니다. 또한, 2016년 8월 발효된 공공외교법에 따라 대한민국의 유일한 '공공외교 추진기관'으로서 활동하고 있으며 선진 자유민주주의 국가, 문화국가로서 정책공공외교, 지식공공외교, 문화공공외교 활동을 수행하고 있다"고 소개하고 있다(한국국제교류재단, 2024c). 국제교류재단의 활동은 흡사 제2차 세계대전 이후 미국 정부가 추진했던 지역학 연구의 확산과 유사한 것이라 할 수 있다. 다만, 그 대상이 세계의 지역이 아니라 한국학이라는 점이다.

한류에 대한 산업정책적 접근과 함께 공공외교에서의 한국학이 추진되면서 한국에 대한 관심은 폭발적으로 증가했다. 2024년 발표된 한류 팬과 동호회에 대한 조사를 보면(〈표 2〉 및 〈그림 1〉 참조), 전 세계 119개

〈표 2〉 한류 팬 및 동호회 수 추이

구분	2023년	2022년 수치 (대비 2023년 증가율)	2012년 수치 (대비 2023년 증가율)
조사국가 수	119개국	118개국(+1개국)	85개국(+34개국)
한류 팬 수(동호인 수)	2억 2,490만 명	1억 7,880만 명(25.8% ↑)	926만 명(24배 ↑)
아시아·대양주	1억 4,910만 명	1억 3,120만 명(13.6% ↑)	728만 명(20배 ↑)
미주	5,650만 명	3,150만 명(79.5% ↑)	128만 명(44배 ↑)
유럽	1,490만 명	1,320만 명(13.2% ↑)	68만 명(22배 ↑)
아프리카·중동	440만 명	290만 명(51.9% ↑)	2만 명(246배 ↑)
한류 동호회 수	1,748개	1,684개(15% ↑)	757개(2.3배 ↑)
아시아·대양주	582개	596개(2.3% ↓)	229개(2.5배 ↑)
미주	521개	404개(29% ↑)	350개(1.5배 ↑)
유럽	511개	509개(0.4% ↑)	142개(3.6배 ↑)
아프리카·중동	134개	175개(23.4% ↓)	36개(3.7배 ↑)

출처: 한국국제교류재단, 2024a.

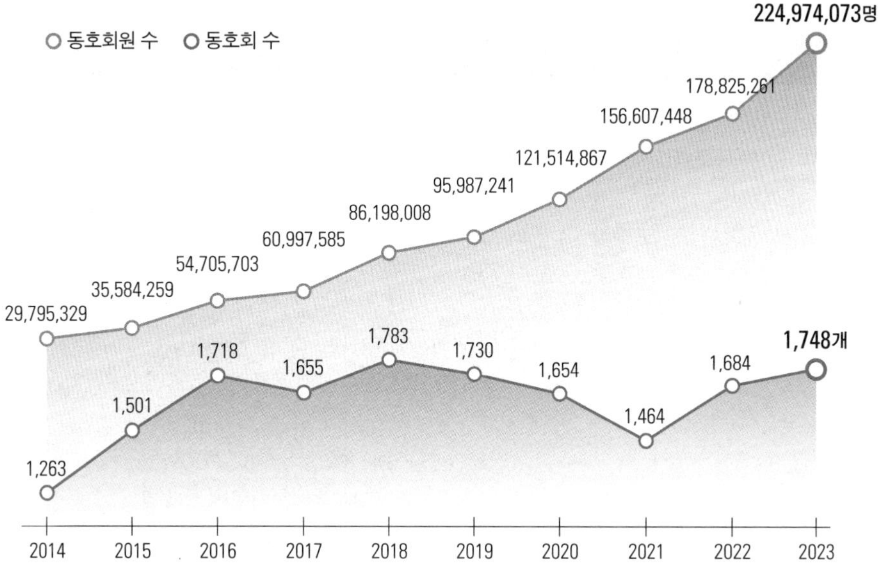

〈그림 1〉 전 세계 한류 동호회 및 동호회원 수 추이

출처: 한국국제교류재단, 2024a.

국에 한류 동호인 수는 2억 2,500만 명에 달하고, 동호회 수도 1,748개나 되는 것을 알 수 있다(한국국제교류재단, 2024a). 이는 위의 〈표 1〉의 2013년 한류 3.0 시대에 전 세계로 한류가 뻗어나가기 시작한 것을 감안하면, 폭발적 증가세임을 알 수 있다. 2012년과 대비하면, 국가 수는 85개국에서 119개국으로, 한류 팬은 926만 명에서 24배가 증가했고, 한류 동호회 수도 2.3배 증가한 것을 알 수 있다. 〈그림 1〉에 보면, 코로나19 팬데믹 시기 잠시 동호회 수가 감소했지만, 오히려 코로나19 팬데믹을 지나면서 OTT 등 온라인 영상 콘텐츠의 대거 유통보급으로 더욱 폭발적으로 증가했다. 한류 팬이 2022년 1억 7,780만 명에서 25.8% 늘어 2억 2,490만 명이 된 것이다.

한류 확산과 관련하여 주목할 사항은 특정 국가에서의 한류 팬과 동

〈표 3〉 2023년 대륙별 한류 팬, 동호회 수 및 주요 국가

구분	2023년	주요 국가
조사국가 수	119개국	
한류 팬 수(동호회원 수)	2억 2,490만 명(100%)	
아시아·대양주	1억 4,910만 명(66.3%)	1. 중국(1억 80만 명) 2. 태국(1,950만 명) 3. 베트남(1,210만 명)
미주	5,650만 명(25.1%)	1. 멕시코(2,780만 명) 2. 미국(1,670만 명) 3. 아르헨티나(550만 명)
유럽	1,490만 명(6.6%)	1. 러시아(820만 명) 2. 튀르키예(300만 명) 3. 이탈리아(100만 명)
아프리카·중동	440만 명(2.0%)	1. 요르단(190만 명) 2. 사우디아라비아(110만 명) 3. 이집트(40만 명)
한류 동호회 수	1,748개(100%)	
아시아·대양주	582개(33.3%)	1. 태국(123개) 2. 인도(72개) 3. 중국(58개)
미주	521개(29.8%)	1. 미국(91개) 2. 멕시코(76개) 3. 볼리비아(55개)
유럽	511개(29.2%)	1. 러시아(120개) 2. 튀르키예(64개) 3. 헝가리(47개)
아프리카·중동	134개(7.7%)	1. 이집트(34개) 2. 아랍에미리트(16개) 3. 이라크(12개)

출처: 한국국제교류재단, 2024a

호회의 증가다. 〈표 3〉을 보면, 한-중 관계의 악화 및 교류 축소에도 불구하고 중국의 한류 팬 수는 1억 80만 명에 달한다. 중남미의 멕시코, 사우디아라비아 등의 한류 팬도 큰 폭으로 증가한 것을 확인할 수 있다. 이제 한류는 한국만의, 한국 중심의 한류를 넘어 각 지역 및 국가에서 이루어지고 있는 글로벌 현상이다.

한류와 함께 한국 음식 등 산업에 미치는 영향도 폭발적으로 증가했다. 한국 드라마나 영화에 나온 한국 음식을 먹으려는 한류 팬들로 해당 식품의 수출이 대폭 증가한 것은 물론, 다양한 한국음식점이 지구촌 곳곳에 개업하여 성행하고 있다. 농림축산식품부에 따르면 2020년 기준 전 세계 68개국 111개 도시에 있는 한식당 수는 9,923개로 나타났다. 이는 10년 전(9,200개)과 비교해 10%가량 늘어난 수치다(김은비, 2024). 바야흐로 한류는 4.0 시대에 접어들었다고 할 수 있다.

4. 글로벌 한국학의 필요성과 인하대학교 K학술확산연구센터

한류에 의해 한국에 대한 관심이 폭발적으로 늘고, 한국학을 세계에 보급하려는 한국 정부의 노력이 진행됨에도 불구하고 한국에 대한 체계적 이해를 시도하는 한국학의 확산은 더딘 상태다.

2021년 현재 외교부 산하 한국국제교류재단(KF)에 등록된 한국 관련 과정이 개설된 전 세계 대학교는 1,412개에 달하지만, 그중 불과 29개 대학교에서만 한국 정치, 한국 외교, 한국 경제, 한국 사회와 관련된 과목이 단편적으로 개설된 것을 확인했다. 2024년 현재 국제교류재단 홈페이지 해외 한국학 개설 대학 리스트를 보면(한국국제교류재단, 2024b), 한류 팬 및 한류 동호회가 그 기간에 폭발적으로 증가한 것과 달리 더딘 변화라는 것을 알 수 있다.

이와 더불어 중요한 것은 한국학이 개설된 대학의 과목 종류와 내용에 대한 것이다. 한국학의 기본이라 할 한국어, 역사, 문화에 대한 교육, 즉 전통적인 한국학 과목들은 개설되어 있지만, 사회과학 분야나 최근의 관심사를 반영한 과목의 개설은 많지 않은 형편이다. 한국학을 "한국의 정치, 경제, 사회, 문화, 역사 등 한국 전반에 대한 지식을 가르치고 그에 대한 이해를 높이는 학문"이라고 정의하는 상황에서 사회과학 분야의 과목 개설은 필수다. 물론 한국학 전공자 중 사회과학 전공자 부족, 각 학교의 재정 여건 등으로 인한 임용의 어려움, 한국학과가 독립적이기보다는 동아시아학 내에서 여전히 교수 되는 상황 등을 고려하면 놀랄 일은 아니다. 다만, 한국 관련 과정이 개설된 대학교의 교육자들은 학생들의 폭발적 수요에 대응하고, 좀 더 양질의 한국학 교육을 위해 한국 정치, 한국 외교, 한국 경제, 한국 사회 등 현대 한국을 심층적으로 이해하기 위한 과목들의 개설과 관련 교재 및 문헌 개발이 필요하다고 공개적으로 요구하고 있다(정임숙·김참이, 2019).

앞서 언급한 한국학의 태동과 전개, 지역학으로서 한국학의 발전, 한류와 함께 변모하고 있는 한국학의 과정을 살펴보면, 이제 한국학은 새로운 시대로 향하고 있음을 알 수 있다. 그것은 바로 글로벌 한국학으로의 방향이다.

1) 글로벌 한국학의 방향

글로벌 한국학은 이전의 한국학과 어떻게 다른가? 그것은 한국학의 방향과 연관된다. 글로벌 한국학으로 발전하기 위해서는 첫째, 현실 변화에 기반한 한국학, 둘째, 수요를 반영한 한국학, 셋째, 보편성 있는 한국학, 넷째, 한국학의 범위 확대, 다섯째, 기술 변화를 반영한 한국학을 모색해야 한다.

먼저 글로벌 한국학의 방향은 현실 변화를 반영해야 한다. 학문의 한 부분으로 한국학이 정립되어왔지만, 학문도 역사적인 현실 변화를 반영한 것이기 때문에 지금의 변화된 현실을 반영해야 한다는 것이다. 한국학의 발전 과정 자체가 역사적 현실을 반영한 것이다. 19세기 말부터 탐험과 지역 이해에 기초한 언어, 문학, 역사, 철학 및 종교와 인류학적 관심이 오리엔탈리즘 시각이건, 식민지적 시각이건, 국학의 시각이건 정립되어온 것은 당대의 현실을 반영한 것이다. 러시아, 영국, 프랑스, 독일, 일본, 식민지 조선에서의 한국학은 지역마다 차이를 가지고 진행되었다. 제2차 세계대전 후 지역학으로서 한국학의 발전 역시 마찬가지다. 그러므로 21세기 들어 한국 정부 주도하에 한류의 산업화와 문화정책 그리고 이후 공공외교에 이르기까지 한국학의 진흥을 시도한 것 역시 당대의 현실을 변화시키려는 시도가 포함된 것이다. 코로나19 이후 지금은 한류의 폭발적 증가라는 새로운 현실을 맞이하고 있다. 그러기에 이 현실을 반영하여 새로운 한국학의 방향이 모색되어야 한다. 한국학의 발전 단계를 역사적으로 1.0, 2.0, 3.0 시대로 규정한다면, 글로벌 한국학은 4.0 시대라 할 수 있다.

두 번째, 글로벌 한국학의 방향은 수요를 반영해야 한다는 점이다. 시대마다 한국학의 수요는 변화했다. 또한 그 수요에 맞추어 한국학 역시 조정되고 변모했다. 지역학 시기 미국 내 한국학의 제도적 변화와 한류 시대 한국의 한국학에 대한 정책적 변화가 대표적이다. 현재, 한류로 인해 한국에 대한 폭발적 관심은 어떤 수요를 만들고 있는가? 한류에 몰입한 외국인은 무엇을 관심 있어 하는가? K-Pop 등 문화를 좀 더 알고 싶어 하는 사람도 있지만, 한국에 대해 더 알고 싶어 하는, K-Contents를 넘어선 사회과학 분야의 한국에 대해 알고 싶어 하는 수요도 나타나고 있다. 2023년 인하대 국제관계연구소가 여러 차례 진행한 한국학 수요조사에서는 기존 분과학문적인 틀이 아닌 융합적 주제에 대한 수요가 증가하고 있음을 확인했다. 가령, 웹툰이 한국 사회에 미치는 영향, IT 강국인 한국의 디지털정부나 스마트시티 구상 등에 대한 학습 요구의 등장이 그 사례다. 2023년 한국에서 개최된 게임의 월드컵이라는 '롤드컵'(매일경제, 2023)은 새로운 한국 사회의 변화하고 있는 현실이다. 한국 민주주의를 이해하는 데 있어 '촛불집회'만큼 새롭고도 독특하면서 중요한 현상이다. 변화하고 있는 한국 사회에 대한 이해, 즉 새로운 수요가 반영되는 한국학이 되어야 하는 이유다.

세 번째로 글로벌 한국학의 방향은 지리적 확대가 필요하다는 점이다. 한국과 북한 등 한반도를 넘어선 한국과 세계에 대한 내용이 한국학에 포함되어야 한다. 특히, 한국학에서 한인에 대한 연구도 중요하다. 남북한 이외에 전 세계에 거주하고 있는 재외동포는 한국을 이해하는 또 하나의 키워드이기 때문이다. 물론 한국에 거주하는 외국인도 새로운 한인, 한국인이 되는 과정에 있으므로 이와 관련된 연구도 한국 사회를 이해하는 데 중요하다. 재외동포 700만 이주의 역사, 250만 한국 내 외국인과 다문화 사회로 이행하는 한국의 모습은 당대 한국 사회를 이해하는 데 매우 중요하다.

글로벌 한국학의 네 번째 방향은 다양한 시각과 보편성이 포함되어야 한다는 점이다. 외부의 시각만이 아닌, 그렇다고 한국 내부만의 시각도 아닌 상호작용 속의 한국학에 대한 관심이다. 한국학, 국학, 지역학 등의 대상으로서 한국학의 주체와 객체에 대한 논의는 글로벌 시대 들어 글로벌화하고 있고, 한국과 세계가 상호 교류하고 소통하는 다양한 시각으로 접근해야 한다. 일례로 소설 『파친코(Pachinko)』는 한국어를 못하는 한국계 미국인이 일본으로의 한인 이주에 대해 영어로 쓴 소설인데(이민진, 2018), 이것이 한국문학인지 미국문학인지 한국학의 대상인지 아닌지를 논의하는 것 자체가 무의미하다. 왜냐하면 한류처럼 한국 문화의 세계화 과정에서 나타난 양식이기 때문이다. 한국에만 있는, 다른 나라와 구별되는 특수성도 좋지만, 인류 보편적인 시각이 포함되는 것도 중요하다. 한류가 처음에는 한국 정부의 산업정책으로 시작되었지만, 이제는 한국과 해외에서 같이 즐기는 쌍방향적이고 보편적인 문화가 되었다. 앞서 소설 『파친코』는 일제강점기 일본으로 이주한 한국인을 그린 것이지만, 인권, 정체성, 젠더 등의 보편적 가치를 얘기하고 있다. 드라마 「오징어 게임」 역시 인간의 욕망과 생존, 현대사회의 모습을 그린 것이기에 현대 한국사회를 이해하는 한국학의 포함범위도 달라져야 한다.

마지막으로 한국학의 방향은 기술의 변화를 반영해야 한다. 한류가 폭발적으로 해외로 확산한 계기 중 하나가 인터넷 시대의 도래와 연결되어 있다. 기술의 진보는 매체를 수단으로 하여 한국에 대한 관심을 충족하는 한국학의 교수법과 학습에 큰 영향을 주고 있다. 다양한 온라인 교육이 새로운 한국학의 방법론을 만들고, 방법이 내용에 영향을 주고 있기 때문이다. 일례로 메타버스 가상공간에 들어가 한국에 대해 이해하는 것은 기본적으로 콘텐츠에 대한 문제도, 학문적인 측면의 문제도 아닌 기술적 측면에서 한국학에 접근하는 것이다. 학문적 체계화를 포함해 다양한 한국 이해의 방법이라고 할 수 있다. 특히, AI 시대로 이행되고 있는 현재 한국학의 변화는 앞으로의 방향을 전망하기도 어렵다. 그러나 중요한 점은 이 변화가 한국학의 내용과 형식에 지대한 영향을 줄 것이라는 점이다.

2) 인하대학교 한국학과 사회과학 프로그램 소개

AI를 활용한 교육 변화가 나타나고 있는 현재, 한국을 알리는 한국학의 중요성은 학문적 영역을 넘어 점차 중시되고 있다. 한국 정부 역시 공공외교의 한 분야로 한국학의 확산을 정책적으로 지원하면서 한국학 연구에 중요한 변환점에 있다.

한국의 공공외교를 마케팅 이론 등에서 활용하는 깔때기 모델(funnel model)에 적용하면, 한국학의 발전 과정을 〈그림 2〉와 같은 다이어그램으로 제시할 수 있다.

즉, 한국 대중문화예술인 한류를 기초로 확산된 한국의 매력은 한국에 대해 외국인이 초보적으로 인지하고 관심을 가지게 되는 계기가 될 수

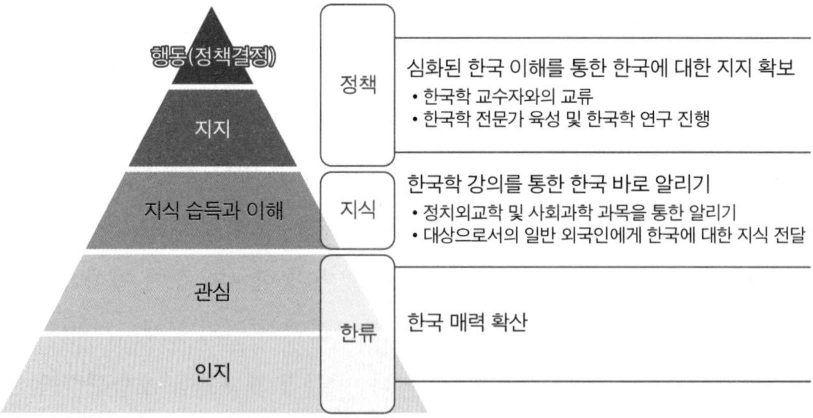

〈그림 2〉 공공외교로 본 한국학의 발전 과정

출처: 이진영·성동기, 2023.

있다. 이런 관심은 한국에 대한 더 많은 지식과 관심 욕구로 이어지고 있다. 그러므로 이런 관심에 부응하는 한국에 대한 지식을 관심자들이 습득하고 이해를 통해 체계화하면 한국에 대한 이해 수준은 높아지고, 한국의 공공외교 목표도 달성할 수 있을 것이다. 즉, 대상으로서의 일반 외국인에게 한국에 대한 지식의 전달, 특히 한류를 통해 형성된 한국에 대한 인지와 관심을 체계화하기 위해 정치외교학 및 사회과학 강좌를 통한 알리기가 새로운 글로벌 한국학의 목표다.

이것이 곧 한국학중앙연구원의 지원으로 설립된 인하대 K학술확산연구센터의 역할이라 할 수 있다. 인하대 K학술확산연구센터의 기본 목표는 사회과학, 특히 정치외교학으로서 한국학의 보급이며, 이는 지식공공외교의 하나다. 대상으로서의 일반 외국인에게 한국에 대한 지식의 전달, 특히 한류를 통해 형성된 한국에 대한 인지와 관심을 체계화하기 위해 정치외교학 및 사회과학 강좌를 통한 한국에 대한 이해와 알리기가 새로운 인하대 K학술확산연구센터의 한국학 목표다. 또한, 한국학 강좌를 통해 형성된 한국에 대한 지식 습득과 이해는 한국에 대한 지지 및 한국 관련 정책 수립 시 영향을 미칠 수 있는 정책공공외교로 발전할 수 있다. 이는 한국학 전문가를 육성하고, 한국학 연구를 진행하며, 교수자와의 교류를 통해 한국학 양성의 최종 목표인 심화된 한국에 대한 이해와 지지로 연결된다.

일본군 위안부를 자발적인 매춘으로 왜곡하여 쟁점이 된 하버드대학교 램지어(Ramseyer) 교수의 인식 형성 역시 일본에 대한 막연한 선호가 아닌, 기본적인 친일 혹은 애일의 정향 속에 체계적이고 구체적인 일본학 연구를 통해 수립된 그의 학문적 인식 세계가 표출되었다고 생각한다. 그러므로 지금까지 추진해온 언어, 문화, 역사 중심의 한국학을 넘어 현재까지 정치·외교·경제·사회 부문에서 달성한 한국의 국가적 발전과 변화된 한국 사회를 외국인이 객관적으로 이해하기 위한 한국학 수립이 필요하다. 그리고 이는 한국 정치, 한국 외교, 한국 경제, 한국 사회 등과 관련된 공신력 있고 객관적이며 올바른 내용을 체계적으로 구성해서 한국학으로 보급해야 할 것이다.

인하대학교 국제관계연구소 K학술확산연구센터는 이런 문제의식 속에서 한국학으로서의 사회과학, 특히 정치외교학을 중심으로 한 새로운 한국학 콘텐츠를 구성하고, 온라인으로 보급하고자 한다. 첫째, 대중문화에 편중된 한국학 콘텐츠의 한계를 극복하고, 둘째, 한국에 대한 시대착오적이고 잘못된 정보를 수정하며, 셋째, 국내 및 해외 외국인의 수요를 반영한 새로운 한국학 콘텐츠, 특히 넷째, 정치·외교·경제·사회 부문에서 한국이 달성한 업적들을 정확히 알리기 위한 한국 정치 및 외교와 한국 정치경제 및 정치사회와 관련된 온라인 강좌를 개발·제작·보급·확산시키고자 한다. 또한 이를 토대로 독자적인 학문·전공으로서 지속가능한 발전을 이루도록 한국학으로서 정치외교학 플랫폼을 구축하여 향후 해외에서 미래 한국학 후속세대가 양성될 수 있도록 기여하는 데 그 목적을 두고 있다(이진영·성동기, 2023).

인하대 K학술확산연구센터에서 추진하는 한국학으로서의 사회과학, 특히 정치외교학은 '정체성의 정치(identity politics)'와 '공공외교(public diplomacy)의 한국학'으로 범주화하고 있다. 그렇다면 정체성의 정치와 공공외교의 한국학이란 무엇인가? 이것은 한국학의 발전 과정을 공공외교 확산 모델과 연결하여 정치외교학 중 정체성의 정치와 공공외교와 세계로 범주화했고, 이론 및 확산 모델을 제시하여 재구성한 것이다. 또한, 외국인이 한국을 이해하고 지지하기 위해 거치는 위의 〈그림 2〉에 나타난 다섯 가지 단계를 정치외교학의 새로운 방향인 정체성의 정치와 공공외교를 연관시키고, 국내 및 해외 한국학에 대한 실제적 수요에 기반을 둔

맞춤형 플랫폼을 구축하여 한국학으로서의 새로운 정치외교학을 범주화 한 것이다(인하대학교 국제관계연구소 K학술확산연구센터, 2024).

5. 요약과 결론

한국학은 지속적으로 변모해왔다. 또한, 탄생부터 당시의 시대적 요구를 반영해왔다. 지난 150여 년간 독립적인 학문 분야라기보다는 학문적으로나 제도적으로 동아시아학, 중국학, 일본학의 부분으로 위치하면서 발전했다. 탈냉전 이후 한국이 선진국에 진입하고 국제적 영향력이 커지면서 나타난 한류 현상은 한국학 발전에 새로운 기폭제가 되었다. 그 결과 선진국을 중심으로 한 한국에 대한 연구는 한국 정부의 지원 정책 등으로 변모하고 있다. 특히, 한국학 진흥이나 공공외교의 하나로 진행되는 지식공공외교의 한국학은 새로운 방향으로 한국학을 이끌고 있다. 변화된 해외의 한국학에 대한 요구는 전통적인 한국학 영역인 언어·문학·철학·역사·문화 영역을 넘어 사회과학과 기타 융합학문에 대한 이해 요구로 이어지고 있고, 특히 당대의 변화된 한국 사회를 분석하여 체계화하는 새로운 한국학의 역할을 요구하고 있다. 여기에 한국학은 서구 혹은 한국 중심으로만이 아니라 글로벌 시대에 상호 소통하면서 세계 속의 한국학, 즉 글로벌 한국학으로의 정립을 요청한다.

이는 또한 기술발전과 세계화로 변모한 지구촌에서 한국학 교육 방식의 변화도 요청하고 있다. 현지에서 한국학과나 한국학센터를 통한 직접적 교육과 더불어 급격하게 변화하고 있는 온라인 환경에서의 한국학 교육도 요구되고 있다. 결국 온라인과 오프라인을 결합한 블렌디드 러닝의 필요성이 증가하는 것이며, 이는 상대적으로 소외되었던 지역을 넘어 전 세계에 한국학을 확산하는 효과적인 방법이 될 수 있다. 또한, 점증하는 수요인 한국 사회의 변화를 반영하는 사회과학 분야의 한국 연구와 융합 시대 사회과학과 결합한 과목들에 대한 한국학 역시 더욱 요구되고 있다. 글로벌 한국학은 당대의 요구와 변화를 반영하여 새롭게 구성해야 할 필요성이 있다.

참고문헌

김서연. 「미국 '제1세대 한국학자'의 해방 전후 한국인식: 조지 맥아피 맥큔의 Korea Today」. 인하대 한국학연구소 엮음, 『탐험가, 외교관, 선교사: 서구 한국학의 형성 주체와 문화적 토양』, 서울: 소명출판, 2022, pp. 289-327.

김은기. 「문화의 글로컬라이제이션과 한류」. 김은기·조진구·김두진·이군호·이동호 엮음, 『한류와 역류: 문화외교의 가능성과 한계』, 경기도: 한국학중앙연구원 출판부, 2022, pp. 1-41.

김은비. "해외서 부는 한식열풍… 세계서 한식당 가장 많은 나라는". 『이데일리』, 2024년 2월 11일자.

김진량. 「해외한국학 현지화 연구: 한국학중앙연구원 해외한국학 씨앗형사업 성과 사례를 중심으로」. 『정신문화연구』 42(1), 2023, pp. 283-307.

김태우. 「상트페테르부르크대학 한국어문학의 성립과 A.A. 홀로도비치」. 인하대 한국학연구소 엮음, 『해외 한국학의 형성과 확산』, 서울: 소명출판, 2021, pp. 29-58.

문효진. 「정부별 한류정책과 법제: 문민정부에서 촛불정부까지」. 김용락 엮음, 『한류와 문화정책』, 서울: 한국국제문화교류진흥원, 2021, pp. 100-137.

박동환·황순민. "세계 4억명 지켜봤다… 한국 '롤드컵' 역대급 흥행". 『매일경제』, 2023년 11월 19일자.

외교부. "공공외교". https://www.mofa.go.kr/www/wpge/m_22709/contents.do(검색일: 2024. 3. 12)

이민진. 『파친코』. 이미정 옮김, 서울: 문학사상, 2018.

이영미. 「1900~1940년 왕립아시아학회 한국지부와 서양인들의 한국연구」. 인하대 한국학연구소 엮음, 『탐험가, 외교관, 선교사: 서구 한국학의 형성 주체와 문화적 토양』, 서울: 소명출판, 2022, pp. 204-234.

이진영. 『지구촌 한인과 공공외교』. 인천: 디자인장이, 2022.

이진영·성동기. 「한국학으로서의 정치외교학 재구성과 K-Brief의 발간 방향」. 『K-Brief』 1, 2023.

인하대학교 국제관계연구소 K학술확산연구센터. "K-Mooc 강좌안내". https://www.k-road.kr/(검색일: 2024. 4. 1)

인하대 한국학연구소 엮음. 『일제 강점기 일본 한국학의 형성과 양상』. 서울: 민속원, 2022.

임현진. "한국학, 세계화를 위한 방법론적 전략: 한류가 주는 교훈". 제13회 규장각 한국학 국제심포지엄, 2020.

장세진. 「라이샤워(Edwin O. Reischauer), 동아시아, '권력/지식'의 테크놀로지: 전후 미국의 지역연구와 한국학의 배치」. 『상허학보』 36, 2012, pp. 87-140.

장재용. 「동아시아학 속의 한국학: 미국 UC 버클리의 사례를 중심으로」. 『한국학연구』 67, 2022, pp. 263-291.

정일균. 「일제의 식민통치와 식민주의적 근대지식의 형성: "다카하시 도루〔高橋亨〕의 조선학"의 사례를 중심으로」. 『사회와 역사(구 한국사회사학회논문집)』 91, 2011, pp. 165-216.

정임숙·김참이. 「이탈리아에서의 한국학 동향과 전망: 시에나 외국인 대학을 중심으로」. 『한국문화연구』 37, 2019, pp. 339-360.

주성옥. 「야나기 무네요시의 민예론과 오리엔탈리즘」. 『미학』 68, 2011, pp. 35-66.

채지영. 「한류 20년 성과와 미래전략」. 『아시아브리프』 1(10), 2021.

한국국제교류재단. "『2023 지구촌 한류현황』 발간 보도자료". https://www.kf.or.kr/kf/na/ntt/selectNttList.do?mi=1151&bbsId=1061(검색일: 2024. 3. 12)

______. "해외한국학 개설현황". https://www.kf.or.kr/koreanstudies/koreaStudiesList.do(검색일: 2024. 3. 12)

______. "이사장 인사말". https://www.kf.or.kr/kf/cm/cntnts/cntntsView.do?mi=1155&cntntsId=2121(검색일: 2024. 3. 12)

한국민족문화대백과사전. “국학”. https://encykorea.aks.ac.kr/Article/E0006552(검색일: 2024. 4. 1)

한국학중앙연구원. “비전 및 목표”. https://www.aks.ac.kr/com/cmm/EgovContentView.do?menuNo=5010131000&lang=kor(검색일: 2024. 4. 1)

______. “한국학진흥사업단”. https://ksps.aks.ac.kr/hpjsp/hmp/index.jsp(검색일: 2024. 4. 1)

홍옥숙·김낙현. 「유럽인들의 조선탐사와 항해기」. 인하대 한국학연구소 엮음, 『탐험가, 외교관, 선교사: 서구 한국학의 형성 주체와 문화적 토양』. 서울: 소명출판, 2022, pp. 17-65.

Chiba, Yoko. "Japonisme: East-West Renaissance in the Late 19th Century." *Mosaic: An Interdisciplinary Critical Journal*, 31(2), 1988, pp. 1-20.

Chu, James H. Y. "Chinese Studies in Britain: A Survey Report on Behavioural and Academic Preferences." *Cina*, 21, 1988, pp. 69-85.

Lee, Jeanyoung. "Korea's East Asian Cultural Diplomacy and the Korean Wave in China." Chul Koo Woo and Jinwoo Choi (eds), *Korea and China in the New Global System*, Seoul: The Korean Association of International Studies, 2002, pp. 39-52.

Mancuso, Barbara. "From China to Sicily. The Taste of Chinoiserie in Eighteenth Century Europe." *Review of Arts and Humanities*, 11(1), 2022, pp. 17-30.

Szanton, David L. "Introduction: The Origin, Nature, and Challenges of Area Studies in the United States." David L. Szanton (eds), *The Politics of Knowledge: Area Studies and the Disciplines*, University off California Press, 2002, pp. 3-23.

Tansman, Alan. "Japanese Studies: The Intangible Act of Translation." David L. Szanton (eds), *The Politics of Knowledge: Area Studies and the Disciplines*, University off California Press, 2002, pp. 124-146.

지역학, 한국학, 정치외교학

고상두(연세대학교)

#지역학

#한국학

#정치학

#사회과학

#동아시아

현재 한국학은 정체성의 정립 과정에 있다. 오랫동안 한국학은 언어를 가르치는 데 중점을 두었고, 인문학적 정체성을 가졌다. 하지만 오늘날 한국에 대한 폭넓은 관심이 생겨나면서 한국의 정치, 경제, 사회 등 사회과학적 관점에서 연구하고 교육할 필요성이 커졌고, 그 결과 한국학은 지역학으로 변모하고 있다. 지역학으로서의 한국학은 인문학과 사회과학적 관점에서 분석하여 한국의 아시아적 특성을 도출하는 것이다. 한국을 아시아 지역의 주요 국가로서 연구하면서, 인문학 및 사회과학적으로 연구하고 그 결과를 교육을 통해 확산하는 것이다. 지역학은 네 가지 개념적 특성을 가진 학문이다. 첫째, 공간에 기반한 학문이다. 지역학은 특정한 공간에 살고 있는 인간 공동체의 사고방식과 행위패턴에 관심이 있다. 둘째, 지역에 관한 종합적 이해를 추구한다. 그러므로 지역학은 지역의 정치, 경제, 사회, 문화적 현상을 포괄적으로 고찰하고자 한다. 셋째, 지역학은 융합학문이다. 특정 지역을 이해하기 위해 관련 분과학문의 지식과 연구 방법을 활용한다. 지역학이 분과학문의 융합을 시도하는 목적은 이를 통해 학문의 실용성을 높일 수 있기 때문이다. 마지막으로 지역학은 특수성을 발견하려는 학문이다. 분과학문처럼 보편적 일반이론을 발견하려는 것이 아니라, 적용범위가 특정지역에 국한되는 대신 확증 가능성이 높은 유용한 이론 발견에 관심이 있다. 이러한 이유 때문에 지역학은 내부자 시각을 중시하고, 학제적으로 접근하며, 현지 지식을 적극적으로 활용하고, 해석학적 연구 방법을 사용한다. 최근 한국학 실태를 살펴보면, 사회과학 비중이 늘어나고 그중에서도 정치학의 역할이 커지고 있다. 왜냐하면 해외에서 한국의 정치에 관심이 많고, 한국학 전문가 중에서 정치학자가 많기 때문이다. 이는 사회과학 분야의 학문 중에서 정치학이 지역 연구에 가장 많은 관심을 가지고 있기 때문이다. 그러므로 해외 대학에서 한국학이 인문학부와 아시아학부에 가장 많이 개설되어 있지만, 분과학문 분야에서는 정치학과에서 한국 관련 강좌가 가장 많이 제공되고 있다. 이는 한국학이 학문적으로 지역학 및 정치학과 가장 밀접하며, 상호 긴밀한 협력이 필요하다는 것을 말해준다.

1. 지역학의 개념적 특징

1) 공간에 기반한 학문

역사학자는 시간을 나누어 시대를 만들고, 지역학자는 공간을 나누어 지역을 만든다. 지역학은 지역을 분석 단위로 하는 학문이며, 지역이란 공통의 속성을 가진 지리적 공간을 말한다. 예를 들어 건조기후 지역, 도서 지역 등은 특정한 지리적 속성을 가진 공간이다. 그런데 지역을 연구한다는 것은 단순히 지리적 공간을 분석하는 것이 아니라, 그 공간에 모여 사는 사람들의 삶에 관해 연구하는 것이다. 따라서 지역학은 자연지리보다 인문지리에 더 가깝고, 인간의 활동으로 인해 생겨나는 정치, 경제, 사회, 문화, 역사 등과 같은 현상을 지리적 공간과 연관하여 이해함으로써 사회현상과 지역적 특성 간의 상관관계를 연구하는 학문이다.

이처럼 지역학은 공간의 자연적 속성보다 문화적 속성에 더 큰 관심을 가지는데, 예를 들어 서인도제도가 지역학적으로 의미를 갖는 것은 사탕수수를 대량으로 생산하여 유럽으로 공급하는 대규모 플랜테이션 경제권을 형성했기 때문이다. 이러한 생산관계 때문에 서인도제도는 오랫동안 유럽에 지정학적으로 매우 중요한 이익지대였으며, 유럽과 지리적으로 멀지만 문화적으로는 높은 수준의 동질성을 보여준다.

이와 유사한 예로, 지중해 연안이 하나의 지역권으로 간주되는 것은 로마의 정복 이후 공동의 생활문화권이 형성되었기 때문이다. 그 결과 이탈리아, 프랑스, 스페인, 포르투갈은 언어의 유사성으로 인해 의사소통이 쉬우며, 음식, 축제, 생활철학 등 각종 풍습과 문화 양식이 유사하다. 이슬람 문화권, 유교 문화권 등도 유사한 문화를 공유하는 국가들이 모여 권역을 형성한 공간이다. 지중해 문명권이 보여주는 것처럼 대체로 동일한 지역권은 지리적으로 인접한 국가들에 의해 형성되지만, 서인도제도가 보여주는 것처럼 지리적으로 멀리 떨어진 국가 간에도 문화적 유사성을 가질 수 있다. 이는 공간과 문화의 상호작용성을 말해준다

지역학은 이처럼 특수한 가치와 문화를 공유하는 지역을 연구 대상으로 한다. 그리하여 특정한 공간에서 자연적 속성과 문화적 속성이 상호작용하여 만들어낸 독특한 삶의 방식에 관심의 초점을 맞춘다. 지역학은 삶의 공간을 단순한 생태적·지리적 공간이 아니라 사회적 공간으로 바라보고, 세계 공간을 사회적 속성을 공유하는 소지역으로 분류한다. 이에 따라 다양한 문화권이 분류되어 생겨나는 것이다.

지역의 크기는 고정된 것이 아니라 끊임없이 변화한다. 사회적 속성이 확산 혹은 축소되면서 지역의 크기가 달라진다. 또한, 지역에 내재하고 있는 사회적 속성은 지역 전체에 균일하게 확산되는 것이 아니라, 중심부와 주변부에 불균등하게 분포하기 마련이다. 예를 들어, 중국의 중화 문화는 신장위구르 지역이나 티베트에서는 약하게 나타난다. 그러므로 이 지역에서 중화주의적 특성이 강화되면 중화권의 전국화가 이루어지는 것이고, 반대로 약화되면 분리독립 현상까지 발생할 수 있다(이중희, 2001).

반대의 예를 든다면, 과거 남북한이 공유했던 한반도 문화라는 속성이 오랜 분단의 시기를 거치면서 점차 약해지고 있다. 그리하여 언어, 음식, 생활방식 등이 서로 달라지고 동질적인 문화 정체성이 쇠퇴하면서, 나이 든 세대는 여전히 맹목적 민족주의 정서를 갖고 통일을 희망하지만 젊은 세대의 통일의식은 약해지고 있다. 한반도가 하나의 문화권이라는 속성을 상실하게 되면, 남북한에 사는 주민을 함께 묶을 수 있는 문화적 힘이 사라지게 된다.

바람직한 한국학을 발전시키기 위해서는 한반도의 공간적·문화적

특성을 고려하여 한국 사회를 분석해야 한다. 한반도는 지리적으로 반도에 위치하여 대륙세력과 해양세력이 충돌하면서 전쟁터가 되는 역사적 운명을 겪었다. 임진왜란과 청일전쟁에서는 중국과 일본이 한반도에서 싸웠다. 한국전쟁에서는 중국과 미국이 맞부딪혔다. 특히 19세기 이후 한국이 열강의 전쟁터가 되고, 일본 제국주의의 식민지가 되었으며, 미소 강대국에 의해 국토가 분단되는 경험을 하면서 한국인에게는 벙커 정체성이 생겨났다. 외부세력은 한국인에게 불행을 준다는 피해의식 때문에 폐쇄적이고 방어적인 민족주의가 발전한 것이다.

오늘날 한류가 전 세계로 확산되고 한국 사회에 개방적 민족주의가 뿌리를 내리게 된 것은 산업화와 민주화의 동시적 성공 이후 한국인이 국제사회 편입에 따른 물질적·가치적 차원에서 많은 이득을 얻게 되고 민족적 자긍심이 높아졌기 때문이다. 이러한 전환기 분석 없이는 과거와 현재의 한국이 보여주는 정체성의 격차를 설명하기 어려울 것이다.

한국의 글로벌 문화에 대한 기여는 과거 역사에서도 그 사례를 찾아볼 수 있다. 동북아 중화문명권에서 한국은 중심부에 있는 중국과 주변부에 있는 일본을 연결하는 문화적 교량역할을 했다. 마치 물이 높은 곳에서 낮은 곳으로 흐르듯이 중국의 인문학과 과학기술이 한국을 거쳐 일본으로 전달되면서 한·중·일이 하나의 유교문화권이 될 수 있었다. 이처럼 한반도는 주변국과 갈등하면서 교류 협력했고, 반도라는 지리적 특성이 한국 대외관계의 양면성을 설명하는 주요 요인이다. 이처럼 한국 사회에 관한 문화적 설명에서 지리적 요인을 중시하는 것이 지역학적 관점에서 바라보는 한국학이라고 할 수 있다.

2) 지역에 관한 종합적 이해

지역학이란 현지 사정에 관심을 가지고 다른 나라의 사회와 문화를 들여다보는 시도다. 국제학이 국가 간의 관계를 연구하여 외교·통상·투자를 성공적으로 실행하는 데 도움을 주는 학문이라면, 지역학은 상대국의 내부 사정에 관한 전문지식을 제공하여 국제협상에서 상대국의 태도와 심리를 더욱 정확하게 이해할 수 있게 해주어 협상의 성공에 도움을 주는 해외 국내학이다.

지역학의 생성과 발전 과정을 살펴보면 과거에는 주로 인문학에서 이루어졌으나 점차 사회과학으로 확대되었다. 최초의 지역 연구는 주로 여행기였다. 『동방견문록』은 1300년경 이탈리아 베네치아의 상인 마르코 폴로가 중국 원나라에서 17년을 살면서 각지를 여행하고 보고 들은 내용을 작성한 책이다. 『열하일기』는 조선말 박지원이 청나라에 사신으로 다녀와서 출판한 여행기다. 그는 중국인이 집을 지을 때 벽돌을 사용하여 높은 건물도 쉽게 짓는다는 사실을 책에서 소개하는 등 한국 사회에 실용적인 도움이 될 수 있는 중국의 건축, 식품, 제도 등을 널리 알림으로써 실학의 선구자가 되었다. 조선시대의 학문이 시와 문학, 역사와 도덕 등과 같은 인문학에 치중하던 전통에서 벗어나 인간의 삶에 구체적으로 도움이 되는 방향으로 전환하는 데 박지원의 지역학이 기여했다.

오늘날 지역학은 여행기, 지리지, 민속지 등 특정 지역의 풍속과 문화를 탐구하는 인문학적 연구에서 발전하여 사회과학적 분석이 가미된 현대적 의미의 지역학으로 정립되었다. 그러므로 지역학이 다루는 주제는 언어, 문화, 종교 등 인문학적 현상뿐만 아니라 지리, 정치, 경제, 사회 등 사회과학적 현상이 포함된 종합적이고 학제적인 속성을 갖게 되었다. 다양한 분야의 지식을 종합적으로 활용해서 특정 지역을 이해한다는 점에서 지역학은 여러 학문 분야의 협동이 필요한 학제적 연구의 전형이라고 할 수 있다(전경수, 1999).

지역학이 특정 지역에 관한 종합적 이해를 한다는 목표를 가지고 있는 만큼 연구 주제는 분과학문을 가로지르는 복합적인 특성을 가진다. 예를 들어 문화, 종교, 젠더, 정체성, 이주, 환경 등은 정치, 경제, 사회, 역사, 철학 등과 같은 분과학문적 요소를 결합한 복합적 주제다. 중동지역 연구에서는 이슬람이 핵심 주제로 다루어진다. 왜냐하면 이슬람이라는 주제에는 중동인의 역사, 정치, 경제, 철학 등이 모두 녹아들어가 있기 때문이다.

한국 사회를 이해할 수 있는 키워드에는 어떤 것들이 있을까? 유교와 재벌이 대표적인 핵심 키워드에 해당할 것이다. 한국은 유교사회다. 물론 한국인은 자신이 유교 신봉자라고 생각하지 않는다. 그렇지만 유교는 한국인의 의식과 행동을 규정하는 영향력을 발휘하고 있다. 마치 기독교 정체성을 가진 유럽사회가 오늘날 세속화되면서 교회에 다니는 사람은 소수에 불과하지만, 유럽인의 삶에서 기독교를 떼어 놓을 수 없는 것과 같다. 유럽인은 태어나면 교회에서 세례를 받고, 성경에 등장하는 인물을 따라 작명하고, 교회가 세운 학교와 병원에서 배우고 치료를 받으며, 교회에서 결혼식과 장례식을 하고, 교회 묘지에 묻히는 일생을 산다.

유럽의 기독교만큼 한국 사회에서 유교는 정치, 경제, 사회, 문화 전반에 영향을 미치는 중요한 요인이다. 그러므로 유교는 한국과 한국인을 종합적으로 이해하는 데 도움이 되는 개념이다. 오늘날 유교국가로 분류되는 나라로는 중국, 한국, 일본, 베트남이 있다. 헌팅턴(1997)은 『문명의 충돌』이라는 저서에서 몽골을 유교국가에 포함하고, 일본을 신도국가라는 독자적인 문명권으로 분류하고 있다.

한국은 유교의 발상지인 중국보다 더 유교문화가 강한 나라다. 마치 기독교가 이스라엘에서 유래했지만 정작 유럽에서 더 강화된 것처럼, 한국에서는 조선시대에 유교를 국가이념으로 승격시켜 국가적 차원에서 장려했다. 반면에 중국에서는 유교가 많은 사회사상 중의 하나였고, 현대 중국이 소프트파워를 구사하는 차원에서 유교를 활용하고 공자학원을 전 세계적으로 설립하고 있지만, 사회주의 초기 시대에는 전근대적 사상이라며 배척했다.

유교 정신의 핵심 키워드는 가정이다. 가정은 위계적인 질서로 구조화되어 있지만, 부모와 자녀는 명령과 복종이라는 억압적 관계가 아니라, 자녀는 부모에게 복종하고, 부모는 자녀를 부양하고 사랑을 베푸는 쌍무적 관계다. 유교는 세계를 가정과 사회로 구분하는 세계관을 가지고 있는데, 가정은 사랑과 배려가 가득한 영역인 반면에 사회는 이기심과 투쟁이 난무하는 영역으로 본다. 그러므로 이상적인 사회를 건설하는 방법은 가정의 원리를 사회 전체로 확대하여 사회를 거대한 가정으로 만드는 것이며, 이를 통해 조화롭고 평화로운 사회를 건설할 수 있다고 본다.

유교국가는 국민이 사회생활에서 가정윤리를 따르도록 사상을 개조하기 위해 끊임없는 교육을 했다. 특히 윤리교육을 강조했다. 그리하여 유럽의 왕들이 대체로 장군이었던 반면에 조선시대 왕은 학자였으며, 공부를 게을리하는 왕자는 왕이 될 수 없었다. 도덕정치의 영향으로 조선시대 27명의 제왕 중에서 약 절반이 권좌에서 중도 하차하거나 의문의 죽음을 당했다. 유교철학을 국가 통치이념으로 격상시킨 조선에서는 국왕과 백성을 부모와 자식의 관계로 규정하고, 부모의 심정으로 국민을 돌보지 않는 국왕을 쫓아내는 것을 정당화하는 정치담론이 뿌리내렸다. 박근혜 대통령이 탄핵된 출발점은 '세월호 침몰로 인해 수많은 우리 아이들이 죽어가는 시간에 무엇을 하고 있었느냐?'라는 국민적 분노였다. 북한은 사회주의 국가이지만 남한과 유사하게 유교적 특성이 강하다. "수령은 아버지, 당은 어머니"라는 구호를 내세우면서 국가를 가정적으로 조직화했다.

한국의 현대정치는 유교의 영향을 받아서 가장 이상적인 통치자의 이미지는 아버지다. 그리고 가정에 한 명의 가장이 있듯이 "사공이 많으면 배가 산으로 간다"는 속담처럼 복수의 지도자를 용인하지 않는다. 그 결과 한국의 정당은 보스정당의 성격이 강하며, 당 대표가 정당 운영에 필요한 정치자금을 책임지고, 당내 인사와 공천에 대한 막강한 권한을 행사한다. 유교문화의 또 다른 폐해는 집단주의다. 가정중심적 사회윤리는 혈연, 지연, 학연을 통한 공동체 사회를 만드는 경향을 강화했다. 집단주의는 소속감을 갖게 하고, 인간관계를 가족처럼 친밀하게 한다. 그 대신 집단에 속하지 않는 사람은 배제되는 배타성을 가진다.

재벌은 유교문화가 반영된 한국의 기업형태다. 원래 재벌은 일본에서 수입된 모델이지만, 그곳에서는 거의 사라졌고, 한국의 강한 유교문화적 환경 속에서 강한 생존성을 보이고 있다. 한국의 재벌은 1960-1970년대 국가와 기업의 협력관계 속에서 생겨났다. 일본의 발전국가 모델을 받아들인 한국 정부는 경제를 자유시장에 맡긴 것이 아니라 계획경제와 혼합했고, 기업들이 신산업 영역을 개척할 수 있도록 지속적으로 지원했다. 그 결과 기업집단의 형태로 재벌이 생겨났는데, 할아버지 기업, 아버지 기업, 손자 기업 등으로 확장되었다. 경영도 가족적으로 운영한다. 자녀와 친척이 기업을 하나씩 맡아서 운영하며, 노사관계도 가정적 특징을 보이는데, 회사대표는 아버지, 노동자는 자녀 역할을 한다. 직장의 관리자는 노동자와 주기적으로 회식하고, 생일파티를 하며, 장례식 때도 도움을 준다.

이처럼 유교는 한국의 정치, 경제, 사회적 특징을 잘 설명해주는 복합 요인이다. 이러한 복합주제를 선택하여 연구하면 한국 사회를 종합적으로 이해하는 데 도움이 될 것이다. 그러므로 외국인에게 한국 사회의 이해도를 높이기 위해서는 지역학적인 주제를 중심으로 연구하고 교육할 필요가 있다. 한국학에 대한 지역학적인 접근방식을 통해 한국에 관한 포괄적 이해가 가능하다.

3) 융합학문

학문의 유형에는 분과학문과 융합학문이 있다. 융합학문은 분과학문이 결합하여 생겨난 신학문이고, 분과학문은 과거 근대화의 산물이다. 중세까지 인간은 세상을 종합적으로 이해했다. 중세의 전체론적 세계관에 의하면 세상은 마치 거대한 강물과 같아서 전체 강물의 원리를 이해하지 못하고 한 바가지의 물을 떠서 분석하는 것은 장님이 코끼리를 만지는 것과 다름없다고 보았다. 중세인은 모든 자연과 사회현상의 배후에는 절대자의 의지 혹은 자연의 섭리가 있다고 보았으며, 미시적인 현상을 종합함으로써 절대자의 뜻을 찾을 수 있다고 보았다.

하지만 근대에 들어와서 과학적 인간은 자연 혹은 사회에서 발생하는 제반 현상과 자신을 구분했다. 마치 콜럼버스가 신대륙을 발견한 것처럼, 인간은 세상을 객체화하고 전지적 관점에서 바라보고 현상에 대한 설명을 시도했다. 객관적 자세를 취한 인간은 현상을 세부적으로 쪼개어 분석했다. 거대한 강물을 통째로 설명하려는 무리한 시도를 하는 것이 아니라 강물에서 물을 한 바가지씩 퍼서 차례차례 정확하게 분석하는 접근법을 사용했다. 물론 이러한 분석법은 바가지로 떠온 물이 강물에 있을 때와는 다른 존재조건이라는 한계는 인정한다.

이처럼 분과학문은 연구 대상을 최소한의 단위로 분리하는 과정에서 생겨났다. 그리하여 중세의 철학에서 정치, 경제, 사회, 윤리, 과학 등이 갈라져나왔다. 사회과학이 사회철학에서 유래했고, 자연과학이 자연

철학에서 파생되었다. 철학에 속했던 학문이 점차 서로 다른 길을 걷게 되면서 근대학문이 발달했고, 이것이 학문의 전문성을 높이는 길이라고 생각했다. 현상을 쪼개어 설명하는 만큼 다양한 분과학문이 생겨난 것이다(김웅진, 1992).

현상을 미시적으로 분석하면 검증이 수월하고 인과관계를 정확하게 규명할 수 있다는 점에서는 긍정적이지만, 지나친 세분화는 학문의 본래 정신이라고 할 수 있는 종합적 세계관의 함양을 저해한다는 평가를 받는다. 나무를 자세히 볼 경우, 숲을 보지 못하는 것과 같다. 종합병원에는 내과, 외과, 안과, 이비인후과 등 많은 전공이 있지만, 환자를 종합적으로 보지는 않는다. 그리하여 내과적 질병의 원인이 정신과에 있을 경우 환자에게 적절한 치료를 할 수 없는데, 이러한 한계를 극복하기 위해 최근 협력에 의한 진단과 치료법이 생겨나고 있다.

철학에서 생겨난 분과학문도 자기분열을 계속하고 있다. 예를 들어 정치학은 정치사상, 비교정치, 국제정치 등으로 전공분야가 나누어지고 있다. 그리하여 선거 정당을 연구하는 비교정치 학자가 국제정치를 연구하면 외도라는 비판을 받는다. 그런데 이러한 학문적 칸막이는 인간의 현실적인 삶과 크게 유리되어 있다. 인간의 삶은 종합적인 속성을 가지고 있다. 즉 인간은 투표하는 정치적 생활, 쇼핑이나 주식투자 같은 경제적 생활, 영화를 보고 외식하는 문화적 생활을 두루 한다. 이처럼 우리의 삶은 총체적이고 종합적이지만, 칸막이처럼 나누어진 분과학문은 우리의 삶을 쪼개어 연구하고 있다. 그리하여 하나의 분과학문을 전문적으로 깊이 공부할수록 다른 분야의 지식에는 몽매한 인간이 되는 것이다.

융합학문은 학문적 칸막이를 해체하려는 인식론적 반란이며, 지역학은 공간을 인식의 중심에 놓고 기존의 분과학문을 융합하려는 학문적 의지를 갖고 있다. 그러므로 지역학은 세분화와 미시화의 길을 걸어온 근대학문을 개혁하려는 움직임이다. 오늘날 융합의 조류가 거세게 밀려들고 있다. 인문학, 사회과학, 자연과학이 활발하게 서로 소통하면서 다양한 학문영역이 생겨나고 있다. 예를 들어 인문경영학, 의료윤리학, 전자마케팅학 등 많은 신학문이 연계전공, 융합전공이라는 이름으로 생겨나고 있으며, 지역학도 그중 하나다. 그리고 융합전공들이 모인 융합학부도 생겨나고 있다. 지역학은 융합학문이며 근대 이후 지속되어온 사회과학의 학문적 파편화를 극복하려는 시도다.

융합의 목적은 실용성을 높이기 위한 것이다. 청동은 구리의 강도를 높이기 위해 주석을 섞어 만든 합금이다. 순수한 물질을 결합해 신물질을 만들어내는 것처럼, 학문의 세계에서도 융합학문을 만들어내면 순수학문에 부족한 현실 유용성을 높일 수 있다. 한국학 수업은 융합적으로 이루어져야 한다. 한국에 관한 언어, 문학, 문화, 역사 등과 같은 인문학적 소양과 정치, 경제, 사회 등과 같은 사회과학적 지식을 함께 제공해야 한다.

학문은 자신의 존재를 가능하게 해주는 사회에 기여해야 하고, 유용하게 활용되어야 한다. 사회적 수요가 없는 학문은 외면을 받게 된다. 과거 교양이 중요한 사회적 덕목이었던 시대에는 인문학이 숭상의 대상이었다. 오늘날 교양 못지않게 취업이 중요해지면서 인문학과 사회과학을 융합한 학문들이 생겨나고 있다. 지역학은 교양과 전문성을 겸비한 르네상스형 인재를 원하는 우리 사회의 수요를 충족시키는 학문이다.

지역학은 분과학문의 경계를 허물고 학문적 협동성을 확보함으로써 실용성을 높이고 있다. 사실 분과학문을 융합하여 학문의 실용성을 높이는 노력은 자연과학 분야에서 먼저 시도되었다. 자연과학 분야의 융합학문은 공학이다. 공학은 수학, 물리, 생물, 화학, 천문, 기상 등과 같은 순수자연과학 분야에서 생겨난 많은 이론적 발견을 서로 결합하여 인간의 삶에 직접적으로 도움이 되는 제품을 만드는 학문이다. 자동차공학, 조선공학, 우주공학, 전자공학 등은 순수 자연과학을 융합하여 인간문명의 발전에 이바지하는 실용적 학문이다.

이와 동일한 방식으로 지역학은 특정국가에 관한 지식을 생산하고 확산하기 위해 인문학의 언어, 문학, 역사, 철학과 사회과학의 정치, 경제, 사회 분야의 이론을 접목한다. 그러므로 지역학으로서 한국학은 한국의 언어와 풍습 그리고 역사에 한국의 정치, 경제, 사회에 관한 이론과 지식을 접목함으로써 분과학문의 벽을 넘고 학문의 융합을 통해 기업과 정책연구소 등에서 필요로 하는 한국 전문가를 길러낼 수 있을 것이다. 한국학은 한국 사회의 생활방식을 이해하고 한국의 정치, 경제, 사회적 행위의 패턴을 탐구하는 지적 작업인 동시에, 한국 현지 사정에 밝은 한국 전문가를 양성하는 것을 목표로 하며, 이러한 지역전문가가 많이 생겨난다면 한국과 국제사회의 상호이해와 교류협력이 크게 증진될 것이다.

4) 특수성의 발견을 추구하는 학문

사회과학은 보편성을 추구하고, 지역학은 특수성을 추구한다, 즉 사회과학자는 일반이론을 개발하려는 반면에, 지역학자는 특수한 지역 상황에서 도출된 결론을 과도하게 일반화하는 것을 피한다. 예를 들어 경제학자는 미국의 경제상황을 분석하여 성장이 고용 증대를 가져온다는 이론을 개발한 후, 이러한 이론이 미국 이외의 국가에서도 적용되는지 검증한다. 미국 상황에서 도출된 이론이 전 세계 모든 나라에서 입증되는지 확인하고자 한다.

사회과학자들은 한 지역에서 만들어진 이론은 다른 지역에서도 적용 가능하다고 인식한다. 왜냐하면 사람이 사는 곳은 모두 비슷하다고 보고, 미국에서의 경제행위 패턴이 다른 나라에서도 유사하게 나타날 것이라고 생각하기 때문이다. 그러므로 사회과학자들은 특정지역의 이론이 전 세계적으로 얼마나 많은 지역에서 적용 가능한지, 즉 특정지역에서 생성된 이론이 얼마나 보편적인 설명력을 가지는지를 밝히는 데 큰 관심을 가지고 있다(김승경, 2021: 261).

지역학자는 사회과학자들이 한 지역에서 만들어진 이론을 다른 지역에 대한 충분한 이해 없이 적용하려는 태도를 이론적 과잉적용이라고 비판하고 경계한다. 지역학과 사회과학을 숲과 나무에 비유하자면, 숲을 보면 나무를 보지 못하고 나무를 보면 숲을 보지 못하는데, 본질적으로 지역학은 나무의 특성에 관심이 많고, 사회과학은 숲의 특성을 파악하려는 것이다. 지역학은 세계 각 지역은 모두 자기 나름의 고유한 속성을 가지고 있기 때문에 숲이라는 전체 속성으로 설명하려는 시도는 복잡한 사회현상을 동일하게 바라보는 오류를 범하는 것이라고 생각한다.

인류사회를 하나의 동질체로 보는 시각은 세계화를 통해 강화되었다. 하지만 9.11 테러사건은 세계화가 환상에 불과하다는 것을 극명하게 보여주었다. 우리는 세계를 지구촌이라고 부르며 마치 인류가 서로 친근한 동네사람이라고 생각했다. 그러나 사실 지구사회는 동질성이 강한 공동체가 아니라 다양한 문화와 이념 그리고 제도가 존재하는 이질적인 세계라고 해야 할 것이다. 세계화 이후 인류는 민주주의와 시장경제라는 서구적 가치를 수용하고 하나의 단일 문명권에서 살아가는 것처럼 보였지만, 9.11 테러사건은 지구사회에서 고유하고 토착적인 이념과 문화를 신봉하는 다양한 사람이 서로 문명적 교류와 충돌하며 살고 있다는 것을 보여주었다.

서구사회의 이주민 위기도 이러한 주장을 뒷받침하고 있다. 오늘날 많은 이주민이 서구로 유입되고 있다. 서구사회가 이주민을 수용하는 포용정신을 발휘할 수 있었던 것은 외국인 이주민이 서구의 가치를 추종하고 서구사회에 잘 적응하고 살 것이라고 믿었기 때문이다. 하지만 이주민은 서구의 우월한 문화와 제도에 동화되기보다 자국의 문화와 종교를 유지하고 동일한 정체성을 공유하는 이주민끼리 밀집 거주하는 게토화 현상을 보인다. 특히 이주민 2-3세대는 서구사회에서 태어나 교육을 받았음에도 현지인에 대한 테러를 감행하는 등 서구의 체제에 노골적인 반감을 드러내고 있다. 이주민 위기 사례는 한 사회 내에서 모든 인간이 똑같은 삶의 방식과 가치를 추구하지 않는다는 사실을 말해준다. 그러므로 과도한 일반화는 인간을 동일한 인식 틀에 집어넣는 전체주의적 사고이므로 경계해야 할 발상이다.

사실 보편성과 특수성의 관계는 상호 대립적인 것이 아니라 보완적이다. 보편성은 특수한 개별현상 없이 존재할 수 없다. 왜냐하면 보편성이란 개별현상에서 공통으로 나타나는 일반특징을 말하기 때문이다. 그러므로 지역 연구가 지향하는 특수성 발견이 궁극적으로는 보편성 발견에 기여하는 것이다. 인류의 보편적 삶의 원리가 특정 지역민의 구체적인 삶의 원리와 상치하는 것이 아니다. 물론 그렇다고 해서 반드시 일치하는 것도 아니다.

한국과 일본 사회의 작동원리를 안다고 해서 중국 사회를 이해할 수 있는 것은 아니다. 만일 한국 사회를 알면 자동으로 중국 사회를 알 수 있다면, 중국을 이해하기 위해 중국어를 배우고 중국의 역사와 문화 등을 배울 필요가 없을 것이다. 중국인이 살아가는 방식은 한국이나 일본에서도 발견되는 경우가 있지만, 차별성도 분명히 존재한다. 지역전문가는 그러한 공통점과 차이점을 찾아내려는 사람이다.

많은 외국인이 한·중·일 3국이 서로 비슷할 것이라고 추정한다. 심지어 서로 유사한 언어를 사용한다고 생각한다. 한국어와 일본어는 우랄

알타이계로 유사하지만, 중국어는 매우 다르다. 한국학은 한국의 문화와 사회 현상이 이웃 국가와 어떠한 공통점을 갖고 있고, 또한 어떠한 차이점이 있는지 설명할 수 있어야 할 것이다. 그렇게 함으로써 한국학이 독자성을 가진 학문영역으로 위상을 확보할 수 있을 것이다. 만일 그러지 못한다면, 동아시아학의 일부로밖에 대접받지 못할 것이다.

2. 지역 연구의 방법

1) 내부자 시각의 중시

내부자 시각의 반대는 오리엔탈리즘이다. 에드워드 사이드에 의하면 오리엔탈리즘이란 "동양의 각종 유·무형의 문화적 맥락을 서구적 관점에서 해석하여 비과학적·미신적·비합리적·비논리적이라고 낙인 찍는 태도"다. 서구인이 동양에 대한 편견을 가진 이유는 수많은 서구의 작가와 사상가들이 오랜 세월에 걸쳐 "자문화 중심적" 시각을 가지고 글을 쓰면서 서구인에게 영향을 끼쳤기 때문이다(Said, 2016).

지역 연구자에게 오리엔탈리즘이란 경고문과 같다. 타자의 시각이 아닌 내부자의 시각으로 연구 대상 국가를 바라보아야 한다는 것이다. 대표적인 서구중심적 시각에서 생겨난 이론이 근대화 이론이다. 근대화란 근대성을 획득하는 과정인데, 서구 학자들은 근대성이란 서구사회가 발전시킨 물질과 가치라고 규정한다. 그러므로 근대화란 비서구 국가들이 서구의 정치, 경제, 문화를 받아들여 하루빨리 서구적으로 문명화되는 것을 의미한다. 근대화 이론가의 시각에서 보면 현재 지구상에는 다양한 역사적 발전단계에 있는 국가들이 공존하고 있다. 가장 역사적으로 발전한 서구국가와 가장 근대화되지 못한 개도국 그리고 그 중간 단계에 있는 중진국이 함께 존재하면서, 발전단계적 관점에서는 서로 다른 시기를 경험하고 있는 국가들이 공간적으로 동일하게 병존하고 있는 셈이다. 역사의 선형적 발전에 기반한 근대화 이론에 따르면, 개도국은 토착적인 고유문화를 버리고 서구를 잘 모방하는 것이 역사발전에 성공하는 길이다. 그리고 중진국은 선진국을 따라가면서 다른 한편으로는 개도국에 대해 우월적 인식태도를 보이는데, 이러한 자세는 주변부적 오리엔탈리즘에 해당한다.

주변부적 오리엔탈리즘이란 자신의 주변성을 탈피하기 위해 새로운 주변부를 만들어내는 인식이다. 일본은 서양국가들이 아시아 국가들을 침략하여 식민화하는 제국주의적 속성을 비판하면서도 동양의 선도국가로서 아시아의 열등국가들을 지도하여 문명국으로 탈바꿈할 수 있도록 도와줄 책임이 있다고 주장했다. 그리하여 19세기 말 20세기 초에 일본의 제도와 문화가 아시아 국가에 친화적이라는 명분으로 확산했지만, 결국 일본 정부의 식민지 개척의 수단으로 전락했다. 당시 일본이 내세웠던 아시아 연대론은 아시아 국가 간의 수평적 협력이 아니라 일본을 맹주로 하는 위계적 연대였으며, 대동아 공영권이라는 이름으로 아시아 경제통합을 내세웠지만 실상은 일본의 경제발전을 위해 아시아 지역을 자원공급지와 상품시장으로 삼은 것이다(김명섭, 2001).

오리엔탈리즘의 반대 개념으로 옥시덴탈리즘이 있다. 이는 오리엔탈리즘과는 정반대로 서양사회는 물질적이고 천박하며, 동양은 선하고 인간적이라는 구별을 통해 서양에 대한 적대적인 태도를 보이고 동양을 예찬하는 시각이다. 이처럼 옥시덴탈리즘은 오리엔탈리즘의 반작용으로 생겨났지만, 논리 구조는 오리엔탈리즘과 동일한 이분법적 인식 틀을 사용하고 있다. 즉 세상을 선과 악, 우월과 열등, 문명과 야만이라는 틀로 바라보고 평가한다.

지역학이 강조하는 내부자 시각은 오리엔탈리즘에 반대하지만, 옥시덴탈리즘 같은 반발적 시각과도 다르다. 내부자 시각이란 특정 지역을 연구할 때, 그 지역 고유의 역사적·문화적 입장을 최대한 이해하려는 태도를 말한다. 다시 말하면, 연구 대상 국가의 관점에서 연구하는 것이다. 지역학은 해외지역 사회의 사고방식과 행위 양식을 연구의 중심에 둔다. 이러한 시각은 문화적 상대주의에 해당한다. 모든 문화는 상대적인 차이가 있을 뿐 우열이 없다는 관점이다. 스푼과 포크가 숟가락과 젓가락보다 우월하지 않고, 스테이크하우스가 한식당보다 나은 것이 아니다.

문화란 특정 지역에서 오랜 세월에 걸쳐 형성·발전하면서 고유한 토착적 특징을 갖게 되고, 그 결과 그 사회의 작동원리로 작용하는 규범적 힘을 획득한다. 한 사회가 가지고 있는 특정한 문화 전통은 그 사회의 필요에 의해 생겨났고, 모든 사회 구성원이 당위적으로 따르는 규칙이 된 것이다. 서구사회는 제3세계에 자신들의 삶의 방식을 수출하고 주입함으로써 후진국들이 그들 고유의 문화와 환경에 적합한 발전경로를 찾는 수고를 덜어주었다. 그러므로 자문화 중심적 사고를 가지고 특정한 사회에 접근하기 전에 그 사회의 문화, 역사, 철학적 배경을 이해하는 자세를 갖는 것이 지역 연구의 바람직한 태도다.

한국은 기적의 나라다. 짧은 기간에 경제적 산업화와 정치적 민주화를 달성했다. 그리하여 세계 최초로 원조를 받는 국가에서 원조하는 나라가 되었고, 아시아에서 4개밖에 없는 완전한 수준의 민주주의 국가로 분류되고 있다. 한국학의 사명은 어떻게 한국이 성공적인 국가발전에 성공했는지 그 원인과 배경을 탐구할 뿐만 아니라, 한국의 발전모델을 많은 개도국에 알리는 것이다. 하지만 한국 모델을 무조건적으로 다른 국가에

이식하는 것은 한국 중심적 사고방식이다. 한국의 발전경험이 어떠한 조건과 환경을 필요로 하는지 철저하게 분석할 필요가 있고, 한국 모델을 기계적으로 수출할 것이 아니라 수입국의 현지사정에 적합하게 개량할 수 있는지 사전 고민이 있어야 할 것이다. 이러한 작업을 위해 한국과 해외에 있는 한국 전문가들이 서로 소통하고 논의하는 학문적 연대와 협력이 필요하다.

2) 학제적 접근법 사용

학제적 연구는 다양한 학문의 협력을 이끌어내는 접근법을 말한다. 인간이 사는 현실은 모든 것이 서로 얽혀 총체적이지만, 분과학문은 파편화되어 있다. 대학의 학문은 인문학, 사회과학으로 나누어져 있고, 사회과학은 다시 정치학, 경제학, 사회학, 심리학 등으로 세분화되어 있다. 학제적 연구는 이러한 문제점을 극복하려는 관점에서 생겨났으며, 총체적인 현실을 종합적으로 이해하기 위해 여러 분과학문의 연구 성과를 활용하자는 인식에서 나왔다. 인간사회와 세계를 정확하게 이해하는 데 필요한 모든 학문적 결실을 활용하려는 것이다.

한국학은 학제적 연구 방법을 적극적으로 활용할 필요가 있다. 한국을 이해하는 데 정치학 지식만을 가지고 분석하는 것은 바람직하지 않다. 경제학과 사회학에서 개발된 이론과 방법론을 적극적으로 활용해야 한다. 한국인의 벙커 멘탈리티는 19세기 말 이후 외세에 시달리면서 생겨난 것이다. 그러므로 한국인의 정서를 이해하기 위해서는 한국의 역사, 정치, 대외관계 등을 알 필요가 있다. 동일한 논리에서 오늘날 한국인이 개방적 민족주의를 갖게 된 이유는 국제사회와의 교류협력으로 국익을 크게 증대한 경험 때문이다. 그러므로 한국인의 정체성 변화를 제대로 이해하기 위해서는 한국의 정치, 경제, 역사를 잘 알아야 한다.

이처럼 지역학은 특정 국가의 현상을 이해하기 위해 사회과학과 인문학을 모두 활용하는 열린 마인드를 가지고 연구에 임하고 있다. 지역학은 인문학과 사회과학이 만나는 학문적 교차로에 있다. 즉, 특정 국가를 여러 학문의 접점에 두고 집중적으로 탐구하는 학문 분야다. 다시 말하면 지역 연구자는 관심 있는 국가를 종합적으로 이해하기 위해 인문학과 사회과학의 중요한 이론과 개념을 모두 숙지할 필요가 있다. 분과학문의 칸막이를 거리낌 없이 넘나드는 자유로운 연구자 정신을 가져야 한다.

물론 학제적 연구가 쉬운 일은 아니다. 학제적 연구는 근대 학문에 대한 반란이다. 학문의 영역이 전문화·세분화·파편화된 이유는 연구 대상을 최소화하여 정확한 진단과 분석을 하기 위해 불가피한 면이 있었다. 경제학의 경우 거시경세, 미시경제, 화폐금융 등과 같이 수많은 전문분야로 세분화되었다. 한 명의 연구자가 이 모든 분야를 다룬다면 진정한 경제 전문가가 되기 어려울 것이다. 하지만 전공분야가 지나치게 세분화됨으로써 경제학자가 동료의 경제학 연구를 이해하기 어려워지고 있다. 경제이론은 날로 세밀해지고 정교하게 발전하지만, 경제위기 같은 복합적이고 거대한 현상을 예방하지 못하고 있다. 이는 경제 연구의 과도한 세분화 때문이라는 반성도 있다.

학제적으로 연구한다고 해서 인문학과 사회과학의 모든 지식을 알아야 한다는 것이 아니다. 자신의 전공지역에 관한 기본지식을 갖추어야 하지만, 중요한 것은 인문학과 사회과학에서 생산된 개념과 이론을 자유자재로 가져다 활용할 수 있는 능력을 갖추는 일이다. 다시 말하면 분과학문의 모든 지식을 아는 것이 아니라 필요할 때, 자유자재로 가져와서 설명 도구로 쓸 수 있는 능력과 개방적 마인드를 갖추면 된다.

한국학 교육과정은 학생들에게 인문학에서 사회과학까지 다양한 지식을 제공해야 한다. 학생들이 한국 사회에 관해 탐구하면서 자신의 학문적 시각과 태도가 특정한 분과학문적 특성에 얽매이지 않도록, 자유로운 연구자가 될 수 있도록 도와주어야 한다. 한국학과에서 다양한 전공의 학자들이 서로 협업하고 학생들에게 학제적 연구 능력을 키울 때 한국학이 분과학문과는 구별되는 학문적 독창성을 꽃피울 수 있을 것이다.

3) 현지 지식의 활용

현지 지식을 활용하기 위해 지역 연구자는 무엇보다 현지에서 발행되는 1차 자료를 수집해야 한다. 1차 자료란 가공되지 않은 원자료를 말하며, 전문가의 설명과 해석의 결과물이 아닌 기초자료다. 학술논문이나 정책보고서가 2차 자료라면, 1차 자료란 논문이나 보고서를 생산하는 데 필요한 통계수치, 언론기사, 연설문 등이다. 지역전문가는 현지에서 1차 자료를 수집하는 데 많은 노력을 기울여야 한다. 2차 자료는 굳이 현지에 가지 않아도 구할 수 있다.

사실 지역학의 경우 연구 자료를 수집하는 데 많은 어려움이 있다. 해외 지역에 관한 자료가 존재하지 않는 경우가 많기 때문이다. 이러한 경우에는 연구자가 자료를 만들어내야 하며, 이를 위해 현지조사를 실시한다. 현지조사는 면담, 관찰, 설문조사 등을 통해 연구자의 연구 목적에 맞는 자료들을 생산할 수 있다. 게다가 현지를 방문함으로써 연구 대상을 둘러싼 생생한 현장 분위기를 파악할 수 있다.

그런데 현지조사를 원활하게 수행하기 위해서는 무엇보다 현지어 능력이 필요하다. 언어는 그 나라로 들어가는 문을 열 수 있는 열쇠 같은 것이다. 지역 연구에서 현지 자료를 많이 활용할수록 내부자 시각으로 분석 대상을 바라보는 데 도움이 될 것이다. 물론, 현지어 외에 현지인과의 네트워크를 구축하는 능력도 필요하다. 이는 현지조사를 효율적으로 진행하는 데 도움을 줄 것이다.

과거에는 지역 연구가 비용이 많이 드는 학문이었지만, 오늘날에는 인터넷의 발달로 인해 현지어 능력만 있으면 현지를 방문하지 않고도 원하는 자료를 수집할 수 있는 연구 환경이 마련되고 있다. 따라서 지역 연구자가 현지에 가지 않고 현지 자료를 구하기 위해 현지 기관이나 전문가와의 네트워킹을 구축하는 능력과 적극성이 더욱 중요해지고 있다. 현지를 직접 방문하는 조사는 점차 자료 생산과 살아있는 현장을 관찰하기 위한 목적을 위해 주로 실시되고 있다.

한국학과는 학생들을 현지조사 수행능력을 갖춘 전문가로 길러내기 위해 무엇보다 한국어 학습에 가장 큰 역점을 두어야 할 것이다. 오늘날 언어학습법은 날로 발전하고 있다. 과거에는 주로 교과서나 비디오를 활용하여 수업을 진행했지만, 최근에는 인터넷, 유튜브, 챗GPT 등을 활용하여 학생들이 매우 수준 높은 한국어 능력을 구사하는 경우가 많다. 이들에게 필요한 것은 한국을 방문하여 문헌자료 수집과 면담 및 관찰하는 데 필요한 네트워킹 능력이다. 그러므로 해외 한국학과는 한국 대학 및 연구소와 자매결연 및 협력협정을 체결하여 학생들의 한국 방문이 원활하고 효과적으로 이루어져 소기의 성과를 거둘 수 있도록 제도적으로 지원할 필요가 있다.

4) 해석적 연구 방법 사용

지역학은 사회적 맥락을 이해함으로써 특정 국가의 고유한 정책과 제도 그리고 주민의 행태를 설명하는 학문이다. 그러므로 특정한 사회를 분석할 때 현상의 사회적 배경을 이해하는 것을 중요하게 생각한다. 수많은 개도국이 자신들의 고유한 역사와 사회적 맥락을 무시한 채 서구의 제도를 도입하여 실패했다. 그만큼 사회적 배경이 중요하다. 사회적 맥락이란 특정한 지역에 살고 있는 사람들의 사고방식과 행위 양식을 말한다. 개인의 삶의 방식이 모여서 사회의 맥락이 된다.

독일 시민은 법과 질서를 잘 지키고, 프랑스 시민은 자유분방하다. 양국의 서로 다른 사고방식과 정체성 때문에 경제적으로 보면 독일에서는 정밀기계공업이 발전했고, 프랑스에서는 패션산업이 발달했다. 정치적으로 보면 프랑스 국민은 절대왕정을 무너뜨린 대혁명이라는 역사적 경험을 가지고 있고, 독일 국민은 히틀러에게 맹종한 과거사를 가지고 있다. 이처럼 특정한 나라의 사회적 맥락을 알면 그 나라에서 발생하는 많은 현상을 이해할 수 있게 된다.

독일의 철학자 딜타이는 자연세계를 연구하는 학문의 목적은 설명이고, 인간세계를 연구하는 학문의 목적은 해석이라고 말했다. 자연과학은 원인을 찾는 것을 중시하고, 사회과학은 배경을 찾는 것이 중요하다는 뜻이다. 해석적 방법이란 맥락을 파악하여 현상을 이해하는 것이다. 따라서 해석적 방법에서는 사회현상을 일으키는 간접적 원인으로서 역사, 철학, 문화 등과 같은 배경적 요인이 중요한 변수로 다루어진다.

과학적 연구 방법은 복잡한 현상을 하나씩 분리하여 미시적으로 인과관계를 분석한다. 현실에서는 현상을 촉발하는 변수들이 서로 얽혀 있는데, 그중에서 하나의 변수를 떼어내어 독립적 존재로 다루게 되면 필연적으로 자신이 구성하고 있는 사회적 의미체계로부터 떨어져 나오게 되고, 맥락에서 잘려 나온 개별변수는 현실 세계와 동떨어진 박제 같은 존재가 될 수 있다. 맥락은 변수들로 엮어진 하나의 실타래와 같다. 얽혀 있는 실타래를 풀어서 각각의 실이 가진 영향력을 찾아내는 것이 과학이 추구하는 설명적 연구라면, 해석적 연구는 실의 역할을 한 올씩 규명하는 것이 아니라 실타래 전체의 속성을 밝히려는 것이다. 마치 실타래처럼 정치, 경제, 사회, 문화, 역사적 변수가 원인으로 혼재하고 있다고 보는 해석적 연구는 학제적이고 종합적인 접근방식을 택한다.

그러므로 지역 연구는 현상의 사회적 배경을 중요하게 생각하며, 지역 연구 해석의 초점에 놓이는 것은 그 지역에 사는 사람들의 사고방식과 행위 양식이다. 개인의 삶의 방식이 모여서 그 사회의 맥락이 되기 때문이다.

사회적 맥락을 가지고 동서양을 비교하면, 동양은 고맥락 사회이고 서양은 저맥락 사회다. 동양에서는 범죄자를 처벌할 때 국민적 관심, 여론의 향방 등과 같은 사회적 맥락이 큰 영향을 끼친다. 맥락은 사건을 직접 일으키지는 않지만, 결과의 폭을 결정한다. 실족했을 때 풀밭에서는 발목 정도가 부러진다면, 절벽에서는 생명을 잃을 수도 있다. 부상 사고의 원인은 실족이지만, 생사를 결정하는 것은 풀밭 혹은 절벽이라는 공간적 맥락이다. 맥락은 간접적인 원인에 불과하지만, 결과에 중대한 영향을 미치는 배경에 해당한다. 사회적 의미체계가 유사한 동아시아 국가 간에도 맥락의 차이를 발견할 수 있다. 예를 들어 모계사회의 전통을 가진 국가에서의 정당정치는 가부장제 사회와는 다르게 전개될 수밖에 없다.

한국 사회를 이해하는 데 필요한 사회적 맥락에는 어떠한 것이 있을까? 반일감정은 한국인의 사고와 행위 패턴을 이해하는 데 중요한 키워드다. 한국과 일본은 교역, 투자, 교류 방문 등에서 매우 활발하다. 일반적으로 상호협력과 교류가 활성화되면 양국 간의 우호가 증진되지만, 한일 양국 관계에서는 잘 적용되지 않는다. 유교 또한 한국의 중요한 사회적 맥락이다. 한국인의 인간관계와 행동을 이해하는 데 유교는 핵심적인 개념이라고 할 수 있다.

3. 한국학의 실태

1) 한국학의 현황

한국학과 유사하지만 개념적으로 다소 구분되는 학문영역으로 국학과 해외 한국학이 있다. 국학이란 한민족 고유의 역사나 문화적 전통을 우리의 관점에서 연구한 결과물로서 국가 정체성을 재정립하기 위해 국가정책적으로 지원을 받는 학문이다. 이에 반해 1970년대 미국의 영향을 받아 생겨난 한국학은 지역 연구의 일환으로서 민족주의를 탈피하고 상대적으로 몰가치적 객관성을 추구하면서 한국에 관해 연구하기 시작했고, 국학과 긴장 관계에 놓이게 되었다. 그리하여 1980년대 이후 개념적으로 국학은 한국적 특수성을 강조하는 경우에만 사용되고, 한국에 관한 일반적인 지식을 가리킬 때는 한국학이 사용된다(김경일, 2003).

현재의 한국학은 외국인을 위한 해외 한국학이 주류를 차지한다. 1990년대 이후 한국 정부의 지원으로 한국학이 세계적으로 확산되었고, 관련 교육 및 연구 기관 설립이 활성화되었다. 한국 정부는 해외 한국학 지원사업을 소프트파워 확대를 위한 외교적 수단으로 활용했고, 이것이 해외 한국학 활성화의 전환점이 되었다. 그리고 2000년대에 들어서 한류 확산과 한국 기업의 해외 진출과 함께 한국학에 대한 관심이 폭발했다(김진량, 2019: 288).

사실 해외 한국학은 타자가 바라본 한국이라는 점에서 그 출발점은 개항기에서 찾을 수 있다. 19세기 후반 조선이 개방되고, 서구 열강과 국교를 수립함에 따라 많은 외교관, 선교사, 기자, 여행가들이 조선을 찾았고, 서양 세계에 조선을 알리는 선구자가 되었다. 동아시아의 세력 판도에 촉각을 세우고 있던 서구사회는 청일전쟁과 러일전쟁이 발발하자 한반도에 대한 관심이 커졌고, 서양인의 조선 여행기가 큰 반향을 일으켰다.

특정 사회에 관한 지식은 주로 그 사회 내부에서 생산되지만, 타자에 의해서도 생산된다. 그리고 내부에서 생산된 지식과는 차별화된 가치를 지닌다. 개항기 외국 방문객이 타자의 시선으로 한국을 체계적으로 인식하는 틀을 제시했지만, 그들이 한국을 바라보는 시선에는 오리엔탈리즘적 편향성이 있었다. 반면에 오늘날 세계적인 확대 국면에 있는 해외 한국학은 좀 더 객관적이고 내부자적 시각에서 한국을 바라보고 연구한다는 점에서 바람직한 방향으로 나아가고 있다(김태훈, 2021: 2784).

한국국제교류재단이 제공하는 해외대학 한국학 현황 통합검색에 따르면 한국학 과정을 제공하는 대학은 2021년 기준으로 1,408개에 달한다. 이를 지역별로 분류하면 〈표 1〉과 같다. 동북아 지역이 압도적이며, 2위 지역은 북미로서 1위와 다소 큰 격차를 보이고 있다. 분석 대상 기관 중에서 학사과정을 개설한 대학은 550개이며, 석사과정은 187개, 박사과정은 115개다. 학위과정 개설 현황의 특징을 보면, 동북아와 북미지역이 학사과정에 치중하고 있는 반면, 유럽지역에서는 석사와 박사과정의 비중이 높게 나타나고 있다. 한국어 교육을 중점적으로 제공하는 세종학당은 동남아, 중유럽, 유라시아 등 한국학이 열세한 지역에 많이 설치되어 있는 것을 알 수 있다.

〈표 1〉 해외 한국학 개설 현황

지역	정규과정			연구센터	세종학당
	학사	석사	박사		
동북아	259	58	32	43	22
동남아	58	10	3	17	15
서남아	8	3	2	4	1
대양주	4	4	5	4	2
북미	98	26	21	26	2
남미	3	3	2	2	5
중미/카리브	2	0	0	1	2
서유럽	31	29	17	14	4
중유럽	40	32	21	13	12
유라시아	39	16	9	14	9
중동	7	3	2	2	1
아프리카	1	2	0	3	1
합계	550	187	115	143	76

출처: KF통계센터, 해외대학 한국학 현황 통합검색(검색일: 2022. 8. 11).

2020년 12월 기준으로 한국학 교수직을 설치하고 있는 대학은 143개로 추산되며, 지역별로는 북미 98개, 유럽 29개, 대양주 12개, 아시아 4개다. 그런데 한국학 교수직을 전공 분야별로 나누어보면 문학 및 문화 33개, 한국어 28개, 역사 21개로 인문학이 총 82개로 57.3%에 달한다. 이러한 편중은 교육과목 개설에 그대로 반영된다. 그리하여 교육과정의 대부분을 언어교육이 차지하고, 이에 더하여 문학, 역사, 문화 등의 수업이 제공되어 인문학 중심으로 이루어지고 있다(이상신·이재원, 2022: 32).

최근 들어 어학 중심의 한국학에서 탈피하여 더욱 심화된 한국학으로 발전해야 한다는 논의가 이루어지고, 해외 대학이 점차 한국의 현실사회에 관한 종합적인 정보를 제공하고 알리려는 노력을 하고 있다. 어학 프로그램과 사회과학 프로그램을 연계하여 한국 전문가를 양성할 수 있는 교육과정의 고도화를 추구하고 있다. 호주의 경우 한국에 대한 사회과학적 관심은 주로 인권, 이민, 정치 및 국제관계, 북한 문제, 중국과 일본과의 관계 등을 중심으로 생겨나고 있다. 이처럼 학생과 연구자들의 관심이 인문학을 넘어서고 있다. 한국이 더 이상 단순한 이국적 취향에 머물지 않고 진지한 학문적 연구 대상으로 이어지고 있다(신성철, 2020: 93).

지난날 한국학 지원사업이 주로 언어 수업 제공에 초점을 맞추어온 단계를 넘어서서 사회과학적 수업으로 진일보하기 위해 한국국제교류재단은 글로벌 e-스쿨 사업을 전개하고 있다. 해외 한국학 교육 수요의 폭발적인 증가에 비해 한국어 이외의 교육을 제공할 필요성이 생겨났지만, 관련 현지 교육을 담당한 전문인력이 부족한 상황을 극복하고자 국내대학의 전문가가 실시간으로 한국학 강의를 제공하기 위해 2011년부터 시행하고 있는 사업이다. 2020년까지 총 56개국 215개 대학에서 약 4만 명의 학생이 한국 관련 강좌를 수강했는데, 수업내용을 분류하면 사회과학이 76.5%, 인문학이 9.8%로서 인문학에 치우쳤던 해외 한국학 교육의 불균형을 개선하는 데 큰 역할을 하고 있다.

2) 한국학에서 지역학 및 정치학의 위상

학과의 정체성은 주로 소속 학부를 통해 알 수 있는데, 해외 대학교에서 한국학과는 다양한 단과대학에 소속되어 있다. 통계 현황을 살펴보면 한국학은 인문학부, 아시아학부, 정치외교학과에 분산되어 소속해 있고, 특정한 학부 혹은 학과에 소속되지 않고 한국학 센터 및 한국학 프로그램처럼 독립적이면서 학제적 성격의 기관으로 존재하는 경우를 포함하여 한국학의 소속을 다섯 가지로 분류할 수 있다. 이는 한국학의 학문적 정체성이 다양하며, 아직 확고한 정체성이 확립되지 못하고 있다는 것을 말해준다.

한국학 프로그램의 형태로 성공적인 사례는 네덜란드의 라이던대학교와 미국의 샌디에이고대학교가 있다. 동일한 대학교에서 한국학이 여러 기관에서 강좌를 제공하는 경우도 있다. 예를 들어 와세다대학교에서는 정치경제학부가 "한국 정치", "현대 북한정치사" 강좌를 제공하고, 대학원 정치학 전공에서 "한국 여론과 정치", "한국 정치", "한반도 정치" 등을 가르친다. 그리고 아태지역대학원은 "한국의 정치외교", "동북아에서 한국의 국제관계" 수업을 제공한다.

전 세계 한국학 과정의 소속을 살펴보면, 인문학부 소속은 전체의 36%, 아시아학부 소속은 37%, 정치외교학부 소속은 17%이며, 독립적 한국학센터 5% 등으로 나타나고 있다. 이러한 통계는 한국학이 주로 인문학 혹은 지역학 정체성을 보여주고 있으며, 사회과학적 관점에서 볼 때 한국학 과정에 큰 관심을 가지고 있는 전공분야는 정치학이라는 것을 알 수 있다.

그런데 정치학 관련 수업의 내용을 보면 한국전쟁, 북한정치, 남북한관계 등의 주제가 가장 많은 비중을 차지하고 있어서 정치학 수업 내용의 다변화가 필요한 실정이다. 지나치게 한국의 특수성을 보여주는 주제는 다른 나라와의 교차사례적 분석이 어렵기 때문에 보편적 논의가 어렵고, 한국 사회를 이해하는 데 어려움을 느낄 수 있다. 일부 대학에서는 현대 한국정치를 분과학문적 관점에서 다루는 사례가 있다. 예를 들어 대만 정치대학교는 "한국 정부와 정치", 태국 송클라대학교는 "한국의 정치와 거버넌스”, 코넬대학교는 “한국의 공공행정” 수업을 제공하고 있다.

정치학 수업을 제공하는 대학을 중점적으로 분석해보면 가장 다양하고 많은 강좌를 제공하는 대학으로는 산둥대학교, 와세다대학교, 홍콩대학교, 워싱턴대학교, 파리동양학대학교, 센트럴랭커셔대학교, 카잔연방대학교, 카자흐스탄유라시아 국립대학교 등이 있다. 이처럼 한국학을 정치학적 관점에서 관심을 가지고 관련 수업을 제공하는 학교에 대해서는 한국 대학의 정치학과가 학과 차원에서 협력을 제안하여 현지 대학의 정치학 수업의 수준을 높일 수 있도록 다양한 차원의 교류협력을 할 필요가 있다.

4. 한국학 발전을 위한 과제

한국학이 국제적으로 통용되는 보편지식 체계로 인정받기 위해서는 한국학이 지역학으로 발전해야 한다. 한국학이 사회과학으로 발전하는 것은 한국의 특수성을 상실할 수 있고, 인문학 중심의 국학으로 남는 것은 한국의 특수성이 지나치게 강조될 것이다. 한국학이 지역학을 추구한다는 것은 보편적 주제를 다루는 사회과학과 한국적 특색의 주제를 다루는 인문학을 결합하는 것이고, 지역학으로서 한국학의 정체성은 인문학과 사회과학의 특성을 잘 융합할 때 생겨나며, 한국이라는 특수 지역에서 발생하는 현상을 타 지역과 비교 분석함으로써 비교지역론적 기여를 할 수 있을 것이다.

한국학 연구자의 전문성은 무엇보다 한국어 구사능력에 있다. 그러므로 한국학 교육과정에서 언어교육은 기본적으로 중요하며, 한국에 관한 현지 정보를 수집·조사할 수 있는 능력을 함양해준다. 하지만 수집된 자료를 토대로 한국에 관한 지식을 생산하기 위해서는 사회과학적 훈련이 필요하며, 대표적으로 정치학, 경제학, 사회학, 인류학 분야의 교육이 필요하다. 사실 해외 대학의 사회과학 분과에서 한국이라는 지역을 가르칠 기회는 제한되어 있다. 그러므로 한국학과가 한국에 관한 사회과학 교육을 도맡아야 한다(김승경, 2021: 247).

해외에서 한국학 지식에 대한 수요와 공급이 지속적으로 이루어지려면, 한국학의 현지화가 필요하다. 한국학의 현지화란 한국 사회의 현상을 문화적 맥락에서 설명하며, 해당 국가의 정치사회적 특성이 지식생산에 반영되는 것이다. 다시 말하면 한국학의 현지화란 한국학을 특정 국가의 사회적 환경에 맞추는 것이며, 사회현상의 발생 배경으로서 맥락의 비교론적 특성을 깨닫게 함으로써 한국 사회에 대한 이해가 자국 사회를 이해하는 데 도움이 되도록 하는 것이다. 이처럼 한국학이 현지 사회의 지식발전에 도움이 되면, 현지화된 한국학은 현지 사회의 관심과 흥미를 유발할 수 있을 것이다.

한국에 관한 지식체계를 생산하는 주체로서 한국인과 외국인은 연구 방법과 시각에서 서로 차이를 보인다. 그러므로 이들이 협업하면 상호보완적 효과를 얻을 수 있을 것이다. 무엇보다 연구 시각이라는 측면에서 양극단에 있는 서구 중심적 보편주의와 한국 중심적 특수주의의 대립을 극복할 수 있다. 타자의 시선은 한국 특유의 문화와 전통을 세계 각국과 비교하고 객관화함으로써 국내 한국학이 간파하지 못하는 연구 시각이나 방법론을 개발할 수 있다. 궁극적으로는 한국인의 특수한 역사적 경험이나 문화적 유산을 세계 학계가 공유하도록 해줄 수 있다(김태훈, 2021: 2792).

해외 한국학의 연구 성과가 한국학 발전에 기여할 수 있는 또 다른 분야는 한국학의 지역화다. 해외에서 한국학은 동아시아학 속에서 자신의 영역을 개척하고 있다. 한국학과는 동아시아학부에 속한 경우가 많으며, 교육과 연구에서 자연스럽게 중국, 일본 등과 비교하며 이루어지고 있다. 이러한 교차국가론적 접근은 한국학의 학문적 보편성을 동아시아 차원으로 확대하는 데 보탬이 될 것이며, 한국학이 지역학으로 발전하는 데 도움을 줄 것이다.

참고문헌

김경일.「한국학의 기원과 계보: 한국과 동아시아, 미국을 중심으로」.『사회와 역사』 64, 2003.

김명섭.「제국정치학과 국제정치학」.『세계정치연구』 1(1), 2001.

김승경.「비판적 지역학으로서의 북미 한국학: 사회과학의 사례를 중심으로」.『역사비평』 134, 2021.

김웅진.『정치학 방법론 서설: 경험과학연구의 논리와 규준』. 명지사, 1992.

김진량.「해외한국학의 현지화 연구」.『정신문화연구』 42(1), 2019.

김태훈.「자료배열을 통해 본 해외 한국학의 역사」.『인문사회21』 12(4), 2021.

신성철.「호주 대학의 한국학 현황과 과제」.『한국언어문화학』 17(2), 2020.

이상신·이재원.『통일공공외교 수요조사』. 통일연구원, 2022.

이중희.「지역연구의 대상과 방법」.『국제지역연구』 5(3), 2001.

전경수.『지역연구 어떻게 하나』. 서울대학교 출판부, 1999.

헌팅턴, 새무얼.『문명의 충돌』. 이희재 옮김, 김영사, 1997.

Said, Edward W.『오리엔탈리즘』. 박홍규 옮김, 교보문고, 2007.

'한국학' 발전과 사회과학적 접근: 정치학을 중심으로

김성진(덕성여자대학교)

#한국학
#한국 정치학
#타자화
#역사적 접근 방법
#비교 접근 방법
#해외 한국학 현황

이 글은 한국학의 발전 과정에서 나타난 문제들을 한국에 대한 사회과학적 접근, 특히 한국 정치학의 발전 과정에서 제기된 문제와 비교해 살펴보고, 이를 통해 한국학의 학문적 발전에 대한 시사점을 찾는 데 있다.

한국에 대한 폭발적 관심 증가는 한국어·한국학 교육과정의 양적 확대를 가져왔다. 그러나 한국학은 여전히 자아준거적 학문이 가지는 정체성 형성과 타자화 문제, 인문학적 접근과 사회과학적 접근 사이의 방법론을 둘러싼 논쟁, 그리고 현실적으로는 독립된 학문영역으로 성장하기 위한 학문 후속 세대의 안정적 수급 문제를 안고 있다. 한국 정치학 역시 외래적 비교 방법을 적용하는 과정에서 나타나는 타자화 문제를 안고 있으며, 특수성을 강조하는 입장이 기존의 지적 헤게모니 극복과 권위주의 체제에 대한 비판을 약화시키는 도구로 이용될 가능성을 차단해야 하는 도전을 안고 있음을 보여준다.

사회정체성이론은 한국학과 한국 정치학이 당면한 과제를 해결하기 위해서는 특수성에 대한 역사적 접근에 기초한 재평가와 비교 과정을 통해 타자화된 평가를 객관적으로 수정하는 노력의 병행, 즉 인문학적 방법론과 사회과학적 접근 간의 밀접한 협력이 중요함을 보여주고 있다. 이는 한국학에 대한 다양한 관심을 수용하고 학문 후속 세대의 충원과 사회진출에도 기여하게 될 것이다.

이 글은 2022년 8월 한국정치학회 하계학술회의(동서대학교 센텀 캠퍼스, 부산) 발표문과 『현상과인식』 47권 4호에 게재된 글을 일부 수정·보완한 것이다.

1. 서론

이 글의 목적은 '한국학'의 발전과 이 과정에서 나타나는 독립된 학문영역으로서의 성장과 관련해 제기되는 문제점들을 사회과학적 접근, 특히 정치학의 발전 과정에서 나타난 문제와 비교해 살펴보고, 향후 한국학의 학문적 정립과 발전을 위한 시사점을 찾는 데 있다.

'한류'의 확대 과정은 지리적·물리적 공간을 넘는 세대공감 양상을 보여주고 있으며, K-팝, K-드라마, K-방역 등 'K-시리즈'의 확산으로 이어지고 있다. 다양한 영역에서 나타나는 'K-시리즈'의 영역 확대 및 지리적 확산 현상은 한국학에 대한 관심과 수요를 가져오고 있다. 그러나 다른 한편으로 한국학은 여전히 정의에서부터 어려움을 안고 있다. 한국학을 "한국의 제 분야에 대한 연구"라고 단순히 정의할 수 있다. 그러나 한국과 관련된 것은 모두 한국학 연구 대상인가? 누가 이를 정의하는가? 한국학의 대상을 정의하는 행위자 문제는 방법론 혹은 접근방법과도 연결될 수 있으며, '한국적인 것'의 성격에 대한 평가와 의미에 대한 차이로 이어질 수 있다. 이는 결과적으로 한국 혹은 '한국에 대한 것'에 관한 이해, 즉 한국학 내용에도 차이를 초래하며, 나아가 하나의 학문영역으로서 한국학의 목적에도 차이를 만들 수 있다.

한국학에 대한 수요가 급증하면서 한국학에 대한 학문적 접근도 활발하게 진행되어왔다. 한국학에 대해서는 한국학의 전반적인 역사(김인수, 2020; 김원, 2019), 지역학적 성격(김승경, 2021), 해외 지역 및 국가들에서의 한국학 발전과 현황 — 유럽(황문환, 2020; 정임숙, 2019), 아시아(Larprungrueng & Lee, 2020; 쩐 티 흐엉, 2020), 북미지역(김승경, 2021), 대양주(신성철, 2020), 아프리카(베텔·양지선, 2019) 등 — 그리고 지원방안(박태균, 2020; 김진량, 2019)에 대한 연구가 진행되었다. 그러나 이러한 연구에도 불구하고 여전히 한국학의 정의와 목적, 연구 범위와 대상 등 독립적인 학문 분야로서의 정립에 가장 기초적인 문제에 대한 답은 아직도 모색 중이다(전성운, 2010: 319; 박지현·이유철, 2023: 178).

한국과 한국학에 대한 관심은 한국어 및 한국학 교육과정 증가로 이어지고 있다. 이러한 양적 팽창은 학문 후속 세대의 안정적 수급과 한국학 전문가 양성을 통한 학문적 안정과 발전이라는 필요를 제기한다(김훈태, 2019). 한국어가 'K-Pop'과 'K-드라마'에 대한 관심에서 출발해 한국기업의 해외 지사 취업 등으로 이어진다면 관심과 학습·교육이 사회진출로 이어지는 하나의 과정이 형성된 것으로 볼 수 있다. 그러나 한국학은 여전히 한국의 특성 규명에 초점을 맞춘 지역학적 접근과 보편성을 발굴하려는 비교 접근 간의 차이, 한국의 전통과 근대에 대한 인식상의 갈등, 국내·해외 한국학 사이의 괴리, 그리고 공공외교 차원에서의 정책적 고려와 한국학의 학문적 이해를 구분하는 문제 등을 안고 있다. 또한 장기적으로 한국학이 안정적인 학문영역으로 성장하기 위해서는 정체성 문제 해결이 선행될 필요가 있다(박지현·이유철, 2023).

한국학의 정체성 확립 문제는 '한국적인 것'에 대한 시간적·공간적 범위, 연구 대상, 그리고 목적과 관련된 논의와 연결된다. 무엇보다 자아준거적 학문으로서의 한국학은 다른 유사 성격의 학문에서와 마찬가지로 본질적으로 자아의 특수성에 초점을 맞추게 된다. 물론 이러한 과정은 비교를 통해 얻어지는 보편성을 배제하는 것을 의미하지는 않는다. 그러나 보편성을 얻는 과정에서 특정 지적 헤게모니를 장악한 방법론과 시각을 보편으로 간주하는 오류가 나타날 수 있으며, 이러한 과정은 '타자화(otherization)'를 낳게 된다. 대상을 이해하는 과정에서 나타나는 타자화는 다시 내재적 접근과 타자적 접근 사이의 갈등과 특수성에 대한 강조로 이어지기도 한다. 학문적 정체성 확립 과정에서 나타나는 내재적 접근과 타자적 접근 사이의 괴리는 한국학에만 국한되는 문제는 아니며, 다른 학문 분야, 예를 들어 한국을 다루는 정치학 분야에서도 유사하게 발견된다. 내재적 혹은 타자적 시각은 단순히 행위자 혹은 연구자의 문제가 아니며, '경계'는 물론, 비교와 평가 문제를 포함한다. 예를 들어 '식민사관'은 단순히 행위자에 초점을 맞춘 타자의 외래적 시각에 의한 인식만을 의미하지 않는다.

이 연구에서는 먼저 사회정체성이론(social identity theory)을 통해 정체성 정립의 주요 개념을 간략히 살펴보고, 한국학의 성장과 발전을 해외 교육과정의 확대를 통해 살펴보고자 한다. 이후 한국학 정의를 둘러싼 논의 및 한국 정치학의 정체성과 관련된 논의를 살펴보고, 이러한 논의가 한국학의 정체성 확립과 발전 방향에 주는 시사점을 찾아보고자 한다.

2. 사회정체성이론과 한국학

한국학이 "한국의 제 분야에 대한 연구"라고 정의할 때 '제 분야'는 학문의 범위를 정하는 것이며, 구체적인 연구 대상의 설정을 둘러싼 논의는 여전히 열려 있다. '한국에 대한 연구는 모두 한국학의 범주에 포함되는가?'라는 질문은 '범주' 문제가 제기되고 있음을 보여주며, 한국학 발전 과정에서 야기되었던 타자화 논의는 사회정체성이론을 통해 그 의미를 더욱 뚜렷하게 살펴볼 수 있다.

사회정체성이론은 사회집단의 정체성 형성 과정을 보여주며, 사회정체성이란 "개인이 자신이 특정 사회 범주나 집단에 속하는 것에 대한 지식"을 말한다(Stets & Burke, 2000: 224-225). 사회정체성은 자기범주화와 비교 과정으로 나눠볼 수 있다. 첫째, 자기범주화(self-categorization) 과정은 다른 사회집단을 대상으로 자신을 범주화하고 명칭을 부여하는 것이다(Stets & Burke, 2000: 224). 이는 타 집단과의 차이점과 유사점을 구분해 집단의 경계를 설정하는 과정이며, 사회집단은 공동의 사회정체성을 보유하는 일련의 개인들, 혹은 자신들을 동일한 사회범주 내 구성원이라고 보는 개인들의 '집합'이라고 할 수 있다(Stets & Burke, 2000: 225). 이 과정은 정체성이론에서는 동일시(identification) 과정으로 정의되며, 이는 개인 간, 집단 간 혹은 개인과 집단 간 차이와 유사성에 대한 체계적 정립 혹은 의미 부여로 정의된다(Jenkins, 2008: 17-18).

사회정체성 형성의 두 번째 과정은 비교 과정이며, 이는 '자기고양(self-enhancement)'과 심리적 과정인 커미트먼트(commitment)를 형성하는 과정이다. 사회정체성이론은 초기에 분류 과정과 감정적, 평가적 그리고 심리·논리석 과정을 연계했으나, 이후 이를 분리해 평가 과정인 자기고양과 심리적 과정인 커미트먼트 요소를 구분했다(Ellemers & Knippenberg, 1997). 자기고양은 자신이 속한 집단(in-group)과 자신이 속하지 않은 다른 집단(out-group)을 구분하고, 자기 집단에 대한 긍정적 평가와 타 집단에 대한 부정적 평가를 동반한다.

이러한 과정은 한편으로는 평가 과정이라는 점에서 객관적 논증이 자기고양을 촉진할 수 있으나, 그와 동시에 감정적·심리적 과정이라는 점에서 반드시 객관적 논증을 요구하는 과정은 아니다. 이런 점에서 자기고양 과정은 집단 내, 그리고 집단 간 상호작용을 통해 나타나는 사회적 구성 과정이며, 승인을 통해 범주가 공고화될 수 있다.

사회정체성 형성에서 논의되는 자기범주화나 자기고양은 모두 '자신'의 주체적인 활동에 초점을 맞추고 있다. 무엇보다 사회정체성 형성 과정에서 나타나는 범주화와 자기고양 과정은 집단 간 차이와 이질성을 강조하는 데 그치지 않고 비교와 경쟁 과정을 통해 자기 집단에 대한 긍정적 평가와 함께 외부 집단에 대한 부정적 평가를 수반하게 된다. 이러한 정체성 형성 과정이 타자에 의해 전개되고 타자화된 인식이 자기 집단 내에 수용·확산될 경우 자기 집단에 대한 부정적 평가와 자조적 태도, 그리고 나아가 타 집단의 정체성을 차용하는 현상으로 이어질 수 있다. 타자화된 자기인식이 지적 헤게모니를 장악할 경우, 타자화된 인식 극복 노력은 '지적 일탈'로 간주되는 경향이 있다는 점을 고려할 때 지적 헤게모니를 바꾸기 위한 노력과 병행될 필요가 있다.

사회정체성이론은 자아준거적 학문의 정체성 수립 과정이 자기고양 과정을 포함하게 됨으로써 학문의 독립성과 객관성 문제가 야기되는 과정을 잘 설명할 수 있다. 이는 공공외교 차원에서 한국학을 소개하려는 노력과도 연결되는 문제이며, 한국의 성공뿐만 아니라 실패 역시 분석의 대상이고 연구 협력 과제임을 간과하는 경우가 나타날 수 있다. 이러한 문제들은 특수성에 대한 객관적 재평가와 비교 과정을 통해 편파적인 평가를 수정하는 노력, 즉 인문학적 방법론과 사회과학적 접근 간의 밀접한 협력이 중요함을 보여주고 있다.

3. 해외 한국학 교육과정 현황

1) 해외 한국학 현황

한국학에 대한 관심은 언어에서 점차 '문화'와 '한국'에 대한 관심으로 확대되고 있다. 이러한 확대는 정보통신기술 발전과 소셜미디어 사용자 증가와도 무관하지 않으며, 소셜미디어의 발전은 물리적 공간을 지우고 있다.[1] 한류의 확산과 이에 따른 한국에 대한 관심은 'K-Pop'과 'K-드라마' 소비, 한국 방문, 한국어·한국학 등 다양한 영역에서 나타나고 있다.

한국어에 대한 관심으로 재외동포와 외국인의 '한국어 능력 시험(Test of Proficiency in Korea: TOPIC)' 응시자 수도 1997년 4개국 2,274명에서 2019년 83개국 37만 5,871명으로 증가했으며, 코로나19에도 불구하고 2021년 75개국 약 33만 명이 응시했다.[2] 한국어에 대한 관심이 증가하면서 2020년 기준 39개국 1,669개 초·중등 교육과정에서 한국어를 가르치고 있으며, 한국어를 제2외국어로 채택한 국가도 2018년 28개국, 2019년 30개국, 2020년 39개국으로 증가했다.[3]

이러한 수요는 고등교육기관에서의 한국어·한국학 교육과정 증가로 이어지고 있다. 해외 한국어·한국학 학위과정 수는 2007년 55개국 632개에서 2023년 3월 말 107개국 1,405개로 증가했으며, 한국학 학위과정은 2019년 826개에서 2023년 851개로 증가했다. 2023년 기준으로 학위과정 중 학사과정 64.7%, 석사과정 21.9%, 그리고 박사과정이 13.4%를 차지하고 있으며, 학·석사과정 수는 다소 증가했으나, 박사과정

1 2020년 8월 21일 공개된 방탄소년단의 「Dynamite」 공식 뮤직비디오 유튜브 영상의 조회 수는 2022년 8월 기준 1,540,588,971회에 달하며, 구독자 수는 약 6,790만 명에 이르고 있다. 이러한 수치는 2023년 9월 14일 기준 조회 수 1,739,701,172회, 구독자 7,260만 명으로 1년 사이에 조회 수 약 2억 회, 구독자 470만여 명이 증가했다. 이는 약 한 달 후인 2023년 10월 20일 기준 조회 수 1,751,518,668회, 구독자 7,300만 명으로 증가했다. "BTS(방탄소년단) 'Dynamite' Official MV". https://www.youtube.com/watch?v=gdZLi9oWNZg(검색일: 2023. 10. 20)

2 "'K컬쳐' 열풍에 한글 세계화 … 홍콩 대입시험 제2외국어에 한국어 포함", 『경향신문』, 2022년 6월 22일자.

3 해외 한국어 학습자 수 역시 2018년 136,866명에서 2020년 159,864명으로 증가했다. "해외 한국어 학습자 16만 명 … 교육부 '30개국에 교재 보급'", 『이데일리』, 2021년 6월 10일자.

〈표 1〉 권역별 한국학 학위과정 수(2019, 2023)

구분	2019					2023				
	학사	석사	박사	소계	비율	학사	석사	박사	소계	비율
동북아	251	57	32	340	41.2	258	58	32	348	40.9
동남아	53	9	3	65	7.9	57	9	3	69	8.1
서남아	7	2	2	11	1.3	8	3	2	13	1.5
북미	98	27	21	146	17.7	98	26	21	145	17.0
중미/카리브해	1	0	0	1	0.1	1	0	0	1	0.1
남미	2	3	2	7	0.8	3	3	2	8	0.9
대양주	9	5	6	20	2.4	9	5	6	20	2.4
서유럽	31	30	18	79	9.6	31	29	16	76	8.9
중유럽	35	30	19	84	10.2	39	32	21	92	10.8
유라시아	37	13	9	59	7.1	39	16	9	64	7.5
중동	7	3	2	12	1.5	7	3	2	12	1.4
아프리카	1	1	0	2	0.2	1	2	0	3	0.4
전체	532	180	114	826	100.0	551	186	114	851	100.0

출처: "한국국제교류재단 해외한국학 과정 운영현황", https://www.data.go.kr/data/15041591/fileData.do(검색일: 2023. 9. 13)에 기초해 작성.

은 114개로 동일하다.

한국학 과정 수를 권역별로 살펴보면 2019년의 경우 동북아지역 340개(41.2%), 유럽지역 163개(19.8%), 북미지역 146개(17.7%) 등으로 동북아지역이 큰 비중을 차지한다. 이러한 추세는 2023년에도 유사하며, 동북아지역 348개(40.9%), 유럽지역 168개(19.7%), 북미지역 145개(17.0%)를 차지하고 있다. 한국학 학위과정은 중부유럽과 유라시아지역에서는 증가했으나, 대부분 권역에서 증가세가 멈추었으며, 서유럽지역

에서는 박사과정(2개) 및 석사과정(1개)이 감소했다.[4]

한국학 학위과정을 개설하고 있는 대학 수는 2023년 3월 기준으로 총 570개 대학이며, 동북아지역 259개(45.4%), 북미지역 99개(17.4%), 유럽지역 80개(14.0%), 동남아지역 59개(10.4%), 유라시아지역 39개(6.8%) 등이다. 한국학 학위과정 개설 대학을 학위 구분으로 살펴보면 학사과정만 운영하는 대학이 374개, 학사·석사·박사과정을 모두 운영하는 대학이 102개다.[5]

한국학 학위과정을 운영하는 대학을 국가별로 살펴보면 권역별 통계에서 나타나는 지역 편중이 더욱 분명하게 나타난다. 2019년의 경우 중국(215개, 28.9%), 미국(94개, 17.0%), 일본(25개, 4.5%), 러시아와 베트남(각각 22개, 4.0%) 등 상위 5개 국가에 약 68.4%가 편중되어 있다. 이러한 비율은 2023년에는 67.5%로 다소 감소했다. 상위 5개국의 한국학 학위과정 운영 대학 수는 중국(3개)과 미국(2개)에서 감소했음에도 일본(8개), 러시아(3개), 베트남(1개)에서의 증가에 따라 2019년 총 378개에서 2023년 385개 대학으로 증가했다. 이와 함께 전체적으로 대만(2개 증가), 미얀마, 인도, 인도네시아, 카자흐스탄, 키르기스스탄, 아제르바이잔, 아르헨티나, 체코, 코트디부아르(각 1개 증가) 등 총 17개 대학에 한국학 학위과정이 신설되면서 상위 5개국의 비율은 다소 감소했다. 이 시기 몽골과 핀란드에서는 한국학 과정 운영 대학이 각각 1개씩 감소했다.

한국학 학위과정 가운데 박사과정은 총 40개국에서 운영되고 있다. 대학원 과정, 특히 박사과정은 미국(18개), 중국(17개) 일본(9개) 등으로 한국과 전략적 이해관계가 있는 국가에서 활성화되어 있는 것으로 보이

---

4 "한국국제교류재단 해외한국학 과정 운영현황", https://www.data.go.kr/data/15041591/fileData.do(검색일: 2023. 9. 13)에 기초해 산정.

5 Ibid.

〈표 2〉 한국학 학위과정 운영 대학 수: 상위 5개국(2019, 2023)

연도	순위	국가	학사	석사	학·석사	학·박사	석·박사	학·석·박사	소계	비율(%)
2019	합계		365	17	57	8	4	102	553	100.0
	1	중국	179	1	18	0	0	17	215	38.9
	2	미국	64	3	9	6	0	12	94	17.0
	3	일본	11	0	4	0	0	10	25	4.5
	4	러시아	16	0	1	0	0	5	22	4.0
	5	베트남	19	0	2	0	0	1	22	4.0
	상위 5개국 소계		289	4	34	6	0	45	378	68.4
2023	합계		374	17	63	8	6	102	570	100.0
	1	중국	174	1	18	0	1	18	212	37.2
	2	미국	63	2	9	6	0	12	92	16.1
	3	일본	19	0	5	0	0	9	33	5.8
	4	베트남	22	0	2	0	0	1	25	4.4
	5	러시아	15	0	3	0	0	5	23	4.0
	상위 5개국 소계		293	3	37	6	1	45	385	67.5

출처: "한국국제교류재단 해외한국학 과정 운영현황", https://www.data.go.kr/data/15041591/fileData.do(검색일: 2023. 9. 13)에 기초해 작성.

며, 뒤를 이어 독일 7개, 러시아·몽골·호주 각각 5개, 프랑스 4개, 영국·캐나다·체코 각각 3개 대학에서 개설·운영되고 있다. 이 외에 6개 국가에서는 박사과정이 2개 대학에 개설되어 있으며, 23개국에서는 각각 1개 대학에서 운영되고 있다.[6]

6 어학원 포함 과정 수는 곽낙현(2023: 442)의 연구 「〈표 2〉 해외대학 한국학 학위과정 및 교양어학원 개설 현황」 참조. 학위과정 수와 학위과정 개설 대학 수, 그리고 교양어학원 포함 과정 수는 큰 차이를 보인다. 이는 한 대학에 학·석·박사과정을 개설할 수 있기 때문

한국학 학위과정에 대한 분석은 지역적으로 혹은 특정 국가에 편중된 모습을 보여주고 있다. 이는 한국학에 대한 관심이 확산되는 시점의 차이와 한국에 대한 이해관계의 차이에서 비롯된 현상일 수 있다. 해외 한국학 학위과정은 국가별 학위과정 수와 학위과정의 구성을 고려해 초기/전개형, 실용/확장형, 균형/안정형, 그리고 균형/확장형 등으로 나눠 볼 수 있다.

〈표 3〉 한국학 학위과정 유형(2023)

구분		학위과정 수	
		적음	많음
학위 과정 성격	학부 중심	**초기/전개형** 캄보디아(6, 0, 0), 인도네시아(4, 0, 0)	**실용/확장형** 베트남(25, 3, 1), 태국(15, 1, 0)
	전 과정	**균형/안정형** 독일(8, 8, 7), 몽골(9, 5, 5), 호주(8, 4, 5), 프랑스(9, 9, 4), 영국(6, 6, 3), 체코(3, 4, 3)	**균형/확장형** 미국(91, 23, 18), 중국(211, 36, 17), 일본(33, 14, 9), 러시아(23, 8, 5)

주: 괄호 안의 수치는 학부·석사·박사과정 수를 의미함.

첫째, 초기/전개형은 한국학 과정 수가 많지 않고 주로 학부과정에 초점을 맞추고 있는 경우다. 이는 한국학 전문가 양성이라기보다 한국어 사용 능력 제고와 한국에 대한 기초적 이해 수요에 대응하는 유형으로 캄보디아와 인도네시아 등이 이에 속한다.

둘째, 실용/확장형은 학부 수준의 학위과정 수가 크게 증가했지만

이다. 전체적으로 어학과정 수에 비해 석·박사과정 수는 현저한 차이를 보이고 있는데, 어학원의 경우는 857개에 달하며, 박사과정 개설 대학은 116개다. 학위과정 수는 551개 과정으로 되어 있으나(곽낙현, 2023: 442), 이는 2023년 3월 기준 570개 과정으로 증가했다.

석·박사 학위과정은 열려 있지 않은 유형으로 베트남과 태국이 이에 속한다. 이 유형 역시 한국어 사용 능력 배양과 기본적인 한국에 대한 이해를 확대하는 과정이지만, 한국어에 대한 더욱 현재적이고 실질적 수요가 있는 경우다. 이는 학부과정의 수적 증가에 따라 상위 학위과정에 대한 수요가 발생할 가능성이 큰 유형이다.

셋째, 균형/안정형 모델은 학위과정 수는 많지 않지만 학부와 대학원 과정이 고르게 운영되는 국가들이다. 이 유형으로 분류된 독일의 경우 한국학 학위과정 개설 대학 8개 가운데 7개 대학에서 학부부터 박사과정까지 개설되어 있으며, 영국의 경우 전 과정을 개설한 대학 3개, 학·석사 혹은 석사과정만 개설한 대학 3개, 학부만 개설된 대학 1개가 운영되고 있다. 영국, 프랑스, 독일 등의 경우 한국에 대한 관심 증가에도 불구하고 학위과정 수가 상대적으로 많지 않은 것은 학풍을 반영한 것일 수 있으며, 한국학 관련 취업이나 연구 분야에 대한 수요가 증가하지 않는 한 단기간 내 학위과정이 증가할 가능성은 크지 않은 듯하다.

끝으로 균형/확장형은 미국, 중국, 일본, 그리고 부분적으로 러시아와 같이 한국학 학위과정 개설 대학 수가 상대적으로 많고 학위과정 구조도 피라미드형으로 안정된 경우다. 이 유형에 속하는 국가들은 한반도 주변 강대국들로 다양한 측면에서 한국학에 대한 수요를 가지고 있다. 이들 국가 내 한국학 교육과정은 그 수가 많을 뿐만 아니라 학제적 연구에 필요한 전문가를 양성하고 있다.

한국어·한국학에 대한 관심 증가에 따라 해외 한국어·한국학 과정에 대한 정책적 지원도 크게 확대되고 있다. 제2외국어로 한국어를 배우고자 하는 사람을 대상으로 한국어와 한국문화 교육을 담당해온 세종학당은 2007년 13곳이 개설된 이후 2012년 10월 세종학당재단 출범 시

90개, 그리고 2022년 6월 현재 84개국 244개소로 증가했다.[7] 세종학당은 2021년 한 해에만 학당이 처음 개설된 모로코, 탄자니아, 볼리비아, 슬로베니아, 네팔 등 5개국을 포함해 18개국 26개소가 새로 지정되었다.[8] 또한 세종학당은 2019년 10월 국내에도 처음 개소되었으며, 2020년 7월부터 개별 세종학당에서 온라인 강의도 시작되었다.[9] 이와 함께 한국학 과정 활성화를 위해 한국국제교류재단은 'KF 글로벌 e-스쿨'을 통해 한국어·한국학 강의 해외송출을 진행하고 있으며, 2020년 말 현재 해외 55개국 220개 대학에 총 2,070개의 강의를 송출해 약 4만 명의 외국 대학생이 이를 수강했다.[10]

한국학의 양적 팽창에도 불구하고 한국학에 대한 관심은 한국어와 한국에 대한 이해 수준을 넘기에는 아직 한계가 있는 것처럼 보인다. 무엇보다 한국학은 고등교육기관의 과정임에도 여전히 교수 확보에 한계가 있으며, 온라인 강의 공유 등의 방안에도 불구하고 다양한 학제적 접근에 어려움을 안고 있는 것으로 보인다. 해외 대학의 교수 파견 수요에 대응해 진행되는 한국국제교류재단의 해외 대학 한국학 교수직 설치 현황을 보면 한국어, 문학, 역사 등 인문학 분야의 비중이 높다. 다만 미국의

---

7 "세종학당재단 10주년", 세종학당재단. https://www.ksif.or.kr/com/cmm/EgovContentView.do?menuNo=40101310(검색일: 2023. 8. 20)

8 "2021년 신규 세종학당 26개소 신규 지정", 세종학당재단 월간새소식, 2021. 7. 2. https://www.ksif.or.kr/cop/bbs/selectBoardArticle.do?nttId=9220000002622&bbsId=BBSMSTR_000000000071&pageIndex=1(검색일: 2022. 8. 10)

9 "개별 세종학당 e-class 개설", 세종학당재단 월간새소식 제86호, 2020. 8. https://www.ksif.or.kr/cop/bbs/selectBoardArticle.do?nttId=9220000001959&bbsId=BBSMSTR_000000000071&pageIndex=1(검색일: 2022. 8. 10)

10 "10년간《KF 글로벌 e-스쿨》강좌 수강 해외 대학생 4만여 명", KF 보도자료, 2021. 10. 14. https://www.kf.or.kr/kf/na/ntt/selectNttInfo.do?mi=1151&nttSn=106677&bbsId=1061&langTy=KOR(검색일: 2022. 8. 14)

〈표 4〉 한국국제교류재단 해외 대학 한국학 교수직 설치 현황(1992-2021)

구분	한국어	문학	사회/문화	역사	인문 소계	사회 과학	정치/국제 관계	사회 과학 소계	합계
미국	21	5	6	7	39	11	5	16	55
독일	1	1	2	1	5	-	-	0	5
영국	1	1	-	3	5	4	1	5	10
이탈리아	1	-	-	2	3	-	2	2	5
캐나다	4	3	1	-	8	2	1	3	11
프랑스	1	-	-	1	2	1	-	1	3
호주	8	-	-	-	8	3	-	3	11
합계[1]	40	10	12	14	78	22	10	32	110

주: 1) 노르웨이, 핀란드, 뉴질랜드, 스페인, 폴란드, 싱가포르, 인도, 중국에 인문학 분야 각 1명, 그리고 네덜란드, 덴마크에 사회과학 분야 각 1명 포함.

출처: 공공데이터포털, "한국국제교류재단 해외대학 한국학 교수직 설치현황", https://www.data.go.kr/data/3064822/fileData.do에 기초해 작성.

경우는 1990년대부터 정치학·사회학 분야에 대한 파견이 진행되었으나, 이는 미국 내 한반도 정세 이해라는 특수성이 반영된 것으로 보인다. 영국의 경우 인문학 중심 수요에서 2011년 이후 역사 분야 1명과 사회과학 분야 4명의 교수 파견이 이루어져 한국학 분야 내 관심이 변화되고 있음을 보여주고 있다.

이러한 추세는 한국학이 여전히 인문학 중심으로 발전하고 있음을 보여주며, 향후 발전과 관련해 한국학의 객체화와 현지화 필요(김진량, 2019), 인문학과 사회과학의 상호보완적 발전(전훈지, 2021: 89-90) 등이 제시되고 있다. 무엇보다 상대적으로 짧은 시간에 팽창적으로 확대되고 있는 한국, 한국학, 혹은 '한국적인 것'에 대한 관심의 증가는 고등교육과정에서의 한국어·한국학 수요 증가로 이어지면서 중·장기적으로 독립 전공 혹은 학문영역으로서의 경쟁력 강화 필요성이 제기되고 있다. 이는 한국학 분야에 대한 연구 활성화뿐만 아니라, 학문 후속 세대의 안정적 유입을 위한 연구·교육기반 강화 및 한국학 졸업생·전공자들의 안정적인 사회진출 기반 확대를 위해 노력할 필요가 있음을 보여준다.

2) 한국학의 타자화 문제

한국과 한국학에 대한 관심 증가 및 교육과정 확산은 한국학이 무엇인가에 대한 논의를 낳고 있다. 한국학의 사전적 정의는 "한국에 대한 학문 혹은 한국에 대한 일련의 논리적인 사고와 지식 체계"라고 할 수 있다. 국립국어원의 표준국어대사전은 한국학에 대해 "한국에 관련된 각 분야를 연구하는 학문. 한국의 역사, 지리, 정치, 경제, 사회, 문화 따위를 다룬다"라고 정의하고 있다.[11] 이에 따르면 한국학은 '한국'에 대한 다양한 분야를 연구하는 학문 분야다. 그러나 이러한 개념은 연구 대상으로서 '한국'에 접근하는 시각과 연구 방법, 그리고 연구 목적에 따라 다양한 형태로 나타나고 있다. 연구 대상으로서의 '한국'은 연구 범위는 물론, 역사성에 따라 다른 모습으로 나타난다.

개항기에 주로 유럽 선교사나 외교관 등에 의해 기술된 조선에 대한 관찰은 일제강점기를 거치면서 외부 시선에 의해 타자화된 인식으로 발전했다. 이는 개화파 주장의 근간을 형성하는 '구습'에 대한 부정, 계몽과

11 국립국어원 표준국어대사전. https://stdict.korean.go.kr/search/searchResult.do(검색일: 2023. 7. 12)

개조 필요에 대한 강조로 이어지게 되었다(전훈지, 2021: 100-104). 일제 강점기 일본의 필요에 의해 식민지 사관이 더욱 강화되면서 이에 대항해 '국학'이 대두되었다. 국학의 대두는 전통에 대한 부정적 인식 탈피와 주체적 인식을 강조했다.[12]

타자화된 한국과 전통에 대한 인식은 1960년대 서구 중심의 근대화 논의를 수용한 연구자들에 의해 다시 제기되었다. 이는 "서구 중심적 관점에 기반해 서구 자신을 보편으로, 그 밖의 것을 타자화함으로써 근대화 이론을 하나의 인식론으로 한 한국학을 정립"(박지현·이유철, 2023: 180)하는 과정이 한국에도 유입된 것이라고 할 수 있다. 이러한 과정은 국학의 주체성에 대한 강조에 대해 더욱 '객관적인 접근'을 강조하는 '한국학'이 수용되는 과정이다. 한국학의 발전과정에서 타자성과 주체성에 기초한 두 가지 접근이 이루어져왔으며, 이는 각각의 경우에서 강조하는 내용에 차이가 있음을 보여준다.

연구 대상으로서의 '한국'에 대한 인식은 물질적·지리적 범위와 역사적·시간적 성격에서도 차이를 보여주고 있다. 연구자와 연구 맥락에 따라 한국학에 대한 접근이 다르게 진행되어왔다는 점은 '해외 한국학'이라는 표현에서 나타나는 것처럼 여전히 '한국학'과 구분하려는 인식이 있음을 시사해주고 있다. 해외 한국학이라는 표현은 많은 경우 해외에서 이루어지고 있는 한국학을 지칭하는 의미로 사용되고 있다. 그러나 이때 '해외'는 단순히 한국학이 연구되는 장소나 연구자에 초점을 맞춘 개념이 아니라, 이를 통한 한국학의 객체화가 본질적인 내용이라는 주장도 보인다(김진량, 2019), 이는 '한국학'에 대한 '주체성'의 한계를 지적하고, '타자적

12 이러한 변화의 배경으로는 민족주의의 고양, 전통에 부정적 측면을 강조하는 식민 지배에 대한 반발, 그리고 신진학자들의 등장과 활동이 언급되고 있다(전훈지, 2021: 100-101).

시각'과의 교류를 통한 객관과 균형을 염두에 두고 있는 것처럼 보인다.

연구 맥락과 목적 역시 한국학의 범위와 내용에 차이를 만들고 있다. 한국학은 '공공외교' 차원에서 연성권력(soft power) 신장을 위한 도구적 성격이 강조되면서 정책적 지원이 이루어지기도 하며, 이 과정에서는 한국학의 주체성 문제가 수반될 가능성이 크다. 누가 연구를 진행하는지, 그리고 어떤 관점에 관심을 가지는지, 그리고 연구 목적이 무엇인지에 따라 '한국학'의 범위와 성격이 다양하게 나타나고 있으며, 개념 정의에도 혼선을 낳고 있다. 이러한 문제는 연구 대상으로서의 '한국' 혹은 '한국적인 것'의 실체에 대한 본질주의적 접근과 역사주의적 접근 간 차이를 낳고 있기도 하다(전훈지, 2021: 89-90). 특히 이러한 문제는 한국학이 물리적 공간에만 초점을 두는 '영역 함정'과 '방법론적 국가주의'에 빠져 절대적 공간만 강조하는 한계를 안게 될 것이라는 지적으로 이어지고 있다(박배균, 2012: 38-39).

결과적으로 '한국에 대한 것' 혹은 '한국적인 것'에 대한 인식과 이해 차이는 특수성과 보편성에 대한 강조, 인문학에 기초한 국학의 접근과 비교를 통한 보편성을 강조하는 사회과학적 접근 사이의 갈등, 그리고 국내파와 유학파라는 연구자의 차이를 복합적으로 반영하고 있는 것으로 보인다.[13] 이러한 상황에서 한국학의 확산은 한편으로는 다양한 시각에 기초한 연구를 통해 객관적 이해를 도출할 수 있을 것이라는 기대와 함께, 지적 합의가 부재한 상황에서 타자에 의한 '지적 헤게모니'에 기초한 편

13 이러한 괴리는 상호 연결되어 있다. 식민지 사관에 대항해 '전통'을 강조하는 국학의 접근은 1960년대 이후 서구적 접근이 강화되면서 '근대화의 타자'로 간주되었다. 이러한 과정은 식민지 사관에 의한 전통의 타자화가 해소되기 전에 근대화론에 의한 타자화가 복합적으로 진행되면서 식민지 사관이 특수성과 보편성의 대립구도 뒤에 자리함으로써 그 영향이 지속되는 양상을 보여준다.

향된 이해의 확산으로 나타날 수도 있다.

4. 한국 정치학의 정체성 논의

1) 한국 정치학의 발전과 타자화 문제

한국학에서 나타나는 '자아준거적 학문'이 가지는 연구 대상·지역의 특수성에 대한 강조와 비교를 통한 일반 규칙을 찾고자 하는 노력 사이의 갈등은 한국 내 정치학 발전 과정에서도 나타난다. 특히 한국 정치학의 경우 한국학에서 나타나는 타자화와 이에 대한 대응 노력 역시 유사하게 전개되고 있다.

한국에서 정치학의 도입은 해방 이후를 기점으로 주로 논의되고 있다. 일제강점기 동안 사회과학적 논의 기반은 부재했으며, 독일 국가학에 기반한 전체주의적 논의나 국제법 수준에서의 논의에 그쳤던 것으로 평가되고 있다. 정치학과는 1946년 9월 미군정하에서 미국 학제가 도입되면서 만들어졌으며, 1953년 전까지는 정치학 강의가 있더라도 독립된 학문영역으로 정립되었다고 보기는 어려운 시기로 평가되고 있다(윤근식 외, 2003: 373).

이후 한국에서의 정치학 발전 과정은 크게 세 단계로 구분되었다. 2003년 한국정치학회에서 발간한 『한국정치학회오십년사』는 대략 1950-1960년대, 1970-1980년대, 그리고 1990년대 이후로 구분해 한국 정치학의 발전 과정을 회고하고 있다. 첫 번째 단계는 주로 법적·제도적 접근이 이루어지는 시기이며(윤근식 외, 2003: 388-389), 두 번째 단계는 구미 정치학과 행태주의 방법론이 도입되고, 정치학의 한국화에 대한 관심이 높아지면서 이론과 방법론에 대한 토론이 진행된 시기다(안청시 외, 2003: 413). 이 시기는 한국 정치학의 성장기라고 할 수 있으며, 전문인력 양성과 이론·방법의 정교화에 필요한 역동성을 축적했으나 이론·방법의 외래지향성이 강하고 학문적 자율성과 정체성을 갖추지는 못했던 시기로 평가되었다(안청시 외, 2003: 414).

한국 정치학의 발전 3단계는 1990년대 이후 연구 주제, 분야, 방법론에서의 다양화가 진행되고 있다. 이 시기는 사회주의 국가 내 변혁으로 민주주의, 민주화, 민주주의 공고화 등의 주제에 대한 관심이 증가하고, 탈냉전에 대한 신현실주의적 해석 이후 새로운 거대논쟁이 진행되었다(강정인 외, 2003: 463). 무엇보다 이 시기에는 한국 정치에 대한 특수성을 강조하는 지역학적 접근 그리고 보편·일반 원칙과 예측·전망을 강조하는 비교 접근 사이의 절충·융합 가능성이 커졌다.[14]

한국 정치학의 정체성과 관련해 융합적 접근이 이루어지고 있다는 평가는 1970년대 미국 비교정치학계에서 진행된 특수성에 초점을 맞춘 지역학적 접근과 비교를 통한 일반 원칙의 발견과 미래 예측을 강조하는 비교 방법 간의 논쟁을 염두에 둔 것으로 보인다. 다만 이러한 평가는 미국 비교정치학계의 논쟁이 타자의 지적 헤게모니에 따른 타자화 문제로부터 자유로운 상황에서 전개되는 논쟁이라는 점이다. 한국 정치학의 경우 외생적 방법론의 도입과 이에 기반한 접근이 초래할 수 있는 타자화 위험성은 이미 1960년대부터 제기되었다(민병태, 1967: 5). 이 문제는 역사적 접근에 대한 강조(민병태, 1969: 6)와 한국적 이론 개발 필요에 대한

14 융합적 연구 증가는 정치학 내 분과나 세부 분야가 연구자나 분류기관이 학문적·현실적 맥락에서 만들어온 것이며, "현실 세계는 편의적인 학문적 구획에 따라 움직이는 것이 아니"라는 점에서 자연스러운 것이라는 평가도 제기되었다(권혁용, 2012: 135-136).

강조로 지속되고 있다.

1960년대 말 역사적 접근에 대한 강조는 한국의 특수성을 이해하지 못한 채 체계적인 비교와 이론 적용이 서구 연구를 모방하는 수준에 그칠 수 있다는 우려에서 비롯된 것이다. 이러한 우려는 1970년대에도 여전히 지속되었다. 이 시기에는 무엇보다 서구 이론과 연구 방법론의 적용이 확대되고, 이러한 접근이 한국의 전통·특수성과 충돌하면서 전통적 요소를 부정적으로 평가하는 타자화 현상이 심화됨에 따라 자아준거적 정치학 정립이 현실적 과제로 부상했다. 이와 관련해 『한국정치학회오십년사』는 1970년대 한국 정치학을 회고하면서 한국 정치학이 미국에서 빌려온 개념과 이론을 수용하는 과정에서 우리의 역사적 토양과 실정에 대한 고려가 부족했음을 지적하고, 타자화 현상의 병폐에 대한 우려를 제기하고 있다(안청시 외, 2003: 425).

이러한 우려는 국제정치학에서의 강대국 시각을 반영한 인식을 비판하고 한국적 시각을 논의해야 한다는 주장(이상우, 1978), 미국 정치학의 보편성 결여와 이로 인한 한국 문제 해결의 한계를 지적한 연구(서정갑, 1978), 외국의 이론과 방법론 소개를 탈피하고 한국의 방법과 모델을 개발해야 한다는 주장(김운태, 1978), 미국의 시각에서 저개발국의 문제를 분석하는 오류를 지적하고 사회비판적인 정치 분석으로서의 한국 정치학을 정립해야 한다는 주장(윤근식, 1979) 등에서도 잘 나타나고 있다. 물론 이러한 주장에 대해 구미의 비교정치학이 보편적 시각에서 출발한 경우 이를 도입하는 것은 문제가 아니라는 주장(최명, 1979)이 제기되기도 했다. 이러한 논쟁은 1980년대에도 지속되었으며, 1980년대의 논의는 1970년대에 비해 좀 더 구체적인 대안이 제시되는 모습을 보여주었다(이철순, 2012: 98-104).

이러한 문제의식에도 불구하고 유사한 논의는 1990년대에도 발견되며, 기본적인 문제의식이나 강조점은 이전과 크게 다르지 않다. 이와 관련해 『한국정치학회오십년사』의 회고는 여전히 연구 방법론의 차용은 물론 그 결과로 연구 주제까지 그대로 수용하고 있으며, 이러한 상황에서 한국 정치학의 자아준거성 측면에서 문제가 나타날 수밖에 없다는 우려가 제기되었다(강정인 외, 2003: 479). 다만 이 시기에는 한국적 정치학을 위한 다양한 제언과 오랜 기간 한국 정치학을 모색하면서도 진척되기 어려운 이유에 대한 분석 등이 나타나고 있다. 이와 관련해 특정 지식체계가 주류로 안착된 이후 주류화된 지식체계의 영향을 벗어난 다른 해석을 '지적 일탈'로 간주하는 상황(김웅진, 1990), 즉 기존 지적 헤게모니가 새로운 지식체계의 성장을 억압할 수 있다는 분석도 제기되고 있다(이철순, 2012: 110).

한국 정치학의 모색이라는 화두가 한국 정치학의 역사와 거의 같이 하면서 한국적 이론의 모색은 거부할 수 없는 과제로 여겨지고 있다. 그러나 다른 한편에서는 서구와 다른 신지식체계를 구축하려는 본질주의적 접근에 대해 주류학문과의 단절보다는 이를 활용해 독창성을 가미해 부분적·점진적 토대를 쌓은 '실용적 접근'을 강조하는 주장도 제기되고 있다(김영명, 2010: 43-44).

이러한 지적은 말 그대로 '실용적 접근'일 수 있다. 정체성에서 말하는 타자화 문제는 전통이나 특수성에 대한 부정적 평가를 포함하며, 이는 외생적 방법론과 결합해 한국에 대한 이해를 통해 이론·방법론을 수정하는 데 한계를 드러낸다. 이미 부정적으로 평가된 전통 요소를 오랜 기간이 지나 나타나는 발전적 양상을 설명하기 위한 변수나 요인으로 사용하려는 시도는 제한될 수 있다. 이는 결국 현재의 긍정적 정치 현상이 전통이나 특수성과 단절된 채 정보통신기술 등 과학기술 발전, 외생적인 세계질서 변화, 그리고 새로운 세대의 출현 등 비교적 근래에 출현한 새로운 변수들로 설명하려는 시도로 대체되기 쉬울 것이다. 이 경우 전통과 특수성은 여전히 부정적인 채 긍정적 현재와의 단절을 피하기 어렵고, 과거의 타자적 역사 해석도 여전히 논쟁거리로 남게 될 것이다. 이는 실용적 접근이 타자화 문제를 간과할 위험이 있음을 보여준다.

2) 한국학과 한국 정치학

한국학이 한국을 대상으로 한국 사회와 글로벌 공동체 간 한국의 과거·현재·미래에 대한 이해와 소통을 위한 과정이라고 한다면, 이 과정은 한국에 대한 이해에서 끝나는 것이 아니라 이를 통해 글로벌 공동체의 인간과 사회에 대한 지식을 확대하고 이들의 발전을 위한 지적 노력에 기여할 수 있어야 한다. 이러한 과정에서 한국학과 한국 정치학은 지향점을 공유하고 연구 주제 개발과 방법론을 상호 보완할 수 있다.

첫째, 한국학과 한국 정치학은 자아준거성을 공유하고 있으며, '한국'에 대한 접근에서 특수성에 초점을 맞춘 접근과 비교를 통한 일반적 원칙에 초점을 맞춘 접근 간의 갈등, 그리고 무엇보다 타자화 문제를 공유하고 있다. 예를 들어 국학은 '전통'에 대한 타자적 접근이 전통에 대한 부인이나 부정적 평가로 이어지면서 이에 대응해 촉발되었다. 그리고 무엇보다 한국학은 한국의 특수성을 기반으로 발전해왔다. 한국어와 한국문화, 한국의 경험은 한국의 특징을 강조하고 있다. 이러한 현상은 한국 정체성과 '한국적인 것'이 정권의 필요에 의해 동원되면서 강화되었다. 이와 관련해 한국학은 "식민사관과 서구식 근대화의 대립, 보편주의와 특수주의의 대립, 개성 기술과 법칙 정립, 즉 인문학과 사회과학의 대립 등이 복합적으로 상호작용하면서 형성된 것"이라는 해석도 제시되고 있다

(전훈지, 2021: 88).

한국학이나 한국 정치학은 그동안의 문제의식과 오랜 노력에도 불구하고 여전히 한국의 전통과 특수성에 대한 타자화된 인식과 외생적 방법론의 적용에 따른 서구 중심적인 지적 헤게모니를 극복해야 하는 과제를 안고 있다. 한국학의 인문학적 접근과 사회과학적인 방법론을 연결하는 것은 전통과 특수성에 대한 타자화된 이해의 문제를 더욱 분명하게 드러낼 수 있을 것이다. 타자화 문제를 극복하는 것은 이론이나 방법론에서 나타나는 서구 중심의 지적 헤게모니가 지속되고 있다는 점에서 쉽지 않은 일이며, 어느 한 영역에서의 노력으로 극복되기 어렵다. 무엇보다 타자화를 극복하는 과정이 정체성 형성 과정의 '자기고양' 과정으로 발전하면서 도구화될 우려를 안고 있다. 특수성에 초점을 맞춘 한국학적 접근과 비교를 통한 일반 원칙을 발견하려는 사회과학적 접근의 접맥은 '객관성' 확보와 함께 한국적 접근 방법 혹은 이론 개발을 촉진할 수 있을 것이다.

둘째, 한국학과 한국 정치학의 연결은 한국학의 내용을 풍부하게 해주며, 한국과 한국학에 대한 지적 관심을 높일 수 있다. 타자화 문제는 논리적으로 연구 주제 발굴에 어려움을 더하게 된다. 한국을 대상으로 하는 학제 간 연구는 상호 연구를 보완하고 새로운 주제를 발굴하는 데 기여할 수 있다. 한국의 과거 경험은 제3세계의 발전과 발전전략, 그리고 독재와 경제발전의 관계, 민주화 과정을 이해하는 데 좋은 사례가 되고 있다. 한국학이 한국의 과거 경험에 대한 해석이나 재해석을 통해 국제사회에 기여할 수 있다면 한국의 현재와 미래 과제에 대한 학제적 접근은 한국과 유사한 입장에 있는 국가들은 물론, 세계가 안고 있는 발전과 분배, 민주주의와 민주화, 환경과 기술정책, 이주/난민, 인구감소, 양성평등 문제 등 다양한 문제 해결을 위한 협력의 장을 제공할 수 있을 것이다.

셋째, 인문학 기반이 강한 한국학과 사회과학적 접근 방법을 연결하는 것은 주제 발굴과 연구 관심 확대를 통해 한국학의 현지화와 학문 후속 세대 양성에 기여할 수 있을 것이다. 한국학의 현지화는 한국에 대한 연구의 '객관화'(김진량, 2019)를 보완할 수 있다는 점에서 타자화에 대한 효과적인 대응이 될 수 있다. 무엇보다 해외 한국학 현황을 보면 일부 국가를 제외하면 대학원 과정이 아직 개설되지 않았거나, 개설되어 있다고 해도 한국학을 전공하고 안정적인 연구자로 성장할 기회가 제한되어 있는 듯하다. 한국학과 사회과학 분야의 학제적 협력은 향후 한국학 후속 세대에게 더욱 다양한 전공을 제공함으로써 경쟁력을 강화하고, 인문학

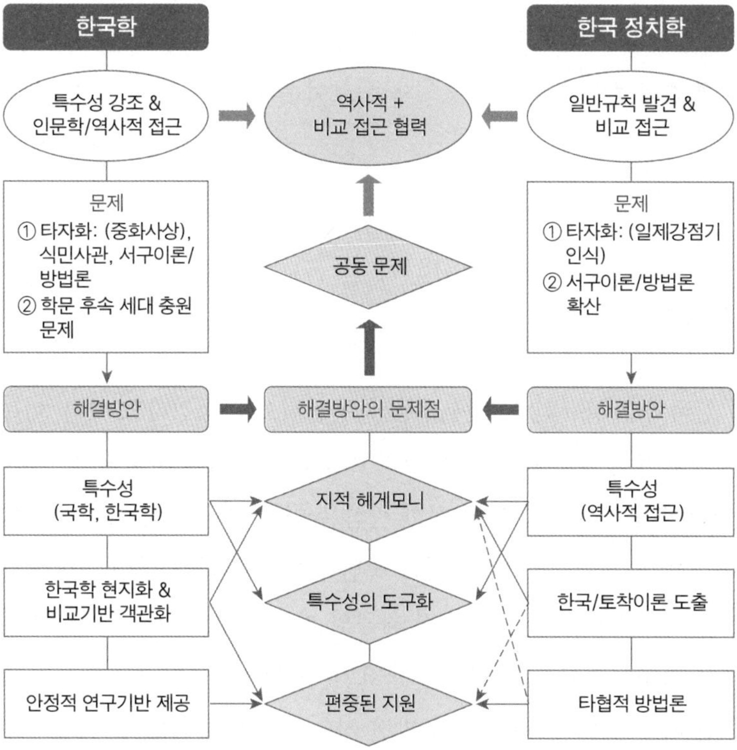

〈그림 1〉 한국학과 한국 정치학의 협력

은 물론 사회과학 분야 등 다양한 영역으로의 진출 기회를 제공함으로써 한국학 연구에 더욱 안정적 기반을 마련할 수 있을 것이다.

〈그림 1〉은 이러한 문제와 해결 노력을 담고 있다. 한국학과 한국 정치학이 각각의 문제를 해결하는 과정, 즉 인문학 중심의 접근과 사회과학적 비교 접근에서는 기존 인식과의 갈등과 특수성 재조명의 도구화, 그리고 현지화를 통한 객관화 과정과 부분적으로 한국적 이론 도출 시도에서 지원 편중 현상이 나타나고 있음을 보여준다. 이는 인문학적 접근이나 사회과학적 접근은 결과적으로 유사한 문제에 다시 봉착하고 있음을 시사한다. 인문학적 접근은 비교와 현지화를 통한 객관화가 필요하며, 한국적 이론을 모색하는 사회과학적 접근은 역사적 접근을 통해 보완될 필요를 안고 있다. 즉, 인문학과 사회과학적 접근 간의 상호 협력을 통해 공동의 문제에 효과적으로 대응할 수 있음을 보여준다.

5. 결론

한국학은 한류의 인기에 부응해 폭발적으로 성장하고 있다. 이는 한국의 경제적 성장과 정치발전, 그리고 문화적 공감이 교차되면서 나타나는 현상인 듯하다. 한국학에 대한 관심은 미국, 중국, 일본 등 3개국에 집중되어 있던 시기를 지나 유럽과 중남미, 러시아와 중앙아시아 등 세계 전역으로 확대되고 있다. 비교적 최근의 확산은 주로 학부 교육과정을 중심으로 이루어지고 있어 단기적 수요가 존재함을 보여주고 있으며, 향후 대학원 과정 설치 같은 장기적 발전 가능성을 남겨두고 있다. 물론 이러한 발전은 현지의 학문적 수요에 영향을 받게 될 것이다.

한국학에 대한 관심의 확대는 K-Pop과 K-드라마 등에 대한 관심은 물론, 한국의 경제성장과 해외투자에 따른 한국어 사용 능력이 주는 사회 진출 기회, 그리고 나아가 국제사회에서 한국의 역할 증가에 따른 한국과 한국의 정책에 대한 이해 필요성이 증가한 데서 비롯되고 있다. 특히 한국학 발전 초기 미국의 사례와 같이 한국과 국제정치적으로 밀접한 관계에 있는 국가에서 사회과학적 관심과 연구가 활발했다는 점은 한국에 대한 관심이 한반도의 정치적 환경을 이해할 필요와 연관되어 있음을 시사한다. 무엇보다 한국의 과거와 현재는 제3세계 국가들은 물론, 글로벌 공동체가 안고 있는 문제를 이해하고 해결방안을 모색하는 데 도움이 될 수 있다.

한국학의 수요 증가에도 불구하고 한국학은 적지 않은 과제를 안고 있다. 무엇보다 한국학은 한국의 특수성과 전통에 대한 타자화된 접근을 극복할 과제를 안고 있다. 이러한 문제는 한국 정치학에서도 오랜 기간 제기되어온 문제다. 이와 관련해 한국적 방법론과 이론 개발이나 '주체적 적용' 등이 해결책으로 제시되고 있으나 이러한 노력이 성공적이지는 않다.

둘째, 한국학 현황은 교육과정 증가에도 불구하고 해외파견 교원 지원 현황을 보면 연구·교육에 안정적인 기반을 제공하는 데 한계가 있는 듯하다. 이러한 문제는 학문 후속 세대 양성에도 영향을 줄 수 있다. 이러한 문제는 비교적 최근에 학부 중심으로 한국학과가 설치된 많은 국가에서 향후 한국학의 발전 가능성과도 연결되는 문제다. 한국학 연구가 현지에서 학문적 수요가 존재하고 학문 후속 세대가 이러한 수요 속에서 안정적으로 연구와 교육을 진행할 기반이 마련되지 않는다면 학부 중심 교육과정은 장기적으로 연구자 충원 문제에 직면할 우려가 있다.

한국학에 대한 학제적 협력은 이러한 과제 해결에 도움이 될 수 있다. 해외 한국학은 긴 역사가 있는 경우에도 한국과의 전략적 관계를 고려할 필요가 있는 국가들, 특히 한반도 주변 4개 강국과 일부 예외적 사례를 제외하면 대체로 어문학과 역사 등 인문학적 접근에 대한 의존이 높아 보인다. 이러한 접근은 최근에 증가하고 있는 한국학에 대한 관심에 부응하기에는 제한적이다. 이런 점에서 한국학은 전통과 타자화의 갈등 극복, 인문학과 사회과학적 접근 간의 학제적 접근, 한국학 현지화를 통한 발전 능력 제고의 과제를 안고 있다.

이런 점에서 한국 정치학은 한국의 정치·경제적 발전과 사회 변화 등 한국의 경험에 대한 이론적 논의와 정책적 적용에 대한 연구를 통해 한국학의 내용을 풍부하게 해줄 수 있다. 무엇보다 한국학에 대한 정치외교 쟁점에 대한 논의는 과거사와 발전, 민주화, 인권과 양성평등, 사회갈등과 통합, 인구와 인구 이동, 환경과 재난 등의 보편적 문제를 통한 한국학과 다른 학문영역이나 다른 국가의 경험과 소통함으로써 학문적 발전을 도모할 수 있을 것이다. 이러한 경험은 한국학의 현지화를 통해 다양한 경험과 현지의 문제를 '한국학'의 맥락에서 연결함으로써 새로운 시각과 경험을 공유할 기회를 제공할 수 있을 것이다.

한국학의 방법론적 확대와 현지화는 한국학의 발전뿐만 아니라 우리 사회가 안고 있는 문제 해결을 위한 다양한 시각과 입장을 제공해줄 수 있을 것이다. 무엇보다 다양한 방법론을 통해 학제적 소통을 강화함으로써 한국학 과정 이수자들의 사회진출 영역을 확대할 수 있을 것이다. 이러한 노력은 한국학이 질적으로 성장함으로써 양적 성장 기반을 마련하는 선순환 구조를 형성하게 될 것이다.

참고문헌

강정인 외.「1990년대 이후 한국정치학과 발전방향」.『한국정치학회오십년사』, 한국정치학회, 2003, pp. 461-499.

곽낙현.「한국국제교류재단 해외대학 한국학 개설 현황 검토: 한국국제교류재단 'KF 통계센터'를 중심으로」.『국학연구』 50, 2003, pp. 431-465.

권혁용.「한국의 정치학 연구: 1991-2010『한국정치학회보』 분석」.『한국정치학회보』 46(2), 2012, pp. 117-140.

기유정.「근대 한국의 정치학과 그 학적 전환의 논리: 1950~1960년대 정치학 개론서의 변천과 그 담론 분석을 중심으로」.『정치사상연구』 20(1), 2014, pp. 9-36.

______.「박정희 정권의 한국적 주체성론과 한국 정치학계의 자기 균열: "자유주의 대 반자유주의"의 문제설정을 중심으로」.『사회와 역사』 106, 2015, pp. 151-182.

김경일.『한국의 근대 형상과 한국학: 비교 역사의 시각』. 성남: 한국학중앙연구원 출판부, 2020.

김승경.「비판적 지역학으로서의 북미 한국학: 사회과학의 사례를 중심으로」.『역사비평』 134, 202, pp. 246-280.

김영명.「한국적 정치학의 주요 쟁점과 실현 방안」.『한국정치연구』 19(2), 2010, pp. 25-46.

김운태.「한국정치학의 연구경향과 전망」.『한국정치학회보』 12, 1978, pp. 149-172.

김원.「냉전, 민주화 이행 그리고 한국학 연구: 한국학중앙연구원 40년의 성과와 의의」.『한국학』 42(2), 2019, pp. 7-56.

김인수.「1960~70년대 한국학의 토대와 네트워크? 아시아학술기관교류위원회(CEAI), 아세아문제연구소(ARC), 한국학공동위원회(JCKS)의 활동을 중심으로」.『인문논총』 77(3), 2020, pp. 59-109.

김진량.「해외한국학의 현지화 연구: 한국학중앙연구원 해외한국학 씨앗형사업 성과 사례를 중심으로」.『한국학』 42(1), 2019, pp. 283-307.

김훈태.「동유럽 지역에서의 한국학 전문가 양성의 필요성과 그 가능성에 대한 소고: 루마니아, 불가리아, 헝가리를 중심으로」.『유럽발칸연구』 43(1), 2019, pp. 55-86.

민병태.「간행사」.『한국정치학회보』 2, 1967, pp. 5-6.

______. 「우리 정치학계의 현시점」. 『한국정치학회보』 3, 1969, pp. 5-8.

박배균. 「한국학 연구에서 사회-공간론적 관점의 필요성에 대한 소고」. 『대한지리학회지』 47(1), 2012, pp. 37-59.

박지현·이유철. 「한국학의 탈서구적 정체성을 위한 시론」. 『아시아연구』 26(2), 2023, pp. 177-191.

박태균. 「세계 한국학의 발전을 위한 성찰적 접근」. 『지역연구』 29(3), 2020, pp. 83-104.

베텔·양지선. 「아프리카의 한국학 및 한국어 교육현황과 발전 방향 모색」. 『한국아프리카학회지』 56, 2019, pp. 163-197.

서정갑. 「미국정치학의 특성과 한국 정치사상의 연구상황」. 『한국정치학회보』 12, 1978, pp. 1-11.

신성철. 「호주 대학의 한국학 현황과 과제」. 『한국언어문화학』 17(2), 2020, pp. 75-98.

안청시 외. 「1970년대-1980년대 한국정치학」. 『한국정치학회오십년사』, 한국정치학회, 2003, pp. 411-460.

윤근식. 「사회비판적인 정치분석과 한국정치학」. 『한국정치학회보』 13, 1979: 13-24.

윤근식 외. 「1950년대-1960년대 한국정치학」. 『한국정치학회오십년사』, 한국정치학회, 2003, pp. 369-410.

이상우. 「한국국제정치학의 정립을 위하여: 소망스로운 발전방향과 과제의 확인」. 『한국정치학회보』 12, 1978, pp. 137-148.

이철순. 「한국적 (국제)정치학 정립을 위한 담론 비평」. 『21세기정치학회보』 22(3), 2012, pp. 93-131.

전성운. 「한국학의 개념과 세계화의 방안」. 『한국학연구』 32, 2010, pp. 317-337.

전훈지. 「한국학의 정의와 방법에 대한 고찰: 김경일 저, 『한국의 근대 형상과 한국학-비교 역사의 시각』의 서평」. 『비교한국학』 29(2), 2021, pp. 87-124.

정임숙. 「이탈리아에서의 한국학 동향과 전망: 시에나 외국인 대학을 중심으로」. 『한국문화연구』 37, 2019, pp. 339-360.

쩐 티 흐엉. 「베트남의 한국학 및 한국어교육 관련 동향: 하노이국립대학교 외국어 대학을 중심으로」. 『한국문화연구』 39, 2020, pp. 213-235.

한국국제교류재단. 『2018 해외한국학백서』. 을류문화사, 2018.

황문환. 「체코 찰스(Charles)대학의 한국학 운영 현황과 과제: 인문대학(Filozofická Fakulta[Faculty of Arts]) 한국학 전공을 중심으로」. 『한국학』 43(2), 2020, pp. 193-225.

Ellemers, Naomi and Ad van Knippenberg. "Stereotyping in Social Context." Russell Spears, Penelope J. Oakes, Naomi Ellemers, and S. Alexander Haslam (eds.), *The Social Psychology of Stereotyping and Group Life*, Blackwell, 1997, pp. 208-235.

Larprungrueng, Soontaree and Lee Sang Beum. 「태국 내 한국학 현황: 한국어 교육 중심으로」. 『한국태국학회논총』 26(2), 2020, pp. 239-260.

Stets, Jane and Peter J. Burke. "Identity Theory and Social Identity Theory." *Social Psychology Quarterly* 63(3), 2000, pp. 224-237.

Jenkins, Rchard. *Social Identity*. Routledge, 2008.

II

일본, 유럽 및 영미권에서의 한국학의 동향

일본의 한국학 연구

송석원(경희대학교)

#학지(學知)

#구관조사

#역사적 접근법

#포스트냉전

#한류

일본에서의 한국학 연구는 다른 나라의 그것과 달리 제국일본 시기의 구관조사를 비롯한 학지의 결과물이 적지 않게 남아 있고, 전후 전개된 한국학 연구는 이러한 제국일본 시기 학지(學知)의 자장(磁場) 속에서 특히 역사적 접근법을 중심으로 한 연구에서 성과를 내왔다. 1945년 이후 일본의 한국학 연구는 냉전 시기와 포스트냉전 시기로 나누어 살펴볼 수 있는데, 특히 냉전 시기에 이루어진 성과는 한국에서의 한국학 연구의 공백을 메우는 역할을 하기도 했다. 한국은 냉전 시기에 한국전쟁을 계기로 국내적으로 이념 갈등이 극심했을 뿐만 아니라, 권위주의 정치체제가 지속되면서 학문적 자유가 제한된 상황이어서 한국 국내 및 남북한 관계를 포괄한 연구가 자유롭지 못했기 때문이다. 이에 반해 일본에서의 한국 연구는 이러한 제약을 전혀 받지 않았기 때문에 나름의 성과를 거둘 수 있었다.

그러나 1980년대 말부터 1990년대 초 사이에 발생한 냉전체제의 붕괴는 일본의 한국학 연구에 일대 전환기를 가져오게 되었다. 더욱이 경제성장과 민주화를 달성한 한국에서 점차 냉전 시기 같은 연구의 제한이 제거되고, 본격적으로 외국의 한국학 육성을 지원하는 체계를 갖추기 시작하면서 일본의 한국학 연구도 비약적인 발전을 거두게 되었기 때문이다. 특히, 포스트냉전 시기에는 일본에서의 한국 연구와 한국 국내에서의 한국 연구 및 일본 연구가 서로 연동하기 시작했다. 일본은 전 세계적으로 대학에 가장 많은 한국학 강의가 개설되어 있어 앞으로도 발전을 거듭할 가능성이 크다고 할 수 있다. 그러나 한국학 강의가 상대적으로 교양과정을 중심으로 이루어져 있다는 점에서 학위과정을 점진적으로 늘려나가는 노력 역시 필요하다고 하겠다. 몇 가지 해결해야 할 과제도 없지 않지만, 향후에도 일본의 한국학 연구가 전 세계적 한국학 연구에 선도적 역할을 할 수 있도록 더욱 활성화되기를 기대하며 이를 위한 우리나라의 전략적 지원에 대한 필요성을 지적해두고자 한다.

1. 서론

2000년대가 시작되고 불과 20여 년이 경과한 오늘날 음악, 영화, 드라마에서 시작해 음식과 뷰티 제품을 포함한 한국 문화(K-컬처)의 세계적 확산에 따라 한국학 연구 역시 점차 세계적 트렌드를 이루고 있다. 한국에서의 2000년대는 실질적으로 2002년의 월드컵 축구 한일 공동 개최와 함께 시작됐다고 할 수 있다. 그 어느 때보다 희망으로 가득 찬 새로운 시대로의 진입이었다. 더욱이 '새로운 천 년(millenium)' 시작 직전에 맞이한 경제위기로 식민지 지배와 한국전쟁 등의 위기를 극복하고 산업화와 민주화를 달성한 자긍심이 크게 상처받은 지 얼마 안 되는 시점에서 새로운 시대 개막을 희망으로 맞이할 수 있었던 것은 역사상 미증유의 경제위기를 금 모으기로 상징되는 국민적 협력을 통해 빠른 시기에 극복하는 과정에서 맞이했기 때문이며, 월드컵 축구에서의 성적은 마치 그 후 한국의 국제무대에서의 성취를 선취하는 듯한 이미지를 주었기 때문이다. 새천년을 전후하여 불과 5년 만에 경제위기 탈피와 월드컵 축구의 성공적 개최를 모두 경험한 한국의 역동성이 전 세계적으로 평가되고, 이를 바탕으로 K-컬처가 공유되기 시작한 점이 외국에서의 한국학 확산을 가져왔다고 할 수 있다.

이러한 현상은 일본에서도 예외가 아닌데, 외국에서의 한국학 연구의 관점에서 특히 일본에서의 한국학은 몇 가지 점에서 특징적이라고 할 수 있다. 첫째, 일본에서의 한국학은 제국일본 학지(學知)의 자장 속에 많은 조사연구를 축적했으며 오늘날 일본의 한국학 연구에도 이러한 결과물이 적지 않게 지속적으로 참조되고 있다는 점이다. 원래 학문이라는 것이 앎의 축적이라는 점을 고려하면 이러한 현상은 지극히 당연한 귀결이라고 할 수 있다. 한국(조선)이 근대국가로 나아가는 계기로서의 개국이

다름아닌 일본의 직접적인 압력을 통해 이루어졌고, 제국일본의 식민 지배를 당하면서 식민권력에 의한 이른바 구관(舊官)조사가 광범위하게 이루어졌음은 주지하는 바와 같다. 오늘날 일본에서의 한국학 연구가 1945년 한국의 해방, 즉 일본의 패전 이후 특히 산업화와 민주화 과정에 대한 연구에서 큰 성과를 내면서 그 이후 한국 사회의 변화상을 반영한 다양한 주제의 연구로 지평을 넓혀가는 가운데, 제국일본 시기에 축적한 조사연구가 상당한 수준에서 한국학 연구의 기저를 이루고 있음은 부인하기 어렵다. 해방 직후 일본에서의 한국학 연구가 한국에 대한 부정적 인식과 일본의 지도적 입장을 부각하는 측면이 상당한 수준에서 확인되기 때문이다. 해방 이후의 국가건설 과정에서도 개국 시점의 근대화 전략 모색 과정에서와 마찬가지로 일본의 교사적인 역할이 강조되었다. 이는 곧 일본의 한국학 연구를 1945년 전후로 나누어 살펴보아야 한다는 점을 의미한다.

둘째, 일본에서의 한국학 연구는 상대적으로 역사학적 접근의 측면에서 많은 성과를 내고 있다. 이는 기미야 다다시(木宮正史)가 정치학 연구에 한정해 일본에서의 한국학 연구의 특징으로 지적한 것인데, 사실 정치학뿐만 아니라 다른 인문·사회과학 분야 연구에서도 공통적으로 나타나는 특징이라고 할 수 있다. 일본에서의 한국학 연구가 갖는 이러한 특징은 전체적으로 영국을 비롯한 유럽 학계의 영향을 받아 역사적 연구가 활발하게 이루어진 일본 학계의 특성이 한국학 연구에서도 나타난 것이라고 볼 수 있다. 해방 이후 한국 학계가 사회의 친일 청산 분위기와 함께 점차 미국의 실용주의적 학문 특성을 수용함으로써 상대적으로 과학적 연구가 주류를 점하는 가운데 역사적 연구가 소홀해지는 경향은 피할 수 없었고, 그런 점에서 일본에서의 한국학 연구는 한국 국내 연구자의 한국

연구에서의 이른바 '공백'을 채우는 것이기도 했다.[1] 이러한 점을 고려해, 이 글에서는 일본에서의 한국학 연구의 전개 과정과 특성에 대해 조감(鳥瞰)해보고자 한다.

2. 1945년 이전 일본의 한국학 연구

1) 제국일본과 학지(學知)

페리(Matthew Calbraith Perry)의 일본 방문은 일본을 격동의 소용돌이로 몰아갔다. 개국(開國)과 양이(攘夷)를 둘러싼 정쟁이 심화되는 가운데 사쿠마 쇼잔(佐久間象山)은 '양이를 위한 개국'[2]의 정치사상을 전개했고, 결과적으로 일본은 미국의 무력 앞에 개국을 단행했다. 이후 일본은 메이지유신(明治維新)을 단행해 근대 국민국가 형성 과정에서 구화(歐化)를 통한 부국강병(富國强兵) 정책을 강력히 추구해갔다. 이 시기 구화는 곧 근대화, 문명화와 동의어로 받아들여졌다. 이러한 근대 일본의 문명화 전략은 일본과 이웃 국가 사이의 격차를 낳아 『문명론 개략(文明論之概略)』을 저술하는 등 근대 일본의 대표적인 문명론자로 활약한 후쿠자와 유키치(福沢諭吉)는 일본은 더 이상 아시아가 아니라 유럽의 일원이라는 탈아입

---

1 기미야 다다시, 「일본의 한국 연구의 전개와 현상: 새로운 가능성의 모색」, 『일본공간』 11, 2012, p. 206.

2 송석원, 「사쿠마 쇼잔(佐久間象山)의 해방론(海防論)과 대 서양관: 막말에 있어서의 〈양이를 위한 개국〉의 정치사상」, 『한국정치학회보』 37(5), 한국정치학회, 2003, pp. 27-49.

구(脫亞入歐)[3]를 주장하기도 했다. 이처럼 메이지 시기의 문명화 국가 전략은 꾸준히 놀라운 성과를 보여주었다. 지배층은 물론 일반인에게도 문명화에 기반한 서구화가 자연스럽게 수용되어갔다. 그러나 동시에 메이지 20년대인 1880년대 후반부터 일본 고유의 전통과 가치를 강조하는 국수주의(國粹主義)[4]적 사조가 등장하게 된다. 근대 국민국가 형성기에 무엇보다 중요한 점은 국민 스스로 주체적 의식을 갖는 것과 마찬가지로 국가 역시 국제사회에서 당당한 주권자의 면모를 갖추는 것이라고 할 수 있다. 그런 점에서 국수주의의 대두는 일본이 서양의 제도와 문물을 언제까지나 수용이나 하는 국가에서 벗어나 스스로 그러한 제도와 문물을 창제할 수 있는 국가가 되어야 한다는 점을 명확히 인식하기 시작했음을 의미한다.

국수주의 사상이 전개되고 있는 시기에 일본은 1894년 청일전쟁, 1904년 러일전쟁을 각각 일으키며 점차 제국주의 국가로 변모해갔다. 제국주의 국가 전략이 강력하게 추진되는 것과 동시에 학문 영역에서도 그러한 제국일본을 뒷받침하는 학지(學知)가 형성되어갔다. 즉, 제국일본 시기 일본인에 의한 조선 조사연구는 국가 권력과 아카데미즘 권위의 결합 속에 진행되었다. '동양학'도 이때 성립하여 발전한 학문 영역 가운데 하나였다.[5] 기존의 '지나사(支那史=중국사)'를 '동양사'로 변경할 것을 주장

---

3 "우리 일본의 국토는 아시아의 동쪽에 있다고는 하나 그 국민의 정신은 이미 아시아의 고루(固陋)에서 벗어나 서양의 문명으로 옮겼다. … (지나와 조선) 이 두 나라가 … 고풍 구습에 연연하는 마음은 백천 년 옛날과 다르지 않으며 … 우리나라는 이웃나라의 개명을 기다려 함께 아시아를 일으킬 유예가 없으며, 오히려 그 대오에서 벗어나 서양의 문명국과 진퇴를 함께하고, 지나와 조선을 대하는 방법도 이웃 나라라고 특별한 배려를 할 필요가 없으며 바로 서양인이 이들을 대하는 방식에 따라 처분해야 할 뿐이다." 福沢諭吉, 「脫亞論」, 慶應義塾編, 『福沢諭吉全集 10』, 岩波書店, 1970, p. 239.

4 '일본주의(日本主義)'라고도 하며, 대표적인 인물로는 미야케 세쓰레이(三宅雪嶺), 구가 가쓰난(陸羯南), 시가 시게다카(志賀重昂) 등이 있다.

5 岸本美緒編, 『岩波講座「帝国」日本の学知〈第3巻〉東洋学の磁場』, 岩波書店, 2006.

한 것은 나카 미치요(那珂通世)[6]로 이로써 일본의 역사 교과목이 일본사, 동양사,[7] 서양사 등 3과 체제로 바뀌게 되었다고 한다.[8] 아마도 제국으로의 도약을 목표하는 입장에서 국수주의를 운운할 필요도 없이, 혹은 그러한 국수주의의 대두와 보조를 맞추며 일본사(일본학)는 학문의 주요 영역으로 자리 잡아갔을 것이고, 또한 근대화 초기에 서구화를 국가적 목표로 내세웠던 만큼 서양사(서양학) 역시 중요시되었을 것이며, 나아가 일본 이외에 중국과 그 주변 민족의 역사를 더해 동양사를 구축했을 것이다. 이때 조선사는 독립된 교과목이 되지 못했을 뿐만 아니라 '중국과 그 주변 민족의 역사'를 다루는 '동양사'의 범주에도 포함되지 않았고, 오히려 일본사의 한 부분으로 다루었다. 조선사가 진구(神功) 황후의 신라 정벌설에 근거해 동양사가 아니라 일본사에 들어갔기 때문이다.[9]

일본이 조선을 강제병합한 이후 제국일본의 식민지 지배기구인 조선총독부와 경성제국대학을 중심으로 조선에 관한 조사와 연구가 이루어졌다. 특히 조선총독부는 식민지 조선의 통치기관이었으나, 바로 그 통치 목적을 위해 조선의 다양한 측면에 대한 조사연구를 조직·후원·장려했다. 조선총독부는 약 35년간의 통치기간 동안 2만 8천여 책권의 공문서[10]를 남겼을 뿐만 아니라 특히 경성제국대학을 중심으로 한 조선사회 조사연

6 에가미 나미오는 자신의 책 『동양학 계보』에서 나카 미치요를 가장 먼저 다루고 있다. 이와 관련해서는 江上波夫, 『東洋学の系譜』, 大修館書店, 1992 참조.

7 그러나 '동양사'는 훗날 일본이 이른바 '동양평화' 혹은 '대동아공영권'을 주장하면서 스스로 동양을 대표한다는 의식이 강화되었고, 따라서 중국사를 중심으로 한 동양사라는 용어는 부적절하다고 하여 다시 중국사 혹은 중국학으로 명칭을 바꾸게 된다.

8 이태진, 『일본제국의 '동양사' 개발과 천황제 파시즘』, 사회평론아카데미, 2022, p. 21.

9 위의 책.

10 2만 8천여 책의 내역에 대해서는 한국국가기록원, 『조선총독부 공문서 종합목록집』, 한울, 2005 참조.

구를 적극적으로 지원했다. 조선총독부는 촉탁(囑託) 등을 두어 연구 과제를 의뢰하기도 했는데, 예컨대 젠쇼 에이스케(善生永助)의 『조선의 취락(朝鮮の聚落)』, 『조선의 시장경제(朝鮮の市場經濟)』, 『조선의 계(朝鮮の契)』, 『조선의 인구현상(朝鮮の人口現象)』, 『조선의 범죄와 환경(朝鮮の犯罪と環境)』, 무라야마 치준(村山智順)의 『조선의 귀신(朝鮮の鬼神)』, 『조선의 풍수(朝鮮の風水)』, 『조선의 복장(朝鮮の服裝)』, 『조선의 무격(朝鮮の巫覡)』을 비롯한 일련의 연구[11]가 대표적인 조선총독부의 위탁 과제로 이루어진 것이다.[12] 그뿐만 아니라, 조선총독부는 식민권력을 활용하여 조선 사회에 대한 학자들의 현지조사에 다양한 편의를 제공했다. 이러한 사실은 예컨대 스즈키 에이타로(鈴木栄太郎)가 조선 사회의 실상을 현지조사한 『조선농촌사회답사기(朝鮮農村社會踏査記)』 모두에 "여행 중에 도처에서 지방관청의 원조와 협력을 얻었다"[13]거나 "출발에 앞서 대학으로부터 조사지역의 도지사 및 군수 앞으로 공문의 의뢰서를 보내 놓았기 때문에 조사지에서는 군청과 면사무소 등의 도움을 받는 일이 많았다"[14]는 등의 발언을 통해서도 알 수 있다. 이로써 권력과 학문이 결합돼 있었음을 알 수 있다.

한편, 일본의 데이코쿠(帝国)대학은 제국의 학지를 생산하는 기지이기도 했다. 제국일본의 국가 이상 구현을 위한 학문보국의 입장에서 형성된 제국의 학지는 식민지에 건설된 데이코쿠대학으로 전이되어 식민지

11 이 밖에도 무라야마 치준의 또 다른 저서 『석존·기우·안택(釋尊·祈雨·安宅)』, 『조선의 향토신사(朝鮮の鄕土神祀)』, 『조선의 점복과 예언(朝鮮の占卜と豫言)』, 『조선의 유사종교(朝鮮の類似宗教)』, 『부락제(部落祭)』 등에는 조선총독부 편 조사자료의 일련번호가 부여되어 있다.

12 젠쇼 에이스케, 무라야마 치준 외에 아키바 다카시(秋葉隆), 곤 와지로(今和次郎), 스즈키 에이타로, 마쓰다 고(松田甲) 등을 비롯한 다수의 학자가 조사자료집 발간에 관여했다.

13 鈴木栄太郎, 「朝鮮農村社會踏査記」, 『鈴木栄太郎著作集 V』, 未來社, 1973, p. 138.

14 위의 책, p. 140.

아카데미즘을 형성해갔다. 이는 철저하게 제국일본의 국가 이상에 기여하는 학문으로서의 자기 위상 위에 성립·강화되었다. 식민지 교육의 목적은 식민통치를 원활하게 수행하기 위해 식민지 인민을 강제로 천황의 백성, 곧 황민(皇民)으로 만드는 것이었다.[15] 이와 같이, 조선총독부의 후원과 경성제국대학 소속 일본인 연구자에 의한 조선 조사가 활발하게 이루어졌음을 알 수 있는데, 대표적으로 정준영,[16] 윤해동·정준영,[17] 서영희,[18] 최석영[19] 등에 의해 국내에서도 이 문제에 주목한 연구가 이루어지고 있음을 지적해두고자 한다.

2) 제국주의 자장의 연속과 불연속

현대 일본 사회의 시스템과 관련해 정당정치 측면에서의 이른바 '1955년 체제론'[20]과 경제정책 운용 측면에서의 '1940년대 체제론'[21]이 회자된 바 있다. 전자가 전전과 전후의 불연속 측면을 강조하는 것과는 대조적으로, 후자는 전전과 전후의 연속 측면을 강조하고 있는 점이 특징

15 송석원, 「근대일본의 조선민족성 인식에 관한 연구: 제국의 시선을 중심으로」, 『일본연구』 49, 한국외국어대학교 일본연구소, 2011, p. 33.

16 정준영, 『경성제국대학 법문학부와 조선 연구』, 사회평론아카데미, 2022.

17 윤해동·정준영 엮음, 『경성제국대학과 동양학 연구』, 선인, 2018.

18 서영희, 『조선총독부의 조선사 자료수집과 역사편찬』, 사회평론아카데미, 2022.

19 최석영, 『일제의 조선연구와 식민지적 지식생산』, 민속원, 2012.

20 1955년 자유당과 민주당으로 분리돼 있던 보수계 정당이 통합해 자유민주당(자민당)을 결성하고, 좌우파로 분열돼 있던 사회당계 정당이 일본사회당으로 통합한 이후 호소카와 모리히로(細川護熙)를 수상으로 하는 반(反)자민·비(非)공산에 의한 연립정권이 출현하기까지 일본의 정당체계가 '1.5당 체제', 즉 자민당의 장기집권과 일본사회당의 만년 야당화가 고착된 체계를 유지해왔다는 점을 가리키는 용어다.

21 野口悠紀雄, 『1940年体制: さらば戦時経済』, 東洋経済新報社, 1995.

이다. 일본에서의 한국학 연구와 관련해서도 전전과 전후의 연속과 불연속이라는 관점에서 논의되는 측면이 있다. 이와 관련해 기미야 다다시[22]와 정대균[23]의 논의는 전후에 이루어진 연구만을 대상으로 하고 있고, 송석원[24]의 연구는 주로 전전의 연구 성과를 중심으로 논의하고 있음을 알 수 있다. 기미야 다다시는 일본의 한국 연구에, 정대균은 일본에서의 한국 이미지에 각각 초점을 맞춰 논의하고 있으나, 두 사람의 연구는 전후만 대상으로 하고 있다는 공통점을 갖는다. 이와는 대조적으로, 송석원의 연구는 주제 자체가 '근대일본에서의 조선 민족성'을 둘러싼 인식을 특히 '제국의 시선'을 중심으로 논하고 있는 것이어서 당연한 귀결이겠지만, 제국일본 시기 일본에서의 한국 연구 동향을 식민지 아카데미즘이 형성되는 과정과 특징을 정리한 후, 특히 젠쇼 에이스케의 『조선의 취락』과 스즈키 에이타로의 『조선농촌사회답사기』를 토대로 근대일본의 조선민족성 인식이 어떠한 배경과 내용, 정치적 함의 속에 이루어졌는지를 분석하고 있다.

일본에서의 한국학 연구가 제국주의 자장 속에서 자유롭지 않다면, 그것은 일본의 한국학 연구가 기본적으로 '제국의 눈(帝國之眼)'[25]에 토대를 두고 있기 때문이라고 할 수 있을 것이다. 실제로 제국주의 자장 속에서 일본에서의 한국학 연구는 엄밀한 의미에서 '한국학'이라고 할 수 없다. 제국주의적 위계 속에 일본은 식민지 대상 국가를 대상으로 구관조사

---

22 기미야 다다시, 앞의 글.

23 鄭大均, 『韓国のイメージ: 戦後日本人の隣国観』, 中央新書, 1995.

24 송석원, 「근대일본의 조선민족성 인식에 관한 연구: 제국의 시선을 중심으로」, 『일본연구』 48, 한국외국어대학교 일본연구소, 2011, pp. 27-44.

25 이에 대한 상세한 내용은 陳光興, 「帝國之眼」, 『台灣社會研究』 17, 台灣社會研究季刊社, 1994(백지운 외 옮김, 『제국의 눈』, 창비, 2003) 참조.

를 중심으로 한 '지역연구'[26]를 광범위하게 전개했다. 따라서 이러한 과정에서 조사된 조선(한국) 관련 결과물은 전적으로 제국주의 정책 추진을 목적으로 한 것이었고, 오늘날 말하는 '한국학'의 범주에 들어갈 만한 것은 아니었다. 다만, 당시의 구관조사가 현대 일본의 한국 연구자에게 의식적·무의식적으로 영향을 미치고 있음은 부인하기 어렵다. 앞에서도 언급한 바와 같이, 일본에서의 학문이 유럽의 영향을 받아 기본적으로 역사적 접근법에 의한 연구에 강점을 가지고 있고, 따라서 그러한 역사적 접근법에 의한 연구는 필연적으로 제국주의 시대부터 조사돼 축적된 연구 결과가 반영될 수밖에 없기 때문이다.

제국일본 시기 일본인 연구자에 의한 한국 연구는 크게 다음과 같은 두 가지 특징이 있었다. 하나는 앞에서도 이미 언급한 바와 같이 제국일본이 식민 통치를 위해 설치한 권력기관인 조선총독부가 조사연구를 거의 주도했다는 점이다. 다른 하나는 일반 연구자가 식민지 조선을 연구대상으로 삼는 일 자체가 비난과 비판의 대상이 되었다는 점이다. 이 점은 일본의 사회학자 아루가 기자에몬(有賀喜左衛門)의 회고에 잘 나타나 있다. 즉 아루가에 의하면, 자신은 도쿄 데이코쿠대학 재학 시기에 졸업논문 주제로 조선 미술을 선택하고자 했으나, 지도교수가 중국, 인도, 그리스 등 '주류'를 이루는 나라의 예술을 선택하도록 지도했다는 사실을 회고[27]하고 있다. 조선의 미술은 결코 '주류'라고 말하기 어렵고, 따라서

26 에드워드 사이드는 제국주의 국가에 의해 수행된 지역연구를 가리켜 '추악한 신조어(ugly neologism)'라고 통렬히 비판했다. 이에 대해서는 Edward W. Said, *Orientalism, Western Concepts of the Orient*, New York: Pantheon Books, 1978, p. 53 참조.

27 아루가는 지도교수의 제안에 반항해 결국 「신라의 불교미술: 경주 석굴암을 중심으로(新羅の仏教美術ー慶州石窟庵を中心として)」라는 제목의 졸업논문을 집필했다고 한다. 中野卓, 「有賀喜左衛門 年譜および業績年表」, 有賀喜左衛門·中野卓編, 『文明·文化·文学』, 御茶の水書房, 1980, p. 308.

연구자가 연구 주제로 삼기에는 '가치'가 없다는 인식이 지도교수의 사고를 지배하고 있음을 알 수 있는데, 이는 당시 일본 주류 학계에 일반화되어 있던 이해라고 할 수 있을 것이다. 이처럼 일반 연구자의 자유로운 입장에서의 조선 연구는 거의 전무하고, 제국의 권력 기관인 조선총독부가 주도한 연구만이 생산되었다는 사실은 당시의 일본에서 한국을 바라보는 '제국적 시선'의 당연한 결과라고 할 수 있다. 결국, 제국일본의 지역 연구로 이루어진 조선에 대한 조사는 일본적 오리엔탈리즘의 사정권(射程圈) 안에 있을 수밖에 없었다고 할 수 있다. 실제로 후쿠자와 유키치의 조선관은 제국일본 시기 일본인 연구자에게도 이어져 예컨대, 젠쇼 에이스케는 『조선의 취락』에서 제사를 중심으로 결합된 조선의 동족조직은 현실과는 동떨어진 허위의식에 사로잡혀 있는 조선민족상을 표상하는 것으로 간주했고,[28] 스즈키 에이타로는 『조선농촌사회답사기』에서 와카모노야도(若者宿)나 결혼 전의 남녀가 묵는 네야도(寝宿)가 없는 조선에서는 그만큼 사회교육의 계기가 적으며, 따라서 "조선인 한 사람 한 사람의 퇴영성과 사회 일반의 우울이 조장된 듯한 느낌이 든다"[29]고 말한 바 있다. 그뿐만 아니라, 스즈키는 다른 책에서 조선에는 오로지 제사를 위한 기능집단이 존재하고 있는바, 제사라는 행위 자체가 산 자와 죽은 자의 결합의식이라는 점에서 조선은 마치 "죽은 조상과 산 노인이 중요시"[30]되는 사

28 『조선의 취락』 후편은 1930년 현재의 저명 동족부락의 사업목적별 표를 적시하고 있는데, 조사대상 1,685 부락 가운데 동족 구조(救助)가 232 부락, 조상제사가 809 부락, 권농(勸農)이 57 부락, 납세기한 엄수가 13 부락, 풍습개선이 26 부락, 교육장려 34 부락, 기타 등으로 되어 있어 제사를 목적으로 한 동족 수가 압도적으로 다수를 점하고 있음을 보여주고 있다. 朝鮮總督府, 『朝鮮の聚落』(한국문집편찬위원회 편, 『韓國地理風俗誌叢書 朝鮮の聚落 5』, 景仁文化社, 1994), 1933, p. 422.

29 鈴木栄太郎, 앞의 책, p. 258.

30 鈴木栄太郎, 「朝鮮の年中行事(草稿)」, 『鈴木栄太郎著作集 V』, 未來社, 1973, p. 380.

회라고 규정하기도 했다.

제국일본 시기 조선에 관한 조사연구가 다양한 분야에 걸쳐 있었다는 점에서 전후 일본에서의 한국학 연구에서 전전-전후 연속 측면이 무시할 수 없을 정도로 노정되는 것도 사실이다. 여기에는 1945년 이후의 한국 사정이 일본 연구자에게 전전의 선배 세대 연구자의 인식을 공유하게 하는 데 일조했음은 부정하기 어려울 것이다. 나아가 거듭 지적하는 바와 같이, 일본 학계가 상대적으로 역사적 접근법에 의한 연구에서 강점을 갖는다는 점도 전후 연구자가 전전 선배 세대 연구자의 연구 실적을 참조하게 하는 동인이 되었다고 할 수 있다. 물론, 제국일본의 권력을 배경으로 이루어진 조선에 관한 다양한 조사 결과가 오늘날 일본의 한국학 연구자에게 학습되는 등 전전-전후 연속이 현저하게 나타난다 하더라도 이러한 사실을 바탕으로 오늘날 일본에서의 한국학 연구자가 제국주의 시대의 지역연구 생산물에 대해 전적으로 신뢰하며 여전히 그 연장선상에서 한국을 이해하거나 연구한다고 할 수는 없다. 제국일본 시대 일본 연구자에 의한 조선에 관한 조사연구가 일본적 오리엔탈리즘을 극명히 드러내며, 조선 혹은 조선인과 조선 사회에 대해 정체성(停滞性), 의존적(사대주의적), 게으름, 무지몽매함 등 부정적인 키워드[31]로 일방적으로 규정하고 있으나, 오늘날 일본에서의 한국학 연구는 한국의 역동성이 적극적으로 반영되고 있다고 생각되기 때문이다.

제국일본 시기에도 드물기는 하지만, 조선에 대해 긍정적으로 평가한 사람들도 존재했다. '조선의 미'를 세계에 알린 것으로 평가되는 야나기 무네요시(柳宗悦)가 가장 대표적인 인물일 것이다. 그러나 그는 조선의

31 가장 대표적인 사례로는 福沢諭吉, 「土地は併呑す可らず国事は改革す可し」, 慶應義塾編, 『福沢諭吉全集 14』, 岩波書店, 1970, p. 438 참조.

미술을 평가하면서도 조선 미술에 대해 '아름답게 길게 늘어선 조선의 선(線)'을 가리켜 "쓸쓸한 마음과 무언가를 동경하는 고통스러운 정"이라는 '비애의 미'를 강조했다. 이와는 대조적으로, 아루가 기자에몬은 석굴암 벽화의 "십대 제자가 입은 옷 선은 오히려 예리하게 조여 있고, 보살이 입은 옷 선은 부드럽고 리드미컬하게 아름답다"[32]라는 새로운 견해를 제기하기도 했다.

3. 1945년 이후 일본의 한국학 연구

현대 일본의 한국학 연구는 저변에서는 앞에서 살펴본 바와 같은 전전 제국일본의 자장 속에서 이루어진 구관조사와 연속 혹은 불연속 관계를 의식하면서도 표면적으로는 1945년 이후에 이루어진 한국 관련 연구를 통칭한다고 할 수 있다. 1945년 이후 이미 80년에 가까운 시간이 흘렀다는 점을 고려하면, '현대' 일본의 한국학 연구라고 하더라도 어느 정도 시기를 구분해서 논의해야 할 것이다. 기미야 다다시는 앞에서 소개한 자신의 논문에서 일본의 한국 연구를 냉전기와 탈냉전기로 크게 나눈 후에 냉전기를 다시 냉전 초기, 한일수교 시기, 1970년대, 1980년대 등으로 세분하고, 탈냉전기는 1980년대 후반부터 논문이 집필된 2012년까지로 특별히 탈냉전기를 세분하고 있지는 않으면서 연구 동향을 중심으로 서술하고 있다. 이에 반해, 정대균은 1945년부터 1994년까지 약 50년 동안

---

32 有賀喜左衛門, 「民族の心を求めて」, 『私の自叙伝(一)』, 日本放送出版協会, 1979; 中野卓, 앞의 글, p. 309에서 재인용.

전후 일본인의 이웃 나라 인식의 변화를 크게 세 시기로 나누어 한국의 해방, 곧 일본이 패전한 1945년부터 한일기본조약이 체결된 1965년까지의 20년간을 제1기, 1965년부터 1983년까지의 18년간을 제2기(1965년부터 1972년까지의 전기와 1972년부터 1983년까지의 후기로 다시 세분), 1984년부터 1994년까지의 11년간을 제3기로 규정하고 있다. 기미야 다다시와 정대균의 연구는 17년 정도의 시차가 있지만, 두 사람이 일본의 한국 연구 혹은 이미지를 분석하기 위한 시기 구분에는 약간의 차이가 보이기는 해도 상당 부분 중첩되고 있음을 알 수 있다. 여기서는 현대 일본의 한국 연구를 두 사람의 시대 구분을 수용하면서 크게 냉전 시기와 포스트냉전 시기로 나누어 개관해보고자 한다.

1) 냉전 시기 일본의 한국 연구

1965년 한일기본조약이 체결되기까지 전후 일본의 한국 연구는 전문가가 쓴 책보다 오히려 비전문가가 쓴 책이 화제가 되는 일이 많았다. 즉 이 시기 한국 관련 화제가 된 책의 다수는 다른 분야를 전문 영역으로 하는 사람이 한국론에 일시적으로 참여하는 형태로 쓴 것인데, 이는 한국에 관한 지식의 낮음을 시사함과 동시에 기존의 한국론 방식에 구애되지 않는 지적 확장을 시사하는 것이기도 하다.[33] 이 시기 일본에서의 한국관은 기본적으로 무관심하거나 애써 관심을 보이지 않으려는 피(避)관심 양상을 보이고 있었다. 이 시기 일본에서의 한국 이미지는 제국일본 시기의 그것과 연동되는 측면도 없지 않았던 데다가 예컨대 1958년의 고마쓰

33 鄭大均, 앞의 책, p. 26.

가와(小松川) 사건과 1968년(다소 시기를 벗어나지만)의 김희로 사건 등 전후 모국으로 귀환하지 않았거나 하지 못한 채 일본 사회에 남아 자이니치(在日)의 삶을 살아가는 사람들에 의해 발생한 일련의 사건을 통해, 혹은 1952년 이승만라인을 발표한 이승만의 찌푸린 얼굴과 5.16쿠데타 당시 검은 선글라스와 군복 차림의 박정희의 모습을 통해 형성되었다.[34]

주지하는 바와 같이, 한국은 해방과 동시에 분단되어 1950년부터 3년간에 이르는 한국전쟁을 겪으며 내부적으로 이념적 대립이 첨예하게 노정되었다. 휴전 이후에도 한국은 경제적 곤란을 겪고 있었고, 북한과의 사이에 체제경쟁을 치열하게 전개하고 있었다. 이러한 가운데 이 시기 일본에서의 한국 연구는 한국 비판, 북한에 대한 동조 경향이 대체로 강하게 나타났다. 1964년 발표된 가지무라 히데키(梶村秀樹)의 연구논문 「'부정축재처리 문제'와 남조선의 예속적 독점자본」[35]은 이러한 경향을 대표하는 연구다. 가지무라는 전전의 정체사관(停滯史觀)을 비판하며 '내재적 발전론'을 주장한 한국사 연구자로 한국 사회의 자본주의 맹아론을 적극적으로 개진하는 한편, 개발독재에 대해서는 한국의 민주화운동 진영과 연대하면서 비판적 자세를 견지했다. 위에 소개한 그의 연구논문에서 '한국' 대신에 '남조선'이라고 표기한 점이 눈에 띄는데, 이 용어 자체가 당시 한국 정부에 대해 비판적인 일본 지식인이 한국을 가리켜 사용한 용어였다는 점에서 논문의 내용은 차치하고 제목부터 비판적 한국론임을 알 수 있다.

---

34 송석원, 「한국의 민주화와 일본」, 민준기 편, 『21세기 한국의 정치』, 법문사, 2001, pp. 170-179.

35 梶村秀樹, 「'不正蓄財処理問題'と南朝鮮の隷属的独占資本-1」, 日本朝鮮研究所, 『朝鮮研究月報』 第26·27号 合併号, 1964. 3, pp.9-31; 梶村秀樹, 「'不正蓄財処理問題'と南朝鮮の隷属的独占資本-2」, 日本朝鮮研究所, 『朝鮮研究』 第31号, 1964. 7, pp. 17-27.

한편, 재일동포 그리고 찌푸린 얼굴과 군복 차림의 대통령을 중심으로 형성된 한국 이미지는 부정적 한국관을 낳는 동인이 되었지만, 동시에 재일동포가 관련된 범죄가 일본 사회의 차별 대우에 원인이 있었다는 점에서 그들과 연대하는 지식인 그룹도 형성되기 시작했다. 대체로 전전의 일본과는 다른, 즉 전통 일본 가치를 우선하는 울트라 내셔널리즘에서 벗어나 일본 사회의 전반적인 민주화와 일본 내 이민 소수자와의 연대를 강조하는 트랜스 내셔널리즘을 강조하는 이른바 '전후민주주의론'을 선도한 사람들이 그들이다. 오에 겐자부로(大江健三郎)는 고마쓰가와 사건을 일으킨 재일동포 이진우를 모티브로 한 소설[36]을 집필하기도 했다. 이로써 재일동포는 패전 이후 줄곧 일본인의 한국관 형성에 영향을 미치는 존재인 동시에 일본인이 인류 보편적 가치에 입각한 주의주장을 내세우는 데 있어 연대해야 할 대상이기도 했다.

1965년은 한일기본조약이 체결된 해로 한국과 일본 양국 관계가 새로운 국면에 접어드는 계기가 됐다. 그러나 이 조약은 한국 국내 여론을 분열시켰으며, 일본에서도 이러한 한국 국내 사정을 반영해 한국 사회, 혹은 한일관계의 발전을 모색하는 연구와 함께 한국의 이승만, 박정희로 이어지는 권위주의 체제에 대한 비판이 연구의 주된 주제가 되었다. 특히, 당시 일본의 논단[37]이 이른바 '진보적 지식인'에 의해 주도되는 상황이었다는 점에서 한국 권위주의 체제에 대한 비판이 압도하는 양상이 지속되었다. 특히, 1970년대 초 한국의 유신체제는 일본의 한국 연구가 한국의 정치와 경제를 정면에서 비판하는 내용이 압도하는 데 일조했다. 이 시기 일본에서의 대표적인 한국 연구로는 하타다 다카시(旗田巍)의 『일본

36 大江健三郎, 『叫び声』, 講談社, 1963.

37 이에 대한 좀 더 상세한 내용은 奧武則, 『論壇の戰後史』, 平凡社新書, 2007(송석원 옮김, 『논단의 전후사: 1945-1970』, 소화, 2011) 참조.

인의 한국관(日本人の韓国観)』[38]을 들 수 있다. 이 시기 대부분의 일본 연구자는 한국의 유신체제에 대해 신랄하게 비판하면서도 북한의 억압체제에 대한 비판은 상대적으로 미약했다고 할 수 있다. 나아가 지명관의 『한국으로부터의 통신(韓国からの通信)』[39]을 비롯해 재일동포와 일본에서 활동하는 한국인 연구자[40]가 일본어로 한국에 대해 저술한 책도 유신체제 비판이라는 점에서 일본인의 한국 연구와 궤를 같이하는 것이었다.

이와 같이, 1970년대 일본에서의 한국 연구는 유신체제 비판으로 대표되는 '운동이론'이 압도하는 감이 있었다.[41] 나아가 유신체제가 붕괴되고 이어진 '서울의 봄'으로 일컬어지는 민주화운동을 진압하고 집권한 전두환 정권에 대한 일본의 인식도 찌푸린 이승만, 군복 차림의 박정희처럼 무언가 음습한 한국 대통령 이미지를 답습하는 것이었다. 그런 점에서 1980년대 후반 민주화를 계기로 한 일본의 한국 연구는 일대 전환점이라고 부를 만한 것이있다. 한국의 민주화는 냉전 붕괴와 시기적으로 일치한다. 따라서 일본에서의 한국학 연구 역시 한국의 민주화, 곧 포스트냉전 시기에 이르러 질적·양적으로 심화·확대된다. 이에 대해서는 다음 절에서 논하기로 하고, 여기서는 다음과 같이 냉전 시기 일본의 한국 연구를 총괄해두고자 한다.

첫째, 한일기본조약이 체결되는 1965년까지 일본의 한국에 대한 관심은 거의 없거나 오히려 회피하는 수준이었다. 이 시기 일본에서의 한국

---

38 旗田巍, 『日本人の韓国観』, 勁草書房, 1974.

39 池明観, 『韓国からの通信』, 岩波新書, 1974.

40 기미야 다다시는 1960년대부터 1970년대에 걸쳐 활약한 대표적인 재일동포 연구자로 강재언과 강덕상을, 유학생 연구자로 김영작과 최상용을 각각 들고 있다. 기미야 다다시, 앞의 글, p. 201.

41 기미야 다다시, 위의 글, p. 200.

관련 연구가 결코 적지 않았지만, 전문 연구자에 의한 연구보다는 비전문가에 의한 연구서가 오히려 더 화제를 부르는 경우가 많았다. 그만큼 한국 연구의 지적 수준이 높다고는 할 수 없지만, 연구의 지평이 확대되는 결과로 이어진 점은 특기할 만하다. 둘째, 제국일본의 자장에서 자유롭지 못한 연구도 적지 않았지만, 점차 한국의 민주주의와 자본주의적 발전을 강하게 의식하고, 그러한 입장에서 민주주의와 자본주의적 발전을 저해하는 것으로 이해되는 부패와 독점자본의 횡포에 분노하며 한국 시민사회와 연대하는 연구도 눈에 띄게 되었다. 이승만 정권부터 계속되는 한국의 권위주의 정치체제에 대해 비판적 입장을 견지함으로써 한국 정부와는 일정한 긴장관계에 놓이는 경우도 없지 않았다. 그럼에도 이 시기 일본의 한국 연구 성과는 한국에서 적극적으로 참조되었다. 한국전쟁을 계기로 남북한 사이에서뿐만 아니라 한국 내에서도 남남 대립이라고 할 만한 이념갈등이 첨예하게 나타나는 상황에서 학문의 자유가 제한되었기 때문인데, 그러한 제한 없이 하고 싶은 연구를 할 수 있는 일본의 한국 연구는 그만큼 한국의 한국 연구자에게 중요한 지적 자극제가 되기에 충분했기 때문이다. 셋째, 이러한 현상은 곧 일본 연구자가 한국 연구자의 연구를 충분히 활용하지 못하는 결과로 이어졌다. 그럼에도 일본의 한국 연구는 한국의 한국 연구자뿐만 아니라 일본 외의 외국 연구자에게도 중요한 참조 대상이 되었다. 넷째, 권위주의체제를 신랄하게 비판하는 내용의 일본의 한국 연구는 주로 '운동'론적인 측면이 강하게 나타나기도 했다. 다섯째, 해방과 한국전쟁 이후 한국 사회가 급격하게 미국과의 관계를 중심으로 국가 진로를 모색하는 것과 병행해서 대학에서의 교육과 학문 연구가 점차 미국 교육 시스템과 학문적 특성을 수용하는 형태로 변모하는 과정에 있기는 했지만, 적어도 해방 직후부터 1970년대까지는 제국일본 시기에 교육을 받은 사람이나 일본 유학 경험자가 한국 아카데미즘을 주도하고 있었다는 점에서 일본의 한국 연구가 거꾸로 한국 사회에 수용되기 쉬운 환경이었다는 점도 이 시기의 한 가지 특징이라고 할 수 있다.

2) 포스트냉전 시기 일본의 한국 연구

1980년대 말은 한국과 국제사회가 격변에 휘말린 시기였다. 1987년 민주화를 달성한 한국은 이듬해 서울 올림픽을 개최했다. 이 과정에서 여행자유화 조치와 함께 이른바 '북방외교'를 전개해 냉전 시기에는 상상도 하지 못했을 사회주의 국가와의 국교를 점진적으로 수립해가는 등 적극적인 개혁개방정책을 추진했다. 1989년에는 쇼와(昭和) 일왕의 사망으로 시작해 베를린 장벽의 붕괴, 동유럽의 민주화 등이 이어졌고, 1990년 한-소(지금의 러시아) 국교정상화, 1991년 소비에트체제 붕괴, 1992년 중국을 비롯해 중앙아시아 국가와 한국의 수교 등 격변이 연속되었다. 한국의 개혁개방정책은 해방 후 부침이 없지 않았지만, 산업화와 민주화를 차례로 달성했다는 자긍심이 표출된 결과였다. 냉전의 붕괴와 포스트냉전의 도래로 냉전 시기의 외교문서가 공개되어 연구에 활용되기 시작했다.[42]

한국 내 학계도 점차 양질의 성과를 내기 시작했다. 이로써 일본의 한국 연구도 한국 내 연구자의 손에 의한 연구 성과가 폭넓게 인용되기

---

42 기미야 다다시는 미국 외교문서를 이용한 대표적인 연구로 한국전쟁에 대한 미국 개입 과정을 분석한 오코노기 마사오의 연구(小此木政夫,『朝鮮戦争 米国の介入過程』, 中央公論社, 1986)를, 중국 및 구소련의 자료를 이용한 김일성 및 한국전쟁에 관한 북한의 대응을 분석한 와다 하루키의 연구(和田春樹,『金日成と満州抗日戦争』, 平凡社, 1992; 和田春樹,『朝鮮戦争全史』, 岩波書店, 2002)를 들고 있다. 기미야 다다시, 위의 글, p. 203.

시작하면서 질적 다양화와 양적 확대[43] 등 비약적 발전을 거듭했다. 이와 관련해 기미야 다다시는 1980년대부터 1990년대에 걸친 시기에 정치학과 관련해 주목할 만한 연구로 다음과 같은 세 종류의 연구를 들고 있다. 첫째, 냉전사 연구로서의 한국·조선 연구(한반도 냉전체제 성립과 전개에 관한 연구), 둘째, 한국의 NIES형 경제발전에 관한 이론적 및 실증적 연구, 셋째, 한국의 권위주의체제와 정치적 민주화에 관한 이론적 및 실증적 연구[44]가 그것으로, 특히 둘째 연구와 관련해 대표적인 연구로 와타나베 도시오(渡辺利夫)와 핫토리 다미오(服部民夫)의 연구[45]를 제시하고 있다.

이와 같이, 포스트냉전 시대 일본의 한국 연구는 비약적으로 발전해 왔다. 그런 한편으로 이 시기 일본의 한국 연구는 냉전 시대의 그것 이상으로 일본 외 외국의 한국학 연구에 미치는 영향력을 상실해갔다고도 할 수 있다. 그것은 한국 내에서의 한국 연구가 발전한 결과이기도 한데, 이로써 일본의 한국 연구는 냉전 시대의 비교우위를 점차 상실해갔다고 할 수 있다. 그러나 이러한 사실이 일본에서의 한국 연구가 갖는 의미를 부정하는 것은 아니다. 거듭 지적하는 바와 같이, 일본의 한국 연구는 역사적 접근법에 의한 연구가 주를 이루고 있는바, 이는 한국 학계의 한국 연구의 미흡한 부분을 채우는 보완재로 여전히 중요한 의미를 갖는다고 할

43 일본에서의 한국학 연구의 양적 확대는 한국학 분야 연구 문헌의 간행 수에서도 확인되는데, 예컨대 조선사연구회가 홈페이지에 공개하고 있는 데이터베이스(DB) '전후 일본의 조선사 문헌 목록'을 토대로 정리한 이종원에 따르면, 1970년대까지는 연평균 간행 수가 단행본 79건, 논문 248건에 불과했으나, 1980년대에는 단행본 133권, 논문 398건, 1990년대에는 단행본 160건, 논문 564건으로 증가했고, 2000년대 이후에는 매년 단행본이 300건, 논문이 약 1,000건 간행되고 있음을 알 수 있다. 이종원, 「일본의 한국학 연구 현황과 과제」, 한국국제교류재단 엮음, 『2018 해외 한국학 백서』, 을유문화사, 2018, p. 106.

44 기미야 다다시, 위의 글, p. 203.

45 渡辺利夫, 『現代韓国経済分析: 開発経済学と現代アジア』, 勁草書房, 1982; 服部民夫 編, 『韓国の工業化: 発展の構図』, アジア経済研究所, 1987을 들 수 있다.

수 있기 때문이다. 비록 냉전적 질서가 붕괴되었다고는 하지만, 한반도는 냉전의 유산인 분단 상황이 여전히 계속되고 있으며, 미중 패권경쟁이 점차 치열함을 더해가는 와중에 '신냉전'이라는 용어까지 대두하고 있는 상황이다.

따라서 현재의 한반도와 동아시아 국제질서는 포스트냉전적 양상을 현저히 보여주고 있다고 하겠다. 포스트(post)는 '벗어남'을 의미하는 '탈(脫)'과 '연속, 잔재, 청산의 불충분'을 의미하는 '후기(後期)'의 의미를 동시에 갖는데, 한반도와 동아시아 지역 정세의 현실은 '탈'보다는 '후기'라는 의미의 포스트냉전 상황이라고 해야 마땅할 것이다. 따라서 한국과 동아시아의 향후 '앎〔知〕'의 도정(道程)은 후기식민 또는 후기냉전에서 탈식민·탈냉전으로의 방향이어야 할 것인데, 이러한 길을 열어가기 위해서는 우리 사회에 대한 역사사회학적 연구가 무엇보다 필요하고, 바로 이 점에서 일본의 한국학 연구의 강점이 있을 것이다. 물론, 이것이 일본이 생산한 지(知)의 무비판적·무조건적 수용을 의미하지 않음은 재론을 요하지 않는다. 세계 각국이 생산한 한국 연구와 마찬가지로 일본에서의 한국 연구 역시 우리나라의 향후 더 나은 발전을 모색하는 데 있어 보완재로 활용할 수 있을 것이다.

포스트냉전 시기 일본의 한국 연구는 더 이상 일방통행인 상황은 아니다. 여전히 한국과 일본 사이에는 호감과 비호감이 착종(錯綜)하지만, 공존을 위해 서로 협력해야 한다는 점을 부정하기 어렵다. 비슷하지만 다르고, 다르면서도 비슷한 것이 한일관계의 특징이라고 할 때, 다름을 보완하고 비슷함을 강화하는 데 일본의 한국 연구는 한국 내의 한국 연구뿐만 아니라 한국 내 일본 연구와 쉽게 연동할 수 있을 것이다. 이는 일본의 한국 연구자가 점차 한국 내의 한국 연구자와 일본 연구자의 업적을 더욱 활발히 활용하고 있는 점에서도 확인할 수 있다. 이 글에서 수차례 언급한 기미야 다다시는 물론, 기무라 칸(木村幹),[46] 니시노 준야(西野純也),[47] 오니시 유타카(大西裕),[48] 미야지마 히로시(宮嶋博史),[49] 노무라 신이치(野村伸一)[50] 등의 한국 연구가 이러한 부류에 속하는 대표적인 연구라고 할 수 있다. 또한, 한국 내에서의 한국학 연구가 대체로 특정 가치나 정치적 입장과 깊은 관계 속에 이루어지는 특징이 상대적으로 강한 데 반해, 일본의 한국학 연구는 이러한 실정과 무관하게 가치중립적인 입장에서 연구가 이루어지기 때문에 한국 내의 일본 연구자와 한국 연구자도 마찬가지로 일본에서의 한국 연구 결과를 참조하는 등 광범위한 상호 참조 현상이 더욱 강해졌다고도 할 수 있다.

나아가 포스트냉전 시기 일본에서의 한국 연구의 또 한 가지 특징으로 한류 붐과의 연계성을 들 수 있다. 일본에서 한류가 대두하기 시작한 것은 2000년대 초반이다. 즉, "일본에서는 2000년대 초반 드라마「겨울 연가」가 방영되어 욘사마(ヨン様) 붐이 일었다. 한류는 그 후 다소 잦아

46 기무라 칸의 대표적인 연구로는 木村幹, 『朝鮮/韓国ナショナリズムと「小国」意識』, ミネルヴァ書房, 2000; 木村幹, 『韓国における「権威主義的」体制の成立』, ミネルヴァ書房, 2003; 木村幹, 『朝鮮半島をどう見るか』, 集英社, 2004 참조.

47 니시노 준야의 대표적인 연구로는 西野純也, 「中曽根康弘首相の対朝鮮半島外交: 日韓戦略的提携のためのイニシアティブ」, 『法学研究』 94(2), 慶應義塾大学法学研究会, 2021; 西野純也, 「盧武鉉政権期の日韓関係: 韓国の新しい秩序認識の台頭」, 『法学研究』 92(1), 慶應義塾大学法学研究会, 2019 참조.

48 오니시 유타카의 대표적인 연구로는 大西裕, 『韓国経済の政治分析: 大統領の政策選択』, 有斐閣, 2005; 大西豊, 『先進国·韓国の憂鬱ー少子高齢化'経済格差'グローバル化』, 中公新書, 2014 참조.

49 미야지마 히로시의 대표적인 연구로는 宮嶋博史, 『朝鮮土地調査事業史の研究』, 汲古書院, 1991; 宮嶋博史, 『両班 李朝社会の特権階層』, 中公新書, 1995 참조.

50 노무라 신이치의 대표적인 연구로는 野村伸一, 『仮面戯と放浪芸人-韓国の民俗芸能』, ありな書房, 1985; 野村伸一, 『韓国の民俗戯-あそびと巫の世界へ』, 平凡社, 1987; 野村伸一, 『巫と芸能者のアジア-芸能者とは何をするのか』, 中公新書, 1995 참조.

드는 듯했으나, 수년 전부터 다시 K-Pop 스타, BTS(방탄소년단)의 세계적 활약, 드라마 「사랑의 불시착」 등으로 다시 인기를 얻고 있다"[51]는 취재 기사가 신문에 게재되는 등 여전한 인기를 누리고 있다. 일본에서 이와 같은 한류 붐이 일어나는 데는 한국 내 엔터테인먼트 산업이 발전한 측면도 있지만, 1998년 한일 간의 '21세기의 새로운 한일 파트너십 공동선언', 즉 '김대중·오부치 공동선언'에 의해 양국이 상대국의 문화를 자유롭게 수용할 수 있게 된 점도 무시할 수 없을 것이다. 물론, 이 공동선언 전에도 한국인 가수가 일본의 TV 프로그램 등에 출연하기도 했고 한국의 영화 등이 방영[52]되기도 했으나, 한국은 일본 대중문화를 전면적으로 수입 자유화하지 않은 상태였다. 따라서 다소 일방통행적인 측면이 강했던 양국의 문화교류가 양방향 통행으로 변모함에 따라 일본에서도 더욱 자연스럽게 한국 대중문화를 소비할 수 있게 되었다. 더욱이 2002년 월드컵 축구의 한일 공동개최가 이러한 분위기를 더욱 고조시켰다. 일본뿐만 아니라 전 세계적으로 한류가 한국 연구를 강화하는 계기가 된 점은 부인하기 어려운 사실이지만, 향후 해외에서의 한국 연구는 한류 이후를 사정권에 넣어 한 단계 더 도약하는 방안을 모색해야 할 것이다. 일본의 한국 연구가 안고 있는 과제이기도 하다.

---

51 櫻井泉, "「韓流ブーム再び, 若者が気楽に学べる時代に 言葉から始まる, 隣の国への理解"」,『朝日新聞』, 2021. 9. 27.

52 예컨대, 1993년에 제작된 영화 「서편제」는 반복해서 일본 TV에 방영되었다. 그뿐만 아니라, 노무라 신이치는 자신의 저서에서 「서편제」의 내용을 정치(精緻)하게 분석·설명하고 있다. 이에 대해서는 野村伸一,『巫と芸能者のアジア-芸能者とは何をするのか』, 中公新書, 1995, pp. 2-16 참조.

4. 일본의 한국학 현황

특정 국가를 대상으로 학문적 연구를 수행하기 위해 그 나라 언어를 습득하는 것은 당연한 일이다. 일본에서는 NHK가 1984년부터 한글 강좌를 시작했다. 한국어는 2002년부터 대학입학을 위한 센터시험(センター試験)[53]의 외국어 시험 선택과목 중 하나가 되었고, 따라서 2005년 현재 247개 고교에서 제2외국어로서의 한국어 수업을 개설해 놓고 있다. 일본의 대학입학시험 외국어 영역은 영어, 독일어, 프랑스어, 한국어, 중국어 중 하나를 선택하게 되어 있는바, 각각 필기시험은 80분, 200점으로 국어와 시간과 배점이 동일하나, 영어는 듣기 평가를 별도로 시행한다. 외국어 시험에서는 영어를 선택하는 수험자 수가 압도적 다수를 점하고 있는 가운데 중국어가 600-700명대로 2위, 한국어가 100명대로 3위, 이하 독일어와 프랑스어가 100명 미만의 수험자 수를 보이고 있다.

센터시험에서 한국어가 처음 실시된 2002년에는 불과 99명의 수험자만이 지원하여 165.4점의 평균점과 82.7%의 득점률을 기록했다. 마지막 센터시험이 치러진 2020년에는 135명의 수험자가 응시해 평균점 147.5점, 득점률 73.8%를 기록했다. 역대 센터시험에서 한국어 수험자가 가장 많았던 때는 2005년의 213명, 가장 적었던 때는 2002년의 99명이었으며, 득점률이 가장 높았던 때는 2003년의 170.96점(득점률 85.5%), 가장 낮았던 때는 2019년 126.25점(득점률 63.1%)이었다. 센터시험에서 한국어 시험의 평균점은 대체로 중국어보다는 낮지만, 영어, 독일어, 프랑스어 등보다는 높은 편이다.

---

53 1990년도부터 2020년도까지 시행된 일본의 국가 주관 대학입학 통일시험으로, 2021년도부터는 대학입학 공동테스트로 바뀌었다.

〈표 1〉 일본 수능(센터시험)에서의 한국어 평균점 추이(2002-2020)

연도	배점	평균점	득점률(%)	수험자 수	연도	배점	평균점	득점률(%)	수험자 수
2002	200	165.40	82.7	**99**	2012	200	146.36	73.2	151
2003	200	**170.96**	**85.5**	169	2013	200	140.29	70.1	180
2004	200	153.64	76.8	174	2014	200	144.82	72.4	161
2005	200	158.13	79.1	**213**	2015	200	139.05	69.5	143
2006	200	155.29	77.6	189	2016	200	128.05	64.0	174
2007	200	147.55	73.8	186	2017	200	128.95	64.5	185
2008	200	143.52	71.8	142	2018	200	132.55	66.3	146
2009	200	167.76	83.9	136	2019	200	**126.25**	**63.1**	174
2010	200	149.97	75.0	167	2020	200	147.50	73.8	135
2011	200	149.89	74.9	163					

출처: "〔センター試験〕韓国語の平均点推移2002 - 2021", https://yobimemo.com/daigakunyuushi/centertest/korean-average/(검색일: 2023. 9. 1).

이와 같은 고교 교육에서의 한국어 교습은 대학 교육으로 이어져 일본에는 2023년 현재, 전 세계에서 가장 많은 대학에 한국학 강의가 개설돼 있다. 즉, 전 세계 107개국 1,410개 대학 중 일본은 376개 대학에 한국학 강의가 개설되어 전체의 26.8%를 차지하고 있다.[54] 이는 인구와 면적 면에서 일본을 압도하는 중국이 269개 대학에서 한국학 강의가 이루어지고 있는 것보다 무려 100개 대학 이상 많다는 점을 보여준다. 한국학 강의가 개설된 일본 대학은 한국과 지리적으로 가까운 후쿠오카(福岡)를 비롯한 규슈(九州) 지역이 다수를 차지하고는 있지만, 전체적으로 보면

54 KF 통계센터, "해외대학 한국학 현황 통합 검색". https://www.kf.or.kr/koreanstudies/koreaStudiesList.do(검색일: 2023. 9. 10)

도쿄(東京), 오사카(大阪), 나고야(名古屋) 지역은 물론, 홋카이도(北海道) 지역에 이르기까지 전국적으로 분포하고 있다.

다만, 다른 많은 나라의 사례와 유사하게 일본에서도 학위과정보다는 교양과정이 압도하는 양상을 보이고 있다. 일본 대학에 개설된 한국학 강의 중 교양과정은 전체 376개 대학 중 359개 대학에 개설되어 있어 17개 대학만이 교양과정 없이 학위과정을 개설하고 있음을 알 수 있다. 학위과정 가운데는 학사과정이 33개 대학, 석사과정이 14개 대학, 박사과정이 9개 대학에 각각 개설돼 있으며, 학사과정부터 박사과정까지 모든 학위과정이 개설된 학교는 게이오대, 교토대, 구마모토학원대, 규슈대, 도쿄대, 도쿄외대, 리쓰메이칸대, 쇼와여대, 히토쓰바시대 등 9개 대학, 한국연구센터가 설치된 대학은 게이오대, 규슈대, 텐리대, 도시샤대, 도쿄대, 리쓰메이칸대, 시코쿠대, 와세다대, 히토쓰바시대 등 9개 대학이었다.[55] 국제교류재단의 KF 통계센터에는 이상과 같은 결과만 나와 있으나, 이 외에 시즈오카 현립대학에도 대학원의 국제관계학 연구과 부속으로 '현대한국조선연구센터'[56]가 설치돼 있음을 확인할 수 있다.

한편, 일본 국내에 한국학 관련 학회도 상당수 있는데, 전수조사 결과는 아니지만 조선학회(1950년 발족), 조선사연구회(1959년 발족), 한국조선문화연구회(1999년 발족), 현대한국조선학회(2000년 발족), 일본한국연구회, 일본한국어교육학회, 조선어교육학회, 조선어연구회, 조선족연구학회 등이 있다. 이 가운데 조선학회는 2023년 현재 회원 수 약 400명으로 텐리(天理)대학에 사무국을 두고 있다. 조선사연구회의 회원 수는 약 500명이다. 그뿐만 아니라, 텐리대학의 '텐리 참고관'에는 한국 문화재가

55 위의 통계자료.

56 "現代韓国朝鮮研究センター". https://www.u-shizuoka-ken.ac.jp/facilities/faculties-graduate/korean/(검색일: 2023. 9. 10)

다수 소장되어 있기도 하다.

5. 맺음말

이상으로 일본에서의 한국학 연구 동향을 1945년 전후로 나눈 후 1945년 이후는 다시 냉전 시기와 포스트냉전 시기로 나누어 살펴보고, 최근의 현황에 대해서도 정리해보았다. 오늘날 일본의 한국학 연구가 제국일본 시기에 축적된 연구 성과와 연속 혹은 불연속 관계를 보이며 실로 다양한 주제 영역을 중심으로 발전해왔음을 알 수 있다. 그러나 향후 일본의 한국학 연구를 생각할 때 몇 가지 과제가 있다는 점도 인정하지 않을 수 없다.

첫째, 외국에서의 한국학 연구의 출발점이라고 할 수 있는 한국어 교육과 관련해서 일본의 다수 대학에서 정규 학위과정을 두고 있는 곳은 물론, 학위과정이 없는 곳에서도 비학위 교양과정에서 한국어를 교육하고 있음은 앞에서도 살펴본 바와 같다. 다만, 여전히 일본에서는 일부 한국어를 둘러싼 표기가 통일되지 않은 측면이 있다. 즉 교양과정의 교과목명이 한국어, 조선어, 한글 등으로 나뉘어 있다. 한국에서 출판한 교재, 혹은 일본에서 출판했더라도 한국의 문법서에 기초한 교재가 압도하고 있는 상황에서 교과목명이 다르게 표기되는 것은 어떻게 이해해야 할까. 나아가 한국학 연구의 발전에도 불구하고 여전히 일부 지명이나 사건명에 한국에서 사용하는 표현이 아닌 일본식 표기를 하는 경우가 적지 않다. 예컨대 '한반도'를 여전히 '조선반도'라고 표현하고, '한국전쟁'을 '조선전쟁'이라고 표현하는 경우다. 일본의 한국학 연구 학회에 '한국'보다 '조선'

이라는 표현이 더 많이 사용되고 있는 것도 사실이다. 물론, 이러한 현상이 발생한 데는 일본 내의 사정도 있겠지만, 학회 명칭은 그렇다 하더라도 적어도 교과목명이나 기본 용어의 통일을 꾸준히 요청할 필요는 있다고 하겠다.

둘째, 일본 대학에 개설된 한국학 강의가 전 세계에 개설된 강의의 무려 1/4 이상을 차지하고 있음을 고려할 때, 한국어 교육을 중심으로 한 교양과정에 비해 학위과정이 상대적으로 미흡하다고 할 수 있다. 이를 위해서는 일본 국내의 필요성 문제도 중요하겠지만, 해외에서의 한국학 진흥을 목표로 지원하고 있는 우리나라 한국학중앙연구원이나 국제교류재단 등을 통해 학사과정부터 박사과정까지의 학위과정과 한국학연구센터를 늘려갈 수 있도록 중장기적이고 체계적으로 지원[57]할 필요가 있다고 하겠다.

셋째, 일본은 한반도와 인접하고 있는 지리적 요인으로 인해 한국뿐만 아니라 북한, 나아가 한반도 전체를 시야에 넣은 연구가 전개되는 경우가 많은데, 북한만 연구 대상으로 한 일본 연구자의 연구를 한국학의 범주에 넣는 것이 타당한가 하는 물음이 제기되기도 한다. 일본의 한국학 연구자, 한국 내의 한국학 연구자와 일본학 연구자가 연구 과정에서 활발하게 협력하는 것은 당연한 일이지만, 한반도는 물론 동아시아나 세계적 맥락 속에서의 한반도 관련 주제 연구는 비록 그것이 북한만을 특정해서 이루어진 연구라 할지라도 한국학 범주에 넣어 생각할 필요가 있을 것이다.

넷째, 한국국제교류재단이 펴낸 『2018 해외 한국학 백서』는 각국 각 대학에서의 한국학 현황을 대학 개요, 연락처, 기관 한국학 현황(한국 관련

57 곽낙현, 「한국국제교류재단 해외대학 한국학 개설 현황 검토」, 『국학연구』 50, 한국국학진흥원, 2023, pp. 456-458.

강좌 운영 현황, 한국 관련 프로그램 제공 형태, 주요 연구 분야, 한국학 교수진, 강좌 개설 현황, 한국 관련 활동), 한국연구센터 운영 현황, 도서관 현황, 동아시아학 현황 등으로 나누어 정리한 무려 총 1,888쪽에 이르는 백서[58]다. 이 가운데 '각 대학의 강좌 개설 현황'에는 교과목명과 주요 내용 등이 제시되어 있는바, 향후 관련 내용을 중심으로 한 커리큘럼의 구체적 분석(커리큘럼 간 비교분석 포함)이 과제로 남아 있다.

다섯째, 역사학적 연구에 강점을 갖는 일본의 한국학 연구가 한국 내의 한국 연구자와 일본 연구자의 협업 속에 양쪽 모두 더한층 발전을 도모할 수 있다는 점에서 앞으로도 양국 연구자 간의 공동연구가 더욱 활성화될 필요가 있다. 이미 이와 같은 한일 양국 학자 간의 상호 협력을 통해 자연스럽게 과거 일본의 한국학 연구가 특별한 지위를 가졌던 데서 일반적인 관계로 진화하고 있다는 점에서 향후 양국 연구자 간의 공동연구가 더 많은 성과를 낼 수 있도록 장려·지원되어야 할 것이다.

참고문헌

곽낙현.「한국국제교류재단 해외대학 한국학 개설 현황 검토」.『국학연구』 50, 한국국학진흥원, 2023, pp. 431-465.

기미야 다다시.「일본의 한국 연구의 전개와 현상: 새로운 가능성의 모색」.『일본공간』 11, 2012, pp. 194-221.

서영희.『조선총독부의 조선사 자료수집과 역사편찬』. 사회평론아카데미, 2022.

송석원.「한국의 민주화와 일본」. 민준기 엮음,『21세기 한국의 정치』, 법문사, 2001, pp. 157-183.

58 이 가운데 일본 대학에서의 한국학 운영 현황은 663쪽부터 754쪽에 걸쳐 정리되고 있다. 한국국제교류재단 엮음,『2018 해외 한국학 백서』, 을유문화사, 2018.

______.「사쿠마 쇼잔(佐久間象山)의 해방론(海防論)과 대 서양관: 막말에 있어서 의 〈양이를 위한 개국〉의 정치사상」.『한국정치학회보』 37(5), 한국정치학회, 2003, pp. 27-49.

______.「근대일본의 조선민족성 인식에 관한 연구: 제국의 시선을 중심으로」.『일본연구』 49, 한국외국어대학교 일본연구소, 2011, pp. 27-44.

이종원.「일본의 한국학 연구 현황과 과제」. 한국국제교류재단 엮음,『2018 해외 한국학 백서』, 을유문화사, 2018.

이태진.『일본제국의 '동양사' 개발과 천황제 파시즘』. 사회평론아카데미, 2022.

정준영.『경성제국대학 법문학부와 조선 연구』. 사회평론아카데미, 2022.

최석영.『일제의 조선연구와 식민지적 지식생산』. 민속원, 2012.

한국국가기록원.『조선총독부 공문서 종합목록집』. 한울, 2005.

大江健三郎.『叫び声』. 講談社, 1963.

奥武則.『論壇の戰後史』. 平凡社新書, 2007(송석원 옮김,『논단의 전후사: 1945-1970』, 소화, 2011).

小此木政夫.『朝鮮戦争 米国の介入過程』. 中央公論社, 1986.

大西裕.『韓国経済の政治分析ー大統領の政策選択』. 有斐閣, 2005.

大西豊.『先進国·韓国の憂鬱ー少子高齢化'経済格差'グローバル化』. 中公新書, 2014.

梶村秀樹.「'不正蓄財処理問題'と南朝鮮の隷属的独占資本-1」.『朝鮮研究月報』(日本朝鮮研究所) 第26·27号 合併号.1964.(3月), pp. 9-31.

______.「'不正蓄財処理問題'と南朝鮮の隷属的独占資本-2」.『朝鮮研究』(日本朝鮮研究所) 31.1964.(7月), pp. 17-27.

岸本美緒編.『岩波講座「帝国」日本の学知〈第3巻〉東洋学の磁場』. 岩波書店, 2006.

木村幹.『朝鮮/韓国ナショナリズムと「小国」意識』. ミネルヴァ書房, 2000.

______.『韓国における「権威主義的」体制の成立』. ミネルヴァ書房, 2003.

______.『朝鮮半島をどう見るか』. 集英社, 2004.

櫻井泉.「韓流ブーム再び, 若者が気楽に学べる時代に 言葉から始まる, 隣の国への理解」.『朝日新聞』, 2021. 9. 27.

池明観.『韓国からの通信』. 岩波新書, 1974.

鈴木栄太郎.「朝鮮農村社會踏査記」.『鈴木栄太郎著作集 V』, 未來社, 1973(1944).

_____.「朝鮮の年中行事(草稿)」.『鈴木栄太郎著作集 V』, 未來社, 1973.

朝鮮總督府.『朝鮮の聚落』(한국문집편찬위원회 엮음,『韓國地理風俗誌叢書 朝鮮の聚落 5』, 景仁文化社, 1994), 1933.

鄭大均.『韓国のイメージ一戦後日本人の隣国観』. 中央新書, 1995.

中野卓.「有賀喜左衛門 年譜および業績年表」. 有賀喜左衛門·中野卓編,『文明·文化·文学』, 御茶の水書房, 1980.

西野純也.「盧武鉉政権期の日韓関係: 韓国の新しい秩序認識の台頭」.『法学研究』92(1), 慶應義塾大学法学研究会, 2019.

_____.「中曽根康弘首相の対朝鮮半島外交: 日韓戦略的提携のためのイニシアティブ」.『法学研究』94(2), 慶應義塾大学法学研究会, 2021.

野口悠紀雄.『1940年体制ーさらば戦時経済』. 東洋経済新報社, 1995.

野村伸一.『仮面戯と放浪芸人ー韓国の民俗芸能』. ありな書房, 1985.

_____.『韓国の民俗戯ーあそびと巫の世界へ』. 平凡社, 1987.

_____.『巫と芸能者のアジアー芸能者とは何をするのか』. 中公新書, 1995.

旗田巍.『日本人の韓国観』. 勁草書房, 1974.

福沢諭吉.「脱亞論」. 慶應義塾編.『福沢諭吉全集 10』. 岩波書店, 1970.

_____.「土地は併呑す可らず国事は改革す可し」. 慶應義塾編,『福沢諭吉全集 14』, 岩波書店, 1970.

宮嶋博史.『朝鮮土地調査事業史の研究』. 汲古書院, 1991.

_____.『両班 李朝社会の特権階層』. 中公新書, 1995.

和田春樹.『金日成と満州抗日戦争』. 平凡社, 1992.

_____.『朝鮮戦争全史』. 岩波書店, 2002.

陳光興.「帝國之眼」. 台灣社會研究季刊社,『台灣社會研究』17, 1994(백지운 외 옮김,『제국의 눈』, 창비, 2003).

Said, Edward W. *Orientalism, Western Concepts of the Orient*. New York: Pantheon Books, 1978.

KF 통계센터. "해외대학 한국학 현황 통합 검색". https://www.kf.or.kr/koreanstudies/

koreaStudiesList.do(검색일: 2023. 9. 10)
"現代韓国朝鮮研究センター". https://www.u-shizuoka-ken.ac.jp/facilities/faculties-graduate/korean/(검색일: 2023. 9. 10)

러시아의 한국학

고상두(연세대학교)

#러시아
#한국
#한반도
#북한
#정책

러시아의 한국학은 오랜 역사적 전통을 가지고 있으며, 주로 정책적 관심에서 활성화되었다. 19세기 러시아가 극동지역을 개척하면서 한반도와 국경을 인접하게 되고, 이후 한반도 정세에 여러모로 관여했다. 러시아에서 가장 오래된 한국학 관련 연구소는 동방학연구소이며, 냉전이 종식되고 많은 싱크탱크가 생겨나 외교부와 크렘린에 한반도 정책을 제안하고 있다. 러시아의 한반도 정책을 우리에게 유리한 방향으로 이끌기 위해서는 한러 정책전문가 간의 긴밀한 협력이 필요한데, 러시아의 한국 전문가는 친북적 성향에서 탈피하지 못하고 있다. 이들을 친한 인사로 바꾸기 위해 공동 학술회의, 연구, 단행본 출판 등이 필요하며, 냉전의 유산으로부터 자유로운 젊은 연구자가 많이 등장할 수 있도록 러시아 대학에 한국학을 확산해야 할 것이다. 러시아 대학의 한국학 실태를 보면, 주요 대학에는 모두 한국학 과정이 개설되어 있으며, 전국적으로 골고루 분포되어 있다. 하지만 국가의 규모에 비하면

많은 편이 아니다. 글로벌 e-스쿨 사업을 통해 한국에서 온라인으로 한국학 수업이 제공되지만 대부분 한국어 교육이며, 사회과학 분야의 수업은 부족한 편이다. 러시아인의 한국에 대한 인식조사 결과를 보면, 한국에 관한 지식은 낮은 수준이지만 해마다 높아지고 있으며, 지식취득 경로에서 디지털의 역할이 커지고 있다. 한국의 이미지는 동북아 국가 중에서 중국 다음으로 좋다. 한반도 분쟁 시 러시아는 관여를 자제하거나 중재자 역할을 할 가능성이 크며, 남북한에 대한 지지에서는 미미한 차이지만 남한보다 북한을 더 지지한다. 러시아의 한국학 증진을 위해서는 무엇보다 한국에 대한 관심을 높이고 긍정적인 이미지를 고양해야 한다. 이를 위해 양국 간의 정책공조 수준을 높이고, 한반도 문제에서 러시아 전문가들이 한국의 입장과 논리를 대변할 수 있도록 해야 한다. 또한 지방의 역할이 중요하며, 특히 극동지역 협력에서 양국 지방정부의 적극적인 역할이 필요하다. 문화 차원에서 보면, 러시아는 다른 나라에 비해 한류의 파급이 늦은 편이다. IT 기술과 디지털을 활용하여 양국 국민이 관심을 가질 만한 소재로 영화 및 TV 방송물을 공동제작하여 보급할 필요가 있다.

1. 서론

러시아의 한국학은 약 150년의 역사를 가지고 있다. 러시아의 한국에 대한 관심은 주로 정책적 필요에서 생겨났다. 러시아는 19세기 말에 한반도와 국경을 마주하게 되었고, 아시아 극동지역에 대한 진출에 관심이 많았다. 1917년 볼세비키 혁명 이후 소련 공산정권이 수립되면서 일제에 저항하는 조선의 독립세력에 지원했고, 북한 정부의 수립 및 한국전쟁에 깊숙이 관여했다. 그리고 냉전 시대에는 북한과 우방관계를 맺고, 냉전의 종식 이후에는 한국과 우호관계를 수립하면서 한반도에 대한 외교정책적 필요성 때문에 지정학적 관점에서 정책적으로 많은 연구를 했다. 이러한 오랜 전통으로 인해 러시아의 한국학은 교육보다 연구 중심이며, 대학보다 싱크탱크에서 한국에 관한 연구가 활발하게 이루어졌다.

그런데 한·러 관계는 미국 및 북한에 연계되어 영향을 받는 특징을 가지고 있다. 첫째, 한·러 관계는 미·러 관계의 영향을 강하게 받는다. 한미동맹을 중시하는 한국은 미국의 서운함을 초래하면서까지 러시아와 협력할 필요성을 느끼지 않는다. 최근 우크라이나전쟁 발발 이후 한·러 관계가 소원해지고 있다. 한국은 우크라이나보다 러시아가 정치경제적으로 더 중요한 나라임에도 미국의 대러 제재조치를 지지하며 공동보조를 맞추고 있다. 이것은 한·러 관계가 미·러 관계에 종속되어 있다는 사실을 여실히 보여주는 사례다.

둘째, 긴밀한 북·러 관계의 유산이 존속하고 있다. 러시아는 북한 정권의 탄생에 기여했고, 북한의 국가발전 모델이었으며, 오랫동안 후견국으로서 북한에 군사 및 경제원조를 해주었다. 그러다가 구소련의 붕괴 이후 북·러 간 친선우호 관계는 침식되고 양국관계가 시장원리에 의한 상호주의적 관계로 전환되었다. 그리고 일반 국민의 북한에 대한 인식도 크게 변했다. 하지만 구소련 출신이 다수를 점하고 있는 러시아의 한반도 전문가들에게 친북 성향은 여전히 강하게 남아있다.

그동안 한·러 관계는 주로 정상회담에 의해 견인되었다. 양국 정상이 만나 현안을 논의하고, 공동발표문을 통해 한반도 문제에서 정책공조와 협력을 약속하는 것이 양국의 가장 중요한 외교성과가 되고 있다(조한범·김현택·서동주, 2013: 26). 그 결과 한·러 수교 이후 많은 협력 이슈들이 정상회담에서 반복적으로 약속되지만 실행되지 못함으로써 공허한 합의의 재생산이 지속적으로 이루어지고 합의의 피로감마저 생겨나고 있다. 철도 연결, 시베리아 가스 개발, 연해주 농업 개발, 북한 통과 가스관 사업 등 양국 정상은 현실성에 대한 충분한 검토 없이 거대 사업에 쉽게 합의했다. 이것은 작고 실현 가능한 이슈보다 전시효과가 큰 거대 이슈에 관심이 있는 한·러 양국의 공통적인 외교문화 때문이라고 본다. 물론 장기적 관점에서 정상 간의 거대 사업에 대한 합의도 중요하지만 그와 병행하여 민간 부문의 기업, 대학, 싱크탱크가 주도하여 실천적인 협력 이슈를 개발하고 실행하는 실용주의가 절실히 요구되며 이를 위해 한국학이 기여할 필요가 있다.

러시아의 외교정책은 세 가지 수준별 목표를 가지고 있다. 첫째, 국내 수준의 외교목표는 주권 민주주의의 수호다. 러시아는 민주주의의 수준이 서구의 기준에 의해 결정되는 것이 아니라 그 나라의 역사문화적인 상황에 의해 결정된다고 주장한다. 둘째, 지역 수준의 외교목표는 구소련 지역에 대한 영향력의 회복이다. 푸틴은 2005년 국정연설에서 구소련의 붕괴는 21세기의 지정학적 파국이며, 러시아 민족의 비극이라고 말했다. 이러한 맥락에서 우크라이나전쟁을 감행했다. 셋째, 글로벌 수준의 외교목표는 다극적 국제질서의 확립이다. 러시아는 미국에 일방주의를 포기할 것을 요구한다.

러시아의 한반도 정책에는 국내 수준과 글로벌 수준의 외교목표가 중요하게 작용하고 있다. 국내 수준의 외교목표인 국가의 주권과 체제의 존중원칙은 북한의 핵실험에 대한 러시아의 입장에서 잘 나타나고 있다. 러시아 외교부는 북한의 핵실험에 대해서는 중대한 국제법 위반이라고 비난하고, 유엔안보리 차원의 강력한 대북제재에는 찬성하지만 북한의 체제붕괴를 야기할 수 있는 수준의 고강도 제재에 대해서는 소극적이다. 글로벌 수준에서 러시아의 외교목표는 한반도 사드 배치에 대한 반대 입장에서 잘 나타난다. 러시아는 사드 문제를 동유럽의 MD 구축과 동일한 맥락에서 바라본다. 그리하여 북한 핵을 결정적인 안보위협으로 생각하지 않고 오히려 미국의 사드 배치를 더 큰 위협으로 인식하며, 이것이 역내 군비경쟁을 초래한다고 비판한다.

러시아 외교정책 결정의 구조적 틀을 보면 가장 중요한 외교정책 결정자는 외교부다. 하지만 군사 이슈에서는 국방부, 대외경제협력 이슈에서는 경제개발부가 그들의 입장과 이익을 외교정책에 반영하려고 노력한다. 이 중에서 국방부의 영향력은 푸틴과 메드베데프 대통령 시기에 지속적으로 감소했고, 외교정책 결정보다 실행에서 더 중요한 역할을 하고 있다. 경제개발부는 경제가 주요 이슈인 CIS, 유럽, 아태지역 등과의 관계에서 많은 영향력을 발휘하고 있다. 국방부와 경제개발부보다 더 중요한 역할을 하는 기구는 해외정보국이다. 전 세계적인 정보망과 정보분석을 토대로 외교정책에 중요한 영향력을 행사하며, 특히 대통령의 정세판단에 영향력을 발휘한다.

대외정책 관련부처 간의 통합적 조정 역할은 1992년 옐친에 의해 설치된 국가안보회의가 맡고 있다. 이 위원회는 대통령이 의장이며, 사무총장, 총리, 안보 관련 장관들이 참석하며, 산하에 사무국과 전문가 그룹이 있다. 하지만 국가안보회의는 다양한 부처의 장이 모인 특성 때문에 외교

정책을 조정하기보다 추인하는 역할을 하고 있으며, 실질적인 조정 역할은 대통령실이 하고 있다.

민주주의 사회에서는 외교정책 결정 과정에 시민단체, 이익단체, 싱크탱크 같은 비정부 행위자들이 참여하는 다원주의적 경향을 보이지만, 러시아는 권위주의 국가이기 때문에 비정부 행위자의 영향력은 약한 편이다. 비정부 행위자 중에서 시민단체의 영향력은 약하지만, 이익집단과 싱크탱크의 영향력은 비교적 강한 편이다. 러시아는 지식공동체가 발달했고, 관학협력 문화가 강하다. 따라서 학자와 외교관의 상호 역할 교환이 빈번하다. 현 마체고라 주북대사는 극동연구소 출신이며, 전 수히닌 주북대사는 MGIMO 한국학과에서 교수로 근무하고 있다.

현재 러시아 외교정책 결정 과정에 가장 큰 영향력을 발휘하는 싱크탱크는 카라가노프가 이끄는 외교방위정책위원회와 니코노프가 이끄는 '정치'재단이다. 카라가노프는 현재 고등경제대학교의 세계경제 및 국제관계대학 학장이며, 과거 옐친과 푸틴의 대통령 특보를 지냈다. 그는 '카라가노프 독트린'으로 유명한데, 구소련 공화국에 거주하고 있는 러시아인의 권리보호를 위해 주변국에 대한 러시아의 영향력 유지가 필요하다고 주장했다. 니코노프 국가두마 의원은 구소련 몰로토프 외교장관의 손자로서 옐친과 푸틴의 대통령실에서 일했으며, 1993년 싱크탱크 '정치' 재단을 설립하여 현재까지 이사장을 맡고 있고, 2007년에는 푸틴에 의해 설립된 루스키 미르 재단의 이사장도 겸하고 있는데, 이 재단은 러시아 정교회와의 협력 하에 러시아 언어와 가치를 전 세계에 확산하고 서구적 가치에 대항하는 것을 목표로 러시아 공공외교의 첨병 역할을 하고 있다 (Sergunin, 2015).

최근 한·러 관계가 정체되고 있다. 한·러 교역의 추이를 보면 양국 수교 이후 급증세를 보였으나 2008년 세계경제위기가 닥치면서 급감했고, 그 후 다시 회복세를 보였으나 2014년의 크림합병 사태로 또다시 급감했다. 이후 8년 만에 크림합병 이전 시기 수준으로 회복한 양국 교역은 2022년 발생한 우크라이나전쟁으로 다시 급감했다. 이처럼 한·러 관계는 부침을 거듭하고 있다. 무엇보다 국가 간의 관계가 안정되려면, 양국관계가 발전하면 이득을 보고 양국관계가 침체되면 손실을 보는 이해당사자가 늘어나야 한다. 대표적인 이해관계자는 기업인, 학자, 유학생, 관광객 등이다. 한국에는 러시아에 대한 이해관계자가 많은 편이지만, 러시아에는 상대적으로 한국에 관한 지식이나 관심을 가진 인구가 적은 편이다. 러시아의 한국학 증진을 통해 이러한 문제를 해결해야만 우크라이나전쟁 이후를 내다보는 장기적 관점에서 한·러 관계가 안정적으로 유지·발전할 것이다.

2. 러시아의 한반도 전문가

러시아 정부는 외교정책 결정 과정에서 이슈 진단과 문제해결 방안 등에서 전문가의 도움을 받고 있는데, 특히 한반도 문제에서는 전문가의 영향력이 상대적으로 크다. 그 이유는 한반도 문제를 전문적으로 다루는 인재풀이나 관련 연구기관이 소수이기 때문에 이들에 대한 외교부, 크렘린 등 정부기관의 의존도가 높을 수밖에 없으며, 또한 한반도 연구자들은 북한이 핵 미사일 실험과 군사적 도발 등을 일으킬 때마다 언론 매체와 공개 토론회 등을 독점하며 여론을 형성하고 있다.

한·러 관계가 수교에서부터 전략적 동반자 관계로까지 발전해온 데는 러시아 내의 학자와 전문가들의 인식, 견해, 해법 등이 중요하게 작용했다. 예를 들어 티타렌코 극동연구소장은 한·러 수교에 크게 기여했다. 하지만 일부 전문가들이 여전히 냉전 시대의 논리에 매몰되어 한반도 정세에 대해 편향된 태도를 보이고 있으며, 한국에 대한 부정적 이미지를 형성하고 있다. 일반적으로 러시아의 한반도 전문가들은 국익과 반미라는 두 가지 기본 관점을 가지고 한반도 이슈를 분석하는데, 친북 전문가들은 단순히 국익을 위해서가 아니라 반미감정에서 접근하는 경향을 보이고 있다(김정기, 2014: 169).

한반도 전문가들을 세대별로 분류하면 1세대는 소련의 한반도 정책과 냉전적 사고에 입각한 연구가 주를 이루며, 고려인 연구자들이 인문학을 중심으로 연구를 주도했다. 트카센코, 데니소프(이상 극동연구소), 블라디미르 리(외교아카데미), 미하일 박(모스크바대) 등이 있으며, 이들은 대부분 은퇴 또는 타계했다. 2세대는 러시아 외교부, 언론, 연구소 등에서 근무하면서 북한에 파견된 경력이 있으며, 김일성대학에서 학위를 취득하거나 단기 연수를 거치면서 친북 성향을 갖게 된 세대로서 제빈, 수슬리나(극동연구소), 보론초프(동방연구소), 수히닌(MGIMO), 미헤예프(IMEMO), 파노프(MGIMO) 등이 있다. 3세대는 소련 붕괴 시기에 대학을 다니면서 냉전과 탈냉전 시대의 특징을 동시에 학습했으며, 외교안보는 냉전적 시각으로 경제는 탈냉전적인 시각으로 바라보는 이중성을 가지고 있으며, 아스몰로프(극동연구소), 마슬로프(고등경제대), 쿠르바노프(상트페테르부르크대), 스타리코프(극동연방대) 등이 있다. 4세대는 소련 붕괴 전후 출생한 세대로서 북한 체제에 대한 문제점을 잘 알고 있는 세대이며, 미·러 관계 속에서 한반도 문제를 분석하는 경향이 있고, 인문학 및 사회과학적 관점에서 다양하게 한국을 연구한 세대다. 자하로바, 메데로바, 삼소노바, 오세트로바(극동연구소), 디얀코프, 시냐코바(MGIMO), 체크스노코바(국립인문대), 나탈리야 김(HSE), 쿠클라(극동연방대) 등이 있다.

러시아에서 한반도 문제를 다루는 연구기관은 아주 적으며, 특히 한반도 문제만 전문적으로 다루는 싱크탱크는 없고, 주로 아태지역 담당 센터 및 소속 학자들이 한국 관련 현안을 다루고 있는 실정이다. 다만 극동연구소, 동방학연구소가 소규모이지만 한국연구센터를 두고 있다는 점에서 괄목할 만하다.

하지만 이들 연구센터는 구소련 시절부터 존속하고 있기 때문에 소속 연구자들이 노령화되었고, 신진 연구자들이 별로 충원되지 않아 연구 기능이 정체되어 있으며, 특히 사회과학 분야의 충원은 거의 이루어지지 않고 있다. 또한 기존의 연구자들은 친북·반미 성향을 보임으로써 한국 학계와의 공동협력이 활발하지 못하며, 러시아 내의 한국 연구 및 한·러 관계의 발전 등에 주도적 역할을 하지 못하고 있다.

한·러 관계의 발전에 러시아의 정책집단이 적극적으로 역할을 하기 위해서는 정치 및 경제 분야의 현안에 관한 전문적 정책을 제언할 연구자들이 많아야 하지만, 인재풀이 매우 한정되어 있다. 현재 극동연구소의 제빈, 수슬리나, 동방학연구소의 보론초프, IMEMO의 미헤예프, 페도롭스키 등이 활발하게 활동하고 있는 학자들이다.

따라서 현재 한·러 간의 정책 대화 및 협력은 한국연구센터가 아닌 다른 기관에 의해 이루어지고 있는데, 한·러 대화는 상트페테르부르크대학교, 한·러 포럼은 러·한 소사이어티가 주관하고 있다. 최근에는 전략문제연구소, 국제문제위원회 등과 같은 전문가 그룹이 국제정치적 관점에서 한반도 문제를 조망하고 분석하면서 한국 문제에 대한 인재풀이 커지고 있다. 이들은 중도적이고 객관적인 시각으로 한국을 보려 한다는 점에서 우리 입장에서는 고무적이다.

3. 한국 연구 싱크탱크 현황

1) 국책 및 민간 연구소

(1) 러시아 학술원 산하 동방학연구소

러시아의 동방학 연구 분야에서 가장 오래되고 권위 있는 연구기관으로 500명 이상의 학자가 있으며, 현재 소장은 역사학 박사인 파블로비치다. 동방학연구소는 약 200년의 역사를 가지고 있는데, 전신은 1818년 상트페테르부르크에 설립된 아시아박물관이며 1930년 동방학 연구기관들과 합병하여 소련학술원 산하 동방학연구소로 발전했다. 1950년 상트페테르부르크에서 모스크바로 이전했으며, 현재 상트페테르부르크에는 분원을 유지하고 있다.

동방학연구소 아시아 연구실은 1956년부터 한국 분과를 두고 있으며, 구소련 붕괴 시점인 1990년까지는 23명의 한국 문제 전문가들이 있었으나, 그 이후 연구진의 감소와 미충원으로 현재는 8명에 불과하다. 5명은 '한국-몽골연구실'에서 일하며, 2명은 동방언어연구실에서, 1명은 비교문화학연구실에 근무하고 있다. 한국-몽골연구실에는 보론초프(역사학)가 실장 겸 한국학 과장을 맡고 있으며, 바닌, 박벨라, 박알렉산드르 등 대부분 연구자들이 한국의 역사와 문화 전공자들이다.

주요 연구실적을 보면 단행본으로 구데가이가 2013년 발간한 *Koreans–Victims of Political Reprisals in the USSR, 1934-1938*, 나탈리아 김이 2015년 발간한 *South Korea, 1945-1948: A Political History*가 있다. 학술회의 개최실적으로는 2020년 "Russia-Korea: Good Neighbors"라는 주제로 한·러 양국 학자가 온라인으로 참여하는 회의를 개최했고, 이듬해인 2021년에는 천주평화연합 미국사무소와 함께 "Politics of Joe Biden

Administration and the Korean Peninsula Reunification"라는 주제의 공동회의를 주최했다. 동방학연구소는 2021년 "International Project on the Study of the Korean Language Origins"라는 주제의 연구사업을 수행했다.

(2) 러시아 학술원 산하 극동연구소

극동연구소는 1966년 9월 중국 등 동북아 연구를 위해 소련 학술원 산하에 설립되었으며, 현재 100명 이상의 학자들이 소속되어 있다. 동북아 지역현안을 다루는 러시아 내 최대 연구소로 10개의 연구센터가 있는데, 그중에서 한국연구센터는 극동연구소 내의 한국 연구자들에 의해 1994년 설립되었다. 현재 한국연구센터의 소장은 제빈(MGIMO 졸업, 극동연구소 박사)으로, 정치학 박사로 북한에서 타스통신 특파원으로 근무한 경험이 있으며, 친북 성향의 글을 적극적으로 발표하고 있다. 기타 중견연구자로는 수슬리나(MGIMO 졸업, 동방학연구소 박사), 아스몰로프(모스크바대 졸업, 박사), 그리고 신진학자로 루드밀라(MGIMO 졸업, 극동연구소 박사), 삼소노바(동시베리아 공과대학 졸업, 극동연구소 박사), 오세트로바(모스크바대 졸업, 경북대 석사, 연세대 박사), 하원의원을 지낸 김영웅 박사(이르쿠츠크대학교 졸업, 박사) 등 모두 9명의 연구진이 활동하고 있다.

극동연구소는 한양대학교 아태지역연구센터와 1988년부터 매년 번갈아 가며 서울과 모스크바에서 연례학술회의를 개최하고 있으며, 통일연구원과도 학술 세미나를 했다. 북한과는 외무성 산하 평화군축연구소와 국제학술회의를 개최하는 등 교류협력을 하고 있다. 극동연구소는 전임 티타렌코 소장(사망)과 제빈 한국연구센터 소장의 친북 성향 때문에 한국에서 별로 좋은 평가를 받지 못했다. 이들은 냉전 세대로서 반미정서가 강하며, 한국을 자주 방문했음에도 오히려 북한을 옹호하고, 한국 학자들과 큰 견해차를 보이면서 협력에 한계를 보였다. 이후 중도 성향의 중국 전문가 루자닌이 소장으로 취임한 2011년 이후 4명의 신진학자가 임용되었고, 그중에는 한국에서 유학한 연구자도 있는 등 분위기가 조금씩 바뀌어가고 있다.

극동연구소는 한국에 관한 단행본을 발간하고 있는데 한국국제교류재단의 지원을 받아 2003년에는 수슬리나 외 3명이 『변화하는 세계 질서 속 러시아와 한국(Россия и Корея в меняющемся мировом порядке)』이라는 단행본을 발간했고, 2007년에는 제빈 외 6명이 『한국: 러시아에서 바라보기(Корея: взгляд из России)』를 발간했다. 수슬리나는 한국 연구를 열정적으로 주도하면서 2018년 4명의 동료와 함께 『북한과 남한 – 70년(КНДР и РК – 70 лет)』, 2019년에는 7명의 동료와 함께 『평화와 번영을 추구하는 한반도(Корейский полуостров в поисках мира и процветания)』를 발간했다.

(3) 러시아학술원 산하의 경제연구소

2005년 러시아학술원 산하의 경제연구소는 국제정치경제연구소를 흡수하여 확대·발전했다. 국제정치경제연구소의 전신은 1960년 설립된 세계사회주의체제연구소였으며 산하에 아시아연구센터를 두었는데, 양 기관의 통합으로 경제연구소에 속하게 되었다. 현재 아시아연구센터 소장은 러시아 외무부 아태국장 출신인 톨로라야가 맡고 있으며, 한·러 양국의 경제협력 증진에 필요한 여론을 주도하는 데 가장 큰 역할을 하고 있다.

경제연구소의 연구실적으로는 2019년 트리구벤코가 *Studies of the Korean Policy in the Beginning of the 21st Century*라는 제목의 단행본을 발간했고, 코르군 외 2명이 연구보고서 *Regional Integration in East Asia: trends, goals, and future tasks-cases of China, Korea and Vietnam*을 출판

했다. 그리고 2021년에는 톨로라야 외 1명이 학술지 *Asian Politics and Policy*에 "Russia and North Korea: Ups and downs in relations"라는 논문을 발표했다.

(4) 러시아 학술원 산하 IMEMO(세계경제 및 국제관계연구소)

IMEMO는 1956년 설립되어 세계경제, 정치, 외교, 안보 등 다양한 영역을 종합적으로 연구해온 이 분야의 대표적인 연구기관이다. 이 연구소에서 한반도 연구는 1984년까지는 개도국 및 국제관계연구실에서 이루어졌고, 그 이후 아태연구센터가 맡고 있다. 2003년 3월 한국기업 '루스코'의 후원을 받아 IMEMO가 현대한국연구센터라는 비영리 연구기관을 설립하여 왕성한 연구 활동을 전개했으나 현재는 없어진 상태다.

한국과는 아태연구센터의 표도롭스키 박사(모스크바대 졸업, IMEMO 박사)가 주축이 되어 국립외교원의 전신인 외교안보연구원과 18년간 정기 세미나를 개최했으며, 그 후 IMEMO의 한국에 대한 관심이 다소 줄어들었으나 미헤예프 부소장(MGIMO 박사, 북한대사관 근무)이 극동연구소에서 IMEMO로 오면서 다시 활성화되었다. 그리고 전임 소장인 딘킨이 한국을 방문한 이후 한국의 중요성을 크게 인식했고, 2010년 국제교류재단 연구지원 사업에 선정되면서 한국 연구가 강화되었으며, 통일연구원, 한국개발연구원 등과 교류협력을 하고 있다.

IMEMO는 극동연구소와 함께 한·러 관계 증진에 주도적 역할을 할 수 있는 역량을 갖고 있지만, 현재로는 표도롭스키와 미헤예프 박사 외에는 한국 연구자가 없고 두 사람 모두 경제학자라는 한계가 있다. 다행히 최근 크리스티나 보다 연구원이 합류하여 한국 연구가 보강되었다.

IMEMO는 한국에 관하여 정치경제적 시각에서 포괄적인 분석을 하고 있는데, 연구보고서로는 2013년 아르바토프 외 2명이 발간한

Korean Nuclear Crisis: Prospects of De-escalation, 2015년 루코닌이 발간한 *Russian Policy Towards the Korean Unification* 등이 있다. 단행본 또한 주기적으로 발간하고 있는데, 미헤예프는 동료와 함께 2016년에는 *The Korean Unification: Traps and Challenges*, 2018년에는 *Crisis and new political agenda for the Korean Peninsula and the regional powers*를 발간했고, 한국의 러시아 학자 박정호가 IMEMO 연구원과 함께 공동으로 발간한 *Far East Development Policy in Putin's Fourth Term and New Directions for Korea-Russia Economic Cooperation*이 있다.

(5) 러시아 전략연구소

이 연구소는 크렘린 산하 연구소라고 할 정도로 대통령실, 상원, 하원, 국가안보회의 등에 국제관계 및 안보 분야의 주요 현안에 대한 정보 보고를 하는 데 주력하고 있다. 특히 푸틴 대통령 등 러시아 지도부와 연계가 가능하다는 점에서 주목받고 있으며, 최근에는 한국에 관심을 보이고 있다. 2014년에는 리세트니코프(하리코프대학 졸업, 소피아대학 석사, 해외정보부 근무) 소장이 한국을 방문하여 한양대 아태지역연구센터 및 국민대 유라시아연구소와 세미나를 개최했다.

러시아 전략연구소는 독또르(상박사) 13명, 깐디다뜨(박사 Ph.D.) 40명 등의 연구인력을 보유하고 있고, 5개의 센터와 10개의 국내지부를 두고 있으며, 이 중에서 한국과 연관된 기관으로는 아시아중동센터와 극동지부다. 아시아중동센터는 글라조바(키예프대학 졸업, 민족우호대학 박사)가 소장을 맡고 있으며, 7명의 아시아 연구진이 있다. 극동지부에는 2명의 연구원이 있으며, 책임자 구빈(극동국립대학교 졸업, 하바롭스크공대 박사)은 극동연방대에서도 강의하고 있으며 로마노프 연구원(우수리스크국립사범대 졸업, 러시아행정아카데미 박사)과 같이 근무하고 있다.

전략학연구소는 2016년 국민대 유라시아연구소에서 "동북아의 지정학적 상황과 러시아-한국의 협력 문제(Геополитическая ситуация в Северо-Восточной Азии и вопросы сотрудничества России и Республики Корея)"라는 주제로 공동회의를 개최했으며, 한국에 관한 정책적 성격의 단행본을 발간했는데, 2019년 리조바가 『북극에 대한 한국의 국익(Национальные интересы Республики Корея в Арктике)』, 그리고 로보프가 『한국과 북한의 대화 재개(Южная Корея пытается возобновить диалог с КНДР)』를 출판했다.

2) 전문가 그룹

전문가 그룹이란 필요에 따라 주제별로 관련 전문가들을 모아 공동으로 한반도 관련 연구보고서를 작성하여 크렘린, 외교부 등에 정책 제안 방식으로 제출하고 홈페이지에 게재하는 등 러시아의 대한반도 정책수립에 기여하는 집단을 말한다.

(1) 러시아 아태안보협력위원회

CSCAP의 러시아위원회 역할을 하며 루스키 미르 재단의 후원으로 설립되었는데, 외교관들과 대학과 연구소 소속 전문가들이 개인 자격으로 함께 아태지역 문제를 토론하기 위해 만든 비정부 포럼이다.

(2) 국제문제위원회

2012년 대통령령에 의해 설립되었으며, 국제분쟁 및 위기 조정을 위한 비영리 외교 및 평화안보 문제 자문기구다. 이바노프 전 외무장관, 토르쿠노프 MGIMO 총장, 루자닌 극동연구소장 등 관련 전문가들이 참여하여 크렘린, 외교부 등에 외교안보 관련 정책을 제언하고 있다. 한반도 문제는 이바셴초프 전 주한대사가 맡아서 다른 전문가들과 공동연구 형태로 다루고 있다.

국제문제위원회는 활발한 연구사업을 진행하고 있는데, 그동안 여러 차례 단행본을 발간했다. 2003년 톨스토쿨라코프는 『대한민국 제6공화국의 민주 과정 발전(Развитие демократического процесса в Южной Корее в период VI Республики)』을 발간했고, 서울대 러시아연구소와 함께 『한국과 러시아의 전략협력』을 공동 발간했으며, 2017년 이바셴초프 전 주한대사는 『한국 호랑이. 주한 러시아 대사의 인상과 성찰(Корейский тигр. Впечатления и размышления Посла России в Южной Корее)』을 발간했다.

(3) 발다이 토론클럽

러시아의 각계 전문가들이 모여 주요 현안에 대한 토론과 연구 결과물을 홈페이지에 게재하고 있다. 한반도와 관련한 주제로는 러시아의 극동 시베리아 및 북극 관련 전략, 신동방정책 등을 다루면서 한국과의 협력 중요성을 강조하고 있으며, 북한의 핵 및 미사일 도발과 김정은의 정책 등에 대해서도 다루고 있다. 발다이 토론클럽은 2004년 발다이호수 인근에서 개최된 제1차 토론회에서 이러한 이름이 만들어졌으며, 고등경제대학 교수인 카라가노프(모스크바대 졸업, 미 캐나다연구소 박사)가 의장을 맡고 있다. 매년 푸틴 대통령이 참석해 러시아의 정책 방향을 설명하고 전문가들과 토론하는 중요한 회의다. 발다이포럼은 동방경제포럼, 상트페테르부르크포럼과 함께 푸틴이 참석하는 주요 3대 포럼에 속한다. 야로슬라브포럼은 문명 연구에 관심이 있는 포럼으로서 메드베데프가 대통령 시절 각광을 받았던 포럼이다.

발다이 토론클럽에는 한국 학자들이 정기적으로 참가하여 학술발표를 했는데, 대외경제정책연구원의 이재영은 2017년과 2019년 각각 “The New Northern Policy and Korean-Russian Cooperation”이라는 주제와 “Russian Far East Development from the Korean Perspective”라는 주제 발표를 했다. 그리고 국민대의 란코프는 2022년 “South Korean Presidential Election: Why Former Left-Wing Radicals Become Staunch US Allies”라는 주제의 연구보고서를 발간했다.

(4) 러·한 소사이어티

러시아 내 한국 전문가들의 활동을 지원하고 양국 관계를 강화하고자 하는 의도로 2012년 설립되었다. 파노프 전 외교 아카데미 원장과 토루크노프 MGIMO 총장이 이끌어가고 있으며, 현재 러시아는 물론 한국에서 세미나 및 정책 간담회를 개최하는 등 한국 문제 싱크탱크로서의 역할을 수행하고 있다.

러·한 소사이어티는 주로 한·러 학술회의를 개최했는데, 2015년에는 “한·러 수교 25주년 회고와 한·러 협력의 미래”, 2017년에는 “한국의 신정부 출범과 한·러 전략적 협력 방향”, 2018년에는 “평화와 번영을 위한 실천적 한·러 협력”, 2019년에는 “유라시아와 동북아, 그리고 한반도: 새로운 한·러 협력의 전망”이라는 주제로 한국과 러시아에서 번갈아 가며 회의를 개최했다. 연례적으로 개최되는 이 회의를 위해 한국 측에서는 한국국제교류재단이 재정적으로 지원했다. 그리고 2020년에는 양국의 전문가 각 10명씩 공동연구팀을 구성하여 정치·경제·역사 분야의 근현대 한·러 관계사에 관하여 3년간 공동 연구를 진행하고 그 결과물로 한국어와 러시아어로 된 단행본을 발간했다.

4. 러시아 대학의 한국학 현황

한국에 대한 러시아 젊은 세대의 관심이 높아진 것은 스마트폰이 널리 보급된 2010년경부터다. 한국의 드라마와 음악을 온라인으로 쉽게 접하게 되면서 대학에서 한국을 배우려는 학생도 늘어났다. 대학에서 한국학 전공을 하면 한국으로 유학할 기회도 생기면서 일본이나 중국 전공의 인기를 넘어설 만큼 많은 학생이 몰려 입학 정원을 늘린 대학도 있었고 교수진 부족 현상까지 생겨났다.

러시아는 세계에서 네 번째로 한국학 강좌를 많이 제공하는 나라다. 아래의 〈표 1〉이 보여주는 바와 같이 러시아의 39개 대학교에 한국학 관련 과정이 있는데, 이 중에서 비학위 과정인 교양이나 어학원 수준의 한국학을 제공하는 14개 대학교를 제외하면, 모두 25개 대학에서 한국학을 정규적으로 제공하고 있나. 이 중에서 학사·석사·박사과정을 모두 제공하는 대학은 5개로 모스크바에 있는 모스크바 국립대학교와 국제관계대학교, 상트페테르부르크대학교, 노보시비르스크대학교, 블라디보스토크에 있는 극동연방대학교 등이다.

박사과정은 없지만 석사과정까지 제공하는 대학은 바시키르 국립대학교, 부랴트 국립대학교, 우랄 연방대학교, 카잔 연방대학교 등 4개가 있으며, 나머지 16개 대학은 학사과정만 제공하고 있다. 그러므로 현재 학사과정만 제공하고 있는 대학교들이 향후 석·박사과정을 도입할 수 있다

〈표 1〉 러시아의 한국학 과정 개설 현황

학사과정	석사과정	박사과정	교양어학원	한국학센터
25	9	5	14	8

출처: KF 한국학 통계센터.

〈그림 1〉 러시아의 한국학 과정 개설 대학 분포도

출처: KF 한국학 통계센터.

는 점에서 러시아에서 한국학이 발전할 수 있는 잠재력은 크다고 하겠다.

러시아는 유럽 최초로 대학에서 한국어 교육을 시작했다. 1897년 상트페테르부르크대학교에 한국어 과정이 개설되었는데, 1896년 니콜라이 2세 대관식에 축하사절단으로 러시아를 방문한 민영환 단장의 통역관이던 김병옥 선생이 러시아에 남아 한국어를 가르쳤다. 이 한국어 수업은 매 학기 빠짐없이 제공되지는 못했지만, 1907년까지 존속했다(김현택, 1999: 12).

러시아에서 한국학을 정규과정으로 제공하고 있는 대학들을 살펴보면 〈그림 1〉에서와 같이 전국적으로 고루 분포되어 있음을 알 수 있다. 서쪽으로는 러시아의 한국학 효시인 상트페테르부르크대학교에서 동쪽 끝에 있는 사할린대학교까지, 그리고 북쪽 노브고로드대학교에서 남쪽의 부랴트대학교까지 러시아 주요 지역의 국립대학교를 거의 망라하고 있다는 점에서 러시아의 한국학 교육은 중점과 확산이 잘 조합되어 있다는 것을 알 수 있다. 향후 이 대학교들을 지역거점으로 하여 인접지역의 많은 대학교에서 한국학 과정이 제공될 수 있도록 거점형 확산전략을 수립할 필요가 있다.

한국국제교류재단은 현지 대학에 대한 교수 파견 사업이 비용이 많이 들고 파견인력의 부족으로 인해 한계가 있다는 점을 인식하고, 이러한 한계를 극복하기 위해 한국에 있는 전문가가 실시간 온라인으로 해외 대학의 한국학 전공학생들에게 수업을 제공하는 글로벌 e-스쿨 사업을 시행하고 있다. 러시아의 경우 2022년 기준으로 국내에서 경희대, 경희사이버대, 부산외대, 서울대, 성균관대, 이화여대, 한양대, 호남대 등 8개 대학교가 참여하여 56개의 한국학 강좌를 제공했다.

하지만 이 중에서 사회과학은 9개에 불과하고, 나머지 47개 과목은 한국어와 한국문화 수업이었다. 이로써 러시아에 제공하는 e-스쿨 수업 내용에서 인문힉과 사회과학 간의 커나란 불균형이 있다는 사실을 알 수 있다. 러시아에서 이 사업에 참여하고 있는 대학은 카잔연방대, 부랴트국립대, 우랄연방대, 바시키르국립대, 첼랴빈스크국립대, 볼고고라드국립대, 러시아 고등경제대학교, 톰스크대, 이르쿠츠크대, 칼미크대, 모스크바 언어대 등 11개다. 이 중에서 사회과학 분야의 수업을 제공받는 대학을 살펴보면 러시아 고등경제대학교는 사회학, 톰스크대학교는 경제학, 이르쿠츠크대학교는 행정학, 우랄연방대학교는 정치외교학 수업을 수강하고 있다.

5. 러시아 국민의 한국에 대한 인식

2020년 한·러 수교 30주년을 맞이하면서 2021년까지 한·러 상호 문화교류의 해를 선포하고 이를 계기로 러시아 국민을 대상으로 한국에 대한 인식조사를 실시했다. 이 조사는 한·러 관계의 변화와 향후 전망을 살펴보기 위한 목적으로 실시되었으며, 세부 조사목적은 러시아인이 갖고 있는 한국 이미지, 한국에 대한 지식의 수준과 취득경로, 한반도 안보와 한·러 관계의 발전에 대한 견해 등을 조사하는 것이었다(최우익, 2021).

1) 한국의 이미지

2021년 여론조사 결과에 따르면 러시아 국민은 〈그림 2〉에서 볼 수 있는 바와 같이 한국(64%)과의 협력을 긍정적으로 평가하고 있는 것으로 나타났다. 동북아 국가 중에서 중국(78%)만 한국보다 높은 호감도를 보이고 있으며, 일본(57%)과 북한(53%), 미국(28%)에 대해서는 한국보다 부정적인 이미지를 갖고 있는 것으로 나타난다. 러시아 국민의 일본에 대한 호감도는 2016년부터 2018년까지 지속적으로 한국보다 높았지만, 2021년에 들어서서 역전되었다. 최근 중·일 간의 갈등이 이러한 이미지 변화에 영향을 준 것으로 보인다.

러시아의 한국 호감도는 2018년의 71%에서 다소 감소했지만, 이러한 감소는 한국에만 나타나는 현상이 아니라 다른 동북아 국가에서 공통적으로 나타나기 때문에 놀랄 만한 사안이 아니다. 2021년 한 해를 제외할 경우 한국에 대한 호감도는 2016년 이후 지속적으로 높아졌다는 것을 알 수 있다. 하지만 우크라이나전쟁 이후 러시아 정부가 대러 제재에 동

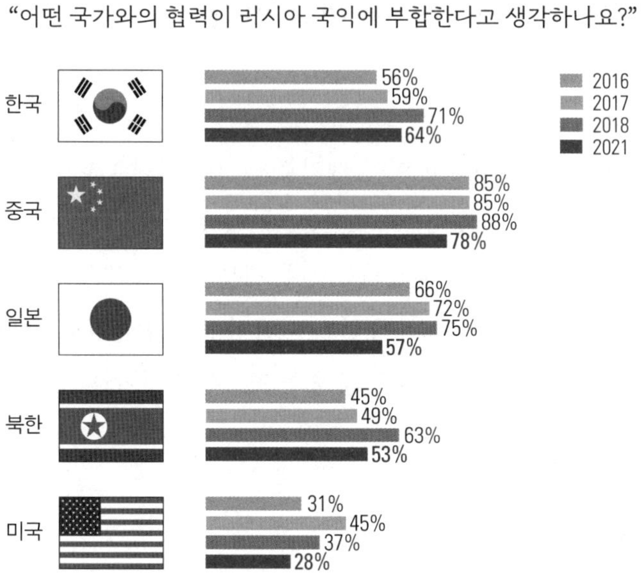

〈그림 2〉 러시아인의 한국 이미지

참하는 미국, 일본, 한국을 비우호국가로 지정한 이후 한국에 대한 호의적인 이미지가 낮아졌을 것으로 추정된다.

2) 한국에 관한 지식과 취득경로

러시아인의 한국에 대한 지식과 관심이 해마다 늘어나고 있다는 사실은 〈그림 3〉을 통해 알 수 있다. 한국에 관하여 잘 모르며 관심이 없다는 응답자는 2016년 조사에서는 68%에 달했지만, 2021년에는 국민의 절반 이하인 49%로 줄어든 반면 한국에 대해 잘 모르지만 더 많이 알고 싶다는 응답자는 동 기간에 30%에서 45%로 크게 늘어났다. 한국에 대해

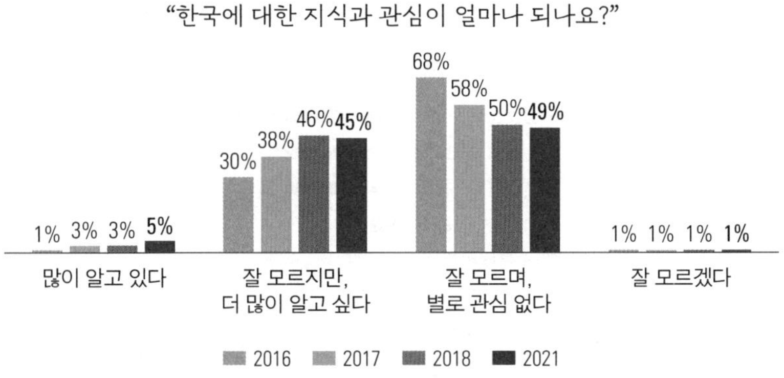

〈그림 3〉 러시아인의 한국에 관한 지식과 관심

많이 알고 있다는 응답자도 2016년부터 2018년까지는 1-3%에 불과했지만, 2021년에는 한국을 많이 알고 있다는 러시아인이 전체 인구의 5%에 이르렀다.

한국에 관한 정보를 제공하는 데 압도적인 역할을 하는 것은 TV 방송매체인 것으로 나타났다. 55%의 러시아인이 한국에 대한 정보를 TV를 통해 얻고 있다. 이는 러시아인이 정보수집에서 여전히 전통적이고 아날로그 방식에 의존하고 있다는 사실을 말해준다. 하지만 〈그림 4〉에서 볼 수 있는 바와 같이 디지털 매체를 통한 정보수집의 중요성이 커지고 있음을 알 수 있는데, 인터넷 사이트, 유튜브, 소셜미디어가 러시아인의 한국 정보 취득에서 각각 41%, 24%, 20%의 비중을 차지하고 있다. 상대적으로 신문과 책, 잡지의 영향력은 떨어지고 있음을 알 수 있다. 대체로 연령이 낮을수록 인터넷을 이용하고 높을수록 대중매체에 의존하는 경향을 보이는데, 극동지역 주민은 한국에 관한 정보에 많은 관심을 갖고 있다.

대중매체를 제외할 경우 러시아인은 한국에 관한 지식을 학교 교육(18%)을 통해 얻는다. 러시아 교과과정의 세계사 및 세계문학에서 한국을

"한국과 한국인에 대한 정보를 주로 어디서 얻나요?"

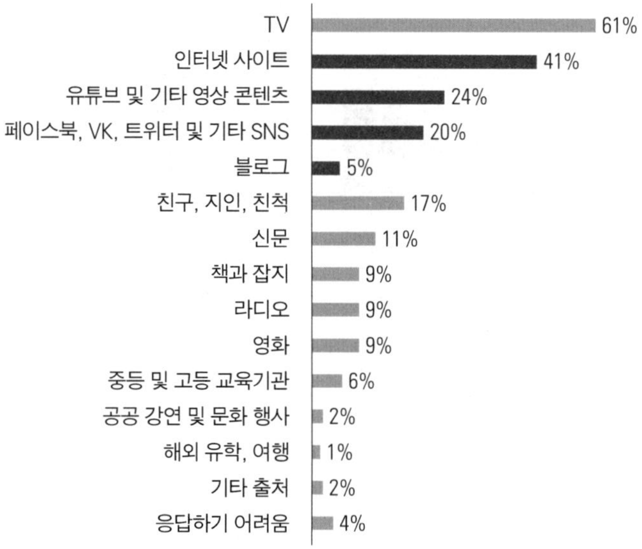

〈그림 4〉 러시아인의 한국 정보 수집경로

따로 다루지 않기 때문에 한국에 대한 지식은 피상적이며, 북한에 대해서는 전체주의 국가의 사례로 종종 언급되지만 한국에 대해서는 거의 다루어지지 않는다. 러시아인이 한국과의 직접접촉을 통해 얻는 기회는 아주 적은 것으로 나타났다. 왜냐하면 국민의 1%만이 여행이나 유학을 통한 한국 방문 경험을 가지고 있기 때문이다.

3) 한반도 안보와 한·러 관계에 대한 의견

한반도 안보위기에 대해 러시아인은 미국의 책임이 가장 크다고 보고 있다. 이러한 인식은 학력이 낮을수록 농촌보다 도시에서 강하게 나타

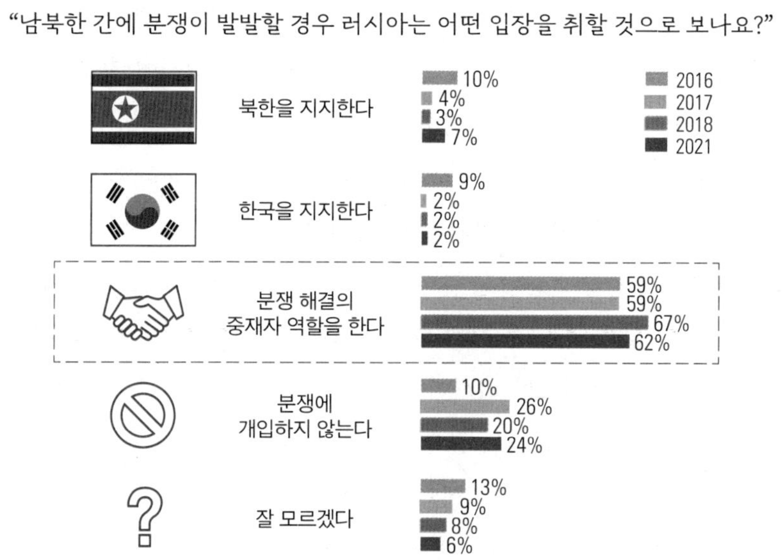

〈그림 5〉 러시아인의 한반도에 대한 입장

나는데, 미·러 관계가 러시아인의 한반도 상황인식에 중요하게 작용한다는 것을 알 수 있다. 〈그림 5〉에서 볼 수 있는 바와 같이 한반도에 전쟁이 발발할 경우 한국을 지지하거나 북한을 지지해야 한다는 응답자는 미미한 것으로 나타났다. 2016년에는 북한을 지지한다는 입장이 10%, 남한을 지지한다는 입장이 9%로 비슷했지만, 2021년에는 많이 달라졌다. 북한 지지가 7%, 남한 지지가 2%로 비록 미미한 차이지만, 한반도 유사시 남한보다 북한을 지지한다는 의견이 높았다.

물론 대다수 국민은 러시아가 분쟁에 개입하지 말고, 분쟁해결의 중재자 역할을 해야 한다고 본다. 분쟁에 개입할 필요가 없다는 응답자는 2016년의 10%에서 2021년에는 24%로 크게 늘어났다. 분쟁해결의 중재자로 나설 것을 요구하는 의견은 동기간 별다른 변동 없이 60% 내외의 응답률을 보이고 있다. 이러한 태도는 다른 국제분쟁에 대한 러시아 국민의 태도와 크게 다르지 않다. 러시아의 일반국민은 국제분쟁에 대한 불간섭 정책을 선호하는 고립주의 성향을 보이는데, 이는 러시아 정부의 적극적인 개입정책과는 다소 다른 성향이다.

한반도 통일이 러시아에 유익한지를 묻는 질문에 대한 응답 결과를 보면 〈그림 6〉에서 나타난 바와 같이 러시아 국민의 대다수는 한반도 통일이 러시아에 이득이 된다고 본다. 2018년 70%로 일시적으로 늘어났지만, 2017년과 2021년에는 각각 57%와 59%라는 비교적 비슷한 응답률을 보인다. 이것은 최소한 러시아 국민의 약 60%가 한반도 통일에 대해 긍정적으로 바라보고 있다는 것을 의미한다.

하지만 한반도 통일이 러시아의 국익에 도움이 되지 않을 것이라는 답변은 우리에게 우려를 야기한다. 2017년과 2018년에는 각각 14%와 11% 수준에 불과했는데, 2021년이 되면서 22%로 거의 두 배로 늘어난

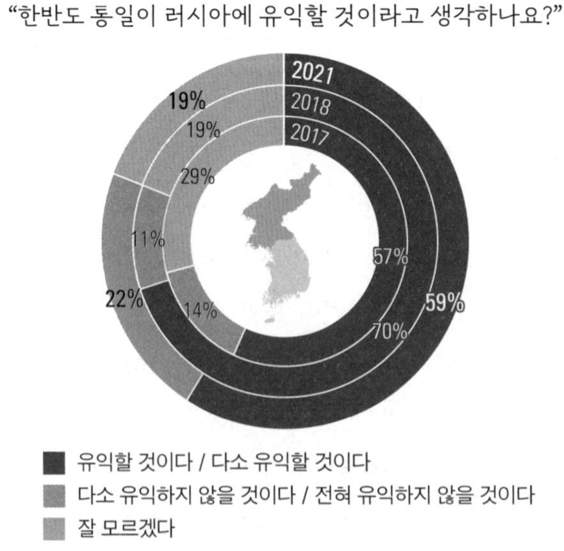

〈그림 6〉 러시아인의 한반도 통일에 대한 입장

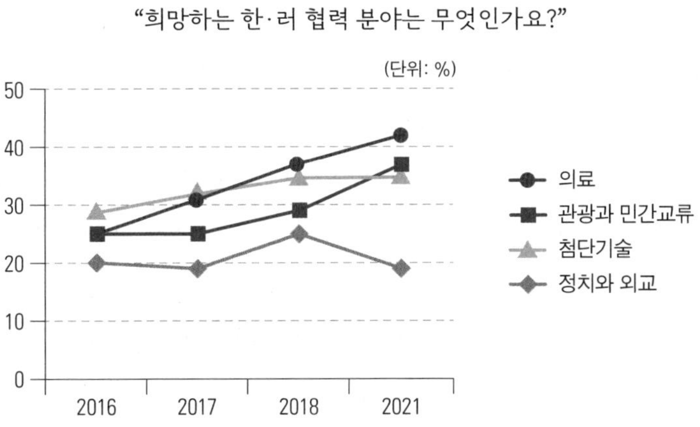

〈그림 7〉 러시아인이 희망하는 협력 분야

것이다. 특히 잘 모르겠다고 응답한 국민이 유익하지 않다는 의견으로 바뀐 것은 남북통일에 대한 러시아 국민의 전반적인 인식이 부정적으로 기울어지고 있다는 것을 입증한다.

〈그림 7〉에서 볼 수 있는 바와 같이 한·러 양국의 상호 유망한 협력 분야에 관한 질문에 대한 응답을 보면, 2016-2017년에는 첨단기술이 1위를 차지했으나, 2018년 이후에는 의료가 선두를 차지하고 있다. 2021년에는 첨단기술 분야가 관광과 민간교류 분야보다 협력의 중요성이 떨어지고 있다는 사실을 알 수 있다. 정치외교 분야의 협력은 늘 하위를 차지하여 20% 수준에 머무르고 있다. 그러므로 한·러 양국은 과학기술 분야의 협력을 증진하기 위한 방안을 모색해야 한다. 러시아는 순수과학이 발달한 나라이고, 한국은 경제적으로 발전한 첨단기술력을 가진 나라로서 상호보완성이 높다. 이러한 특징을 잘 활용하기 위해서는 과학기술 분야의 협력이 절실히 필요하다. 그리고 무엇보다 정치외교 분야의 협력이 중요한 이유는 이것이 양국 협력의 모든 분야가 발전할 수 있는 기본 틀을 제공하기 때문이다. 그러므로 양국의 정상이 빈번하게 만나고 논의하는

대화의 장이 하루빨리 마련될 수 있도록 준비할 필요가 있다.

러시아 국민을 대상으로 한 한국 인식조사에 따르면 러시아 국민의 한국에 관한 지식수준이 꾸준히 높아졌으며, 이것은 한국에 대한 관심이 고조된 덕분이다. 이와 함께 한국에 대한 인식도 긍정적으로 바뀌어 호감도가 높아지고 있다. 인터넷은 러시아 국민이 한국에 관한 지식과 정보를 얻는 중요한 경로로 부상하고 있으며, 젊은 세대는 K-Pop과 한국어에 많은 관심을 가지고 나이 든 세대보다 한국에 대한 인지도가 높은 것으로 나타나고 있다. 특히 러시아 극동지역의 한국 인지도는 다른 지역보다 크다. 러시아 국민은 한국과 미국의 동맹관계가 양국 관계발전의 장애요인이라고 생각한다. 우리는 한미동맹과 한·러 협력이 서로 충돌하고 있는 문제를 어떻게 해결할 수 있는지 그 방안을 고민해야 할 것이다(최우익, 2021).

6. 러시아의 한국학 발전을 위한 과제

1) 대러 정책외교의 강화

한국의 대러정책 목표는 양국 간의 우호협력 관계를 강화하고 북핵과 한반도 통일 등 제반 주요 문제에서 정책공조를 하는 데 있다. 반면에 러시아는 한국과의 교역 및 투자를 필요로 하고, 특히 극동지역의 발전에 한국이 기여하기를 원한다. 그리고 한반도 통일로 한국과의 접경협력이 가능하게 되면, 철도, 가스관, 송전선 등 그간 합의에만 그쳤던 거대한 대륙 연결망 사업이 줄줄이 성사될 가능성이 있기 때문에 남북통일을 결코 반대하지 않는다. 따라서 양국 전문가들이 한반도의 평화와 통일을 위한 방안을 논의하는 데 필요한 여건은 마련되어 있다.

대러 정책외교는 경쟁외교가 아닌 창조외교의 전략에 의해 추진되어야 할 것이다. 경쟁외교가 국가 간의 게임을 통해 이익경쟁을 하는 것이라면, 창조외교는 게임규칙을 만드는 일이다. 즉, 창조외교란 새로운 이익의 창출이 가능한 국제규범을 형성하는 외교다. 그간 한국은 국제레짐이나 국제기구를 주도적으로 만드는 창조적 외교에 소홀했고, 기존의 게임규칙 내에서 국익을 극대화하는 외교경쟁에 힘을 기울여왔다. 국제레짐과 기구는 다자적 협력을 통해 가능하기 때문에 다극체제와 다자협력을 선호하는 러시아는 창조외교의 좋은 파트너가 될 수 있다. 러시아는 국제문제의 다자적 해결에 관심을 가지고, 특히 제한적 영향력을 가진 동북아에서 다자외교적 관여를 중요한 외교수단으로 간주하고 있다. 따라서 우크라이나전쟁이 종결되고 유럽에 평화가 도래하면, 동북아 다자협력을 위한 한·러 협력을 새롭게 모색할 방안을 마련해야 할 것이다. 크림합병에 의해 경색되었던 한·러 관계도 시간이 소요되었지만 정상화되었다. 이처럼 우크라이나 전후 시기를 위한 양국 협력의제를 마련할 필요가 있다.

러시아의 전문가와 일반국민의 한반도 인식에 대한 분석 결과 대러외교는 두 가지 세부과제를 풀어야 한다는 결론에 도달했다. 첫째, 러시아의 한국 전문가들이 외교정책 결정 과정에 더욱 영향력을 발휘할 수 있어야 하며, 일부 전문가의 친북 성향이 극복되어야 한다. 둘째, 러시아 국민의 한국에 대한 우호적 인식이 더욱 강화되고 확산되어야 한다.

한·러 간의 정책협력은 러시아의 한반도 전문가 중심에서 벗어나 일반 외교 전문가로 인재풀을 확대하여 러시아 정책시장에서 다양한 전문가가 서로 경쟁할 수 있도록 하는 것이 바람직하다. 이를 위해 국제교류재단, 한국학중앙연구원, 한국연구재단 등과 같은 한국연구 지원기구들은 러시아의 한국 전문가 외에도 동북아나 국제관계 전문가들을 적극 지원할 필요가 있다. 또한 러시아 대학의 한국학과 대부분이 언어와 역사 중심임을 감안하여 사회과학이 추가된 지역학으로서의 한국학이 발전할 수 있도록 유도할 필요도 있다. 이러한 노력을 통해 러시아 학계의 전문가 인재풀을 확대하고 한반도 연구의 활성화를 도모할 수 있을 것이다.

러시아 일반국민의 한국에 대한 우호적 태도를 확산하기 위해서는 대러 외교의 메시지와 전달수단을 현지화할 필요가 있다. 메시지 내용과 관련해서는 감성적 접근이 필요하다. 러시아 국민은 광대한 영토를 보호하는 데 어려움을 겪는다는 역사인식을 가지고 있다. 러시아는 몽골에 250년 동안 식민지 지배를 받았고, 서유럽으로부터 여러 차례 침략을 당했다. 따라서 러시아인은 국난극복의 민족이며, 평화를 애호하며, 평화공존을 핵심적 외교 가치로 삼고 있다고 믿는다. 이러한 정서는 한국과 맥락이 닿는 내용이다. 따라서 한·러 간의 정책논의에서 지나치게 이성적 관점에서 평화의 필요성을 논의하기보다 감성적으로 접근하는 것이 훨씬 효과적일 것이다.

러시아 국민의 한국에 대한 지식과 관심을 조사한 결과, 모스크바와 극동지역의 주민은 양호한 반면 기타 지역은 개선의 여지가 있다는 것을 알 수 있다. 이러한 문제를 해결하기 위해서는 디지털 외교가 필요하다. 러시아는 국토가 광대하여 정보통신 인프라가 잘 구축되어 있고, 국민의 소셜미디어 사용이 서구사회보다 활성화되어 있다. 따라서 한·러 전문가들 간에 이루어진 정책적 논의와 합의가 러시아 정보통신망을 통해 전국적으로 확산될 수 있는 전달 메커니즘을 구축하는 노력을 해야 할 것이다.

2) 지방 수준의 한·러 관계 강화

국제화의 영향으로 지방 차원의 국제협력이 활발해지면서 중앙외교의 부족한 부분을 채워주는 글로컬 외교의 중요성이 커지고 있다. 외교정책의 개념상 지방정부의 대외정책을 제2 외교정책이라고 부른다. 중앙정부 수준의 제1 외교는 국가 간의 안보문제 등 다양한 대립 이슈들이 야기하는 갈등과 충돌 요인으로 인해 종종 제약되는 반면, 지방 간의 교류협력은 신뢰에 기반하고 있으며 지역사회에 활력을 불어넣는 효과가 있다. 특히 한국의 경우에는 지방경제 활성화에 보탬이 된다.

지자체의 대표적인 국제협력은 환동해권 지사성장회의 같은 권역별 다자교류가 있다. 2005년 강원도가 주도하여 경상북도 울산시가 환동해권 지역협력을 위해 동해안권시도지사협의회(KARTELL)를 출범시켰다. 또한 1996년에는 경상북도가 주도하여 동북아지역자치단체연합회(NEAR)를 출범시켰는데, 러시아의 14개 지자체가 참여했다. 그리고 2002년 하바롭스크주에서 개최된 4차 총회에서는 북한의 함경북도와 나선시의 가입이 성사됨으로써 명실공히 동북아 6개국이 모두 참여하는 협력체가 되었다. 그 외에도 강원도가 주도하는 동아시아관광포럼(EATOF)에 연해주가 참여하고 있고, 부산이 주도하는 아태도시관광진흥기구(TPO)에 블라디보스토크와 이르쿠츠크가 참여하고 있다(엄구호, 2012).

지자체의 양자교류 협력으로는 우호교류와 자매결연 등이 있다. 1991년 서울과 모스크바 간의 자매결연을 시작으로 현재 8개 특별·광역시, 10개 도, 19개 시·군·구가 러시아와 교류협력을 하고 있다. 우호교류는 자매교류의 전 단계로서 상호 협력의사를 약속한 것이다. 이것은 자매결연과 달리 의회의 의결을 필요로 하지 않는다. 과거에는 자매결연 협정을 많이 체결했으나, 최근에는 우호교류 협정을 체결하는 경우가 많아지고 있다(한국 지방자치단체 국제화재단, 2008).

하지만 양자교류의 경우 협력대상기관에 대한 사전 연구와 협력수요에 대한 면밀한 분석 없이 즉흥적으로 이루어지는 경우가 있다. 게다가 협력대상 선정에서 교류사업의 추진까지 관 주도로 모든 업무가 진행되고 있다. 따라서 시민사회 동참이 필요하며, 지방교류의 구조적 문제요인은 무엇보다 전담부서와 예산의 부족인데, 2009년 행안부는 산하기관인 지방자치단체 국제화재단을 해산했고, 해당 업무와 해외사무소를 전국시도지사협의회로 넘겨 국제화지원실이 그 업무를 맡고 있는 실정이다.

한·러 지방 교류 형태를 보면 주로 기관장 상호방문, 공무원 연수 등 지자체 행정 차원의 인적 교류에 치우치고 있다. 따라서 이에 대한 개선책으로서 재난재해대책방안의 공유 등 정책이슈 중심의 실질적인 협력이 필요하며, 지역사회의 자발적인 참여를 활성화할 필요가 있다. 그리하여 먼저 우호교류를 체결하고 지역주민과 기업 그리고 시민단체의 참여가 활성화될 경우 자매결연으로 한 단계 격상하여 체결하는 방식으로 제도화할 필요가 있다.

3) 문화 부문의 한·러 협력 증진

러시아는 이미 19세기에 문화적 선진국으로 발돋움했다. 그리하여 오래전부터 러시아 음악, 미술, 발레 등의 장르가 이미 우리의 삶 속에 깊이 자리하고 있다. 반면 한국은 지난 30년간 러시아에서 주로 디지털 가전과 자동차, IT 기기 등의 분야를 중심으로 인정받고 있다. 우리의 음악가들이 러시아에서 공연하거나 협연하는 등의 경우가 없지 않고 차이코프스키 콩쿠르 등에서 수상하는 젊은이들도 늘어나고 있지만, 여전히 우리의 문화는 첨단 테크놀로지와 IT 등을 통해 러시아인에게 어필하고 있다. 이러한 상황에서 일방적으로 우리의 전통문화를 러시아인에게 전하려 하기보다 IT 기술과 디지털 영상을 활용한 첨단문화를 선보이는 것이 러시아인에게 더 큰 감흥을 줄 수 있다.

최근의 한류 열풍은 한국의 국가위상의 성장, 기업형 한국 엔터테인먼트 산업의 발달, 문화 콘텐츠 전파에 최적화된 웹 환경 등의 복합적인 조건에서 형성된 것이다. 러시아는 다른 나라에 비해 한류의 확산이 느리지만, 이곳에서도 한류의 확산에는 SNS의 공유와 확산 메커니즘이 크게 기여하고 있다. 최근 정부가 한류 확산에 나서고 있지만 한류 확산은 정부의 별다른 도움 없이도 가능하기 때문에 정부는 한국어 교육 지원이나 러시아 학생들의 한국 유학 기회 제공 등과 같은 교육 정책 강화에 힘쓰고, 한국의 국가 이미지 고양을 통해 한국 문화 확산을 위한 간접적 지원을 하는 방법을 모색해야 할 것이다.

한국 문화 중 러시아에서 가장 파급력 있는 장르는 영화다. 왜냐하면 러시아인은 영화를 애호하기 때문이다. 러시아 정부는 러시아 영화의 국제화와 국제영화 공동제작 진흥 등을 위해 정책적으로 많은 지원을 한다. 하지만 러시아 영화가 국제적으로 공동 제작되는 경우는 드물다. 구소련 시대의 공동제작물 외에는 실적이 몇 편 되지 않는다. 그 이유는 러시아 영화가 지루하고 영화제작 방식이 글로벌 표준과는 거리가 있어 흥행성이 떨어지기 때문이다. 그러므로 한·러 간 영화협력을 위해 한국 정부의 적극적인 지원이 필요하다. 한국과 러시아의 역사적 접점인 19세기 말 조선시대를 배경으로 한 한·러 관계, 해방 직후와 한국전쟁 당시 소련군의 활동과 역할 등을 소재로 사극적인 요소와 디지털 영상미를 갖춘 작품들을 공동으로 제작하면 흥행에 성공할 가능성이 있다.

또한 러시아인은 TV를 즐겨보기 때문에 TV를 통한 문화확산도 중요하다. 러시아에서 흥행한 영화들은 주로 방송사가 제작한 영화이며, 이러한 영화는 TV를 통해 반복적으로 방영된다는 장점이 있다. 가령 「아이리스」 같은 액션물 드라마는 러시아인에게 큰 인기를 얻을 수 있다. 혹은 한국 여행에 관한 주제로 다큐와 예능 형식을 결합한 방송물을 제작할 필요가 있다. 러시아는 애니메이션이 발달한 나라다. 따라서 러시아 애니메이션 기업과 협력하여 우리의 전통적인 콘텐츠를 현대적 감각으로 살린 애니메이션을 제작하는 것이 좋으며, 애니메이션 제작은 게임 콘텐츠 제작과 연결되는 시너지 효과를 얻을 수 있다.

4) 경제 및 과학기술 부문의 협력 증진

우크라이나전쟁 이후 경제안보가 강조되고 있다. 경제교역과 과학기술 협력이 안보 이익에 대한 고려의 영향을 받고 있다. 유럽은 지난 50년간 유지해온 상호 호혜적 대러 경제협력 관계를 단절했다. 이러한 상황이 러시아로 하여금 아시아에서 새로운 경제 동반자를 찾도록 하고 있다. 유럽에서는 러시아가 위협요인이지만, 아시아에서는 러시아가 기회요인이 되고 있다. 과연 한국은 이러한 기회를 어떻게 활용할 것인가?

우크라이나전쟁 이후 서방은 제재를 통해 러시아를 고립시키고 있고, 한국도 서방의 제재에 동참하고 있다. 하지만 러시아를 완전히 고립시키는 것은 러시아에 대한 중국의 영향력을 높이는 것이다. 특히 러시아가 중국의 기술에 의존하는 결과를 초래하는 것은 바람직하지 않다. 그러므로 한·러 양국은 공동이익이 있는 분야에서 협력할 필요가 있으며, 과학기술 협력이 여기에 해당한다.

2014년 크림합병 이후 서방의 제재가 시작되면서 러시아는 수입대체를 목표로 독자적 기술개발을 추진했지만, 첨단 과학기술 개발은 국제 협력 없이 순수하게 국내 기술만으로 어렵다는 것을 깨달았다. 이러한 상황에서 한국은 서방 제재 속에서도 러시아와 기술협력을 할 수 있는 방법을 모색할 필요가 있는데, 첫째, 순수 연구 분야의 과학협력은 여전히 가능하다. 학술연구 교류 등을 꾸준히 진행하여 제재 이후를 위한 네트워크를 만들 필요가 있다. 둘째, 신규 프로젝트는 어렵지만, 현재 진행 중인 협력 프로젝트는 계속 실행이 가능하다. 기존의 공동 프로젝트, 한·러 대화, 비즈니스 포럼, 과학기술 인재 교류를 꾸준히 지속할 필요가 있다. 셋째, 식품 분야는 제재 대상이 아니다. 또한 글로벌 협력 이슈인 기후변화 대응에 필요한 에너지 효율 개선, 재생에너지 개발 등 녹색기술 분야에서 협력할 수 있다(KOTRA, 2022).

과거에도 러시아는 유럽과의 관계가 악화되면 아시아로 눈을 돌렸다. 우리로서는 농업, 수산자원을 활용한 극동 개발사업을 촉진하고, 극동의 주요 어장인 오호츠크해에서 조업하는 한국 어선의 어획 쿼터를 늘릴 필요가 있다. 이를 위해 매년 9월 블라디보스토크에서 개최되는 동방포럼에 참석하여 우리의 비즈니스 이익을 관철할 필요가 있다. 전쟁 이후 러시아의 우수한 기술인력이 해외로 이탈하고 있는데, 일부를 국내로 유치하여 한·러 테크노파크를 설치하여 협력자원으로 활용할 필요가 있다. 또한 러시아와 협력 플랫폼을 갖추고 있는 나라들과 다자협력을 할 수 있는데, 브릭스, SCO, EAEU 같은 다자협력기구를 활용하거나 중동이나 중앙아시아 국가가 참여하는 3각 협력방안을 고려해야 한다.

참고문헌

국제문제위원회. http://russiancouncil.ru

김정기. 「러시아내 전문가들의 한반도 안보문제 인식과 함의」. 『중소연구』 38(2), 2014.

김현택. 「러시아와 CIS에서 한국학과 한국어 연구(1): 러시아에서 한국학 연구의 역사와 현재 상황」. 『러시아 지역연구』 3, 1999.

김현택 외. 「한·러 양국 국민 상호인식조사: 미래협력전망」. 한국외대 러시아연구소, 2016.

러시아 전략연구소(Российский институт стратегических исследований). http://www.riss.ru

러시아학술원 산하 경제연구소(Институт Экономики). www.imepi-eurasia.ru

러시아학술원 산하 극동연구소(Институт Дальнего Востока РАН). http://www.ifes-ras.ru

러시아학술원 산하 동방학연구소(Институт востоковедения РАН). http://www.ivran.ru/

러시아학술원 산하 세계경제 및 국제관계 연구소(IMEMO)(Институт мировой экономики и международных отношений). www.imemo.ru

발다이 토론클럽. http://valdaiclub.com

엄구호. 「한·러 지방정부 협력: 문제점과 발전전략」. 한양대 아태지역연구센터, 2012.

조한범·김현택·서동주. 「한국의 대러시아 통일공공외교」. 통일연구원, 2013.

최우익. 「러시아 국민의 한국인식과 스마트파워의 필요성」. 『Russia-Eurasia Focus』 653, 2021.

한국지방자치단체 국제화재단. 『2007 지방자치단체 국제교류백서』. 일진커뮤니케이션, 2008.

KOTRA. 「2023 러시아 진출전략」. KOTRA 자료 22-135, 2022.

Sergunin, Alexander. *Explaining Russian Foreign Policy Behavior: Theory and Practice*. Ididem Press, 2015.

북미 사회과학 내 한국학의 발전과 동향

이윤경(토론토대학교)

#한국학
#사회과학
#지역학
#서구 중심주의
#지식생산

본 논문은 북미 한국학, 그중에서도 사회과학 분야의 현황을 개괄해보는 것을 목표로 하고 있다. 이를 위해 제2차 세계대전 이후 북미 학계 안에서 지역학이 만들어지게 된 배경을 이해하고, 그 태동 과정에서 한국학이 안게 된 몇 가지 태생적 한계를 짚어본다. 다음으로 1990년대 이후 한국학에 나타나기 시작한 유의미한 변화를 살펴보면서, 특히 북미 대학의 현황에서 추출한 몇 가지 지표를 통해 사회과학 분야 안에서 한국학의 현재를 논의할 것이다. 또한 최근 미국 대학 출판사에서 출간된 사회과학 한국 연구서들을 살펴보면 한국학 연구자의 구성이 변화하고 있고 이들의 이론적·방법론적 접근이 다양해지고 있음을 알 수 있다. 마지막으로 북미 한국학의 발전을 위해서는 사회과학이 안고 있는 문제들, 즉 미국·서구 중심주의, 인종주의와 여성 차별을 포함한 오리엔탈리즘, 일국 중심의 민족주의적·분절적 방법론을 극복해야 한다고 제안한다. 동시에, 기존의 학문 체계가 만들어 놓은 경계를 좀 더 자유롭게 넘어설 때 한국학은 의미 있는 학문 분야로 진일보할 수 있을 것이다.

1. 서론

2000년대 들어 북미 대학에서 한국학은 일종의 큰 붐을 이루고 있다고 볼 수 있다. K-Pop을 선두로 시작된 한류 열풍이 한국어를 포함한 한국 문화 전반에 대한 관심에 불을 지폈고, 이에 따라 대학 안에서 한국어 및 한국 관련 수업에 대한 수요가 늘어났기 때문이다. 또 다른 한편으로는 한국이 보여주는 경제력 성장과 정치적 역동성, 그리고 국제정치에서 가장 풀기 어려운 문제를 제기하는 북한의 존재가 한국학에 대한 필요성을 지속적으로 뒷받침하고 있다고 볼 수 있다.

그러나 이런 긍정적인 조건에도 불구하고 한국학이 속한 '지역학(area studies, regional studies)'은 북미 지식생산 구조에서 상대적으로 열악한 위치에 놓여 있으며, 주류 사회과학 분과(social science disciplines)와도 여전히 일정한 긴장관계에 있다고 할 수 있다. 여기에 더해 지식생산 구조에서 북미 학계가 갖고 있는 지배적 위치로 인해 북미에서 만들어진 사회과학 이론과 현지에서 만들어진 지식 사이에도 묘한 상하관계가 작동하는 것을 종종 볼 수 있다. 이렇게 나름 쉽지 않은 과정을 밟으며 성장해온 한국학/사회과학은 새로운 방법론을 상상하고 비판적 이론 생산에 더욱 적극적으로 기여한다는 측면에서 여전히 많은 과제를 안고 있는 것으로 보인다.

본 논문은 북미 한국학, 그중에서도 사회과학 분야의 현황을 개괄해 보는 것을 목표로 하고 있다. 이를 위해 제2차 세계대전 이후 북미 학계 안에서 지역학이 만들어지게 된 배경을 이해하고, 그 태동 과정에서 한국학이 안게 된 몇 가지 태생적 한계를 짚어본다. 다음으로 1990년대 이후 한국학에 나타나기 시작한 유의미한 변화를 살펴보면서, 특히 북미 대학의 현황에서 추출한 몇 가지 지표를 통해 사회과학 분야 안에서 한국학의 현재를 논의할 것이다. 또한 최근 미국 대학 출판사에서 출간된 사회과학 한국 연구서들을 살펴보면 한국학 연구자의 구성이 변화하고 있고 이들의 이론적·방법론적 접근이 다양해지고 있다는 것을 알 수 있다.

한국학의 앞날은 북미 사회과학이 안고 있는 문제들과 분리해서 생각하기 어렵다. 북미 사회과학이 미국·서구 중심주의, 인종주의, 오리엔탈리즘, 여성·퀴어 연구의 주변화, 일국 중심의 민족주의적·분절적 방법론을 극복해야 하는 과제를 안고 있듯, 한국학 또한 그 태생이 만들어 놓은 한계에 대해 더욱 적극적·비판적으로 고민해야 한다. 동시에, 기존의 학문 체계가 만들어 놓은 여러 '경계'를 좀 더 자유롭게 넘어설 때 한국학은 의미 있는 학문 분야로 진일보할 수 있을 것이다. 여기서 경계란 분석 단위의 경계, 방법론의 경계, 이론적 경계 등을 포함하는데, 이는 결론 부분에서 좀 더 자세히 논의하도록 하겠다.

2. 북미 지역학·한국학의 태동과 지식생산의 문제점

북미 한국학의 현재를 알기 위해서는 한국학의 초기 제도화 과정과 여기서 발생한 한국학 연구의 문제점들을 먼저 이해할 필요가 있다. 그리고 이를 위해서는 북미에서 지역학이 만들어지는 과정에 한국학을 연계하여 위치 지워 살펴보아야 한다.

우리가 지금 '한국학(Korean studies)'이라고 부르는 것은 한국에서, 한국 연구자들에 의해 만들어지고 명명된 학문 분야가 아니다. 한국학은 타지에서, 타자의 필요에 의해 만들어진 지역학의 시작과 그 기원을 같이한다. 주지하다시피, 지역학이라는 분야는 다른 학문 분과(disciplines)와 달리, 국제정치 및 지정학 정치의 직접적인 영향하에 만들어진 학문이다.

제2차 세계대전 이후, 미국이 지구적 패권 국가로 확장하고 냉전체제가 공공화되는 과정에서 제3세계를 포섭하고 다른 지역에 대한 영향력과 통제력을 갖는 것이 중요한 과제가 되었다(Palat, 1999). 이런 제국주의적 과제를 수행하기 위해 미국은 이들 지역에 대한 전문가를 육성하고 전문 지식을 취합하는 것이 필요했다. 따라서 지역학은 지역 외부의 시각에서 '미국의 지역(America's areas)'을 연구하는 학문으로 출발했다(Elhalaby, 2019; Walker and Sakai, 2019).[1] 지역·지역학은 미국을 중심으로 하는 서구의 '외부'만을 지칭할 뿐 그 누구도 미국 또는 유럽 연구를 지역학의 일부로 보지 않는다.

이런 태생적인 문제점과 더불어, 북미 지식생산에 뿌리 깊이 박혀 있는 서구 중심주의와 오리엔탈리즘은 지역학을 그 시초부터 대상화하고 주변화하는 조건으로 작동해왔다. 북미에서 사회과학 분과들은 식민주의와 제국주의가 번성하던 19세기 말, 20세기 초에 제도화하기 시작한 학문이다(Trouillot, 2003).[2] 이런 시대적 배경 속에서 학자들의 연구는 서구 사회가 안팎으로 저지른 식민주의, 원주민 학살, 노예제도, 인종차별, 가부장제와 반여성주의, 반공주의, 그리고 전쟁 범죄에 눈을 감은 채 각 분과의 학문적 권위와 고전을 만들어갔다(Said, 1993; Seidman, 2013; Ortner, 2016; Hundle et al., 2019; Behar and Gordon, 1995; Jobson, 2019). 1980년대 말 이후 인도를 중심으로 한 일군의 학자들이 포스트식민주의(postcolonial

1 그런 의미에서 지역학(area studies)은 제2차 세계대전 이전부터 유럽에서 만들어진 동양학(Oriental studies)과는 그 성격을 달리한다고 볼 수 있다.

2 예컨대, 사회과학 내 대표적인 분과라고 할 수 있는 경제학의 미국경제학회(American Economics Association)는 1885년에, 인류학의 미국인류학회(American Anthropological Association)는 1902년에, 정치학의 미국정치학회(American Political Science Association)는 1903년에, 사회학의 미국사회학회(American Sociological Association)는 1905년에 창립되었다.

studies)라는 비판적 관점을 주창했지만(Chakrabarty, 2008), 서구의 지식사회가 서구 중심주의와 오리엔탈리즘에 대해 심각한 자기성찰을 실천하기까지는 오랜 시간을 필요로 했다.

서구 중심적 학문의 핵심은 "서구를 보편 역사의 유일한 주체로 특정하여 근대성(modernity)을 서구와 동일시하는 것"을 뜻한다(Bhambra, 2007: 2). 19세기 이후 나타난 유럽의 부상이라는 특수한 역사적 경로를 마치 유일하고, 자생적이며, 보편적인 역사의 전개라고 규정하는 것이다. 이런 관점에서 서구는 보편을 대표하고, 비서구는 일반 경로에서 이탈한 특이한 사례(case), 보편적 지식생산에 기여하지 못하는 예외적인 '나머지(the rest)'로만 간주된다(Walker and Sakai, 2019). 예를 들어, 유럽의 정치제도 연구는 정치학 일반으로 승격되지만, 한국의 정치제도 연구는 특수한 사례, 지역학의 범주로 종종 격하된다. 더 나아가, 비서구는 서구의 보편적인 이론이 적용되어야 하는, 언젠가는 보편적인 역사의 경로에 유입되어야 할 '문제'로 인식된다. 서구 사회과학이 주창해온 근대화론(modernization thesis), 경제개발 및 경제 발전론(economic development and economic catch-up), 정치적 민주화(democratization), 법치의 확립(rule of law)에 대한 이론들은 이런 서구 중심주의가 전제되어 있는 대표적인 사례라고 할 수 있다. 이런 서구 중심적인 지식은 한국을 포함한 제3세계 지식사회에도 내재화되어 서구를 배우고 따라가야 할 대상으로 우상화하는 '선진국 담론'을 만들어내기도 한다(박지현·이유철, 2023).

이런 서구 중심주의의 학문 체계와 미국의 패권화·제국주의화 과정에서 만들어진 지역학·한국학은 다음과 같은 몇 가지 중요한 문제적 특성을 갖게 되었다. 첫째, 지역학은 미국이 필요로 하는 지식을 만들어내는 '도구적 역할'이 강조되었다(김승경, 2021: 267). 지역학은 미국 외 지역에 대한 전문성을 필요로 하면서 만들어졌기에 지역 언어 전공에서 시작되었고, 이에 대한 대대적인 지원은 미 국방부와 교육부[3] 그리고 민간 재단[4]의 재정 지원을 통해 이루어졌다(Palat, 1999). 전문적인 언어 습득에 이어 문학, 역사학, 문화학으로 확대되었는데, 이런 연유로 지역학에서 사회과학은 (정치학을 제외하고) 뒤늦게 접목되었다. 미국이 제3세계의 복잡한 세력관계를 파악하고 통제하려면 지역의 역사와 정치 상황을 이해하는 것이 필요했기에 지역학 안에서 인문학 분야에서는 역사학이, 사회과학 분야에서는 정치학이 비교적 일찍 발전했다. 따라서 지역학은 다분히 정치·정책 중심적인 지식이라는 특징을 갖게 되었다(Sharma, 2005).

둘째, 지역학을 이끌어온 1세대 연구자들을 보면 대개가 미군으로 참전했거나 평화봉사단(Peace Corps) 참여 경험이 계기가 되어 특정 지역의 전문가가 된 것을 알 수 있다. 그리고 이들 대부분은 공통적으로 백인, 남성 학자들이었다. 특히, 아시아학에서는 북미 출신 백인 남성 연구자들이 오랜 기간 자신들의 네트워크와 특권을 공고하게 유지해왔다고 볼 수 있다(Ryang, 2021). 이런 구조에서 비서구 유학생 출신의 연구자, 여성·퀴어 연구자, 이민 2-3세대 출신의 연구자들은 2중 3중의 유리 천장과 싸우며 학자로서 자리 잡아나가야 했다.

셋째, 미국의 패권화 과정에서 지역학이 만들어지고, 백인 남성 학자들이 그 핵심 연구자라는 것은 지역학 안에 '특정한' 관점 또는 시각이 관

3 미국 연방정부 차원에서 지원하는 외국어 전공 프로그램으로는 "외국어와 지역학 장학금(Foreign Language and Area Studies Fellowships)"이 핵심적인 역할을 해오고 있다. 이는 1958년에 제정된 「국가방위교육법(National Defense Education Act)」에 근거하여 집행되는 예산으로 1970년대까지는 '국가방위 외국어 장학금(National Defence Foreign Language Fellowships)'이라고 불렸다.

4 지역학에 막대한 지원금을 댄 대표적인 민간 재단으로는 포드재단(Ford Foundation), 록펠러재단(Rockefeller Foundation), 루스재단(Luce Foundation) 등이 있다. 포드재단은 1951-1966년 사이에 미국 대학에서 지역학 프로그램을 지원하기 위해 2억 7천만 달러 이상을 지출했다(Sharma, 2005).

통한다는 것을 뜻한다. 이는 미국 패권 중심적이고, 오리엔탈리스트적이며, 남성 중심적인 접근법이다(Ryang, 2021). 미국 패권 중심적이란 미국의 대외적 이해관계에 따라 특정 지역에 대한 연구비 지원이 늘어나거나 특정 연구 주제가 선택된다는 뜻이고, 이 과정에서 지역학이 도구화되는 경향이 강화된다는 것을 뜻한다. 1980년대 일본학의 성장이나 2000년대 중국학의 부상 뒤에는 당시 일본이나 중국이 미국의 국제적 지위를 따라잡을 것이라는 가공된 '위협'이 자리 잡고 있었다. '황화론(Yellow peril)'이라는 인종차별적인 표현이 당시 언론을 비롯한 학술 저서에 얼마나 빈번하게 쓰였는지는 주지의 사실이다. 또한 서구와 대비하여 비서구를 그 어떤 특수성으로 본질화하는(essentialization) 오리엔탈리즘도 심각한 문제로 나타났다(Palat, 1999). 동아시아의 경제발전을 비롯한 여러 사회정치적 현상을 사회과학적으로 분석하기보다는 유교문화로 수렴하여 설명하는 작업들이 대표적인 예라고 할 수 있다. 아시아학의 1세대 백인 남성 학자로 시카고대학에서 많은 후학을 키운 해리 하루투니안(Harry Harootunian)과 브루스 커밍스(Bruce Cumings)는 미국 학계 안에 "사상적·인종적 편견"이 작동하고 있다고 비판하기까지 했다(마이클 신 외, 2002: 146).

넷째, 지역이라는 분류 자체가 미국의 패권적 이해관계에 의해 정해진 것이기에 지역학의 분석 단위(unit of analysis)가 분절적으로 규정되었고(Palat, 1999), 영토화(territorialization)되었다(류타, 2020). 여기서 지역학 연구의 분절성이란 지역과 지역이 인위적으로 나뉘는 것뿐만 아니라, 지역 안에서도 특정 국가를 연구 단위로 삼는 국가 중심주의, 일민족 중심주의까지를 포함한다. 이런 마이크로한 연구 단위의 고착과 영토적 관점은 두 가지 문제점을 야기하는데, 하나는 지역 내, 지역 간, 더 나아가 전 지구적 구조와 연결되어 있는 연결성(relationality)을 쉽게 배제한다는 것이다(Emirbayer, 1997; Silver, 2003). 또 다른 문제점은 지역 연구의 일국적 고립으로 인해 다른 지역학 또는 학문 분과에서 이루어지는 새로운 이론의 흐름이나 방법론적 혁신과 원활하게 교류하지 못한다는 점이다. 지역학이라는 분야 안에서 지역 간 연결성을 분석하거나, 인문학과 사회과학의 여러 분야를 아우르는 학제 간 연구(interdisciplinary research) 가능성에도 불구하고 한 지역, 한 국가의 특정한 분야 또는 주제만 연구하는 자체 편협성에 오랜 시간 갇혀 있었다고 볼 수 있다.

다섯째, 이런 태생적 한계로 인해 지역학은 북미 대학 안에 자리 잡는 과정에서도 주변화되거나 소수화되는 어려움을 겪어왔다. 다른 학문 분과에 비해 지역학은 그 제도적 위치가 약하고 교수직의 지위도 불안정하다. 북미 대학에서 수많은 언어 전담 교원은 여전히 비정규직 강사(non-tenure-track lecturers)인 경우가 허다하고, 지역학은 주로 학부 전공 또는 부전공만 가능한 아시아어문학과(Asian Languages and Literatures Department) 같은 학제에 속해 있다. 이들 지역학과는 북미 대학의 권력구조 안에서 발언권이나 영향력이 약하기 때문에 지역학과에 대한 재정 지원 확대나 정규직 교원(tenure-track faculty) 충원 요구를 관철시키기 어려운 입장일 경우가 많다.

또한, 유럽과 달리 북미 대학에서는 지역학과 안에 석·박사과정까지 만드는 것이 불가능에 가깝기에 많은 학부 졸업자들은 일반 분과의 석·박사과정을 선택할 수밖에 없게 된다. 그런데 일반 분과, 특히 사회과학 분과에서는 지역학에 대한 몰이해와 학문적 비하가 만연하여 지역을 연구하려는 석·박사 학생들은 자신이 속한 사회과학 분과와 '대화'하기 위해 두세 배의 노력을 해야 한다. 예를 들어, 사회학이나 정치학 안에서 사회운동 분야 그리고 사회운동 이론은 매우 미국 중심적인데, 한국의 사회운동을 연구하려는 석·박사 학생들은 미국 중심의 이론적 개념이 한국 사회운동에 어떻게 적용될 수 있는지를 설명하기 위해 학문적 '통역'에 많은 시간을 할애해야 한다. 쉽게 말해, 북미의 대학들은 나름의 필요에 의해 지역학과를 만들고 지역학 연구소를 설치하지만, 대학이라는 구조 안에서 지역학은 자체적으로 종신 트랙 교원을 임용하거나 석·박사 프로그램을 만들 힘이 없는 소수자로 위치되어 여전히 심각한 주변화를 겪고 있다고 볼 수 있다.

여기서 북미 지역학과 사회과학의 긴장 또는 갈등 관계를 좀 더 논의해볼 필요가 있다. 앞서 언급한 대로 북미의 사회과학은 서구 중심주의와 오리엔탈리즘이라는 인식론적 문제점을 안고 있는바, 서구의 경험을 바탕으로 한 지식을 이론화 가능한 보편 지식으로 보는 경향이 강하다. 이런 학문적 환경에서 비서구를 연구하는 지역학 연구자들은 진지한 지식인으로 여겨지지 않고, 단순한 지역 전문가(area specialist) 정도로 낮추어 보이는 경우가 많다. 따라서 지역 전문가가 생산하는 지식은 '사례연구'로 간주되고, 사례연구는 서구 중심의 이론을 검증하거나 적용해보는 도구적 대상이 되기 십상이다. 캘리포니아 주립대학교 버클리 캠퍼스의 사회학과 교수 존 리(John Lie)는 이런 문제점을 다음과 같이 요약하고 있다. "주류 사회과학 분과와 지역학은 서로 분리되어 발전해왔는데, 이 과정에서 주류 사회과학은 지역학을 주변화했고, 지역학은 주류 사회과학을 배척하게 되었다. 따라서 법칙 중심적(nomothetic)이고 일반화 가능한 지식을 추구하는 사회과학은 비서구의 지식을 무시했을 뿐만 아니라 서구 자체의 역사적·제도적·민족지학적(ethnographic) 지식을 배제하는 방식으로 그 자체의 경향성을 강화해왔다"(Lie, 2012: 18).

정리해보면, 북미의 지역학은 미국의 패권주의적 이해관계를 실현하기 위해 시작된 학문으로 주로 지역의 언어와 역사적 전문성을 갖는 백인 남성들이 1세대 연구자가 되었고, 이들은 일국 또는 하나의 민족을 연구하는 연구 단위에 갇혀 냉전 시대의 도구적 지식생산에 오랜 시간을 보냈다. 또한 북미 대학의 '제국주의적 학과(imperialism of departments)' 체계 안에서(Fenton, 1947) 지역학은 제대로 자리 잡지 못하고 매우 취약한 지위를 점하게 되었다. 즉 지역학이 안고 있는 태생적 문제점과 한계를 자체적으로 통찰하지 못하고, 주어진 학문적 관점, 관성, 편향, 인종주의에 매몰되는 경향성이 있었다고 볼 수 있다.

북미 대학에서 한국학 역시 지역학의 일부로 시작되었다는 점에서 지역학 전반이 가지고 있는 문제점들을 고스란히 안고 있다고 할 수 있다. 한국학은 한국어 중심으로 시작되었고, 1980년대까지도 한국 역사와 문학을 전공한 백인 남성 연구자들이 주도해왔다. 주로 아시아학 또는 동아시아학에 속한 한국학은 더욱 열악한 조건에서 성장했다고 볼 수 있는데, 이는 당시 (그리고 현재도) 더 큰 지정학적 중요성을 점하고 더 많은 재원을 가진 일본학과 중국학 사이에서 생존경쟁을 해야 하는 처지였기 때문이다. 그리고 한국이 미국과 맺고 있는 특수한 관계, 한반도가 처한 지정학적 조건들로 인해 한국의 '특정한' 주제만이 '특정한' 관점 안에서 주로 연구되었다는 점도 피할 수 없는 비판이다. 예컨대, 박정희 시대 한국의 경제발전은 제2차 세계대전 이후 일본의 경제발전과 더불어 사회주의에 대항하는 자본주의 시장경제의 성공 사례로 연구되었고, 일제강점기가 이후 한국의 경제발전의 기초를 닦았다는 연구로까지 확장되었다. 이들 연구에서 국가는 개발 국가(developmental state)로서 순기능만 강조되었고, 정치적 반대자에 대한 폭력적 탄압, 노동 착취를 비롯한 사회적 약자에 대한 배제와 억압은 논의되지 않았다. 북한에 대한 연구도 북한이 왜 북한이 되었는지에 대한 사회과학적 접근을 배제한 채, 미국의 이해관계와 한미동맹의 관점에서만 북한을 분석하는 안보 중심의 연구들이(securitization of North Korean studies) 대다수를 차지해왔다(Smith, 2000). 헤이즐 스미스(Hazel Smith)는 북한에 대한 서구의 관점은 나쁘거나, 미쳤거나,

슬픈 것(bad, mad, sad)밖에 없다고 비판해왔다(Smith, 2000).

3. 최근 북미 한국학의 변화와 현황

대략 1990년대부터 한국학을 포함한 지역학 연구에 몇 가지 의미 있는 변화가 일어나기 시작했다. 하나는 지역학의 발전을 위해 '본국'의 재정적 지원이 확대되었다는 점이다. 일본의 일본국제교류재단(Japan Foundation)이 1970-1980년대 북미 일본학에 대한 재정 지원을 본격화해서 일본학을 성장시켰듯이, 한국의 경우에는 1990년대 들어 북미 한국학에 대한 지원이 여러 방식으로 확대되기 시작했다. 한국국제교류재단(Korea Foundation)과 한국학중앙연구원(Academy of Korean Studies) 산하 한국학진흥산업단은 북미 대학 안에서 한국학을 발전시키기 위해 장기 기금 수여, 한국학 교수직 설치, 해외 한국학 과정 대학원생 장학금 지급, 한국 관련 학과 교수 파견, 해외 도서관 한국 관련 자료 확충 등과 같은 방식으로 많은 지원을 해오고 있다(박태균, 2018). 이런 재정적 지원의 확대와 함께 한국 연구자 수와 한국학에 대한 수요가 동시에 증가하면서 북미 대학 안에 한국학 프로그램과 한국학 연구소가 늘어나게 되었다. 또한 한국학의 범주가 한국어 교습과 인문학 중심에서 더 확장되어 최근에는 사회과학 학자들의 활동도 활발하게 이루어지고 있다.

두 번째, 연구자의 구성이 미국 출신 백인 남성에서 한국 이민 1.5 또는 2세대 연구자들로, 한국에서 유학 와서 북미 대학에 정착한 한국 출신 학자들로 변화했고, 그 숫자 또한 대거 늘어났다. 이는 인종적으로는 백인 중심에서 다인종으로의 변화, 남성 학자 중심에서 여성 연구자의 증가를 뜻한다. 특히 기존 인문학 안에서는 (주로 남성) 역사학자들이, 사회과학 안에서는 북한 연구에 중심을 둔 (역시 주로 남성) 정치학자들이 두각을 나타냈다면, 2000년대 들어와서는 이민 세대 또는 유학 후 북미 대학에 자리를 잡은 다양한 사회과학(사회학, 인류학, 사회복지, 도시학, 언론학 등) 연구자들, 그중에서도 신진 여성 학자들이 의미 있는 학문적 성과를 내고 있다(아래에서 좀 더 자세히 논의).

이들은 북미에서 한국 관련 연구를 하는 연구자들의 네트워크를 강화하고 그 영향력을 높이기 위해 자체적인 학회를 구성해서 더욱 활발하게 활동하고 있다. 북미에서 한국을 연구하는 정치학자들은 일찍이 1973년 한국정치연구협회(Association of Korean Political Studies)를 조직했고, 경제학자들은 1985년 한미경제학협회(Korea-America Economics Association)를, 사회학자들은 조금 늦은 2014년 재미한국사회학자협회(Association of Korean Sociologists in America)를 구성해서 학자들 간 교류와 박사과정생들에 대한 지원 활동을 활발하게 하고 있다.[5]

좀 더 넓게 보면, 북미에서 아시아학을 대표하는 학회는 아시아학회(Association for Asian Studies)인데 이는 1941년에 설립되었고, 『극동 계간지(the Far Eastern Quarterly)』로 시작한 학술지가 지금은 『아시아학 저널(the Journal of Asian Studies)』로 출간되고 있다. 1968년에는 미국의 베트남전쟁에 대해 비판적인 목소리를 내는 젊은 소장 학자들과 대학원생들이 중심이 되어 비판적 아시아학자위원회(Committee for Concerned Asian Scholars)를 조직하여 아시아학 안에서 진보적인 관점을 제시하기 시작했다. 아시아학회는 지역학의 특성상 문학, 문화, 역사학 중심으로 활동해오다가 2000년대 들어 사회과학 분야까지 확대하여 인문학과 사회과학의 교류

5 북미 인류학 분야에서 이와 흡사한 조직이 구성되어 있지 않다.

를 강조하는 변화를 도모하고 있기도 하다.

아시아학회는 1970년 학회 안에 4개의 지역 분과를 만들었는데, 이들은 중국과 내륙아시아위원회(China and Inner Asia: CIAC), 동북아시아위원회(Northeast Asia: NEAC), 남아시아위원회(South Asia: SAC), 그리고 동남아시아위원회(Southeast Asia: SEAC)다(https://www.asianstudies.org/about/history/). 그리고 동북아시아위원회 안에 한국학위원회(Committee on Korean Studies)가 따로 조직되어 있어 한국학 관련 학술활동과 교류를 증진시키는 역할을 하고 있다. 한국학위원회에 따르면 현재 북미 대학교에 설립된 한국학 프로그램 및 연구소 현황은 〈표 1〉과 같다고 한다. 이 리스트를 보면 적어도 26곳의 대학에 한국학 프로그램 또는 한국학 연구소가 설치되어 있고, 이 대학들의 분포 또한 지역적으로 다양하고 사립대학교와 주립대학교를 아우르고 있다.

북미 사회과학 안에서 한국학의 현황을 알기 위해서는 한국학 연구자들의 규모, 박사과정 학생 수, 그들이 생산하는 논문 비중이 중요한 정보를 제공한다고 볼 수 있다. 아래의 표들은 김승경(2021)이 북미에 있는 21개 연구중심대학에 소재한 한국학 연구소를 통해 취합한 현황 조사 자료[6]를 저자가 재정리하여 인용한 것이다. 먼저 〈표 2〉는 북미 대학 사회과학 안에서 한국학 연구자의 비중을 살펴본 것이다. 사회과학 안에 대표적인 분과라고 할 수 있는 경제학과, 사회학과, 인류학과, 정치학과에 정

6 조사에 포함된 21개 대학은 다음과 같다. Binghamton University-SUNY, Columbia University, George Washington University, Harvard University, Indiana University, Ohio State University, Stanford University, Stony Brook University-SUNY, University of British Columbia, University of California-Berkeley, University of California-Irvine, University of California-Los Angeles, University of California-San Diego, University of Chicago, University of Hawaii-Manoa, University of Michigan, University of Missouri, University of Southern California, University of Toronto, University of Washington, University of Wisconsin.

〈표 1〉 북미(미국과 캐나다) 대학 내 한국학 프로그램과 한국학 연구소 현황

Arizona State University, Korean Program
Baylor University, Korean Language Program
Binghamton University, SUNY, Center for Korean Studies
Cal State University, Los Angeles Center for Korean American and Korean Studies
Columbia University, Center for Korean Research
George Mason University, Korean Studies Center
George Washington University, Institute for Korean Studies
Harvard University, Korea Institute
Indiana University, Institute for Korean Studies
Johns Hopkins University, Center for Korean Studies
Ohio State University, Institute for Korean Studies
Stanford University, Korean Studies Program
Stony Brook University, SUNY, Center for Korean Studies
University of British Columbia, Centre for Korean Research
University of California, Berkeley, Center for Korean Studies
University of California, Irvine, Center for Critical Korean Studies
University of California, Los Angeles, Center for Korean Studies
University of California, San Diego, Program in Transnational Korean Studies
University of Detroit, Mercy Institute for North Korean Studies
University of Hawaii at Manoa, Center for Korean Studies
University of Iowa, Korean Studies Minor
University of Michigan, Nam Center for Korean Studies
University of Missouri, Institute for Korean Studies
University of North Carolina, Chapel Hill, Korean Language and Culture Program
University of Pennsylvania, James Joo-Jin Kim Program in Korean Studies
University of Southern California, Korean Studies Institute
University of Toronto, Centre for the Study of Korea
University of Washington, Center for Korea Studies

출처: https://koreanstudies.org/links/korean-studies-centers/

〈표 2〉 북미 사회과학 분과 내 정년트랙 교원 중 한국 연구자 현황

구분	경제학	사회학	인류학	정치학	기타
학과 전체 교원 수	185	374	284	494	
한국 연구 교원 수	8	20	16	17	14
한국 연구 교원 비율(%)	4.3	5.4	5.6	3.4	

출처: 김승경, 2021: 257.

〈표 3〉 북미 사회과학 분과 내 박사과정생 중 한국 연구자 현황

구분	경제학	사회학	인류학	정치학
학과 전체 박사과정생 수	2984	1902	1877	2433
한국 연구 학생 수	5	16	17	13
한국 연구 학생 비율(%)	0.2	0.8	0.9	0.5

출처: 김승경, 2021: 257.

〈표 4〉 북미 주요 대학 사회과학 분과 내 한국 관련 박사학위논문 현황

구분	경제학	사회학	인류학	정치학
전체 박사학위논문 수	3294	1730	1644	2440
한국 논문 수	41	30	19	33
한국 논문 비율(%)	1.2	1.7	1.2	1.4
한국 중점 논문 수	9	20	15	6

주: 한국 논문은 한국을 단일 주제로 다루는 경우, 한국을 포함한 총 2-3개 국가에 대한 비교 연구인 경우, 일반 이론에 대한 근거로 한국 관련 사례나 데이터가 활용되고 있는 경우를 포함. 한국 중점 논문은 첫 번째 경우만 포함.
출처: 김승경, 2021: 261.

년트랙으로 임용되어 있는 한국 연구 교원은 3.4-5.6%로 그 비율이 높지 않다.

〈표 3〉에 정리해 놓은 북미 사회과학 분과 내 전체 박사과정생 중 한

국 연구자는 0.2-0.9%로 그 비중이 더욱 낮다. 한국 연구 교원이나 박사 과정생 비율이 사회학과와 인류학과에 비해 경제학과와 정치학과가 더 낮은 이유는 이들 분과가 중요시하는 방법론과 연관이 있다고 볼 수 있다. 북미의 주류 경제학과 정치학에서는 거시·역사 방법론을 비롯한 질적 방법론이 소수화된 지 오래되었고, 빅데이터, 시계열, 다국가 데이터를 가지고 분석하는 계량 방법론이 주류화되었기 때문에 한국 또는 특정 지역을 깊이 연구하는 것을 기대하기 어렵다. 그럼에도 〈표 4〉는 북미 주요 대학의 사회과학 분과 안에서 한국 관련 박사학위논문 중 한국 연구가 포함된 학위논문 수와 비중이 한국 연구 박사과정생 비율보다 조금 높은 1.2-1.7%인 것으로 나온다. 이는 좀 더 자세한 분석이 필요하겠지만, 한국을 단일 주제로 다루는 경우, 한국을 포함한 총 2-3개 국가에 대한 비교 연구인 경우, 일반 이론에 대한 근거로 한국 관련 사례나 데이터가 활용되고 있는 경우를 포함했기 때문인 것으로 보인다.

한국학의 현황을 이해하기 위한 또 다른 지표로 출간된 연구서의 편수를 보면, 이 또한 증가세에 있다고 할 수 있다. 지난 10년간(2010-2019) 영미권 주요 9개 대학출판부 및 출판사[7]에서 출간된 한국 관련 사회과학 연구서 현황은 〈표 5〉에 정리되어 있다. 여기서 눈에 띄는 점은 전체 한국 연구서 121권 중 55권이 영국 출판사인 라우틀리지(Routledge)에서 출간되었다는 것이다. 이는 연구서 제안서 승인에서부터 까다로운 리뷰 과정을 거치는 미국 대학 출판부에 비해 라우틀리지 같은 민간 출판사에서 학술서 출간이 더 용이하기 때문인 것으로 보인다(김승경, 2021: 259). 한국에

7 김승경의 조사에 포함된 출판사는 다음과 같다. California University Press, Cambridge University Press, Columbia University Press, Cornell University Press, Harvard University Press, Routledge, Stanford University Press, University of Hawaii Press, University of Michigan Press(알파벳 순).

〈표 5〉 영미권 주요 대학출판부 및 출판사에서 출간된 한국 관련 연구서 현황

구분	경제학	사회학	인류학	정치학	기타
전체 연구서 수	14,777	15,934	4,819	21,865	
한국 연구서 수	14	30	7	63	16
한국 연구서 비율(%)	0.1	0.2	0.2	0.3	
한국 중점 연구서 수	12	24	6	43	13

출처: 김승경, 2021: 260.

서는 학술서 단행본 출판이 리뷰와 출간 기간에 큰 어려움이 없는 반면, 북미의 대학출판사에서 학술서를 출판하는 것은 리뷰와 출간 기간이 최소 2-3년 이상 걸리는 쉽지 않은 과정이라는 점에 주목할 필요가 있다.[8] 또한 전체 한국 관련 학술서적 가운데 정치학 분야의 학술서 수가 압도적으로 높은데, 이는 한국에 대한 관심을 높이는 두 가지 주제, 즉 한류와 북한이라는 두 주제 중 북한·북핵에 대한 연구서 비중이 높기 때문인 것으로 보인다.

여기서 좀 더 자세히 한국 관련 사회과학 연구의 주제를 살펴보기 위해 저자는 사회과학 그리고 한국학의 주요 연구서가 출간되는 9곳의 대학출판부(Cambridge University Press, Columbia University Press, Cornell University Press, Duke University Press, Harvard University Press, Stanford University Press, University of Hawaii Press, University of Michigan Press, University of Washington Press - 이상 알파벳 순)에서 2015-2023년 사이에 출판된 사회과학 분야 한국학 연구서를 찾아보았다.[9] 대략 40권 정도 되는데, 여기에는 일부 역사서와

8 북미 사회과학 학과에서 교수의 종신·승진 심사에서 단독 저서 출간을 핵심적 평가 항목으로 여기는 경우, 중요 대학출판부에서 출판하는 것 또한 평가 기준이 된다.

9 각 대학출판부의 웹사이트에서 '한국'이라는 주제어로 출간 연구서를 검색하여 주제별

언론·미디어, 영화학 같은 인문학 연구서도 포함되어 있지만, 모든 한국 관련 연구서가 포함된 것은 아니라는 점을 미리 밝혀둔다. 이전의 사회과학 분야에서 한국 관련 연구가 주로 한국의 경제발전, 민주화 같은 정치 변동, 안보 중심의 북한 연구에 치중해 있었다면, 최근의 연구서들은 연구자 구성의 변화와 함께 연구 주제, 이론적·방법론적 접근이 점차 다양해지고 있다는 것을 알 수 있다.

북한, 한국전쟁

- Sandra Fahy, *Marching Through Suffering: Loss and Survival in North Korea* (Columbia University Press, 2015)
- Justin Hastings, *A Most Enterprising Country: North Korea in the Global Economy* (Cornell University Press, 2016)
- Byung-Yeon Kim, *Unveiling the North Korean Economy* (Cambridge University Press, 2017)
- Heonik Kwon, *After the Korean War* (Cambridge University Press, 2020)
- Kevin Gray and Jong-Woon Lee, *North Korea and the Geopolitics of Development* (Cambridge University Press, 2022)
- Joowon Park, *Belonging in a House Divided: The Violence of the North Korean Resettlement Process* (University of California Press, 2022)
- Suzy Kim, *Among Women Across Worlds: North Korea in the Global Cold War* (Cornell University Press, 2023)

로 정리했다. 북미에서는 대학출판부에서 출간된 책이 각 분과의 연구 경향을 더 핵심적으로 보여준다는 점에서 Routledge나 Palgrave 같은 비대학 출판사의 서적은 제외했다. 편집서(Edited volumes) 또한 제외했다.

한국 정치, 사회운동

- Paul Y. Chang, *Protest Dialectics: State Repression and South Kore's Democracy Movement, 1970-1979* (Stanford University Press, 2015)
- Sheena Chestnut Greitens, *Dictators and their Secret Police* (Cambridge University Press, 2016)
- Celeste L. Arrington, *Accidental Activists: Victim Movements and Government Accountability in Japan and South Korea* (Cornell University Press, 2017)
- Jiyeon Kang, *Igniting the Internet: Youth and Activism in Postauthoritarian South Korea* (University of Hawaii Press, 2018)
- Erik Mobrand, *Top-Down Democracy in South Korea* (University of Washington Press, 2019)
- Yoonkyung Lee, *Between the Streets and the Assembly: Social Movements, Political Parties, and Democracy in Korea* (University of Hawaii Press, 2022)
- Namhee Lee, *Memory Construction and the Politics of Time in Neoliberal South Korea* (Duke University Press, 2022)

한국 경제, 기업, 복지 국가

- Cheol-Sung Lee, *When Solidarity Works: Labor-Civic Networks and Welfare States in the Market Reform Era* (Cambridge University Press, 2018)
- Jae-jin Yang, *The Political Economy of the Small Welfare State in South Korea* (Cambridge University Press, 2019)
- Michael M. Prentice, *Supercorporate: Distinction and Participation in Post-Hierarchical South Korea* (Stanford University Press, 2022)
- Olga Fedorenko, *Flower of Capitalism: South Korean Advertising at a Crossroad* (University of Hawaii Press, 2022)
- Woosik Moon, *Monetary Policy and Central Banking in Korea* (Cambridge University Press, 2022)

불평등, 계급

- Jong-sung You, *Democracy, Inequality and Corruption* (Cambridge University Press, 2016)
- Myungji Yang, *From Miracle to Mirage: The Making and Unmaking of the Korean Middle Class, 1960-2015* (Cornell University Press, 2018)
- Hwasook Kim, *Women in the Sky: Gender, Labor in the Making of Modern Korea* (Cornell University Press, 2020)
- Hagen Koo, *Privilege and Anxiety: The Korean Middle Class in the Global Era* (Cornell University Press, 2022)

도시, 공간, 환경

- Mihye Cho, *Entrepreneurial Seoulite: Culture and Subjectivity in Hongdae, Seoul* (University of Michigan Press, 2019)
- Youjeong Oh, *Pop City: Korean Popular Culture and the Selling of Place* (Cornell University Press, 2021)
- Seo Young Park, *Stitching the 24-Hour City: Life, Labor, and the Problem of Speed in Seoul* (Cornell University Press, 2021)
- Eleana Kim, *Making Peace with Nature: Ecological Encounters Along the Korean DMZ* (Duke University Press, 2022)

이주, 젠더, 입양, 장애

- Arissa H. Oh, *To Save the Children of Korea: The Cold War Origin of International Adoption* (Stanford University Press, 2015)
- Hae Yeon Choo, *Decentering Citizenship: Gender, Labor, and Migrant Rights in South Korea* (Stanford University Press, 2016)
- Jaeeun Kim, *Contested Embrace: Transborder Membership Politics in Twentieth-Century Korea* (Stanford University Press, 2016)
- Eunjung Kim, *Curative Violence: Rehabilitating Disability, Gender, and Sexuality in Modern Korea* (Duke University Press, 2017)

- Hyun Ok Park, *The Capitalist Unconscious: From Korean Unification to Transnational Korea* (Columbia University Press, 2018)
- Minjeong Kim, *Elusive Belonging: Marriage Migrants and "Multiculturalism" in Rural South Korea* (University of Hawaii Press, 2021)
- Shelley Sang-Hee Lee, *Koreatown, Los Angeles: Immigration, Race, and the "American Dream"* (Stanford University Press, 2022)
- June Hee Kwon, *Borderland Dreams: The Transnational Lives of Korean Chinese Workers* (Duke University Press, 2023)

한류, 미디어, 대중문화

- Dal Yong Jin, *Smartland Korea: Mobile Communication, Culture and Society* (University of Michigan Press, 2017)
- Christina Klein, *Cold War Cosmopolitanism: Period Style in 1950 Korean Cinema* (University of California Press, 2020)
- Kyung Hyun Kim, *Hegemonic Mimicry: Korean Popular Culture of the Twenty First Century* (Duke University Press, 2021)
- Han Sang Kim, *Cine-Mobility: Twentieth-Century Transformation in Korea's Film and Transportation* (Harvard University Press, 2022)
- Hieyoon Kim, *Celluloid Democracy: Cinema and Politics in Cold War South Korea* (University of California Press, 2023)

최근 한국 연구 중 북한에 대한 분석에서 눈에 띄는 점은 안보적 관점을 조금은 벗어나 북한 경제구조의 변화와 북한 주민의 일상생활에 대한 접근이 보인다는 것이다. 지난 20여 년간 출간된 학술지 논문들을 보아도 북한에 대한 냉전적인 인식론과 방법론이 어느 정도 다양화되고 있는 것을 알 수 있다(Song, 2021). 이는 북한 연구에 새로운 세대의 학자들이 형성되었고, 북한에 대한 디지털화된 1차 자료의 양이 늘어나면서 가능해진 것으로 보인다(Song, 2021). 하지만 북한학이 좀 더 진지한 사회과학적 연구로 성장하려면 검증 가능한 데이터와 이를 맥락화할 수 있는 (한국어를 포함한) 전문 지식 습득이 핵심 과제라고 할 수 있다. 이데올로기에 기반한 정치적 연구, 소수 탈북민의 증언을 중심으로 하는 검증 불가능한 자료의 활용·재활용(Song, 2021), 북한에 대한 전문지식 없이 북한 전문가로 자처하는 일부 연구자 등은 북한 연구에서 여전히 심각한 문제로 남아 있다.

그리고 한국전쟁이 남북한에 미친 영향, 그 끝나지 않는 구조로서의 한국전쟁에 대한 연구도 의미 있는 시도로 보인다. 한국 정치에 대한 연구서에서는 한국 정치 과정에서 중요한 역할을 담당해온 사회운동의 다양한 모습에 대한 연구와 권위주의 군사독재가 한국 정치에 남긴 유산을 분석하는 연구들이 돋보인다. 또한 지난 20-30여 년 동안 전개되어온 한국 복지 국가의 특성, 기업의 구조, 계급의 형성과 변화, 불평등의 원인 등도 주요한 연구 주제가 되고 있다. 또한 국가 단위를 벗어나 공간과 정치로서의 도시와 환경에 대한 연구가 늘어나고 있는 추세이고, 한국 안으로의 이주자와 한국 밖으로의 이주자의 삶에 대한 연구서도 출판이 증가하고 있다. 앞서 언급한 대로 한류의 인기에 힘입어 한류에 대한 다양한 분석 또한 그 양이 빠른 속도로 늘어나고 있다. 그리고 한류에 대한 인문학적 접근뿐 아니라, 냉전이라는 역사적인 조건과 사회경제적인 구조가 한국 문화산업을 규정하는 지점을 설명하는 사회과학적인 접목은 중요한 시도라고 할 수 있다.

출판된 연구서 저자의 이름에서 확인할 수 있듯이, 신진 여성 학자들의 연구가 활발하게 이루어지고 있다는 것은(위에 열거한 40편의 연구서 중 24편의 저자가 여성 연구자) 북미에서 한국 사회과학의 연구진 구성이 변화하고 있음을 보여준다. 또한 이 연구서들이 사용하는 방법론 또한 특정 분과나 한국이라는 일국 중심을 벗어나 좀 더 복합적인 방법론을 사용하고, 비교·탈국경적 시각에서 분석하는 경향이 보인다. 기존의 한국학 연구에서 부족했던 여성주의적 분석이 늘어나고, 계급·인종·젠더가 복합적으로 만들어내는 불평등의 교차성(intersectionality)이 중요한 분석틀로 제시되고 있는 것은 환영할 만한 학문적 업적이라 할 수 있다.

4. 북미 사회과학과의 관계 속에서 한국학 발전을 위한 제언

한국 관련 사회과학 연구가 앞으로 더욱 의미 있는 성과를 내기 위해서는 결국 지금까지 북미 사회과학 안에서 한국 연구가 내재해온 한계를 어떻게 극복할 것인가라는 질문에 답을 찾아나가야 한다. 이는 한국학이 무조건적으로 발전해야 한다는 한국 중심적인 국수주의적 희망사항도 아니고, 한류의 인기에 기대어 시류에 맞는 한국 연구를 대량 생산하자는 주장도 아니다. 한국학의 발전은 한국에 대한 심도 있는 연구를 통해 진지하고 비판적인 지식을 생산하고 새로운 인식의 지평을 여는 학술적 성과를 만들어낼 때 가능해진다. 그 시작은 지역학의 태생이 만들어 놓은 미국·서구 중심적 인식론, 인종주의와 여성 차별을 포함한 오리엔탈리즘, 일국 중심의 민족주의적·분절적 방법론을 벗어나는 데서 비롯될 것이다. 이런 문제의식들은 이미 한국학과 아시아학 내부에서 제기되어왔다. 소냐 량(Sonia Ryang)은 일국 중심을 벗어나는 초국적 아시아학(transnational Asian studies: Ryang, 2021)을, 존 리(John Lie)는 글로벌학(global studies: Lie, 2012)을, 첸콴신(Chen Kuan-Hsing)은 방법론으로서의 아시아(Asia as method)를 통해 인식론적 헤게모니의 탈제국주의화(deimperialization of epistemological hegemony: Chen, 2010)를, 라비 팔랏(Ravi Palat)은 반분과적 지역학(anti-disciplinary area studies: Palat, 1999)을 제시한 바 있다.

이런 방향성에 더해 몇 가지 문제의식을 추가 제안하면서 본 논문을 마치려고 한다. 이 문제의식은 기존의 지역학과 사회과학이 전제하고 있는 인식론적·방법론적 '경계'를 넘어설 것을 제안하는 것이고, 이런 사고의 확장을 통해 한국학이 더욱 의미 있는 학문으로 진일보하길 바라는 연구자로서의 소망이 반영된 것이라고 볼 수 있다.

첫째, '한국'이라는 편협한 일국 국경 중심적 인식을 넘어 분석 단위의 상상력을 넓히는 것이 필요하다. 사실 한국이라는 범주에는 남한, 북한, 한반도, 더 나아가 인근 지역들이 긴밀하고 중첩적으로 연관되어 있기에 한국만 또는 북한만 연구하거나, 주변 지역과의 연관성을 무시하고 연구한다는 것은 모순적이거나 제한적일 수밖에 없다.[10] 예컨대, 한국이 한국이 된 과정을 온전하게 설명하는 것은 북한의 존재 및 한반도를 둘러싼 지정학에 대한 분석 없이는 불가능하고, 그 역도 마찬가지다. 더 나아가, 코리아의 문제를 지구적 구조 및 다른 지역과의 연결 지점들 속에서 평등하게 분석하는 탈식민주의(decolonizing) 시각에서 배우는 것도 중요해 보인다. 예를 들어, 한국 민주주의의 진전 또는 후퇴는 한국의 정치, 경제, 사회, 문화에 걸친 내부적인 조건만으로 설명되기에는 어렵고, 북한과의 관계를 비롯한 지정학의 변동과 패권 국가의 지역 개입 전략은 물론, 세계적으로 진행되는 민주주의의 확산 또는 답보와 자본주의 질서로부터 지대한 영향을 받는다.

두 번째는 한국을 연구하는 데 있어 순차적 시간의 경계를 넘어서는 것이다. 이는 시간과 역사의 경계와 흐름에 대해 더욱 유연하게 상상하고

10 그런 의미에서 류타는 '코리아'라는 좀 더 넓은 범주를 사용하자고 제안한다(2020).

이를 연구 문제의식에 적용할 것을 요구한다. 기존의 사회과학, 특히 서구 중심적인 지식은 시간의 순차성과 역사적 목적성을 전제하는 경우가 많았다. 경제가 어느 정도 발전하면 정치적 민주화가 이루어진다는 근대화 이론이나, 일정한 사회경제적 수준에 이르고 민주주의가 제도화되면 뒤로의 후퇴는 없다는 민주주의 공고화 이론, 제3세계의 정치 및 경제 발전은 따라잡기의 문제로 언젠가는 서구 사회의 자본주의 제도와 민주 정치 모델로 수렴될(catch up and convergence) 것이라는 직선형 발전 이론이 모두 여기에 해당한다. 하지만 일국적 그리고 지구적 차원에서 공히 자본주의 경제는 끊임없이 위기와 부침을 맞고 있고, 민주주의 또한 성장·파행·후퇴를 반복하고 있다. 21세기 국제질서와 지정학의 역학관계에서도 예상하지 못한 전개가 빈번하다. 여기서 주목해야 할 점은 소멸된 줄 알았던 정치세력이 부활하고, 유효성이 지났다고 여겨진 과거의 정치 이데올로기가 소환되며, 해결되지 않은 과거의 역사가 현재의 정치사회적 논쟁을 규정하는 시간의 비순차성, 역사의 비선형성(non linearity)이다. 사회과학 연구에서, 특히 한국처럼 한국전쟁, 분단, 냉전의 구조가 역사적 현재로 지속되는 사회를 분석할 때, 시간의 파열(rupture)과 과거와 현재를 잇는 부정의(injustice)의 연속성을 이해하는 것은 매우 중요한 맥락이라 할 수 있다(Lee, 2022).

이런 시간과 역사성에 대한 문제의식은 북한 연구에서는 반대로 "흐르지 않는 시간"이라는 문제를 보이고 있다. 수지 김(Suzy Kim)은 북미에서 나타나는 북한 연구의 반복된 문제점을 지적하면서, 유독 북한 연구에서만은 시간이라는 개념이 적용되지 않는 것("Timeless North Korea", 2014: 532)을 비판한다. 즉 북미에서 북한을 연구하는 학자들은 북한을 일정한 역사적 시점에 가두어 놓은 채 정치사회적 전체주의, 유교적 국가주의, 국가 가부장제라는 몇 가지 본질만으로 설명하려는 본질화(essentialization)

하는 연구만 반복하고 있다는 것이다. 이는 역사적·지정학적 맥락 속에서 북한의 사회주의체제가 형성되고 변화하는, 그리고 변화할 수밖에 없는 가변성과 21세기의 국제질서 및 지정학적 현실에 처한 북한의 대응을 온당하게 인식하지 않는 비사회과학적이고 오리엔탈리스트한 학문적 태도라고 할 수 있다.

한국학의 진일보를 위해 마지막으로 제안하고 싶은 것은 서구 중심적 지식이 전제하고 있는 지역의 경계와 위계를 벗어나 '지역의 민주화'를 방법론으로 삼는 것이다. 지역의 민주화는 다층적인 변화를 요구하는데, 첫째는 서구와 비서구의 위계를 재정립하는 것이다. 예컨대, 지금까지는 너무나 많은 한국 연구가 서구에서 제안된 사회과학적 개념이나 이론 한두 가지를 한국의 경우에 적용하여 설명하려는 서구 중심적이고 식민주의적인 지식생산 방식을 반복해왔다. 이런 기존 지식생산의 위계구조를 전복하기 위해서는 한국을 비롯한 비서구 사회에 대한 아래로부터의 연구를 통해 새로운 이론적 언어와 개념을 만들어내는 것이다. 즉, "서구=이론과 일반화, 비서구=이론의 적용, 사례연구"라는 이분법에서 벗어나 비서구로부터의 이론화를 위해 좀 더 심각하게 고민해야 한다.

지역의 민주화라는 방법론의 또 다른 과제는 한국을 비롯한 비서구 제3세계의 경험을 연결하여 연구하고, 이 연결 지점들이 시사하는 지구적·구조적 문제점들을 분석하는 것이다. 기존의 많은 연구가 미국, 유럽, 일본, 중국 같은 패권 국가 또는 강대국과의 관계성 속에서 한국을 위치지우고 분석하려 했다면, 앞으로의 연구는 한국과 더 유사한 위치의 동남아시아 또는 남미의 국가들 또는 지역의 경험을 연결·비교하여 연구하여 새로운 개념을 생성해내고 이론적 패러다임을 만들어낼 수 있을 것이다.

지역의 민주화라는 방법론적 제안은 한국을 연구하고 이론화하는 과정에서 어떤 기존 지식과 대화하고 이론적 발전을 기할 것이라는 문제와 맞닿아 있다. 기존의 한국학은 인도 출신 학자들이 주창한 탈식민주의 연구(postcolonial studies), 남미와 아프리카 학자들이 제시한 세계체제론이나 종속 이론(world-system theory and dependency theory), 여성주의 연구, 비판적 인종 이론(critical race theory), 퀴어 이론 등이 한국 연구에 시사하는 실효성을 간과한 채, 이들과 교류하고 대화하는 데 매우 소극적이었다. 아래로부터의 이론화를 고민할 때, 서구, 강대국, 백인 남성 학자의 연구와 이론만을 참고하는 데서 벗어나 다른 지역의 연구자, 여성주의 연구자, 인종주의 연구자, 퀴어 연구자들의 학문적 기여에 더욱 적극적인 관심을 갖고 이들을 상호 참고, 상호 인용(cross referencing)하는 방법론적 실천을 제안하고 싶다.

참고문헌

김승경.「비판적 지역학으로서의 북미 한국학」.『역사비평』 134, 2021, pp. 246-280.

류타, 아타가키.「비판적 코리아 연구를 위하여」.『역사비평』 132, 2020, pp. 232-258.

마이클 신, 해리 하루투리안, 브루스 커밍스.「미국 아시아학의 비판적 검토」.『역사비평』 54, 2001, pp. 126-171.

박지현·이유철.「한국학의 탈서구적 정체성을 위한 시론」.『아시아연구』 26(2), 2003, pp. 177-192.

박태균.「해외 한국학 연구의 질적 도약을 위하여」.『역사비평』 122, 2018, pp. 2-12.

Behar, Ruth and Deborah Gordon (eds.). *Women Writing Culture*. Berkeley, CA: University of California Press, 1995.

Bhambra, Gurminder K. *Rethinking Modernity: Postcolonialism and the Sociological Imagination*. New York, NY: Palgrave McMillan, 2007.

Chakrabarty, Dipesh. *Provincializing Europe: Postcolonial Thought and Historical Difference*. Princeton, NJ: Princeton University Press, 2008.

Chen, Kuan-Hsing. *Asia as Method: Toward Deimperialization*. Durham, NC: Duke

University Press, 2010.

Elhalaby, Esmat. "America's areas." *American Quarterly*, 71(1), 2019, pp. 233-246.

Emirbayer, Mustafa. "Manifesto for a relational sociology." *American Journal of Sociology*, 103(2), 1997, pp. 281-317.

Fenton, William Nelson. *Area Studies in American Universities*. Washington DC: American Council on Education, 1947.

Hundle, Anneeth Kaur, Iona Szeman, and Joanna Pares Hoare. "What is the transnational in transnational feminist research?" *Feminist Review*, 121, 2019, pp. 3-8.

Jobson, Ryan Cecil. "The case for letting anthropology burn: Sociocultural anthropology in 2019." *American Anthropologist*, 122(2), 2019, pp. 259-271.

Kim, Suzy. "North Korean studies in North America." 『역사와 현실』 93, 2014, pp. 529-550.

Lee, Namhee. *Memory Construction and the Politics of Time in Neoliberal South Korea*. Durham. NC: Duke University Press, 2022.

Lie, John. "Asian studies/Global studies: Transcending area studies and social sciences." *Cross-Currents: East Asian History and Culture Review*, 1(2), 2012, pp. 1-23.

Ortner, Sherry B. "Dark anthropology and its others: Theory since the eighties." *Hau: Journal of Ethnographic Theory*, 6(1), 2016, pp. 47-73.

Palat, Ravi A. "Fragmented visions: Excavating the future of area studies in a post-American world." Michael Peters (ed.), *After the Discipline: The Emergence of Cultural Studies*, Westport, CN: Bergin and Garvey, 1999, pp. 87-126.

Ryang, Sonia. "Afterword: Transnational Asian studies-Toward more inclusive theory and practice." *Journal of Asian Studies*, 80(4), 2021, pp. 1033-1044.

Said, Edward W. *Culture and Imperialism*. London, UK: Chatto and Windus, 1993.

Seidman, Steven. "The Colonial unconscious of classical sociology." *Postcolonial Sociology*, 24, 2013, pp. 35-54.

Sharma, Miriam. "Beyond the boundaries of Asia Pacific studies." *Futures* 37, 2005, pp. 989-1003.

Silver, Beverly. *Forces of Labor: Workers' Movements and Globalization since 1870*. Cambridge: Cambridge University Press, 2003.

Smith, Hazel. "Bad, mad, sad or rational actor? Why the 'securitization' paradigm makes for poor policy analysis of North Korea." *International Affairs*, 76(3), 2000, pp. 593-617.

Song, Jay. "North Korea as a method: A critical review." *Journal of Korean Studies*, 26(2), 2021, pp. 205-228.

Trouillot, Michel-Rolph. *Global Transformations: Anthropology and the Modern World.* New York, NY: Palgrave, 2003.

Walker, Gavin and Naoki Sakai. "The end of area." *positions: asia critique*, 27(1), 2019, pp. 1-31.

독일의 한국학 현황

이은정(베를린자유대학교)

#독일 한국학
#지역학
#인문학
#사회과학
#유럽 한국학

독일의 한국학은 지난 10년 동안 양적 팽창을 겪었다. 그러나 독일 학계 내에서 한국학은 여전히 그 존재감을 보이지 못하고 있다. 중국학과 일본학에 비해 독일 학계에서 활동하는 한국학 학자 수 또한 아주 적다. 적은 수의 학자들의 적극적인 연구활동을 통해 한국학의 연구 성과가 축적되기 시작했다. 현재 독일 한국학의 연구 성과를 보면 유럽 지역학에서 전통적으로 이루어진 인문학적 연구와 새롭게 부상하는 사회과학적 연구가 병존하는 것을 알 수 있다. 독일 한국학이 지금 안고 있는 과제는 학문 후속 세대의 집중적인 지원을 통해 중국학·일본학 전문가들이 한국 전문가로 행세하는 문제를 돌파하는 것이다.

1. 서론

오랫동안 소수의 학생을 중심으로 집중적인 인문학적 교육을 중심으로 이루어졌던 독일과 유럽의 한국학은 현재 양적·질적 전환기를 겪고 있다. 대부분 대학의 한국학과들이 급속도로 증가하는 지원자로 인해 양적 팽창을 경험하고 있다. 학생 수만 보면, 경우에 따라서는 중국학과나 일본학과와 비교할 수 있을 정도로 많은 학생을 보유하고 있는 학교도 있다. 그런 사실을 근거로 한국 언론은 독일에서도 한국학이 폭발적으로 인기가 높아지고 있다고 보도하기도 한다.

엄밀하게 이런 보도는 사실에 부합하는 것이 아니다. 한국학이 독일 전역에서 인기가 높아지고 있다고 하기에는 한국학과가 설치된 대학 수가 너무 적기 때문이다. 유럽과 독일에 있는 모든 대학 중 한국학과가 설치된 학교 수는 지금도 중국학과와 일본학과가 있는 대학 수와 비교할 수 없을 정도로 적다. 독일의 경우 대부분의 종합대학에 중국학과와 일본학과가 존재하는 데 반해 한국학과가 있는 대학 수는 6개뿐이다. 그중 한국학과가 단일학과로 존재하는 대학은 3곳이고, 나머지 3곳은 중국학과 또는 일본학과의 부설과목으로 한국학이 존재한다.

한국학을 전공할 수 있는 대학 수가 적은 데 반해 지난 몇 해 동안 한류, 특히 케이팝의 열풍 덕분에 한국에 관심을 갖는 독일 청소년 수가 비교적 많이 늘었다. 그와 함께 몇 개 되지 않는 독일의 한국학과에 지원하는 학생 수가 급격하게 증가했다. 독일에서 매년 한국학 전공으로 입학하는 신입생 수는 — 2022년, 2023년을 기준으로 해도 — 6개 대학을 합해서 300명이 넘는다. 이 숫자는 독일에서 한국학을 전공하는 학생을 모두 합해서 30명도 넘지 않았던 2000년대 초반과 비교할 때 분명히 양적으로 엄청나게 팽창한 것이다. 그러나 "한국학의 폭발적 팽창"이라는 표현을 써가며 호들갑을 떨 정도로 많아진 것은 분명히 아니다.[1] 단지 개별적인 한국학과 차원에서 늘어나는 지원자 수에 환호하고 있을 뿐이다.

한국학의 양적인 성장만큼 우리가 주목해야 할 것은 독일과 유럽에서 한국학의 질적 전환이 서서히 이루어지고 있다는 사실이다. 문사철로 불리는 인문학적 연구가 오랫동안 주를 이루었던 데 반해 사회과학에 기반을 둔 교육과 연구가 한국학에서도 눈에 띄게 많아지는 추세다.

따라서 신생 학문분과에 속하는 한국학이 유럽의 학계에서 뚜렷한 존재감을 보여주고 있다고 하기는 어렵다. 학계에 전반적으로 영향을 미칠 수 있을 정도로 연구 성과가 축적되었다고 할 수도 없다. 개별적인 연구자의 단편적인 연구 성과들이 드물게 주목받았을 뿐이다.

이 글에서 필자는 오랫동안 문사철 중심으로 이루어진 독일과 유럽의 한국학을 지역학으로 전환하는 과정에서 우리가 어떤 문제에 대해 고민하고 있는지 논해보고자 한다. 그에 앞서 유럽과 독일인이 한국을 인식한 방식과 유럽에서 한국학이 정착되고 제도화된 과정, 그간의 연구 성과를 살펴볼 것이다. 그것은 무엇보다 지금 독일의 한국학이 부딪힌 다양한 문제의 본질에 대한 이해를 돕기 위해 필요하다.

2. 한국을 보는 독일인의 시선에 담긴 오리엔탈리즘

2023년 현재, 케이팝의 인기 덕분에 전 세계적으로 한국에 대한 관심이 급증하고 있는 것은 분명하다. 한국 가수가 새로 발매한 앨범을 홍

---

1 참고로 베를린자유대학교 정치학과의 입학 신입생 수는 매년 500명이 넘는다.

보하는 대형 광고가 독일 대도시의 지하철 메인 광고판을 차지하기도 한다. 동아시아를 일본이나 중국과 동일시하는 것이 일상적인 독일에서 그런 광고가 등장한 것 자체가 독일에 거주하는 한국 교민에게는 놀랍고 신기한 일이다. 그러나 유감스럽게도 케이팝의 인기가 한국에 대한 독일인의 일반적인 인식을 대변하는 것은 아니다. 그보다는 베를린의 한복판에 들어선 대형 박물관 훔볼트포럼의 한국갤러리가 독일의 여론을 주도하는 기성세대 지식인이 한국을 보는 시각을 가감없이 보여주고 있다.

훔볼트포럼은 베를린의 명소인 박물관섬 맞은편, 동독의 인민궁전이 서 있던 자리에 프러시아 왕들이 살았던 베를린성을 복원해서 만든 대형 박물관이다. 런던의 대영박물관, 파리의 루브르박물관과 달리 탈식민지주의의 시각에 입각해서 전시를 구성한다는 기본원칙을 가지고 있다는 곳이다. 동독 사회주의의 상징이었던 인민궁전을 철거하고 제국주의의 상징 프러시아 왕들이 거주했던 베를린성을 복원한 공간을 탈식민주의를 표방하는 대형 박물관으로 활용한다는 계획은 처음 시작할 때부터 여러 가지 논란을 불러일으켰다. 여러 우여곡절 끝에 개관하게 된 이 박물관의 4층 동아시아관에는 '한국갤러리'라고 명명된 작은 공간이 있다. 한국갤러리는 마치 한국을 중화제국의 변방으로 분류하던 과거의 인식을 공간적으로 옮겨 놓은 것과 같은 인상을 준다.

중국실과 일본실 두 개의 분리된 공간으로 만들어진 동아시아관 중국실의 한쪽에 한국갤러리라는 표시가 달려 있는 모퉁이가 있다. 커다란 유리진열장 하나와 작은 진열장이 두 개 놓인 곳이다. 웅장함과 함께 오랜 역사를 통해 축적된 문화유산을 보여주는 중국실과 우아함과 정교함이 어우러진 일본실 사이에 한국갤러리라고 명명된 이 공간은 초라함의 극치를 보여준다. 중국실, 일본실의 넓이에 비해 10분의 1 정도밖에 되지 않는 공간의 넓이 때문만은 아니다. 중국실 한쪽 벽의 마지막 모퉁이에 있어서 자세히 보지 않으면 그냥 지나치게 된다. 전시된 유물을 주의 깊게 보지 않으면 그냥 중국 것이라고 생각할 수밖에 없게 짜여져 있다. 열발자국도 안 되는 공간의 진열장에 그냥 늘어놓은 다완들은 한국 문화를 이해하는 데 도움을 주지 못한다.

한국갤러리에 전시된 도자기에 대해 설명해 놓은 안내문은 한국 문화에 대한 이해를 돕기보다는 오해를 불러일으킬 수 있는 내용이다. "도자기, 특히 사발이 한국관을 지배한다. 한국의 도자기는 간결한 아름다움 때문에 유명했다. 일본의 차 장인들은 특히 사발들이 각기 다른 모양을 한 것을 높이 샀다. 1590년대 일본은 조선을 침략했을 때 조선 도공들의 기술을 배우기 위해 그들을 일본으로 끌고 갔다. 20세기 초 박물관의 설립자들은 이 박물관의 소장품을 구축하는 과정에서 동아시아의 수집전통을 따랐다. 한국의 도자기는 일본에서 아주 높이 평가받았기 때문에 박물관의 수집 대상이었다. 도자기는 햇볕의 영향을 받지 않기 때문에 계속 전시될 수 있다." 이것은 한국의 도자기를 설명하는 것이라고 믿기 어려울 정도로 일본 중심으로 쓰인 글이다. 일본인이 한국의 도자기를 좋아해서 수집했고, 베를린의 박물관에서도 그런 일본의 전통을 모델로 삼아서 한국의 도자기도 소장하게 되었다는 것이다. 그것은 이 박물관의 한국 소장품이 베를린에 오게 된 배경에 대한 설명도 아니다. 그저 베를린 동아시아 박물관이 소장한 한국 유물이 빈약한 것을 합리화하려는 것일 뿐이다.

유럽의 한국학 교수 중에도 여전히 한국 문화는 모두 중국 것이라고 주장하는 사람이 있다는 사실을 고려해보면 베를린의 대형 박물관이 한국 문화유물을 위와 같은 방식으로 설명하는 것이 그렇게 놀라운 일은 아니다. 유럽 학계에서는 성리학이 중국철학이기 때문에 한국 사상이라는 표현을 사용하면 안 된다고 주장하는 중국학자들이 여전히 동아시아학을 주도하고 있다.

고대부터 이어지는 동아시아의 전통사상을 단순히 중국 것이라고 규정하는 것은 분명히 동아시아 문화를 왜곡하는 것이다. 유럽의 문화와 사상 모두 그리스·로마 것이라고 하지 않는 것처럼 동아시아의 전통문화도 단순히 중국 것이라고 규정하는 것은 적절하지 않다. 그럼에도 이런 문제가 21세기에도 발생하는 이유가 단순히 유럽의 지식인이 한국을 잘 알지 못하기 때문이라고 간단히 변명할 수는 없다. 한국을 잘 안다고 하는 한국학 전공자와 한국 전문가들도 이런 편견과 선입관을 재생산하는 역할을 하고 있기 때문이다. 최근에 벌어진 독일 함부르크의 민속공예박물관이 소장하고 있는 기산 김준근의 민화 출처에 대한 논의가 그런 대표적인 사례다.

김준근은 1880년에서 1900년경까지 부산과 인천 항구의 시장에서 서양인이 좋아하는 조선 풍속화를 그려서 팔았던 사람이다. 그는 당시 주류화가가 아니었다. 풍속화가였던 김홍도나 신윤복의 그림처럼 회화적 역량이 뛰어난 그림을 그린 것도 아니다. 수출용으로 서양인의 기호에 맞는 소재를 담은 그림을 대량으로 생산했다. 그의 조선 풍속화 1천여 점이 미국, 프랑스, 독일, 덴마크, 영국, 네덜란드의 박물관과 미술관에 소장되어 있다.

독일 함부르크 민속박물관이 소장하고 있는 김준근의 그림과 관련해 묄렌도르프가 고종에게 선물로 받은 것이라는 주장이 최근 독일에서 한국미술사를 전공한 학예사들에 의해 다시 제기되었다. 조선의 국왕이 시장에서 그림을 그려 파는 김준근의 그림을 독일인 외교고문관 묄렌도르프에게 직접 하사했다는 주장은 이미 오래전에 독일에서 나왔는데, 1958년 한국의 풍경과 풍속을 담은 그림책을 출간한 비교언어학자 하인리히 융커가 책에 썼다. 한국의 미술사학자들은 이런 주장이 신빙성이 없다고 여러 차례 지적했다. 1992년 한국국제교류재단에서 편찬한 『유럽 박물관 소장 한국문화재』 자료집에는 김준근의 풍속화에 관한 해제가 실려 있다. 당시로서는 가치가 없는 그림을 국왕이 외교고문에게 주었다는 것이 부자연스러운 일이라는 결론이다. 『한국민족문화대백과사전』에는 "묄렌도르프가 수준이 높지 않은 김준근의 그림을 국왕에게 하사받았는지는 정확히 확인할 길이 없지만, 그가 조선에 거주한 1882-1885년에 김준근의 그림을 수집한 것으로 여겨진다"고 설명되어 있다. 묄렌도르프가 조선에 있었던 시기에 조선의 국왕이 부산과 인천의 개항장에서 그림을 그려 팔던 김준근의 작품을 사서 하사품으로 내릴 정도로 궁중의 예법이 무너지지는 않았다는 것이 한국 역사학자들의 시각이다.

그럼에도 독일의 동아시아미술사 연구자들은 새삼스럽게 고종임금이 기산의 그림을 사서 묄렌도르프에게 선물했다고 주장한다. 그 이유는 분명하다. 한국 역사학자들이나 미술사학자들의 설명보다 독일인 하인리히 융커가 전해준 말을 더 믿는 것이다. 그러나 하인리히 융커는 한국미술사 전문가가 아니라 비교언어학을 전공한 사람이다. 그는 나치에 부역했던 경력 때문에 1945년 라이프치히대학에서 해직당했다가 어떤 경로를 통해서인지 1951년 동베를린의 훔볼트대학 동아시아학부 한국학 교수가 되었다. 그가 묄렌드로프의 부인에게서 전해 들었다고 하는 이야기가 지금 함부르크 민속공예박물관이 소장한 김준근 그림이 고종이 하사한 것이라고 보는 유일한 근거다. 다수의 한국 역사학자와 미술사학자들의 반론보다 독일인이 전해준 말 한마디를 더 신뢰하는 것이다.

유럽에서 이루어지는 한국과 관련된 논의와 전시에서 이런 문제들이 반복적으로 발생하는 이유는 분명히 한국에 대해 전해진 잘못된 정보와 편견 때문이다. 21세기 독일의 한국학이 해결해야 할 가장 큰 과제는 유럽의 공론장에서 여전히 볼 수 있는 편견과 선입관으로 점철된 한국 인식의 문제점을 지적하고 현재와 과거의 한국에 대한 이해를 돕는 것이다. 물론 그것은 한국학을 담당하는 학자들이 그런 문제의식을 가지고 있다는 것을 전제로 한다. 그렇지 않으면 한국학이 오히려 기존의 편견과 선입관을 강화시키는 역할을 할 수도 있다. 19세기 이후 유럽 대학에서 활동한 동양학자들이 동아시아에 관한 편견과 선입관을 제거하는 데 기여한 것이 아니라 오히려 그것을 강화하는 역할을 했던 것은 잘 알려져 있는 사실이다.

3. 한국학의 제도화 과정

유럽 대학에 '한국학' 강의가 도입되고, 한국학과가 분과학문으로 자리 잡은 것 자체가 그렇게 오래된 일은 아니다. 19세기 유럽의 대학에서 동아시아에 관한 체계적인 연구가 시작되었지만, 한국에 대해 관심을 보인 학자는 거의 없었다. 중국의 변방으로 분류된 지역에 대해 연구할 정도로 동양학자가 많지도 않았다. 일본을 연구하던 학자들 또한 한국을 일본의 주변지역으로 보았을 뿐 별로 주목하지 않았다. 19세기 중반 프랑스의 동양학자들이 한국과 한국어에 관한 몇 가지 논문을 발표했을 뿐이다. 20세기 초 독일의 베를린과 함부르크, 라이프치히 대학에 중국학과 일본학 교수직이 설치되었을 때도 한국에 관한 연구와 교육은 이루어지지 않았다. 유럽 대학에서 한국학 강의와 한국어 교육이 시작된 것은 1945년 이후다. 그것도 아주 소수의 대학에서만 제한적으로 이루어졌다.

제2차 세계대전 이후 동유럽의 국가들이 먼저 한국학의 제도화 작업을 시작했다. 1950년대 초 체코(1953), 동독(1954), 그리고 폴란드(1953)

에 한국어 교육 체계가 제도적으로 자리 잡았다. 이것들은 대부분 북한과의 긴밀한 관계 때문에 세워졌다. 동유럽의 한국학 전공자들은 외교공관에서 통역으로 활동하는 경우가 많았다. 훔볼트대학의 한국학 교수이자 동독과 북한의 정상회담 때 통역을 맡았던 헬가 피히트가 대표적인 경우였다.

헬가 피히트는 1951년 중국학을 전공하기 위해 훔볼트대학에 입학했다고 한다. 그때까지만 해도 한국이라는 이름조차 몰랐다고 한다. 그러다가 중국학 전공자도 동아시아 언어 하나를 추가로 배워야 한다는 규정 때문에 한국어를 배우게 되었다. 그것이 본인의 인생에서 가장 중요한 결정이 되었다고 그녀는 회고한다. 당시 훔볼트대학에는 한국어를 강의할 수 있는 교수가 없었기 때문에 라이프치히대학에서 이란학과 언어학을 강의했던 하인리히 융커가 한국어 강의를 맡았다. 독일 함부르크 민속공예박물관에 있는 기산 김준근의 그림이 고종이 묄렌도르프에게 하사한 것이라는 주장을 전해준 바로 그 인물이다. 그는 이란학과 언어학 전공자로 한국어를 구사하지는 못했다. 그럼에도 한국학과를 책임지게 된 그는 한국어 수업에 등록한 5명의 학생에게 러시아어로 쓰인 한국어 문법책을 통째로 외우게 했다고 한다. 그렇게 한국어를 배운 헬가 피히트는 1955년 평양에 있던 동독대사관에 1년간 파견되기도 했다. 1959년 석사학위를 받은 그녀는 훔볼트대학의 한국학 교원이 되었다.

동구권과 달리 서유럽 국가들에서 한국학이 제도적으로 정착하는 데는 비교적 오랜 시간이 걸렸다. 대부분 제도적으로 정착되어 있던 일본학과 또는 중국학과 교수의 주도로 한국어 강좌가 개설되고, 나중에 한국학과가 독립하거나 한국학 교수직이 설치되었다. 1946년 라이덴대학에서 일본학 강의를 맡게 된 프리츠 포스가 한국어와 한국역사 강좌를 개설했다. 독일의 뮌헨대학 동아시아학과는 1947년 『압록강은 흐른다』의 작가로 잘 알려진 이미륵을 강사로 채용하여 한국어 수업을 시작했다. 영국의 런던대학교 아시아-아프리카 학부인 SOAS가 1953년 한국학 전임강사를 임용했다. 1960년대에는 튀빙겐대학, 보쿰대학, 함부르크대학, 서베를린의 자유대학에도 한국어 강의가 개설되었다. 프랑스에서는 1959년 파리 소르본대학의 일본학과가 '일본-한국학'으로 개칭하면서 한국어 강의를 시작했다.

한국어 강의 개설은 한국학이 제도적으로 정착하기 위한 일종의 시금석 같은 역할을 했다. 그러나 뮌헨대학처럼 지금까지도 한국어 수업만 개설되어 있을 뿐 한국학과를 설립하지 못하는 사례도 있다. 소수의 대학들이 한국학과를 설립한 과정에 대한 구체적인 정보가 전해지는 것은 없다. 단지 1970년 프랑스 대학 학제 개편 과정에서 한국학이 일본학과에서 독립하여 파리7대학의 한국학과로 발족한 것을 필두로 한국학과가 유럽에서도 제도적으로 정착되기 시작했다는 사실은 잘 알려져 있다. 서독에서는 튀빙겐대학(1979), 보쿰대학(1989), 함부르크대학(1992)에 한국학과가 설립되었다. 1989년에는 영국 런던대학교 SOAS에 한국학 학위과정이 독립적으로 제도화되었다. 네덜란드의 라이덴대학에 독립된 한국학 교수직이 설치된 것은 1994년이다.

프랑스에서 한국학이 설립되는 데 중요한 역할을 한 이옥 같은 한국인도 있지만, 유럽의 한국학 1세대는 대부분 유럽인이었다. 국제사회에서 한국의 위상이 아직 미약하던 시절, 미국과 달리 한국 교포사회도 거의 존재하지 않던 유럽에서 1세대 한국학자들이 한국 문화와 역사에 관심을 가지고 연구하게 된 계기는 다양했다. 라이덴대학에서 한국어 강좌를 개설한 프리츠 포스는 1950년 유엔군으로 한국전쟁에 참전했다. 보쿰대학의 한국학 교수였던 베르너 자세는 독일인 장인이 전라도 나주에 비료공장 기술자를 훈련시키기 위해 세운 학교의 교사로 일했던 인연으로 한국학을 전공하게 되었다고 한다. 조선사 연구로 잘 알려진 마티나 도이힐러는 안동에 시댁이 있다. 그들은 유럽인이 관심을 보이지 않던 한국의 문화와 역사를 연구하고, 한국에 대해 공부하려고 하는 학생들을 교육한 한국학의 선구자들이었다.

유럽 한국학의 1세대라고 할 수 있는 학자 31명이 1977년 3월 런던에 모였다. 일명 '유럽한국학회'가 거기서 탄생했다. 1978년 모임에 폴란드를 비롯한 헝가리, 체코의 한국학자들이 이 모임에 합류하면서 아직 동서 진영의 대결이 이어지던 냉전기에 동구와 서구의 학자들이 공동 연구 주제에 관해 토론하는 장이 만들어졌다. 그들은 정치적인 이슈에 관해 이야기하지 않았고, 회원 명부를 공개하지도 않았다고 한다. 베를린 장벽이 무너지기 반 년 전인 1989년 4월, 런던에서 열린 학회에 북한학자들이 참가해서 유럽한국학회가 남북한의 학자들이 만나 토론할 수 있는 귀중한 공간이 되기도 했다.

그로부터 30년이 넘는 시간이 흐른 지금, 유럽의 한국학은 규모 면에서 비약적으로 성장했다. 특히 독일의 한국학은 2010년 이후 최근 몇 년 동안 특히 양적으로 성장했다. 2005년 베를린자유대학에 한국학과가 설립되고 이어서 2010년 튀빙겐, 프랑크푸르트, 본 대학에 일본학 또는 중국학의 부설 분과로 한국학 전공과정이 도입되었다. 그와 함께 한국학을 담당하는 교수직도 증가하여 현재 정교수와 조교수를 포함한 교수 수가 총 9명이 되었다.

2008년 필자가 베를린자유대학 한국학과의 학과장으로 부임할 때까지만 해도 독일 대학에서 한국학을 담당하는 교수 수가 정교수 2명 그리고 조교수 1명으로 총 3명이었다는 것을 생각하면 지금 독일의 한국학은 정말 괄목할 만한 성장을 했다. 거기에는 한국 정부의 지원이 중요한 역할을 했다. 교수 정원이 각 주정부와 대학의 장기계획에 따라 결정되기 때문에 독일의 대학들은 외부의 지원 없이는 계획에 없는 교수직을 새로이 설치할 수 없다. 실제로 2010년 이후 독일 대학에 신설된 한국학 교수직 중 한두 개의 예외적인 경우를 제외하고는 모두 한국 정부의 지원을 받아 설치되었다.

유럽 대륙의 대학에 한국학 교수직이 설치된다는 것은 한국학과가 설립되고 학사과정부터 한국학을 전공하는 (한국인 2세 또는 교포가 아니라) 유럽인 학생들을 교육한다는 것을 의미한다. 그런 점에서 유럽 대륙의 한국학은 북미권 대학의 한국학과 근본적으로 다르다고 할 수 있다. 북미와 영국 대학의 한국학의 경우 대부분 학부에서는 한국학이 전공과목으로 존재하지 않고 대학원에서만 한국학을 전공으로 선택할 수 있다. 유럽 대학의 한국학과 중에서 대학원 석사과정만 설치된 경우는 거의 없으며, 학부과정만 설치되어 있는 경우가 있다. 학부에서 한국학을 전공하는 학생 수는 대학원에서 한국학 석사를 전공하는 학생 수보다 훨씬 많다. 앞서 언급한 것처럼 현재 한국학과가 설치되어 있는 대부분의 유럽 대학에서 한국학을 전공하는 학부생 수가 지속적으로 증가하는 추세다. 학부과정의 한국학 전공 학생 수가 300명을 넘는 경우도 적지 않다. 유럽의 학생들에게 한국학은 다른 학문 분과와 마찬가지로 대학에 입학하려는 학생들이 전공을 선택하는 과정에서 고려해보는 대상의 하나가 되어가고 있다.

그럼에도 현재 유럽 학계 내에서 한국학이 크게 존재감을 보여주고 있다고 할 수는 없다. 19세기 말 20세기 초에 분과학문으로 정착되고 학과가 개설되었던 중국학과 일본학의 경우 100년 이상의 역사적 발전 과정을 거치면서 좋은 연구 성과가 축적되었을 뿐만 아니라 자기 학문 분과를 넘어서 전체 학계에서 권위를 인정받는 저명한 학자도 적지 않게 배출했다. 그들이 학계에서 동아시아 연구를 주도하고 있다.

중국학과 일본학에서 배출된 동양학자들이 18세기 이후 유럽 지식인과 일반인에게 널리 퍼져 있던 동아시아에 관한 '선입견'을 제거하는 데 기여한 것이 아니라 오히려 그것을 강화하는 역할을 했다는 비판도 물론 존재한다. 18세기 후반 이래 유럽인이 동아시아를 보는 시각은 '정체성'이라는 단어 하나로 특징지어질 수 있었다. 이러한 시각은 18세기 후반과 19세기 초에 독일의 철학자 헤르더와 헤겔이 중국과 동아시아가 유럽에 비해 뒤처져 있다고 주장하면서 유럽 문화의 우월성을 증명하기 위해 도입한 표현이었다. 이들 철학자가 가졌던 일반적인 영향력에 관해서는 여기서 언급할 필요는 없을 것이다. 이들이 갖는 철학자로서의 권위로 인해 그 누구도 중국과 동아시아에 관한 그들의 분석이 경험적으로 증명될 수 있는가 하는 질문을 던지지 않은 채 동아시아 사회는 '정체'된 사회라는 인식이 유럽인의 사고에 자리 잡게 되었다. 20세기 초반 유럽의 동양학자 중 적지 않는 수가 이러한 인식을 공유했다. 그들 대부분 동아시아는 서구의 영향을 받아야만 문명화·근대화될 수 있을 것이라고 보았다는 것도 부인할 수 없는 사실이다.

20세기 전반기 동안 유럽의 동양학자들이 의미 있는 학술적 업적을 남기지 않은 것은 아니다. 동양철학을 유럽에 소개하는 많은 저서가 이 시기에 발표되었을 뿐만 아니라 동아시아 역사에 관한 진지한 저작 또한 발표되었다. 그러나 리하르트 빌헬름 또는 제임스 레게와 같이 중국어 또는 일본어를 정확하게 구사하고 유교 또는 도교 등 동양의 고전을 정확하게 이해할 수 있었던 학자들도 당시 18세기 후반 이후 유럽의 지성인에게 널리 퍼져 있었던 동아시아에 관한 고정된 이미지, 특히 헤겔류의 '정체적 사회'라는 이미지에서 벗어나지 못했다. 그들이 본 유교철학이나 도교철학은 끊임없이 진보를 추구하여 궁극적으로 인류문명을 위기로 몰아 넣은 유럽의 물질문명에 대한 '대안'으로, 그것은 결국 유럽이 상실한 인간의 자연적인 모습 또는 유년기의 모습을 그대로 안고 있는 것이었다.

그래서 그들은 동양철학에서 위안을 찾고자 했고, 그들의 저작을 읽은 많은 사람들이 동아시아에 대한 동경을 갖게 된 것도 사실이다. 카를 융 또는 베르톨드 브레히트, 알브레히트 되블린 등 우리에게도 잘 알려져 있는 작가나 철학자들이 동아시아의 사상에 관심을 갖게 되고 동아시아를 소재로 글을 발표할 수 있었던 이유는 유럽에서 18세기 이후 지속적으로 동아시아에 관한 관심과 연구가 지속되었기 때문에 가능한 일이었다.

그러나 유럽에서 동아시아에 관한 경험적·사회과학적 연구를 발표하여 동아시아 연구에 결정적인 영향을 준 사람은 동양학자들이 아니라 사회학자인 막스 베버였다. 막스 베버의 유교와 도교에 관한 연구가 지금까지 사회과학적으로 동아시아를 연구하는 학자들에게 얼마나 많은 영향을 주고 있는지에 관해서는 굳이 설명할 필요가 없을 것이다. 일본에서도 셀 수 없이 많은 학자들이 그에 관해 연구하고 있다. 동아시아 사회에서는 유교문화로 인해 자본주의가 발생할 수 없었다는 그의 테제는 실제로 20세기 후반까지 동아시아를 분석하는 모든 학자들이 한 번은 짚고 넘어가야 하는 중요한 이론이 되었다.

북미에서는 제2차 세계대전 이후 막스 베버의 영향을 받은 사회과학자들이 CIA의 지원과 함께 지역학으로 제도화된 동아시아학과에 많이 진출했다. 반면 유럽 대륙에서는 20세기 중반까지도 여전히 19세기 이후 이어지던 고전적인 언어학적 그리고 문화인류학적 동아시아 연구가 주류를 이루었다. 유럽 일본학의 경우 1970년대 이후 그때까지 주류를 이루던 언어학적·문화인류학적 연구에서 벗어나 일본의 사회와 정치·경제를 경험적으로 연구하는 연구자 수가 점차 증가했고, 그들이 각 대학의 정교수로 충원되면서 일본학 연구의 사회과학적 전환이 시작되었으며, 유럽에서 일본을 연구한다는 것이 무엇을 의미하는지에 대한 논의가 활발하게 이루어졌다. 중국학도 1990년대에 유사한 논의가 진행되었다. 그 결과 유럽에서의 중국과 일본 연구는 현재 문학·사학·철학 중심의 전통적인 연구와 사회과학적 방법론을 동원하여 경험적 연구가 함께 이루어지고 있다.

20세기 후반, 유럽의 일본학과 중국학 연구자들 간에 벌어진 연구 방법에 대한 치열한 논의는 궁극적으로 19세기 유럽에서 인문학적 전통에 기반한 지역학으로 발전한 동아시아학과 제2차 세계대전 이후 사회과학적 지역학으로 제도화된 북미의 동아시아 연구 방법 간의 헤게모니 싸움이었다. 그 결과 1980년대에 일본학에서 사회과학적 전환이 이루어졌고, 1990년대에는 중국학에서도 사회과학적 전환이 이루어졌다. 이러한 논의는 지역학의 연구 대상과 연구자 간의 관계성에 대한 논쟁으로 이어졌다. 지역학의 연구 대상을 피동적인 대상으로만 관찰하는 것이 아니라, 그 지역의 연구자들과 함께 연구해야 한다는 것이었다. 그 결과 유럽에서의 중국과 일본 연구는 현재 문학·사학·철학 중심의 전통적인 연구와 사회과학적 방법론에 기반을 둔 경험적 연구가 함께 이루어지고 있다. 일본과 중국의 학자들과의 연구 협력도 지속적으로 증가하고 있다.

제2차 세계대전 후 몇 개 되지 않는 유럽 대학을 중심으로 이루어진 한국학 연구와 교육은 1990년대까지 유럽의 인문학적 지역학의 전통 속에서 언어학적 방법론, 그리고 문학과 역사적 텍스트에 대한 비판적 분석이 주를 이루었다. 그러나 2000년대 이후에는 유럽 대학들이 새로 임용한 교수 중 한국에서 태어나 북미권의 대학에서 사회과학을 공부한 한국인 학자의 비중이 높아졌다. 현대 한국의 사회와 정치·경제·문화에 관한 연구도 지속적으로 증가하고 있다. 그 결과 영미권과 마찬가지로 유럽 대륙의 한국학에서도 연구 방법과 연구 대상의 관계에 대한 치열한 논쟁 없이 사회과학적 전환과 한국에서 활동하는 연구자들과 함께 연구하는 것이 자연스럽게 정착되어가고 있다고 할 수 있다.

4. 독일 한국학의 연구 성과

독일과 유럽 한국학의 양적 성장에도 한국학 연구자 수는 일본학이나 중국학과 비교하면 여전히 적다. 일본학이나 중국학이 19세기 또는 늦어도 20세기 초에 이미 대학의 정규학과로 정착된 데 반해, 제2차 세계대전 이후 비로소 소수의 대학에서 강의되기 시작한 한국학은 연구 전통이 짧다. 그만큼 연구 주제도 다양하지 않다. 인문학 분야에서는 한국 고전문학, 불교, 성리학, 지식의 제도화 등의 주제가 주로 다루어지는 것을 볼 수 있다. 사회과학 분야에서는 다문화주의와 이민, 정치체제의 변화, 분단, 그리고 북한과 관련된 논문이 주로 발표되었다.

최근 들어 독일 한국학의 연구 주제가 다양해졌지만, 여전히 인문학 연구가 주를 이룬다.[2] 문학과 사상사와 관련해 특히 지식의 변동과 이동에 초점을 둔 연구가 비교적 많이 발표되었다.[3] 18세기의 여행 문학,[4]

---

2 이 글은 독일 한국학 내에서 이루어지는 사회과학적 전환을 보여주기 위해 2016년 전후로 독일에서 활동하던 한국학 학자들의 논문을 선별적으로 조사한 것이다.

3 Egger, M./ Lee, Eun-Jeung/Tichonov, Vladimir (2022): Intellectuals in between, Frankfurt a.M.: Peter Lang; Eggert, Marion/Pölking, Florian (ed.) (2016): Integration Processes in the Circulation of Knowledge: Cases from Korea, Frankfurt a.M: Peter Lang; Lee, Eun-Jeung / Eggert, Marion (ed.): The Dynamics of Knowledge Circulation. Cases from Korea. Frankfurt a.M.: Peter Lang; Eggert, Marion, Felix Siegmund, and Dennis Würthner, (ed.), Space and Location in the Circulation of Knowledge (1400-1800): Korea and beyond. Frankfurt am Main: Peter Lang GmbH, 2014; Marion Eggert (2008): Vom Werden einer Metropole: Peking in koreanischen Reiseberichten des 15.-19. Jh.", in: Felicitas Schmieder, Klaus Herbers (ed.): Venedig im Schnittpunkt der Kulturen. Außen- und Innensichten europäischer und nichteuropäischer Reisender im Vergleich. Rom: Storia e letteratura, pp. 225-241; Marion Eggert (2009): Friendship between men. In: Epistolary Korea: letters in the communicative space of the Chosŏn, 1392-1910, 204. New York: Columbia Univ. Press; Marion Eggert (2009): Scholarly letters., in: Epistolary Korea: letters in the communicative space of the Chosŏn, 1392-1910, 184-196. New

17세기와 18세기 조선의 무기 생산 기술개발 및 농업 발전[5]뿐만 아니라 서구의 정치 사상 및 과학과의 만남이나 수용[6] 같은 주제에 대한 연구 성과가 두드러진다.

한국 불교와 종교에 대한 연구 또한 지식의 변동과 그 역학에 초점을 맞춘 연구가 주로 이루어졌다. 4-6세기 한반도 왕국들에서 불교가 수용되고 발전한 과정이 그런 사례다.[7] 한국 종교에 대한 연구는 일반적으로

York: Columbia Univ. Press.

4 Eggert, Marion (2011): Chiwon, Pak: The Jehol diary, in: Sungkyun Journal of East Asian Studies., Nr. 1.

5 Siegmund, Felix (2009): Die Einführung von Süßkartoffel und Kartoffel in Korea. Verbreitung und Nutzung von agronomischem Wissen" In: Bochumer Jahrbuch zur Ostasienforschung 33; Siegmund; Felix (2015): The adaption of Chinese military techniques to Chosŏn Korea, their validation, and the social dynamics thereof." In: Kai Filipiak (ed.), Civil-Military Relations in Chinese History. From ancient China to the Communist takeover. London, New York: Routledge: p. 172-190.

6 Eun-Jeung Lee (2016): Yu Kil-chun's translation of Karl Rathgen's "Political Science" (Chŏngch'ihak) and its relevance to modern day Korean social science, in: Marion Eggert/ Pölking, Florian (eds.): Integration Process in the Circulation of Knowledge - Cases from Korea, Research on Korea, Vol. 6.; Eun-Jeung Lee (2009): Interkulturelle Begegnung in der politischen Ideengeschichte: Christian Wolff, Chŏng Yak-yong und Matteo Ricci, in: Concordia. Internationale Zeitschrift für Philosophie 2009, Nr. 56., S. 9-26; Eun-Jeung Lee (2009): Eine besondere interkulturelle Begegnung in der politischen Ideengeschichte: Chŏng Yag-yong und Matteo Ricci, Polylog, Dezember 2009, S. 81-100.

7 Plassen, Jörg (2015). Einige kursorische Bemerkungen zur Frage des Einflusses des Huayan auf den Neo-Konfuzianismus. Bochumer Jahrbuch zur Ostasienforschung 38: 383-392; Plassen, Jörg (2012). From terms to schemata: some prefatory remarks on a complementary approach to Wŏnhyo's commentarial practice. Pulgyo wŏnjŏn yŏn'gu = Journal of Buddhist textual studies 36: 109-134; Plassen, Jörg. 2011. Some musings on metaphoric imagery and the circulation of thought in Early East Asian Hwaŏm / Hua-yen. Kojŏn'hak yŏn'gu 1: 63-90; Plassen, Jörg. 2009. Some remarks on the significance of the Taesŭng saron hyŏnŭi ki for the reconstruction of Fa-lang's (507-581) thought. Critical Review for Buddhist Studies 5: 117-141.

지식의 순환과 이동에 초점을 맞추었다.[8] 1894년에서 1954년 사이에 한국에서 기독교가 수용되고 발전한 역사에 대한 연구도 지식 전달의 역학에 초점이 두어져 있다.[9]

한국 유교와 관련된 연구 성과로는 16-17세기 서원을 중심으로 이루어진 지식의 제도화에 관한 연구를 들 수 있다. 서원은 다양한 형태의 지식을 생성·전승·안정화시키는 장소였을 뿐만 아니라, 지식인의 공동체로 독립적인 질서를 가진 사회적 기관이었다. 2012년부터 독일연구재단의 지원을 받아 집중적으로 이루어지고 있는 독일의 서원 연구는 전근대 한국 사회에서 지식이 전승되고 변동하는 과정에 초점을 맞추고 있다.[10]

지식의 변동과 순환, 전승, 제도화와 관련된 질문은 독일의 한국학이

---

8 Reichmuth, Stefan, Björn Bentlage und Marion Eggert (eds.) 2015. Religious dynamics in the age of imperialism and colonialism: a sourcebook. Leiden: Brill; Eggert, Marion und Lucian Hölscher, Hrsg. 2013. Religion and secularity: transformations and transfers of religious discourses in Europe and Asia. Bd. 4. Dynamics in the history of religions. Leiden: Brill; Eggert, Marion (2012): 'Western learning', religious plurality, and the epistemic place of „religion" in early-modern Korea: (18th to early 20th centuries), in: Religion 42, Nr. 2, S. 299-318.

9 Lee, You Jae, Koloniale Zivilgemeinschaft. Alltag und Lebensweise der Christen in Korea (1894-1954), Frankfurt a.M.: Campus Verlag 2017; Lee, You Jae (2009), The Concept of Religion and the Reception of Christianity in Korea Around 1900, in: Bochumer Jahrbuch zur Ostasienforschung (Special Issue: Defining Religion, Defining Heresy in Modern East Asia), 33 (2009), S. 61-75.

10 Eun-Jeung Lee (2015): Bedeutung und Rolle der ritualen Iteration in der konfuzianischen Privatakademien (sŏwŏn) im 16. Jahrhundert Koreas, in: A. Traninger und E. Cancik-Kirschbaum (ed.), Wissen in Bewegung. Institution – Iteration – Transfer, (Episteme in Bewegung. Beiträge zu einer transdisziplinären Wissens-geschichte, 1), Wiesbaden: Harrassowitz 2015, S. 339-354; Eun-Jeung Lee (2016): Sŏwŏn – Konfuzianische Privatakademien in Korea. Wissensinstitutionen der Vormoderne. Frankfurt a.M.: Peter Lang;

인문학적 연구와 사회과학적 연구를 이어주는 중요한 연결고리였다. 인문학적 연구가 주로 동아시아의 맥락에서 지식 이동의 역학관계를 살펴보았다면, 사회과학 분야의 연구는 대부분 독일-한국 간의 간문화적 지식 이전의 틀에서 체제 변화의 역동성에 초점을 맞추었다.[11] 정당 체제와 헌법의 발전에 관한 연구[12]와 분단과 통일에 대한 연구가 모두 이런 방법론적 틀에서 이루어졌다.

분단과 통일에 대한 독일 한국학 연구의 초점은 독일의 통일 경험을 한국적 맥락에서 "문화적으로 번역"하는 것이다.[13] 그것을 통해 정책번역의 가능성을 검증하는 것이 이 연구의 목표였다.[14] 독일의 정책 경험을 한국에 적용하기 위해서는 독일과 한국의 문화적·정치적·경제적 맥락에 대한 충분한 지식이 전제되어야 한다. 한국의 상황에 비추어 독일의 통일 경험을 분석하고, 그것을 바탕으로 한국적 맥락에 맞는 정책을 발전시킬

11 Eun-Jeung Lee/Hannes Mosler (2015) Civil Society on the Move: Transition and Transfer in Germany and South Korea. Frankfurt a.M.: Peter Lang;

12 Hannes Mosler (2016): Der Demokratiediskurs in Südkorea – Im Spannungsfeld von freiheitlicher und liberaler demokratischer Grundordnung," Politische Vierteljahresschrift, Sonderheft 51/2016, 567-588; Hannes Mosler (2016): Das Verbot der Vereinten Progressiven Partei in der Republik Korea," Zeitschrift für Parlamentsfragen (ZParl), 47. Jg., H. 1, S. 176-194; Eun-Jeung Lee (2010), Wenn Bürger nicht nur Wähler sein wollen. Elektronische Demokratie in Südkorea – ein Testfall, in: Zeitschrift für Parlamentsfragen, 2010, Hf. 3, S. 631-646; Eun-Jeung Lee (2013), Verfassungsreform als politisches Instrument. Einstellung der politischen Eliten Südkoreas zur Verfassung, in: Verfassung in Übersee, 2013 Hf. 1. S. 18-45.

13 Eun-Jeung Lee/Everhard Holtmann (ed.) (2016): Knowledge Transfer as Intercultural Translation. The German Reunification as a 'Lesson' for Korea? in: Historical Social Research Vol. 41 (2016) No. 3, HSR41 Forum 197-368.

14 Eun-Jeung Lee/Hannes Mosler (ed.) (2015): Lost and Found in Translation / Circulating Ideas of Policy and Legal Decision Processes in Korea and Germany. Frankfurt a.M.: Peter Lang;

수 있도록 도와주는 문화번역으로서의 정책번역이 필요하다는 것이 이 연구의 출발점이었다.

한국학의 또 다른 구체적인 주제는 1883년 수교 이후 독일-한국 관계다.[15] 그러나 이 분야는 독일-한국 이주사와 마찬가지로 아직 충분히 연구되지 않았다. 비록 더디기는 하지만 젊은 연구자들의 수가 증가하고 있기 때문에 앞으로 이런 주제들이 체계적이고 심층적으로 연구될 수 있을 것으로 기대된다.

5. 결론: 지역학으로서 한국학 방법론 모색

유럽의 한국학은 인문학의 학문적 전통의 영향을 받아서 오랫동안 언어학적 방법론과 역사적 텍스트에 대한 비판적 분석이 주를 이루었고, 그동안 적지 않은 연구 성과를 발표했다. 2000년대 이후에는 현대 한국 사회와 정치에 관한 연구가 증가하는 추세에 있지만, 한국학의 연구 방법에 관한 논의와 함께 한국학의 정체성에 관한 논의는 이제 시작 단계다.

한국 정부가 공공외교의 틀에서 적극적으로 재정을 지원하고, 동시에 한국인 학자들이 세계 각지에서 한국학 성장에 주도적인 역할을 하고 있는 한국학은 19세기 유럽의 인문학적 전통 위에서 발전한 지역학, 그리

---

15 Eun-Jeung Lee/Hannes Mosler (Hg.) (2017): Facetten deutsch-koreanischer Beziehungen. 130 Jahre der gemeinsamen Geschichte. Frankfurt a.M.: Peter Lang; Lee, You Jae (2008), „An der westlichsten und östlichsten Flanke der Lager". Deutsche Entwicklungshilfe für Korea 1953-1963, in: Bernd Stöver/Christoph Kleßmann (Hg.), Der Koreakrieg. Wahrnehmung-Wirkung-Erinnerung, Köln/Wien 2008, S. 142-158.

고 제2차 세계대전 이후 냉전의 틀에서 미국 정부의 주도로 정착된 사회과학적 지역학과는 분명히 다른 성격의 지역학이라고 할 수 있다. 그것은 서구 중심의 시각에서 타자를 관찰하는 지역학이 아니라 연구 대상 지역에서 활동하는 연구자들과 함께 만들어가는 지역 연구의 새로운 흐름과 일맥상통하는 것이기도 하다. 여기에는 한국학의 갈라파고스화가 발생할 수 있는 위험성도 분명히 내포되어 있다. 한국 정부가 지원 대상 지역의 특성을 고려하지 않은 채 공공외교의 목적을 달성하기 위해 일방적으로 한국학을 통제하고자 할 경우 그런 위험은 더욱 커질 것이다. 그렇기 때문에 이제 21세기 지역학으로 발전해야 할 한국학의 정체성에 대해 진지하게 고민해야 한다.

한국의 학계에서 활동하는 한국학자라면 이런 문제를 고민할 필요가 없을 것이라고 생각할 수도 있다. 그들의 학문적 정체성은 '한국학'을 전담하는 학자가 아니라 한국을 연구하는 정치학자, 경제학자, 사회학자, 역사학자이기 때문이다. 그들은 기존의 학계에서 활용되는 이론과 방법을 토대로 한국의 정치·경제·사회 문제를 연구한다. 그러나 지금 한국의 학계에서도 서구 중심의 학계에서 만들어진 이론과 방법을 동원해서 한국을 설명하는 것이 적절한 학문적 접근방식인가 하는 질문과 함께 한국에서 관찰되는 다양한 현상을 제대로 설명하기 위한 다른 방식이 필요하다는 문제가 논의되고 있다. 그런 의미에서 외국에서 지역학의 틀에서 한국을 연구하는 한국학자들과 한국에서 한국을 연구하는 학자들이 동일한 학문적인 고민을 하고 있다고 할 수 있다.

그런 고민의 핵심은 결국 한국의 역사적·사회적·문화적·정치적 경험을 반영하는 이론과 방법론을 모색하는 것이다. 이런 고민을 논하게 되면 가장 먼저 문화상대주의를 주장하려는 것이냐는 비판을 듣게 된다. 지금까지 우리가 인류문명에 관해 논할 때 항상 문화상대주의와 문화보편주의로 귀결되는 이분법의 틀에 갇혀 있었던 것을 고려하면 이러한 비판이 놀라운 것은 아니다. 그런 의미에서 지역학을 중심으로 문화보편주의와 문화상대주의의 이분법적 시각의 극복에 관해 논의할 필요가 있다. 지역학 중에서도 비교적 신생학문인 한국학에서 진행될 방법론 논의를 통해 이러한 이분법을 극복하는 데 기여할 수 있을 것이다. 이를 위해서는 한국적인 특수한 것으로 규정되는 현상 속에서 보편화 가능한 요소를 분석하는 것이 필요하다. 그것은 당연히 한국의 정치, 경제, 사회, 문화, 역사, 사상을 아우르는 전체적인 맥락에 대한 이해를 바탕으로 이루어지는 연구를 전제로 한다. 이것이 바로 '한국학'이 독립된 분과학문으로 존재해야 하는 이유이기도 하다.

마지막으로 한 가지 부연할 것은 앞 장에서 훔볼트포럼의 사례를 통해 볼 수 있었던 것처럼 유럽 대학의 한국학이 양적으로 많이 성장했다고 하지만 진체적으로 본다면 유럽은 한국에 대한 관심의 불모지라고 해도 과언이 아니라는 사실이다. 유럽연합뿐만 아니라 각국의 정부와 공공기관에는 한국에 대한 지식을 가지고 있는 전문가가 거의 없다. 그나마 현재 유럽의 싱크탱크에서 한국 전문가로 활동하고 있는 몇 안 되는 사람들도 대부분 원래 일본 또는 중국 전문가다. 동아시아 지역 전문가라는 명목으로 한국 문제에 대해 몇 차례 언론에 인터뷰하고 난 후에 갑자기 한국 전문가라고 알려지기는 했지만, 그들은 대부분 여전히 중국 전문가 또는 일본 전문가로 활동하고 있다. 따라서 그들이 한국을 보는 시각이 일본 또는 중국 중심적인 것도 놀라운 일이 아니다. 한국 싱크탱크들과의 적극적인 교류가 이루어진다면 적어도 이들이 한국을 좀 더 잘 이해할 수 있게 도울 수 있을 것이다. 이를 위해서는 일회적인 이벤트성 만남 또는 학술회의가 아닌 장기적인 시각에서 신뢰관계를 구축하기 위해 노력해야 한다. 단순한 형식적인 교류를 넘어 공동의 목표를 가지고 함께 수행할 수 있는 과제를 개발할 필요가 있다.

최근 몇 년 동안 유럽에서도 불고 있는 한류 붐 덕분에 역사상 처음으로 일본과 중국을 통하지 않고 한국을 통해 동아시아를 처음으로 접하는 세대가 등장했다. 이들 청소년 세대가 앞으로 10년, 20년 후에도 한국에 우호적인 지한·친한 인사로 성장해서 한국 전문가로 활동할 수 있도록 돕는 장기적인 전략을 세울 필요가 있다. 유럽의 차세대 한국 전문가를 육성하기 위해서는 단기간 안에 가시적으로 드러나는 성과에 집착하지 않고 긴 호흡으로 교류협력 사업을 진행하기 위한 정책과 비전이 필요하다. 한국 대중문화 붐이 만들어준 절호의 기회를 잘 활용한다면, 19세기 말에 불었던 일본풍을 통해 만들어진 일본 문화에 대한 유럽인의 호감과 비교할 수 있을 정도로 광범위하게 한국 문화에 대한 호감이 유럽 사회에도 확산될 수 있을 것이다.

참고문헌

Egger, Marion / Lee, Eun-Jeung / Tichonov, Vladimir (2022): Intellectuals in between, Frankfurt a.M.: Peter Lang.

Eggert, Marion (2008): Vom Werden einer Metropole: Peking in koreanischen Reiseberichten des 15.-19. Jh.", in: Felicitas Schmieder, Klaus Herbers (ed.): Venedig im Schnittpunkt der Kulturen. Außen- und Innensichten europäischer und nichteuropäischer Reisender im Vergleich. Rom: Storia e letteratura, pp. 225-241.

Eggert, Marion (2009): Friendship between men. In: Epistolary Korea: letters in the communicative space of the Chosŏn, 1392-1910, 204. New York: Columbia Univ. Press.

Eggert, Marion (2009): Scholarly letters., in: Epistolary Korea: letters in the communicative space of the Chosŏn, 1392-1910, 184-196. New York: Columbia Univ. Press.

Eggert, Marion (2011): Chiwon, Pak: The Jehol diary, in: Sungkyun Journal of East Asian Studies., Nr. 1.

Eggert, Marion (2012): 'Western learning', religious plurality, and the epistemic place of „religion" in early-modern Korea: (18th to early 20th centuries), in: Religion 42, Nr. 2, S. 299-318.

Eggert, Marion und Lucian Hölscher, Hrsg. 2013. Religion and secularity: transformations and transfers of religious discourses in Europe and Asia. Bd. 4. Dynamics in the history of religions. Leiden: Brill.

Eggert, Marion, Felix Siegmund, and Dennis Würthner, (ed.), Space and Location in the Circulation of Knowledge (1400-1800): Korea and beyond. Frankfurt am Main: Peter Lang GmbH, 2014.

Eggert, Marion/Pölking, Florian (ed.) (2016): Integration Processes in the Circulation of Knowledge: Cases from Korea, Frankfurt a.M: Peter Lang.

Lee, Eun-Jeung (2009): Eine besondere interkulturelle Begegnung in der politischen Ideengeschichte: Chŏng Yag-yong und Matteo Ricci, Polylog, Dezember 2009, S. 81-100.

Lee, Eun-Jeung (2009): Interkulturelle Begegnung in der politischen Ideengeschichte: Christian Wolff, Chŏng Yak-yong und Matteo Ricci, in: Concordia. Internationale Zeitschrift für Philosophie 2009, Nr. 56., S. 9-26.

Lee, Eun-Jeung (2010), Wenn Bürger nicht nur Wähler sein wollen. Elektronische Demokratie in Südkorea - ein Testfall, in: Zeitschrift für Parlamentsfragen, 2010, Hf. 3, S. 631-646.

Lee, Eun-Jeung (2013), Verfassungsreform als politisches Instrument. Einstellung der politischen Eliten Südkoreas zur Verfassung, in: Verfassung in Übersee, 2013 Hf. 1. S. 18-45.

Lee, Eun-Jeung (2015): Bedeutung und Rolle der ritualen Iteration in der konfuzianischen Privatakademien (sŏwŏn) im 16. Jahrhundert Koreas, in: A. Traninger und E. Cancik-Kirschbaum (ed.), Wissen in Bewegung. Institution - Iteration - Transfer, (Episteme in Bewegung. Beiträge zu einer transdisziplinären Wissensgeschichte, 1), Wiesbaden: Harrassowitz 2015, S. 339-354.

Lee, Eun-Jeung (2016): Sŏwŏn - Konfuzianische Privatakademien in Korea. Wissensinstitutionen der Vormoderne. Frankfurt a.M.: Peter Lang.

Lee, Eun-Jeung (2016): Yu Kil-chun's translation of Karl Rathgen's "Political Science" (Chŏngch'ihak) and its relevance to modern day Korean social science, in: Marion Eggert/Pölking, Florian (eds.): Integration Process in the Circulation of Knowledge – Cases from Korea, Research on Korea, Vol. 6.

Lee, Eun-Jeung/Eggert, Marion (ed.): The Dynamics of Knowledge Circulation. Cases from Korea. Frankfurt a.M.: Peter Lang.

Lee, Eun-Jeung/Everhard Holtmann (ed.) (2016): Knowledge Transfer as Intercultural Translation. The German Reunification as a 'Lesson' for Korea? in: Historical Social Research Vol. 41 (2016) No. 3, HSR41 Forum 197-368.

Lee, Eun-Jeung/ Hannes Mosler (2015) Civil Society on the Move: Transition and Transfer in Germany and South Korea. Frankfurt a.M.: Peter Lang.

Lee, Eun-Jeung/Hannes Mosler (ed.) (2015): Lost and Found in Translation / Circulating Ideas of Policy and Legal Decision Processes in Korea and Germany. Frankfurt a.M.: Peter Lang.

Lee, Eun-Jeung/ Hannes Mosler (Hg.) (2017): Facetten deutsch-koreanischer Beziehungen. 130 Jahre der gemeinsamen Geschichte. Frankfurt a.M.: Peter Lang.

Lee, You Jae (2008), „An der westlichsten und östlichsten Flanke der Lager". Deutsche Entwicklungshilfe für Korea 1953-1963, in: Bernd Stöver/ Christoph Kleßmann (Hg.), Der Koreakrieg. Wahrnehmung-Wirkung-Erinnerung, Köln/Wien 2008, S. 142-158.

Lee, You Jae (2009), The Concept of Religion and the Reception of Christianity in Korea Around 1900, in: Bochumer Jahrbuch zur Ostasienforschung (Special Issue: Defining Religion, Defining Heresy in Modern East Asia), 33 (2009), S. 61-75.

Lee, You Jae, Koloniale Zivilgemeinschaft. Alltag und Lebensweise der Christen in Korea (1894-1954), Frankfurt a.M.: Campus Verlag 2017.

Mosler, Hannes (2016): Das Verbot der Vereinten Progressiven Partei in der Republik Korea," Zeitschrift für Parlamentsfragen (ZParl), 47. Jg., H. 1, S. 176-194.

Mosler, Hannes (2016): Der Demokratiediskurs in Südkorea - Im Spannungsfeld von freiheitlicher und liberaler demokratischer Grundordnung," Politische

Vierteljahresschrift, Sonderheft 51/2016, 567 – 588.

Plassen, Jörg (2012). From terms to schemata: some prefatory remarks on a complementary approach to Wŏnhyo's commentarial practice. Pulgyo wŏnjŏn yŏn'gu = Journal of Buddhist textual studies 36: 109-134.

Plassen, Jörg (2015). Einige kursorische Bemerkungen zur Frage des Einflusses des Huayan auf den Neo-Konfuzianismus. Bochumer Jahrbuch zur Ostasienforschung 38: 383-392.

Plassen, Jörg. 2009. Some remarks on the significance of the Taesŭng saron hyŏnŭi ki for the reconstruction of Fa-lang's (507-581) thought. Critical Review for Buddhist Studies 5: 117-141.

Plassen, Jörg. 2011. Some musings on metaphoric imagery and the circulation of thought in Early East Asian Hwaŏm / Hua-yen. Kojŏn'hak yŏn'gu 1: 63-90.

Reichmuth, Stefan, Björn Bentlage und Eggert, Marion (eds.) 2015. Religious dynamics in the age of imperialism and colonialism: a sourcebook. Leiden: Brill.

Siegmund, Felix (2009): Die Einführung von Süßkartoffel und Kartoffel in Korea. Verbreitung und Nutzung von agronomischem Wissen" In: Bochumer Jahrbuch zur Ostasienforschung 33.

Siegmund; Felix (2015): The adaption of Chinese military techniques to Chosŏn Korea, their validation, and the social dynamics thereof." In: Kai Filipiak (ed.), Civil-Military Relations in Chinese History. From ancient China to the Communist takeover. London, New York: Routledge: p. 172-190.

영국의 한국학 연구 동향

김영미(에딘버러대학교)

#영국
#한국학
#사회과학
#인문학
#한국어 능력
#연구지원

영국의 한국학 연구 동향은 크게 세 관점에서 분류될 수 있다. 첫째는 한국학 프로그램이 있는 대학의 교수들의 연구 분야와 강의 분야를 관찰할 수 있고, 둘째는 한국학 프로그램은 없지만 개인별 연구 분야가 한국을 주 사례로 연구한 교수들의 연구 동향으로 분류할 수 있다. 셋째, 연구 분야별로 크게 인문학과 사회과학 분야로 나누어 그 연구 동향을 볼 수 있다. 마지막으로 한국학의 전망과 발전 방향에 관한 논의를 하고자 한다.

한국학은 우선 학사·석사·박사학위 프로그램을 두고 있는 대학교들의 한국학연구소를 중심으로 들여다볼 수 있다.

한국학은 무엇인가? 무엇을 한국을 연구하는 학문이라고 할 수 있는가? 한국과 관련된 사례연구를 하면 한국학인가? 한국인이 한국의 사례가 포함된 연구를 하면 한국학인가? 누가 한국학을 연구하고 배우는가? 한국학에서 한국어의 비중은 얼마나 차지해야 하는가? 한국어 언어능력은 필수인가? 언어를 구사하지 못하면서 한국을 연구하는 경우는 한국학 연구가 가볍고 덜 중요한가? 이 글과 한국학 연구 동향 강의를 준비하면서 많은 고민과 함께 질문들을 던지기 시작했다. 이러한 질문들은 사실 한국학 관련 학회나 모임에서 토론의 주된 소재이기도 하다. 이러한 고민은 한국학 관련 학과에서 교수임용을 하거나 장학금 수령자를 선정할 때도 주요한 기준이 되기도 한다. 그런 면에서 위의 질문들은 한국학을 떠나 어떤 다른 지역 연구를 하는 모든 연구자들이 공통으로 갖는 논점이기도 하다.

한국학 프로그램을 세우기 위해 에딘버러대학교 아시아학과에 2017년부터 한국학 교수(Head of Korean Studies)로 임용된 나에게는 이러한 고민들이 위에서 언급한 바와 같이 교수 임용절차, 장학금 선정, 연구기금위원회 회의 등에서 거의 실생활에서 일상적으로 마주하는 고민들이기도 하다. 이 글은 우선 한국학 프로그램 속의 연구 동향을 4개 주요 대학을 중심으로 들여다보고, 한국학 사례를 연구하는 개별 연구자들의 연구 동향을 관찰한 후 인문학과 사회과학에서의 한국학 연구 동향 그리고 전망과 발전 방향에 관해 논하고자 한다. 자료는 주로 각 대학의 웹사이트에서 모았으며 연구 저서는 최근 5-6년의 한국 관련 연구 저서만을 추려서 표에 포함했다. 그러므로 은퇴한 저명한 한국학 학자가 포함되지 않았음을 미리 밝힌다.

This work was supported by Core program for Korean Studies through the Ministry of Education of the Republic of Korea and Korean Studies Promotion Service of the Academy of Korean Studies (AKS-2022-OLU-2250003).

1. 한국학 프로그램 속의 연구

1) 에딘버러대학교(University of Edinburgh)[1]

이 글에서는 필자의 경험에 의해 한국학 프로그램을 만드는 에딘버러대학교의 한국학 프로그램 생성 과정을 간단히 설명하고자 한다.

한국학 프로그램을 만들고 발전시키기 위해 임용된 나로서는 한국학 프로그램을 만드는 시작단계에서부터 어떤 학생들이 한국학 프로그램에 들어올 것인가? 한국학을 공부하면 어떤 직업군에 들어가기가 좋을 것인가? 몇 명의 학생이 들어와서 한국학 유지와 발전이 가능할 것인가 하는 학생들의 수요 등에 초점을 두고 대학 상임위원회(Board of Studies)에 계획안을 제출하여 여러 단계의 위원회 앞에서 발전 단계와 지속·유지·발전 계획을 발표하고 논의를 거쳐 프로그램 승인이 나게 된다. 대학의 학위 프로그램이 실행되기까지는 최소 2년의 기간이 걸린다.

지난 2019년 한국학 석·박사과정을 설치하여 2023년 현재 한국학 석·박사과정생들이 평균 15명 선에서 유지되고 있다. 중간에 2020년에서 2022년까지 3여 년간 코로나19 팬데믹에 인한 록다운 등으로 국제 학생 숫자가 늘지 못한 피치못한 환경이 있기는 했으나 에딘버러의 한국학은 순조롭게 발전 중이다. 물론 한국학에서 제공하는 학부과정 수업까지 포함하면 총 수강생은 한국어를 포함해서 매년 평균 300여 명이 넘는다. 에딘버러의 경우에는 대학교 자체의 역사와 인지도가 있기 때문에 박사과정 프로그램이 비교적 지원생 숫자가 높은 편이다.

---

1 https://www.ed.ac.uk/literatures-languages-cultures/asian-studies/korean-studies(검색일: 2023. 9. 1)

석사과정 프로그램에는 아시아학과 모든 학생이 필수로 들어야 하는 방법론과 한국의 정치와 국제정치학이 필수과목이다. 그리고 선택으로 들을 수 있는 과목은 '한국의 역사 문화와 사회', '쓰여지지 않은 한국(Unwritten Korea: Understanding Korean society and culture through contemporary arts and films)', '한국의 정치경제와 발전', '글로벌 시티: 서울 그리고 비교 연구', '한국어 기초 1, 2' 등 중에서 2개의 필수과목을 포함해서 총 6과목을 이수한 후 석사논문을 쓰면 된다. 학생들은 영국, 미국, 불가리아, 폴란드, 스페인, 중국, 한국 등 다양한 국가에서 온다. 짧은 기간이지만 석사과정을 마친 학생들 중에는 영국, 중국 등에서의 외교관, 변호사, 스크린 작가, 박사과정 진학, 에딘버러대학 행정직원, 법률회사 등 다양한 진로를 보이고 있다.

에딘버러의 한국학은 학부과정은 없지만 학부과정에서 들을 수 있는 수강과목은 학부 프로그램을 만들어도 충분할 만큼 인프라가 갖춰져 있다. 학부 1-2년생들이 들을 수 있는 과목으로는 '서울, 상하이, 에딘버러: 사람, 문화와 공간', '근대 한국의 일상의 정치', '동아시아의 청년: 공간, 생태, 그리고 기술'이 1시간 강의와 1시간의 소그룹 튜토리얼로 구성된다. 최대 수강 인원은 100명이고 근대한국학의 경우 50명인데, 항상 강의실이 가득 찰 만큼 인기 있는 과목들이다. 한국학 수업의 또 다른 특징은 한국만 연구하기보다는 주변국들 혹은 세계의 국가들과 사례를 비교할 수 있는 토대를 제공한다.

에딘버러에는 3명의 교수진이 있으며, 연구 분야는 아래 〈표 1〉과 같다. 연구 발표가 모두 영어로 이루어지므로 출판물은 영어 그대로 표에 넣고 요약 단어만 보기로 한다.

필자 김영미 교수는 정치학, 잰더, 선거, 도시행정 연구를 주로 하고 있다. 홀리 스티븐스 교수는 한국 역사, 경제 역사 학자다. 한국어를 유창

〈표 1〉 한국학 프로그램 속의 연구: University of Edinburgh

Dr. Youngmi Kim: 사회과학, 정치, 국제정치, 도시학, 행정학	
최근 저서	• Kim, Y. (ed.) 2018. Korea's quest for economic democratization: Globalization, polarization and contention. 1 Mar 2018, Basingstoke: Palgrave. • Kim, Y. 2022. The 2022 Election in South Korea: The Politics of Resentment and Revenge Confirms Older Trends and Cleavages and Reveals New Ones." *Georgetown Journal of Asian Affairs,* 8(1): 14-22. • Kim, Y. 2021. Mirroring misogyny in Hell Chosŏn: Megalia, Womad and Korea's feminism in the age of digital populism. *European Journal of Korean Studies*, 20(2): 101-135. SSCI-listed. • Kim, Y. 2022. Evolution of political parties and the party system in South Korea. In S. Lim and NJP Alsford (eds). *Routledge Handbook of Contemporary South Korea*. London: Routledge, Ch.5: 65-81.
Dr. Holly Stephens: 한국 역사, 경제	
최근 저서	• 2022. "Rice Cycles and Price Cycles: Local Knowledge and Global Trade in Korea, 1870-1933," *Journal of the History of Economic Thought,* 44(1): 51-71. • 2019. "Three Reforming Regimes?: Modernity and the Fiscal State in Modern Korean History." *Seoul Journal of Korean Studies,* 32(1): 109-146.
Dr. Robert Winstanley-Chesters: 북한 지리생태학	
최근 저서	• 2019. Fishing, Conservation and Community in North Korea and its Neighbours: Vibrant Matter(s), Springer. • 2020. New Goddess on Mt Paektu: Gender, Myth and Transformation in North Korean Landscape, Black Halo and Rowman and Littlefield • "Ruins, Memory and Vibrant Matter: Imagining Future North Korean Rural Terrains", *European Journal of Korean Studies*, 19(2), Winter, 2019. • "Ghost Ships as Spectral Geography: an Introduction to North Korean Necro Mobilities," *International Journal of Diaspora and Cultural Criticism,* 10(2), 2020. • Fish for the Elite: Seafood Restaurants and North Korean Watery Environmental Histories, *Korean Journal of the History of Science,* Summer 2022. • Encountering the Silk Road in Mengjiang with Tada Fumio: Korean/Japanese Colonial Fieldwork and Research Connections and Collaborations, Acta Via Serica, Winter 2022.

Dr. Seongsook Choi: 교육학(Education), Community & Society (IECS)	
최근 저서	• Choi, Seongsook. Richards, Keith. 2017. Interdisciplinary Discourse: Communicating Across Disciplines, Springer.
Dr. Jung Woo (Jay) Lee: 스포츠학(Sport Policy), Management and International Development	
최근 저서	• Lee, J. W., Nov 2021. Hegemony, domination and opposition: Fluctuating Korean nationalist politics at the 2018 Winter Olympic Games in PyeongChang, *Sport in Society*, 24(11): 2002-2018.

하게 하고, 조선 말기의 농부의 일기를 자료로 하여 당시의 쌀 경제를 들여다볼 정도여서 한국학에서는 소중한 인재다. 로버트 윈스탠리 체스터스 교수는 한국학 중핵 연구지원으로 임용된 교수다. 북한 지리생태학을 연구하고 *European Journal of Korean Studies*라는 영국에 소재한 오래된 역사를 가진 한국학 저널로 SSCI에 등재된 논문 저널의 운영 에디터이기도 하고, 한국학 관련 학회 운영 등 아주 왕성한 활동을 하고 있다.

세 교수진의 연구 분야를 볼 때 에딘버러의 한국학은 인문학, 사회과학을 아울러서 역사와 현시대 이슈를 함께 들여다보는 융합적 연구를 하는 경향이 있다.

그리고 아시아학과 한국학 소속은 아니지만 한국 사례의 연구를 포함해서 포괄적 연구를 하는 교수들로는 최성숙 교수, 이정우 교수 등이 있다.

최성숙 교수는 교육학대학의 학장으로 왕성한 대학교육 행정업무를 수행하고 있고, 이정우 교수는 스포츠 매니지먼트 계열의 연구를 하고 있으며, 한국학 학술회의 참석 등 여러모로 한국학과 협력교류 중인 교우들이다. 에딘버러의 학국학은 2019년부터 한국중앙연구원에서 지원하는 해외 한국학 씨앗형 사업지원을 3년간 받았고, 2022년부터는 해외 한국학 중핵대학육성사업 지원을 5년간 받고 있다. 그 기금으로 교육과 연구를 할 수 있는 교수(Teaching and Research fellow) 임용과 등록금 장학지원, 한국 방문 연구, 국제 학회 등 활발한 연구 활동을 지원하고 있다. 또한 유럽에서 가장 큰 한국학 학회인 유럽한국학학회(the Association of Korean Studies in Europe)가 2025년 에딘버러대학교에서 홀리 스티븐스 교수의 주관 하에 개최될 예정이다.

2) 런던대학교 아시아-아프리카 지역연구 대학(SOAS)

다음은 한국학으로서는 역사가 깊은 런던대학교 아시아-아프리카 지역연구 대학인 SOAS다.

한국학의 학사·석사·박사학위과정에서 SOAS는 역사적으로나 여러모로 규모도 크고 탄탄한 교육체제를 가지고 있다. 필자가 외부 감독교수 역할을 해서 잘 알기도 하는데, 한국어 프로그램도 훌륭히 체계화되어 있고 학생들의 한국어 실력도 아주 우수하다.

SOAS의 한국학도 아시아학 내의 프로그램에 소속되어 있는 한국학 교수들이 있고, 아시아학이 아닌 타과에 소속되어 있으나 활발한 연구를 하는 교수들로 구성되어 있다.

한국학의 규모가 대체로 작기 때문에 한국 관련 연구로 시험, 감독, 학술회의, 세미나 등을 하며 교내 상호 협력이 잘되는 대학이기도 하다. 〈표 2〉는 한국학 관련 교수들의 최근 연구 동향을 나타낸 표다. 앤더스 칼슨 교수는 한국 역사 전공이고 한국 역사 관련 수업을 하고 있다. 오웬 밀러 교수도 역사학자이며 조선, 북한의 역사 관련 저서를 출간하고 강의도 한다.

〈표 2〉 한국학 프로그램 속의 연구: SOAS[2]

Dr. Anders Karlsson: 역사 조선의 법과 경세술	
최근 저서	• 조선의 법과 경세술(Law and Statecraft in Chosŏn Korea) • Karlsson, Anders, 2022, Minjok Munhwa Yŏn'gu(민족문화연구) 94, pp. 88-115. • Sven Hedin's visit to Korea in 1908: Knowledge, Power and Propaganda • Karlsson, Anders, 2019, Orientaliska Studier (159), pp. 86-105.
Dr. Owen Miller: 역사, 북한	
최근 저서	• Miller, Own (Eds.), 2023, State Capitalism and Development in East Asia since 1945, Leiden: Brill. • Miller, Owen, 2016, War, the state, and the formation of the North Korean industrial working class, 1931-1960, Third World Quarterly (37), 10, pp. 1901-1920.
Dr. Grace Koh: 한국 문학, 비교 문학	
Dr. Yenn Lee: 동아시아 연구 방법론	
최근 저서	• Lee, Yenn, Park, Hyo Chan, Park, Han Woo and Kluver, Randy, 2017, The 2016 candlolight protest in a hybrid media system, Journal of the Korean Data Analysis Society (19), 2, pp. 885-896.
Dr. Charlotte Horlyck: 한국 예술사, 한국 미술사	
최근 저서	• Horlyck, Charlotte, 2022. The Moon Jar: The Making of a Korean Icon • The Art Bulletin (104), 2, pp. 118-141. • Horlyck, Charlotte (2020). Han'guk misul 19segi hyŏnjae kachi(한국미술 19세기부터 현재까지), Seoul: Jae Sung Book Gold Ltd.
Dr. Kong, Tat Yan: 비교정치, 발전학	
최근 저서	• Chu, Yin-Wah and Kong, Tat Yan, 2022. East Asian Varieties of Capitalism and Socio-Economic Inequality: South Korea and Hong Kong Compared, Journal of Contemporary Asia, pp. 1-29. • Kong, Tat Yan, 2021, How China Views North Korea's Readiness to Reform and Its Influence on China's North Korea Policy in the Post-Cold War Era The Pacific Review (34), 1, pp. 85-112.

2 https://www.soas.ac.uk/about/institutes-and-regional-centres/centre-korean-studies (검색일: 2023. 9. 1)

최근 저서	· Kong, Tat Yan, 2020, The Advance of Marketization in North Korea: Between political rigidity and economic flexibility, Modern Asian Studies (54), 3, pp. 830-867. · Kong, Tat Yan, 2018, China's Engagement-Oriented Strategy Towards North Korea: Achievements and Limitations, The Pacific Review (31), 1, pp. 76-95. · Hemmings, John, Pacheco Pardo, Ramon and Kong, Tat Yan (2018). Negotiating the Peace: Diplomacy on the Korean Peninsula, London: Henry Jackson Society.
Dr. Jennifer Hough: 북한 이주민	
최근 저서	· Hough, Jennifer, 2022, The contradictory effects of South Korean resettlement policy on North Koreans in South Korea, Journal of Ethnic and Migration Studies (48), 20, pp. 4922-4940. · Hough, Jennifer and Bell, Markus, 2020, North Koreans' Public Narratives and Conditional Inclusion in South Korea, Critical Asian Studies (52), 2, pp. 161-181. · Allen, William, et. al. 2018, Who Counts in Crises? The New Geopolitics of International Migration and Refugee Governance, Geopolitics (23), 1, pp. 217-243.

샬롯 홀릭 교수는 한국 예술사를 연구하며 대학 학장을 맡고 있기도 하다. 탓얀 콩 교수는 비교정치, 발전학 관련 연구에서 두드러진 연구 성과를 보이고 있다. 제니퍼 호 교수도 북한, 이주민 연구를 하고 있다.

한국어 프로그램은 기초 단계에서 상급 단계까지 수업이 진행되고 있고 한국학 관련 수업 과목은 '현대 한국 사회', '동아시아 문화의 역사와 기억', 'K-문화', '또 다른 한국: 1945년 이후의 북한', '한국 문학과 영화에서의 근대화 경로' 등이 있으며 수강 학생들도 많다. SOAS에는 깊은 역사와 함께 한국학에 공헌한 은퇴한 교수들도 많으나 이 논문에서는 최근 연구 동향을 주로 하기 때문에 모두 포함시키지 못했다. 은퇴한 교수 중에는 연재훈 교수, 키이스 하워드 교수, 헤이즐 스미스 교수 등이 있다.

3) 쉐필드대학(University of Sheffield)[3]

쉐필드대학의 한국학은 역사도 깊고 좋은 프로그램이 운영되고 있다. 은퇴하신 제임스 그레이슨 교수의 역할과 기여도가 아주 컸으며, 지금은 신흥 교수들이 그 뒤를 이어 연구와 교육에 힘쓰고 있다. 쉐필드에는 한국학 학부과정이 있으며 음악과 한국학 학부과정도 있고 일본과 함께 공부하는 한국학 프로그램도 있다. 학부생 숫자도 많다. 석사과정은 동아시아로 통합되어 있다. 이는 최근 많은 대학들이 동아시아 혹은 비슷한 분야의 과목 등을 융합하여 진행하는 통합 프로그램으로 가는 추세를 따르는 것으로 보인다. 장현경 교수는 일제강점기의 찬송 음악, 사회화 등에 관해 연구한다. 최덕효 교수는 역사학자로서 일제강점기의 재일 조선인 문제를 연구한다. 마이크 프렌티스 교수는 비즈니스, 한국의 기업 문화를 연구하며 최근에는 영문 지서가 『초기업: 함께 미래를 열어갈 한국 기업과 MZ 세대를 위하여』로 한글번역본도 출판되었다. 세라 손 교수는 북한 이주민 연구를 하며 영국한국학회(British Association of Korean Studies)의 신임 회장을 맡아서 하고 있다. 쉐필드는 한국학 교육 프로그램도 체계적으로 잘되어 있어서 한국어를 잘하는 학생들을 많이 배출해내고 있다. 쉐필드는 정치, 사회, 문화, 한국어 교육 분야에서 중국, 일본, 동아시아학과 함께 규모가 크고 명성이 높다. 쉐필드도 올해부터 한국중앙연구원의 해외 한국학 중핵대학육성사업 지원을 5년간 받고 있다. 프로젝트

---

3 https://www.sheffield.ac.uk/undergraduate/courses/2024/korean-studies-ba
https://www.sheffield.ac.uk/undergraduate/courses/2024/music-and-korean-studies-ba#department
https://www.sheffield.ac.uk/seas/postgraduate/courses
https://www.sheffield.ac.uk/undergraduate/courses/2024/korean-studies-japanese-ba
(검색일: 2023. 10. 1)

〈표 3〉 한국학 프로그램 속의 연구: University of Sheffield

Dr. Hyun Kyong Hannah Chang: 일제강점기, 찬송가, 사회화, 일제강점기의 음악책	
최근 저서	• Chang H. K. H. (2020). A fugitive Christian public: singing, sentiment, and socialization in colonial Korea. Journal of Korean Studies, 25(2), 291-323. • Chang H. K. H. (2020). Yun Isang, Media, and the State: Forgetting and Remembering a Dissident Composer in Cold-War South Korea. Asia-Pacific Journal: Japan Focus, 18(19). • Chang H. K. H. (2018). Colonial circulations: Japan's classroom songbooks in Korea, 1910-1945. Ethnomusicology Forum, 27(2), 157-183. • Chang H. K., Broadwell P. & Tangherlini T. (2016). Online Knowledge Bases and Cultural Technology: Analyzing Production Networks in Korean Popular Music. The Series on Digital Humanities, 7, 335-364.
Dr. Deokhyo Choi: 역사, 재일조선인 문제, 냉전	
최근 저서	• Choi D. (2021). The Empire Strikes Back from Within: Colonial Liberation and the Korean Minority Question at the Birth of Postwar Japan, 1945–47. The American Historical Review, 126(2), 555-584. • Choi D. (2020). 東京からシェフィールドまで. 抗路, 7, 2-13. • Choi D. (2020). 배반당한 '해방': 미군 점령하 '재일조선인 문제'와 냉전, 1945~1948 (Liberation Betrayed: The Cold War and the Korean Minority Question in U.S.-Occupied Japan, 1945-1948). Korean Journal of Japanese Studies, 22.
Dr. Mike Prentice: 비즈니스, 한국의 기업 문화	
최근 저서	• Prentice, Michael M. (2020). "Old Spirits of Capitalism: Masculine Alterity in/as the Korean Office." Anthropological Quarterly 93(2) • Prentice, Michael M. (2020) "Resisting flatness: Job titles, identity infrastructures, and semiotics in the office." In Korean Lingua-Culture edited by Yoon-hee Kang. Published in Korean by Seoul National University Press. (In Korean) • Prentice, Michael M. (2019). "The Powers in PowerPoint: Embedded Authorities, Documentary Tastes, and Institutional (Second) Orders in Corporate Korea." American Anthropologist 121(2): 350-362. (LINK)
Dr. Sarah Son: 북한 이주민, 민족주의, K드라마, 북한 인권	
최근 저서	• Son S. A. & Schwak J. (2022). K-drama narrates the national: Korean identities in Crash Landing on You. Asian Perspective, 46(3), 501-521. • Son SA (2022) Watching North Korea from the sky: remote sensing and documenting human rights in the Democratic People's Republic of Korea. Political Geography, 92.

최근 저서	• Son SA (2020) Chasing justice: victim engagement with accountability for human rights abuses in North Korea. Asian Studies Review. • Son S (2019) National identity and social integration in international marriages between anglophone women and Korean men. Asian Survey, 59(4), 630-652. • Son S (2018) North Korea's human rights insecurity: state image management in the post-UN COI era. Asia & the Pacific Policy Studies, 5(1), 138-149. • Son S (2018) South Korea's North Korean image problem: human rights under the spotlight. Asian Studies Review, 42(4), 662-681.

는 장학금 지원, 교수 임용, 학술회 등을 포함하고 있으며 활발한 대외 활동을 하고 있다.

4) 옥스퍼드대학교(University of Oxford)[4]

옥스퍼드대학에는 동아시아와 함께 한국의 역사와 국제관계, 언어를 공부할 수 있는 석사과정(MSt in Korean studies)이 있다. 제임스 루이스 교수의 오랜 한국 연구와 함께 최근에는 지은 키에 교수가 한국중앙연구원의 해외 한국학 중핵대학육성사업 프로젝트를 진행하고 있다. 두 분 교수의 최근 저서는 아래 〈표 4〉와 같다. 제임스 루이스 교수는 동아시아의 역사, 한일관계, 역사 속의 국제관계 등에 관한 연구를 하며 영국한국학회(British Association of Korean Studies)의 학회장을 역임하기도 했으며, SSCI 등재지인 *European Journal of Korean Studies*의 편집장을 오랜 기간 역임해

4 https://www.ox.ac.uk/admissions/graduate/courses/mst-korean-studies(검색일: 2023. 10. 1)

〈표 4〉 한국학 프로그램 속의 연구: University of Oxford

Dr. James B. Lewis: 동아시아 역사, 한일관계, 역사 속의 국제관계	
최근 저서	• The East Asian War, 1592-1598: International Relations, Violence, and Memory. Editor and contributor. Abingdon, Oxon: Routledge, 2015. • 'Korea by 1860' in Routledge Handbook of Modern Korean History, edited by Michael Seth. Abingdon, Oxon: Routledge, 2016. • 'The biological standard of living in pre-Modern Korea: Determinants of height of militia recruits during the Choson dynasty'. Economics and Human Biology 24 (2017): 104-110. Co-author with Seong Ho Jun and Daniel Schwekendiek. • Korea's Premier Collection of Classical literature: Selections from So Kojong's (1420-1488) Tongmunson. University of Hawai'i Press, March 2019. Co-translator and co-author with Xin Wei.
Dr. Jieun Kiaer: 한국어, 한류 문화	
최근 저서	• Kiaer, J. (2023 July). The Language of Hallyu. Routledge. • Kiaer, J. (2023, June). Emoji Speak: Communication and Behaviours on Social Media.London: Bloomsbury. • Kiaer, J. & Cagan, B. (2022). Pragmatics in Translation.Routledge. • Kiaer, J. & Kim, L. (2021). Understanding Korean Film. Routledge: UK. • Kiaer, J., Morgan, J., & Choi, N. (2021). Young Children's Foreign Language Anxiety: The Case of South Korea. Multilingual Matters: Bristol, UK. • Kiaer, J., & Yates-Lu, A. (2019). Korean Literature through the Korean Wave. Routledge.

왔다. 지은 키에 교수는 언어와 한류 관련 저서를 출판했다. 즉 옥스퍼드는 역사 속의 국제정치, 한일관계, 언어교육의 특성을 띠고 있다.

5) 케임브리지대학교(University of Cambridge)[5]

케임브리지대학에는 한국학 석사(MPhil in Middle Eastern Studies/ Korean studies)과정에 중동 아시아/한국학 프로그램이 있다. 역사, 한국 문화 관련 과목 등을 가르치며 교수진은 김누리 교수, 존 닐슨 라이트 교수가 있다. 권헌익 교수는 한국학 소속은 아니지만 저명한 인류학자로서 한국 관련 저서들이 많으며 영국학술원(British Academy) 회원(fellow)으로 학문적 명성이 높다. 김누리 교수는 한국 역사, 종교 관련 연구를 하며 존 닐슨 라이트 교수는 일본·한국 국제정치 관련 연구를 하고 영국의 싱크탱크인 채텀하우스(Chatham House)에서 한국 관련 프로그램에 최근까지 활발한 역할을 했다. 경제학자로 저명한 장하준 교수도 케임브리지에서 오랜 기간을 보냈으나 최근에 런던대학교 SOAS로 적을 옮겨서 연구를 계속하고 있다.

〈표 5〉 한국학 프로그램 속의 연구: University of Cambridge

Dr. John Nilsson-Wright: 한국·일본 국제정치학	
최근 저서	• Nilsson-Wright, N. 2023. Alliance Asymmetries and the Challenges of Balancing Security and Democracy: US Relations with the Republic of Korea, Oliver Turner et.al. eds. The Routledge Handbook of US Foreign Policy in the Pacific. Routledge. • Sino-Japanese Relations. Prospects for the Next Five Years Kerry Brown (ed.) The Critical Transition: China's Priorities for 2021 (2018) • The Politics and International Relations of Modern Korea London: Routledge (2016)

5 https://www.postgraduate.study.cam.ac.uk/courses/directory/amammpkrs https://www.ames.cam.ac.uk/subjects/korean-studies(검색일: 2023. 10. 1)

Dr. Nuri Kim: 한국 역사, 종교	
최근 저서	• Kim, Nuri. "The Proliferation of Monism to the East and the Making of the Religion of the Future in Early Twentieth-Century Korea." *Journal of religious history* 43.3 (2019): 342–358. • Kim, Nuri. "Ambiguous Founding Father: Tan'gun as a Korean-Japanese God." *Journal of Korean studies* (Seattle, Wash.: 1979) 26.2 (2021): 401–423.
Professor Heonik Kwon: 인류학	
최근 저서	• Heonik Kwon and Jun Hwan Park (2022). Spirit power politics and religion in Korea's American century, Fordham University Press. • Kwon, H. (2020). After the Korean War: An Intimate History (Studies in the Social and Cultural History of Modern Warfare). Cambridge: Cambridge University Press. • Kwon, Heonik (2020). "Anthropology and World Peace." HAU: Journal of Ethnographic Theory 10, no. 2: 279-88.

6) 센트럴랭카셔대학교(University of Central Lancashire)[6]

센트럴랭카셔대학교에는 북한 석사 프로그램이 있다. 한국학중앙연구소의 해외 한국학 중핵대학육성사업 프로그램을 임소진 교수가 이끌고 있으며, Routledge 한국 관련 출판 프로젝트의 에디터다. 최근 Routledge 한국 관련 출판 프로젝트와 함께 많은 저서를 출판하고 있으며, 학회 하계스쿨 등 다양한 활동을 왕성히 이어가고 있다. 임소진 교수의 저서는 공적개발원조(ODA), 북한 관련 연구를 포함하며 현정임 교수는 사회학 전공으로 사회운동 관련 저서가 있다. 센트럴랭카셔대학에는 한국어 프로그램과 문화 관련 과목을 가르치는 학부과정이 있다. 마크 플레이스 교

6 https://www.uclan.ac.uk/schools/international-institute-of-korean-studies(검색일: 2023. 10. 1)

수는 한국 영화, 문화 관련 수업과 연구를 하며, 김지혜 교수는 이주민 경제활동과 이주 관련 저술 활동이 활발하며, 전해성 교수는 언어교육과 문화를 연구한다.

〈표 6〉 한국학 프로그램 속의 연구: University of Central Lancashire

Dr. Sojin Lim: 발전개발학, 북한, 한류 문화	
최근 저서	• 2022 Book chapters: Sustainable Development from Unsustainable Climate: Sustainable Development Goals and the Pacific Small Island Developing States. Routledge. • South Korean Popular Culture in the Global Context: Beyond the Fandom, Routledge. • Lim, Sojin 2022. Struggle on Demand: Shaping contemporary North Korea's Public Sphere through Memory Politics, Journal of Peace and Unification. • Lim, Sojin 2021. Routledge Handbook of Contemporary South Korea, Routledge.
Dr. Jeong-Im Hyun: 사회학, 사회운동	
최근 저서	• Hyun, Jeong-Im (2015). What really matters in creating mass mobilization, classical organization or new social media? A comparative case study of the mass mobilization process in France and South Korea. Contention: the multidisciplinary journal of social protest, 3(1). pp. 1-15. ISSN 2572-7184.
Dr. Mark Plaice: 한국 영화	
최근 저서	• Plaice, Mark R. (2020). *Domesticating Gangsters? Home/work conflicts in South Korean family drama gangster film*. East Asian Journal of Popular Culture, 6(2). pp. 275-292. • Plaice, Mark (2020). *Introduction to the Special Section on 'Korean Screen Cultures'*. East Asian Journal of Popular Culture, 6(2). pp. 219-222.
Dr. Jihye Kim: 사회학, 이민자, 이주민 경제 활동	
최근 저서	• Kim, Jihye (2021). *From Sweatshop to Fashion Shop: Korean Immigrant Entrepreneurship in the Argentine Garment Industry*. Rowman & Littlefield.

최근 저서	• Kim, Jihye (2023). *Immigrant Entrepreneurship and the Rising Popularity of Korean Cuisine: Korean Restaurant Businesses in Frankfurt*. Pacific Focus, 38(2). pp. 288-313. • Kim, Jihye (2023). *Together but Separate: Relationships and Boundaries between North and South Koreans in Multiethnic Britain*. European Journal of Korean Studies (EJKS), 22(2). • Ahn, Yonson and Kim, Jihye (2022). *Korean Migration in the Global South: Contextualizing Migration Trajectories and Complexities*. Korea Journal, 62(4). pp. 5-17. • Kim, Jihye (2022). *Somewhere between Formal and Informal: Growth and Limits of Korean Wholesale Businesses in the Argentine Garment Industry*. Korea Journal, 62(4). pp. 108-136. • Kim, Jihye (2021). *Bilingual yet Monoethnic Congregations: Intergenerational Transformation in Korean Ethnic Churches in São Paulo*. Journal of Korean Religions, 12(2). pp. 105-137. • Kim, Jihye (2021). *Informal and Reliable: Bolivian Immigrants in Korean Sewing Workshops in the Argentine Garment Industry*. Pacific Focus, 36(2). pp. 316-337. • Kim, Jihye (2021). *From Ethnic to Class: Evolution of Korean Entrepreneurship in Argentina*. Korean Studies Journal, 45. pp. 36-61. • Kim, Jihye (2020). *The Alienation of Second-Generation Korean Brazilians from Ethnic Churches in São Paulo*. Seoul Journal of Korean Studies, 33(2). pp. 519-543. • Kim, Jihye (2020). *Ethnicity, opportunity, and upward mobility: Korean entrepreneurship in the Argentine garment industry 1965–2015*. Asian Ethnicity, 21(3). pp. 373-392.
Dr. Hae-Sung Jeon: 한국어, 언어학	
최근 저서	• Jeon, Hae-Sung (2022). *Exploring variability in compound tensification in Seoul Korean*. Language and Speech. • Jeon, Hae-Sung and Heinrich, Antje (2022). *Perceptual Asymmetry between Pitch Peaks and Valleys*. Speech Communication. • Jeon, Hae-Sung and Arvaniti, Amalia (2017). *Effects of rhythm and phrase-final lengthening on word-spotting in Korean*. The Journal of the Acoustical Society of America, 141(6). pp. 4251-4263. • Jeon, Hae-Sung and Nolan, Francis (2017). ***Prosodic marking of narrow focus in Seoul Korean***. Laboratory Phonology, 8(1). pp. 1-30. • Jeon, Hae-Sung and Nolan, Francis (2017). *Prosodic marking of narrow focus in Seoul Korean*. Laboratory Phonology, 8(2). pp. 1-30.

2. 개인별 한국학 연구

개인별로 한국학 연구를 하는 교수들은 〈표 7〉과 같다. 한국학 프로그램은 없지만 한국을 사례로 각자의 연구 분야에 따라 연구하는 이들의 연구 성과도 뛰어나다. 연구 분야는 정치경제, 국제관계, 경제, 도시발전, 도시정책학, 인류학 문화 정책 등 다양하다. 개별로 한국 관련 연구 활동을 하는 이들의 경우에는 한국 혹은 아시아 학회와 출판 프로젝트 등에서 활발히 활동하여 한국학과 관계를 이어간다. 한국 관련 연구 프로젝트를 구상하거나 함께할 때도 개별 한국학 연구자들의 활동이 뛰어나다. 영국에서는 UKRI, ESRC, British Academy, Leverhulme Trust 등의 연구재단에서 프로젝트를 지원받아 하는 경우가 많다. 아래 표에서 볼 수 있듯이 그들의 출판활동도 활발하고 연구 분야도 다양하다. 〈표 7〉의 자료는 대부분 소속대학 웹사이트에서 자료를 모아서 어떤 경우에는 출판 저서가 아닌 연구 분야만 있는 경우도 있다.

〈표 7〉 개인별 한국학 관련 연구

University of Sussex	
Prof. Kevin Gray: 정치경제, 북한 경제, 개발 민족주의	
최근 저서	• Gray K. 2023. Turning Marx on His Head? North Korean Juche as Developmental Nationalism in Critical Asian Studies. • Gray K. 2022. Debating Uneven and Combined Development/Debating International Relations in Journal of International Studies 50(2): 291-327. • Gray K, Lee J-W. 2021. North Korea and the Geopolitics of Development, Cambridge University Press. • Gray K, Lee J-W. 2020. North Korea, Apparel Production Networks and UN Sanctions: Resilience through Informality, Journal of the Economic Geographical Society of Korea 23(4): 373-394. • Gray K. 2018. Engaging North Korea: an interview with Tony Namkung, Critical Asian Studies 50(2): 167-175.

King's College London	
Dr. Hye-Kyung Lee: 문화 정책, 한류, 창조경제산업	
최근 저서	• Lee, H-K. 2022. Rethinking creativity: creative industries, AI and everyday creativity, Media Culture & Society. • Lee, H-K. 2021. The Arts Council at a Crossroad: stories from Britain and South Korea, JOURNAL OF ARTS MANAGEMENT LAW AND SOCIETY. 52(1), pp. 51-66. • Lee, H-K., Chau, K. L-F. & Terui, T., 2021. The Covid-19 crisis and 'critical juncture' in cultural policy: a comparative analysis of cultural policy responses in South Korea, Japan and China, International journal of cultural policy. • Lee, H. K., 2021. Supporting the cultural industries using venture capital: a policy experiment from South Korea, Cultural Trends. 31(1). • Lee, H-K. 2020. Making creative industries policy in the real world: differing configurations of the culture-market-state nexus in the UK and South Korea, International journal of cultural policy. 26(4), pp. 544-560.
Aston University, Birmingham UK	
Dr. Virginie Grzelczyk: 국제정치, 북한, EU 북한 관계	
최근 저서	• Grzelczyk, V. 2022. Displaying North Korean Children: From Local to Global Memories, Jeunesse: Young People, Texts, Cultures. 13(2), pp. 81-101. • Grzelczyk, V. 2022. The Politics of Toys: What Potential for Inter-Korean Reconciliation?, Asian Studies Review. 46(4), pp. 668-684 • Grzelczyk, V. 2021. EU-North Korea Economic Ties: Old legacies and future prospects. • Panichelli Batalla, S. & Grzelczyk, V. 2019. A future, but at what cost? Cuba and the Democratic People's Republic of Korea's quest for sustainable development, Third World Quarterly. 40(6), pp. 1163-1183 From Balancing to Bandwagoning: Evaluating the Impact of the Sanction Regime on North Korea–Africa Relationships. • Grzelczyk, V. M. 2019. In: North Korean Review. 15(1), 25 pp. 9-33.
University of Manchester	
Dr. Jamie Doucette: 지리학, 발전학	
최근 저서	• Doucette, J., & Hae, L. (2021). The politics of post-developmentalist expertise: Progressive movements, strategic localism, and urban governance in Seoul. *Urban Geography*.

최근 저서	• Doucette, J. (2020). Anxieties of an emerging donor: The Korean development experience and the politics of international development cooperation. *Environment and Planning C: Politics and Space, 38*(4), 656-673. • Doucette, J. (2020). Anxieties of an emerging donor: The Korean development experience and the politics of international development cooperation. *Environment and Planning C: Politics and Space, 38*(4), 656-673. • Doucette, J., & Park, B. (2020). *Developmentalist Cities? Interrogating Urban Developmentalism in East Asia* (Studies in Critical Social Sciences). Haymarket Books. • Sial, F., & Doucette, J. (2020). Inclusive Partners? Internationalizing South Korea's Chaebol through corporate social responsibility-linked development cooperation. *Third World Quarterly, 41*(10), 1723-1739.
University of Liverpool	
Dr. Haekyung Um: 한류, 음악산업, 팝 뮤직	
최근 저서	• Um, H. (2019). UK–Asia music business collaborations: Liverpool Sound City, Modern Sky and Zandari Festa. Global Media and China, 4(4), 437-461. • Lin, C. -Y., & Um, H. (2017). From 'Blue and White Porcelain' to 'Island's Sunrise': Young audience perceptions of Chineseness and Taiwaneseness in Taiwan's popular music. East Asian Journal of Popular Culture, 3(2), 153-167.
University of Durham	
Dr. John Lee: 역사, 조선시대 환경, 조선시대 수림	
최근 저서	• Lee, John S. 2022. Sylvan anxieties and the making of landscapes in early modern Korea. Environment and History 28(3): pp. 415-433. • Lee, John S. (2020) "The waterlogged limits of the infrastructural state: the failure of the T'aean Canalization Projects in pre-industrial Korea, 1134-1537," *International journal of Korean history.*, 25(1). pp. 15-40. • Lee, John S. "The Rise of the Brokered State: Situating Administrative Expansion in Chosŏn Korea." *Seoul Journal of Korean Studies*, vol. 32 no. 1, 2019, pp. 81-108. • Lee, John S. (2018). "Postwar Pines: The Military and the Expansion of State Forests in Post-Imjin Korea, 1598–1684," *The Journal of Asian Studies*, 77 (2). pp. 319-332.

Kingston University London	
Dr. Colette Balmain: 영화, 미디어, 한류, K pop	
최근 저서	• Balmain, Colette (2021) Bangtan universe (BTS, 2017-Present): South Korean transmedia universe. In: Bacon, Simon, (ed.) Transmedia cultures: a companion. Oxford, U.K.: Peter Lang Ltd. pp. 201-210. • Balmain, Colette (2020) Repetition and difference in East Asian gothic cinema: the 'Bunshinsaba' film series. Transnational Screens, 11(3), pp. 187-201. ISSN (print) 2578-5273 • Jackson, Andrew and Balmain, Colette, eds. (2016) Korean screen cultures: interrogating cinema, TV, music and online games. Bern, Switzerland: Peter Lang. 330p. ISBN 9783034318228
University of St. Andrews	
Dr. Marc De Vore: 국제관계, 동북아, 무기, 방위산업	
최근 저서	• De Vore, M. 2017. Off the Radar? China, THAAD and Northeast Asia's alliances. *Global Asia* 12(3), pp. 68-75. • De Vore, M., 2016. Looking realistically at Asia's fighter aircraft ambitions. *Global Asia*, 11(2), pp. 91-95. • DE Vore, M. 2016. Reinventing the arsenal: defense-industrial adaptation in small states. *Korean Journal of Defense Analysis*, 28(1), pp. 31-48.
Dr. Catherine Jones: 북한, 국제관계	
최근 저서	• Jones, C. and S. Teitt, eds. 2020. *China-North Korea Relations: Between Development and Security*. Edward Edgar Publishing.
Dr. Matteo Fumagalli: 국제관계, 환경, 중앙아시아, 고려인, 디아스포라	
최근 저서	• Fumagalli, M. 2024. forthcoming. *New Silk Roads, Growing inter-Asian connections: South Korea's Quest for Energy and New Markets in Central Asia*. Palgrave. • Fumagalli, M., 2022. Post-Soviet Koreans. *Oxford Research Encyclopedia of Asian History*. • Fumagalli, M. 2021. "Identity through difference": liminal diasporism and generational change among the Koryo saram in Bishkek, Kyrgyzstan. *European Journal of Korean Studies*, 20(2), pp. 37-72.
Central Saint Martins, University of the Arts London	
Dr. Christin Yu: 한류	

<table>
<tr><th colspan="2">University of Bradford</th></tr>
<tr><td colspan="2">Professor Christoph Bluth: Non-proliferation expert who has worked on nuclear proliferation in Korea in the past 무기, 핵무기 저지 관련 연구</td></tr>
<tr><th colspan="2">Edgehill University</th></tr>
<tr><td colspan="2">Professor Christopher Dent: political economist, formerly of Leeds work on Korea 정치경제</td></tr>
<tr><th colspan="2">UCA</th></tr>
<tr><td colspan="2">Eunju Hwang: working on South Korean nation branding etc 경영, 한국 브랜딩 연구 등</td></tr>
<tr><th colspan="2">Univerity of Leeds</th></tr>
<tr><td colspan="2">Helen Kim: Korean diasporan communities and North Koreans in UK 디아스포라, 북한 이주민</td></tr>
<tr><td colspan="2">Jieun Kim: social marginalisation in South Korea (and Japan) 일본과 한국의 소수민, 약자 연구</td></tr>
<tr><th colspan="2">University College London</th></tr>
<tr><td colspan="2">Dr. Jung Won Sonn: 도시개발, 행정학</td></tr>
<tr><td>최근 저서</td><td>• Huh, Jeongwha; Son, Jung Won; Zhao, Yang; Yang, Seongwon; (2023). Who built the "world's first smart city" of Songdo? Questioning the ICT firms' Leadership in Smart City Development. Eurasian Geography and Economics (In press).
• Sonn, Jung Won, and Jaekwang Lee; (2020). The Smart City as Time-Space Cartographer in COVID-19 Control: The South Korean Strategy and Democratic Control of Surveillance Technology. Eurasian Geography and Economics, 61(4-5) pp. 482-492.
• and Hyun Bang Shin. (2020). "Contextualizing Accumulation by Dispossession: The State and High-Rise Apartment Clusters in Gangnam, Seoul." Annals of the American Association of Geographers 110, no. 3.
• Sonn, Jung Won, HaeRan Shin, Se Hoon Park, (2017). A mega urban project and two competing accumulation strategies: negotiating discourses of the Songdo International Business District development. International Development Planning Review, 39(3), pp. 299-317.</td></tr>
</table>

<table>
<tr><th colspan="2">London School of Economics</th></tr>
<tr><td colspan="2">Prof. Hyun Bang Shin: 도시개발, 도시학</td></tr>
<tr><td>최근 저서</td><td>· Chen, Y-L. and Shin, H. B. (eds.) (2019) Neoliberal Urbanism, Contested Cities and Housing in Asia: The Contemporary City Series. Palgrave Macmillan.
· Shin, H. B. (2017). Envisioned by the state: Entrepreneurial urbanism and the making of Songdo City, South Korea. In: Datta, A. and Shaban, A. (eds.) Mega-urbanization in the Global South: Fast Cities and New Urban Utopias of the Postcolonial State. Abingdon; New York: Routledge, pp. 83-100.</td></tr>
</table>

3. 학문 분야별 한국학 그리고 한국학 전망과 발전 방향

위의 표에서 볼 수 있듯이 영국에서의 한국학 연구는 다양하고 활발하게 이어지고 있다. 인문학의 경우에는 역사, 북한 연구, 음악, 문화, 한류, 문학, 언어학 등이 강세를 보인다. 위의 표에는 없지만 요크세인트존대학교(University of York St. John)에서도 한국어 교수가 세 명이나 되며 체계적으로 한국어를 가르치고 있다. 사회과학을 연구하는 교수진의 저서 활동도 활발하다. 사회과학은 정치학, 비교정치학, 경제학, 정치경제학, 도시(계획)학, 행정학, 지리학, 국제관계, 북한, 무기학 등을 연구하는 교수들이 한국학 프로그램이 있는 대학뿐만 아니라 많은 대학교에 폭넓게 포진되어 있다. 국제관계, 그 외 사회과학부의 교수들은 다른 국가의 사례들도 다양하게 연구하는데, 위의 표에는 한국 관련 최근 저서만 포함했다.

과거와 현재의 연구를 보면 과거의 영국과 유럽은 한국학에서 역사와 언어, 문학 등 인문학이 탁월한 연구 성과를 보여왔고 사회과학은 한국학이라는 테두리에 있기보다는 주로 독립적인 연구로 여러 대학에 흩어져서 한국학을 사례로 연구해왔다. 위의 표에서 볼 수 있듯이 독립적으로 한국을 사례로 연구하는 교수들이 많은 이유도 그러하다. 이는 사회과학의 특성이기도 하고, 한국학 프로그램은 주로 언어와 역사를 중심으로 발달해온 역사 때문이기도 하다.

한국학 관련 학회나 모임에 참석할 때마다 첨예하게 논쟁이 붙는 이슈들은 아래와 같다.

한국어 사용 여부, 교육 풍토에 따른 영미권과 유럽권의 지역적 교육 풍토와 환경, 사회과학과 인문학의 대립 혹은 융합, 그리고 더 깊게는 존재론과 인식론적(ontological 혹은 epistemological stance) 입장에 따라 서로의 학문에 대한 보호, 단결력이 강하다. 물론 이런 경향은 한국학뿐만 아니라 어느 학문 분야에서도 흔히 발견할 수 있는 현상이다.

1) 한국어 능력

한국어를 잘하는 것이 필수인가에 관해 짧게 언급하자면, 필수이기는 하지만 꼭 그 단위로 연구자의 능력을 판가름할 필요는 없다고 본다. 사회과학을 하는 이들에게는 연구 결과의 특이성도 중요하지만, 일반화(generalisation)도 중요하다. 이론이 시작 단계의 사례국에서 벗어나 다른 국가의 사례까지 얼마나 적용될 수 있는가를 중요시하는 사회과학도에게 언어는 필요충분조건이 아니다. 그런 면에서 언어능력에 대해서는 관대한 편이며, 아프리카를 연구하는 이들이 아프리카 모든 부족의 언어를 할 수도 없으며 그렇다고 연구가 불가능한 것도 아니다. 실제로 일본의 자이니치를 연구할 때는 한국어보다 일본어 구사능력이 더 중요하며, 중앙아시아의 고려인 연구를 하면 러시아어 구사능력이 한국어보다 더 긴요하고, 조선족 연구에는 중국어가 더 중요할 수 있다. 아프리카, 인도, 동남아를 연구하는 학자들이 그 지역 언어를 하지 않고도 훌륭한 연구 업적이 많음을 볼 때 한국어를 꼭 능통하게 해야만 한국학 학자로 인정할 것인가에 대한 의문은 여기서 생긴다. 물론 한국어 능력의 이슈는 연구 능력의 문제도 있지만 주로 장학금 혹은 연구기금 선정 시 혹은 교수 임용 시에 주된 논점이 된다. 또 다른 논점은 한국어를 외국어로서 잘한다는 것은 오랜 시간과 노력을 기울여야만 가능하다는 것이다. 그런 면에서 언어를 잘하는 연구자들에 대한 존경과 선망은 대단하다. 그런데 대체로 위의 표에서 보다시피 사회과학자들의 연구 성과가 양적인 면에서는 우세하다. 역사와 인문학은 언어와 필독능력(특히 역사 자료의 경우)이 필요해서 연구기간이 더 걸리는 듯하고, 사회과학의 경우 동시대에 일어나는 이슈들을 제때에 해석·분석해야 하는 연구의 소재와 특성 때문인 듯하다. 그런 면에서 대부분의 한국학은 인문학과 사회과학이 잘 어우러져서 함께 발전하는 특성을 발견할 수 있다.

또 다른 연구의 특성은 북한을 연구하는 연구자들이 비교적 많으며, 한류 연구 역시 대세를 이루고 있다. 영국은 북한이 국제적으로 고립되었을 때도 지속적인 교류를 해왔고, 북한대사관이 런던에 있고 북한에 영국대사관이 있다. 영국 최초 외교관으로 북한에서 체류한 짐 호어 박사(외교관)도 지금은 은퇴했지만 한국학 연구에 활발한 분 중 한 분이다. 헤이즐 스미스 교수도 은퇴했지만 북한 관련 연구를 활발히 했으며, 현재 센트럴랭카셔대학교의 북한학 석사 프로그램의 근간을 세운 분이기도 하다. 그런 면에서 영국에는 북한을 연구하는 연구자들이 많은 편이다.

그리고 한류의 대세를 타서 최근 10여 년간의 연구에는 한류 관련 연구 성과가 크다. 최근 몇 년간 넷플릭스의 한국 드라마가 10위 내의 인기 드라마와 영화 등을 많이 방영하다 보니 한국 문화, 영화, 드라마에 관한 과목이 덩달아 인기를 누리는 경향이 있으며, 학생들의 논문과 교수들의 연구 역시 한류 문제를 많이 다루는 현상을 볼 수 있다. 한류는 한국학을 확장하는 데 중요한 매개체가 되고 있다. 학생들의 관심이 주로 한류에서 시작하는 경우가 많기 때문이다.

국제정치를 가르치고 연구할 때 역사 교육은 필수다. 그런 면에서 영국에 한국 역사를 전공하는 교수들이 각 대학에 포진해 있다는 것은 한국학의 중요한 자산이 된다. 정치, 사회, 경제는 현시대의 급변하는 세계 정세 속에서 한국의 위치, 그리고 주변 국가에 끼치는 영향 등을 이해하고 설명해나가는 데 필수적인 연구 분야다. 그런 면에서 영국에 주재하는 한국학 교수들은 BBC 등 영국의 대중매체에 미치는 역할 또한 크다. 한국 전문가로서 TV와 라디오 시사 프로그램에 인터뷰할 경우가 많기 때문이다.

한국학을 공부하러 오는 학생들은 외교관, 경제 관료, 학자, 미디어, 대중매체 등에서 전문가적인 역할을 하고자 오는 학생들이 많고, 또 그런 분야로 취업한 졸업생들이 많다.

2) 한국학의 전망과 과제

한국학은 학문적인 측면에서 학문의 한 분야(discipline)라고 하기보다는 사례를 한국으로 하고 다양한 연구 분야의 연구자들이 모인 집합체다. 그런 면에서 한국을 주 사례로 연구하는 복합적이고 융합적 학문 분야의 특성을 가진다. 장점은 한국에 관해 다양한 면에서 언어와 역사, 문화의 특수성을 가장 잘 이해하고 설명하고 해석할 수 있는 학문이다. 단점은 한국학 내에서 특수성 때문에 일반화하기 어려운 학문 분야도 있다. 영미권의 주요 학문 분야를 연구할 경우 한국을 사례로 연구한다는 것은 자칫 비주류에 속하기 쉬운 처지다. 이를테면 정치학의 경우 미국정치학회(APSA)나 영국정치학회(PSA) 혹은 국제학회(ISA)에서 한국학 관련 패널이 가장 인기가 없는 시간대에 배치되거나 청중 숫자가 극소수가 되는 현상을 종종 볼 수 있다. 즉, 그들만의 리그가 되기 쉽다. 반대로 결속력도 강하다. 한국학이라는 이름을 내세워 학회를 하지 않는 이상 한국을 사례로 하는 연구는 주로 비주류권으로 마지막 챕터의 특이한, 예외적인 사례로 보여질 때도 있다. 그런 면에서 한국학의 육성과 지속적인 노력은 중요하다. 한국학뿐만 아니라 많은 비주류권의 인기 없는 과목 혹은 분야에 관심을 갖고 연구하는 것은 희소성 때문이라도 가치가 있고 소중하다. 물론 경제적 측면에서 GDP가 10위에서 12위권을 오르내리는 한국에 관한 연구가 비주류라고 할 수는 없다. 그만큼 중요한 연구임에는 틀림없다. 많은 학생들의 관심에 비해 한국학이 제공할 수 있는 분야는 아직 해야 할 일이 많고 갈 길이 멀다.

4. 마무리하며: 국내외 한국학 연구지원의 과제

앞서 영국에서의 한국학 연구 동향을 한국학 프로그램이 있는 주요 6개 대학교와 개별 한국학 관련 학자들의 연구를 통해 실제적인 데이터를 모아서 보고 한국학의 전망과 발전과제를 짚어보았다.

앞으로 한국학 연구지원의 과제를 본다면 한국학을 지원하는 연구, 장학금 제도가 좀 더 활성화되어야 하고 한국학이 더욱 신나게 발전하려면 연구 프로젝트에 관한 연구기금도 더 많이 지원되어야 한다. 학생에게는 장학금을, 연구자에게는 행정 업무와 교육에서 벗어나 연구에 몰입할 수 있는, 즉 1-2년의 teaching buy out과 연구비가 지원되는 연구기금이 중요하다. 또한 한국학을 유치하는 대학에는 대학 행정비(overhead)가 여유롭게 지원되어야 한국학을 운영하는 교수진들이 신나게 일할 수 있을 것이다. 한국학 관련 프로젝트를 영국 등 해외에서 진행할 경우 책임교수는 대학의 연구지원 사무소와 행정지원 사무소 그리고 재무과 직원들의 지원이 없으면 불가능하다. 그러나 대학에 직접 지급되는 행정비가 적절하지 않을 경우에는 한국학 관련 프로젝트를 지원해야 하는 대학 직원들의 입장에서는 아무런 혜택 없이 행정 일거리가 늘어나는 셈이 된다. 그러나 대학 내에서 국외 외부 프로젝트로 늘어난 일에 대한 인력을 보충해 줄 수 있는 대학은 많지 않다. 대부분의 주요 대학들은 5년의 예산이 미리 짜여 있으므로 한국에서 온 연구 프로젝트를 따로 지원해줄 수 있는 인원 보충 예산이 대부분 없기 때문이다. 그러면 보고서 결제, 그 외 양국의 학교 관련 정책을 확인하고 조율하는 등의 일처리, 예산 처리 등에서 지연과 마비가 쉽게 올 수 있다. 유럽이나 영국 내에서 지원하는 연구기금(British Academy, UKRI, ESRC 등)은 대학에 지급되는 행정비가 전체 연구기금의 40% 이상이며, 연구기금에 대한 대학 내부의 인정도 또한 아주 높다.

장학금은 학비 지원뿐만 아니라 생활비 지원도 되어야 좋은 장학금이라 할 수 있다. 그래야 뛰어난 자질을 갖춘 학생들이 연구에 전념할 수 있다. 그러나 전 세계에 비교적 일괄 지급되는 한국 관련 장학금은 각 국가의 정밀한 물가 대비 장학금이 아니어서 영국에서 받는 장학금으로는 생활비가 충분히 지원되지 않는다. 연구비는 학회와 단기간 방문 연구 지원뿐만 아니라 교수가 가르치던 과목을 대신 가르칠 인원을 채용할 수 있는 기금(teaching buyout)이 지원되거나 1-2년의 안식년에 지원되는 연구기금이 있어야 중진급 이상의 교수들도 무거운 행정 업무에서 벗어나 책 한 권을 제대로 쓸 수 있는 연구 환경이 주어진다. 영국의 경우 AHRC,

ESRC, UKRI, Leverhulme Trust, British Academy 등 다양한 연구지원 프로그램이 있으며 장학금의 경우 생활비도 지원된다. EU에서 지원하는 연구기금도 40% 이상 대학 행정비를 지원하는 경우가 대부분이다. 그런 면에서 현존하는 한국학 연구기금 제도는 서구의 연구 지원 수준을 고려해볼 필요가 있다.

참고문헌

Ahram, Ariel I. "The Theory and Method of Comparative Area Studies." *Qualitative research: QR,* 11(1), 2011, pp. 69-90.

Ahram, Ariel I., Patrick Köllner, and Rudra Sil. *Comparative Area Studies: Methodological Rationales and Cross-Regional Applications / Ariel I. Ahram, Patrick KöLlner, and Rudra Sil.* New York, NY: Oxford University Press, 2018.

Calhoun, Craig. "European Studies: Always Already There and Still in Formation." *Comparative European politics (Houndmills, Basingstoke, England),* 1(1), 2003, pp. 5-20.

Kang, Won Taek. "The Development of Political Science in Korea." *Asian journal of comparative politics,* 1(2), 2016, pp. 122-34.

Rutland, Peter. "Remapping the World after the Crisis in Area Studies." *Diaspora (New York, N.Y.),* 10(1), 2001, pp. 129-36.

Sidaway, James D., Elaine L. E. Ho, Jonathan D. Rigg, and Chih Yuan Woon. "Area Studies and Geography: Trajectories and Manifesto." *Environment and planning. D, Society & space,* 34(5), 2016, pp. 777-90.

Szanton, David L. *Politics of Knowledge: Area Studies and the Disciplines.* David L Szanton. Global, Area, and International Archive. Berkeley, CA: University of California Press, 2009.

프랑스 한국학의 발전과 연구 동향: 지역학에서 인문사회과학 방법론으로

김희연(프랑스국립동양학대학교)

#프랑스 한국학

#프랑스 한국학 백서

#한국학연구센터

이 장에서는 프랑스 한국학의 발생과 발전을 시대별·주제별로 고찰했다. 우선 한국학이 생겨날 수 있었던 프랑스의 연구 환경을 언급하고, 그런 상황에서 어떻게 한국학의 초기가 시작되었는지를 언급했다. 특히 각 개인의 관심사였을 뿐인 한국이 어떻게 조직력을 띤 학문으로 발달하게 되었는지 주목할만한 변화가 있었던 시대별로 나누어 살펴보았다. 1950년대 중반 한국어 수업으로 시작된 한국학이 오늘날 어떻게 역사, 고고학, 인류학, 지리학, 사회학, 문학 등 인문사회과학 분야에서의 사례연구를 넘어 하나의 방법론으로 자리 잡게 되었는지를 살펴보았다. 더불어 프랑스 학계의 전체적인 변화이기도 하지만 초기에 각 개인별로 활동하던 한국학자들이 어떻게 조직적인 공동연구에 참여하게 되었으며, 어떻게 그것이 프랑스 한국학의 발전에 도움이 되었는지도 보여주었다. 프랑스에서도 젊은이들 사이에 한국은 대중문화로 인한 흥미의 대상으로 인식되는 것이 사실이지만, 한국학자들은 한국학이 사회인문학적 지식을 발전시키는 대상으로서의 위치를 고수할 수 있도록 노력하고 있다. 이러한 노력은 다제간·학제간 협력을 통해 이루어지는 국가연구자금을 받아 실현하는 공동연구나 한국의 지원을 받아 프랑스 언어권 한국학 네트워크를 구축하는 등의 형태로 나타난다.

1. 서론

오늘날 프랑스에서 한국은 무엇보다 젊은이들 사이에서 각광을 받고 있는 대중문화 콘텐츠의 영향으로 많이 알려져 있는 나라다. 그에 힘입어 한국학 혹은 한국어과가 개설되어 있는 프랑스 대학들에는 매년 1학년 입학 정원의 10배도 훨씬 넘는 수의 학생들이 지원하고 있다. 2000년대 초기만 해도 이 대학들의 학사과정에는 정치, 경제 등 다른 전공을 하면서 한국에 대한 호기심으로, 혹은 같은 전공을 하는 학생들과의 차별성을 갖기 위해 한국어를 공부하는 소수의 남학생들로 이루어져 있었다면 2000년대 말부터는 여학생들이 정원의 대부분인 프랑스 여느 어학대와 다를 바 없는 양상을 갖추게 되었다. 이렇듯 한국어의 인기, 대학교 학부의 양적인 성장은 프랑스에서 한국의 위상이 높아졌음을 보여주는 명백한 증거라고 볼 수 있다. 반면, 프랑스에서 한국학이 발전하고 지역학의 한 분야로 인정받는 일은 이처럼 단기간에 이루어지지 않았으며 반세기가 넘는 시간을 거쳐 점차적으로 이루어진 일이다. 한국학이라는 명칭이 무색할 정도로 한국이 단지 중국, 일본을 연구하는 몇몇 학자의 개인적 관심의 대상이 되었던 프랑스에서 3개 대학 및 연구원에서 구성한 콘소시엄은 2010년 한국학중앙연구원이 지원하는 한국학 중핵사업 대상으로 선정되어 5년간 RESCOR라는 명칭하에 괄목한 만한 성과를 냈다. 한국 관련 프랑스어 출판물 공유 플랫폼을 구축하고, 프랑스 내 인문사회과학 워크숍을 운영했으며, 프랑스뿐만 아니라 벨기에, 스위스 등 유럽의 다른 나라들과 아프리카 프랑스어권 나라들에서 한국학에 관련하여 일하는 연구자들 간의 네트워크를 만드는 중요한 역할을 했다. 또한 2018년 『프랑스 한국학 백서』(Alain Delissen 외, 2018)도 출판하게 되는데, 이 장은 이 백서를 기반으로 하여 작성되었다.

프랑스에서의 한국학에 대한 자세한 논의에 들어가기 전에 우선 프랑스 학계와 연구 환경에 대한 설명이 필요할 듯하다. 프랑스의 고등교육은 크게 대부분 국립인 대학교(université)들과 경제, 행정, 과학 등 특수전문인력 양상을 목적으로 한 그랑제콜(grandes écoles), 그리고 이 두 종류와는 법적으로 다른 지위를 가지고 있는 인문사회, 과학, 정치, 지역학 등의 전문인력을 양성하는 그랑제타블리스망(grands établissements)이 있다. 또한 프랑스 연구계에서 중추적인 역할을 하는 국립과학연구원(Centre National de la Recherche Scietifique, CNRS)을 언급하지 않을 수 없다. 프랑스 한국학에서 중요한 역할을 하는 교수나 연구원들은 모두 국립대학, 그랑제타블리스망 혹은 국립과학연구원(CNRS) 소속이다. 이들은 모두 박사과정 후 전국대학심의회(Conseil National des Universités, CNU)에서 교수로 채용될 수 있는 자격을 인정받은 후 여러 고등교육기관이나 국립과학연구원에 지원하여 교수나 전임 연구원으로 일하게 된다. 위에 언급한 고등교육기관의 교수나 연구원들은 모두 종신직으로 개인적으로나 한 연구팀 안에서 장기적인 교육 및 연구 프로젝트를 계획·실현하는 것이 가능하다. 따라서 장기적인 연구계획을 세워 중단없는 연구실적을 쌓을 수 있으며, 자신의 전문 분야에서 제자 양성이 가능하다는 것이 큰 장점이라고 볼 수 있다. 프랑스 학자들이 이렇듯 안정된 지위에서 일하기 때문에 오랜 기간에 걸쳐 프랑스에 한국학의 기반을 마련하고 점차적으로 발전시켜나갈 수 있었다. 이 장에서는 위의 과정을 거쳐 고등교육기관에 종신직으로 채용되어 한국에 관한 연구를 하고 있는 학자들을 '한국학자'라고 명칭하며 교수나 연구원 등의 명칭은 생략하기로 한다.[1]

1 국가적 차원에서 심의를 받아 채용되었다고 해도 소속 기관에 따라 학자들의 명칭이 달라진다. 국립대학에서는 maître de conferences(부교수), professeurs(교수), 국립과학연구원에서는 chargé de recherche(부교수급에 해당), directeur de recherches(교수급에 해당), 고

이 장에서는 먼저 시대별로 프랑스 한국학이 발전해온 과정을 살펴보고, 현존하는 한국학 연구기관들을 기반으로 주제별 연구 동향을 분석해본 후 앞으로 프랑스에서 한국학의 미래를 전망해보는 것으로 마무리짓도록 하겠다.

2. 시대별 프랑스 한국학의 발전

1) 프랑스 한국학의 기반: 개인적 관심사로서의 한국 연구

다니엘 부셰(Daniel Bouchez)는 모리스 쿠랑(Maurice Courant, 1865-1935)을 프랑스 한국학의 선구자이며 최초의 한국학 연구자라고 지칭했다(Bouchez, 1983, 1986). 조선 주재 프랑스공사관 통역으로 일했던 모리스 쿠랑이 『한국 서지(Bibliographie coréenne, 1895)』를 출판한 것을 시작으로 프랑스에서 한국은 학문적인 관심의 대상이 되었다. 19세기 초반부터 중국어 교육을 중심으로 자리 잡은 중국학이 한국학이 자리매김하는 데 든든한 기초를 마련해주었는데, 처음 한국에 관심을 갖기 시작한 학자들은 중국어와 중국 문화의 전문가들이었다(Sancho, 2018). 그 이후로는 일본에 관한 연구를 하던 학자들이 한국에 관심을 갖기도 했다. 이렇듯 다른 지역에 대한 전문가들이 추후 한국에 관심을 갖게 되면서 발달하기 시작한 한국학은 초기에는 구조적인 체계하에서 발전했다기보다 학자들의 개인적 열정에서 비롯된 것이기 때문에 그들의 학문적인 성향과 관심이 초기

등사회과학연구원에서는 directeur d'études(교수급에 해당)로 구분된다.

한국학에 영향을 미쳤다.

한국학이 독자적인 학문으로 자리 잡기 시작한 것은 1950년대 중반부터라고 볼 수 있는데, 이는 한국어 교육이 이루어지면서부터였다. 플로랑스 갈미쉬(Florence Galmiche)는 『프랑스 한국학 백서』에서 한국학 초기의 발전사를 다음과 같이 정리했다.

> 1956년 파리대학 문학과(Faculté des Lettres de l'Université de Paris)에서 시작된 한국어 수업을 기점으로 대학에서 교수진이 채용되기 시작했으며, 이를 계기로 한국어로 된 자료를 분석할 능력을 지닌 전문가들이 양성되기 시작되었다. 한국학의 초창기는 언어교육 중심으로 이루어져 샤를르 아그노(Charles Haguenaue)가 언어학과 언어사 그리고 이옥(Li Ogg)이 고대역사를 강의하고 연구했다. 위의 학자들은 한국에 관한 전문화된 연구물들만 출판한 것이 아니라 막연히 한국전쟁 정도만 알고 있는 아직 한국을 잘 모르는 프랑스 대중에게 한국을 알리고자 이 나라의 역사나 문화, 그 사회에 관한 전반적인 이해를 도울 수 있는 대중화된 글들을 출판하기도 했다. 마크 오랑주(Marc Orange)와 다니엘 부셰가 1965년과 1972년에 국립과학연구원 한국학 연구원으로 처음 채용된 것은 프랑스에서 본격적으로 한국학이 학문으로 인정받은 첫 시작이었다고 볼 수 있다. 1968년 프랑스 대학 개혁 이후 연구기관들이 재조직되고 한국의 정치적 상황의 변화에 영향을 받아 1970년대부터 1990년대 중반까지 한국에 관한 연구는 점차 다양해졌다. 앙드레 파브르(André Fabre)는 언어학적인 연구를 함과 동시에 마크 오랑주, 이진명(Li Jin-Mieung) 등의 학자들과 더불어 한국에 관한 일반적인 지식을 전파하는 데 많은 기여를 했다. 특히 역사는 한국학 내에서 주요 학문으로 자리 잡기 시작했다. 그 외에도 알렉상드로 기모즈(Alexandre Guillemoz), 크리스티앙 데샹(Christian Deschamps) 같은 인류학자들이 한국학 발

전에 기여했으며, 다니엘 부셰와 이진명은 학술 및 대중 문학에 대한 연구에도 힘썼다. 그 외에 다른 분야에서 한국과 관련한 연구를 진행한 학자들로는 한국의 건축에 대해 연구한 프랑시스 마쿠앙(Francis Macouin), 정치학을 전공한 베르트랑 정(Bertrand Chung, 정성배) 그리고 경제학 분야에서는 장라파엘 샤포니에르(Jean-Raphaël Chaponnière)와 마르크 로티에(Marc Lautier)를 들 수 있다(Galmiche, 2018).

이옥, 다니엘 부셰, 알렉상드로 기모즈, 마크 오랑주, 마르틴 프로스트(Martine Prost) 같은 1세대 한국학 학자들은 프랑스에서의 한국학 발전뿐만 아니라 유럽에서의 한국학 네크워크를 만드는 데도 기여했다. 그들이 노력한 결과로 1977년 유럽한국학협회(Association of Korean Studies in Europe, AKSE)가 만들어졌다. 이자벨 산초(Isabelle Sancho, 2018)는 이 협회가 만들어진 상황을 그 당시 프랑스나 다른 유럽 나라에서 존재하지 않았거나 아주 낮았던 한국학의 위상이 주변 나라에서 한국에 대해 연구하는 학자들과의 협력을 불가피하게 만들었다고 설명한다.

인지도도 높고 역사도 깊은 중국이나 일본에 대해 연구하는 학자들은 프랑스 학계 내에서 중국학, 일본학이라는 테두리 안에서 존재하고 있었던 반면 한국에 대해 연구하는 학자들 간에는 어떤 공통점을 찾기 어려웠으며 아직 잘 알려지지 않았던 한국이라는 나라에 대해 연구한다는 사실이 유일한 공통점이었다. 한국을 제외하고는 연구 분야나 학문적 관심이 제각각이었던 당시의 학자들을 한국학 연구자라는 명칭으로 엮어 1세대 한국학자들이 만든 조직은 현재 활발히 활동하고 있는 차후의 한국학 2, 3세대에게 많은 도움이 되었다. 1989년 조직된 프랑스한국학협회(Association Française pour l'Etudes de la Corée, AFPEC)는 프랑스에서 한국학이 조직성을 띠는 데 크게 기여했다.

프랑스 대학이나 고등교육기관에서 한국학이 생겨난 것은 1950년대 말부터이지만 1960년대부터 1990년대 사이에 파리7대학(Université Paris Cité, UPC), 국립동양학대학(Insitut National des Langues et Civilisations Orientales, INALCO), 고등사회과학연구원(Ecole des Hautres Etudes en Sciences Sociales, EHESS)에서 한국학이 발전하기 시작했다. 그때까지만 해도 동양에 대한 연구는 중국과 일본에 대한 전문가들이 대부분이었던 프랑스 학계에 한국에 대해 연구하는 학자들이 생겨나기 시작했다. 한국학이 자리잡는 데는 한국국제교류재단과 한국학중앙연구원 같은 한국 재단들의 재정적·구조적 뒷받침이 많은 도움이 되었다. 본 기관들의 창립이나 발전에 관한 내용은 다음 절에서 자세히 다루도록 하겠다.

2) 1990년대 이후 프랑스의 한국학: 조직적 연구의 시작

1990년대 들어 가장 주목할 만한 일은 한국학이 더 이상 각 개인의 관심사에서 비롯된 것이 아니라 각 고등교육기관 내에 조직된 연구소 중심으로 이루어지기 시작했다는 것이다.

고등사회과학연구원과 파리시테대학(Université Paris-Cité, UPC)의 한국학 학자들이 한국연구센터(Centre de recherches sur la Corée, CRC)를 만들어 이를 중심으로 한국에 대한 연구가 구조적으로 진행되기 시작했다. 한국연구센터는 현재까지도 프랑스에서 유일하게 존재하는 한국학자들로만 구성된 연구센터로 프랑스 내에서 한국에 관해 연구하는 대부분의 학자들이 소속되어 있다. 조선시대 문학사 전공인 다니엘 부셰와 무속신앙 인류학자인 알렉상드르 기모즈의 주도하에 만들어진 한국연구센터는 먼저 현 파리시테대학인 파리7대학에 만들어졌다가 1995년 고등사회과학연구소 소속으로 바뀌었다.

1990년대 중반부터 프랑스 한국학은 새로운 국면에 들어섰다고 할 수 있다. 한국학 1세대 학자들이 퇴직하고 국립동양학대학교와 파리7대학(현 파리시테대학), 그리고 고등사회과학연구원에서 학업을 마치고 새로이 채용된 학자들의 활동으로 새로운 활기를 띠게 되었다. 그들로 인해 다양한 학문 분야에서의 한국에 관한 연구가 활성화되었다. 특히 역사학에서의 연구가 활발히 진행되었는데, 알랭 들리센(Alain Delissen, EHESS)과 에블린 셰렐(Evelyne Chérel, Université de la Rochelle)은 근대사, 야닉 브륀통(Yannick Bruneton, UPC)과 김대열(Daeyeol Kim, INALCO)은 고대사, 엘리자베트 샤바놀(Elisabeth Chabanol, EFEO)은 고고학과 미학을 전공했다. 동시에 인류학 쪽에서는 나탈리 루카(Nathalie Luca, EHESS)가 한국에 관한 연구를, 지리학에서는 발레리 줄레조(Valérie Gelézeau, EHESS), 한국학 내에서 중요한 위치를 차지하고 있는 문학 분야에서는 파트리크 모뤼스(Patrick Maurus, INALCO)와 이병주(Lee Byungjoo, UPC)가 활동을 계속했다. 이들 학자의 다양한 연구 분야가 그 이후 한국학의 맥락을 정하는 데 중요한 영향을 미치게 된다.

3) 2000년대 이후 프랑스의 한국학: 급속한 발전과 성장

2000년대 이후의 한국학은 다소 갑작스럽고 빠르게 성장했고, 많은 박사학위논문이 완성되었다. 하지만 이전에 배출된 학자들의 영향으로 현재도 역사학, 인류학적인 접근이 주류를 이루고 있다. 현재 한국학은 특히 학사과정 학생들의 양적인 성장이 가장 큰 특징이라고 볼 수 있다. 그 학생들을 수용하기 위해 한국학과의 규모가 커지면서 한국학과 교수, 한국학 전공 연구자들도 다수 채용되는 계기가 되었다. 2000년도 이후 채용된 한국학자 중 역사전공 학자들이 가장 많다. 총 7명으로 마리 오랑주 리베(RIVE Marie-Orange, UPC), 차예진(CHA Yejin, INALCO), 피에르에마누엘 루(ROUX Pierre-Emmanuel, UPC), 이자벨 산초(CNRS), 노지현(No Ji-hyun, Lyon III), 최옥경(CHAE-DUPORGE Okyang, UBM), 다미앙 펠라당(PELADAN Damien, UBM)이 있다. 다음으로 다수의 언어학, 교수법 전공자들이 채용되었다. 김진옥(KIM Jin-ok, UPC), 윤소영(YUN Soyoung, UPC), 최지영(CHOI Jiyoung, INALCO), 강신태(KANG Shin-tae, INALCO), 스테판 쿠랄레(COURALET Stéphane, UBM), 권용해(KWON Yong-hae, ULR). 반면 인류학 전공자로는 플로랑스 갈미쉬(GALMOCHE Florence, UPC), 임은실(YIM Eunsil, UPC), 김경미(KIM Kyung-mi, UPC), 클로에 파베르(PABERZ Chloé, INALCO)가 활동하고 있다. 문학 분야에서는 정은진(JEOGN Eun-jin, INALCO), 왕민숙(WANG Min-sook, Lyon III), 김혜경(KIM Hye-gyeong, AMU) 등이 채용되어 활약하고 있다. 다수의 전문가들이 채용되지는 않았지만 미디어, 커뮤니케이션 분야의 스테판 테브네(THEVENET Stéphane, Inalco) 정치학 전공의 쥐스틴 기샤르(GUICHARD Justine, UPC), 사회학 전공인 김희연(KIM Hui-yeon, INALCO)도 프랑스 한국학의 일원으로 활동하고 있다.

이로 인해 프랑스 대학이나 연구소들 내에서 한국학은 중국학이나 일본학에 견줄만한 규모로 성장하게 되었다. 한국에 대한 연구들도 다루는 주제나 방법론적인 면에서 더욱 다양해졌다. 이전부터 강세를 보였던 역사학과 사회인류학 관련해서는 계속해서 연구가 이루어지고 있으나 미학, 정치학, 경제, 일반사회학 분야에서는 아직도 한국과 관련해서 많은 연구가 이루어지지 않고 있다.

한국학에서는 몇 명의 학자들이 각자 개인의 전공 분야를 대표했던 예전과 달리 이제 연구자들의 수적 증가와 연구펀드의 다양성 등 여러 가지 요인으로 인해 다른 형상을 띠게 된다. 각 개개인의 연구들이 여전히 활발히 이루어지는 반면, 연구의 축과 공동연구의 구조는 연구펀드에 따라 결정된다. 대표적으로 프랑스국립연구청(Agence Nationale de la Recherche, ANR)에서 조달하는 국가연구자금은 여러 분야에 걸쳐 다자간 연구를 가능하게 하는 가장 큰 연구펀드라고 할 수 있는데, 아파트 공화국으로 한국에서도 잘 알려진 지리학자 발레리 줄레조는 여러 연구 프로젝트를 통해 이에 기여한 바 크다. 한국의 공간성이라는 주제를 한국학에서의 공통된 주제로 삼아 역사, 사회과학, 건축 분야의 전문가들과 함께 공동연구를 진행했다. 또한 2000년대 초반에는 'North Korea turn'이라는 프로젝트를 주관했으며, 프랑스국립연구청 지원 연구 프로젝트인 'ANR CITY-NKOR'도 발레리 줄레조의 주관하에 이루어졌다. 이에 힘입어 한반도의 분단, 디아스포라, 역사편찬 같은 포괄된 주제들을 중심으로 하는 공동연구들이 이루어지기 시작했다. 그중에서도 특히 2000년대 이후로 그 당시 한반도에서 있었던 남북 간의 완화된 분위기에 영향을 받아 북한에 관한 관심이 증폭하여 많은 연구가 진행되고 있다.

한반도에서 일어나는 일들이 해외에서 진행되는 연구들에 영향을 끼치는 것은 무시할 수 없는 사실이다. 1990년대까지만 해도 남북을 구분짓지 않고 한반도를 지칭하는 명칭인 '코레(Corée)'[2]라고 하면 으레 미사일, 가난 등으로 여론에 언급되었던 북한을 먼저 떠올리는 프랑스 사람들이 많았다. 반면 프랑스에서 한국학(études coréennes)이라 하면 으레 한국에 대한 연구였으나 2000년대부터 북한에 대한 연구, 한국에 사는 북한 사람들에 대한 연구, 여러 나라에 흩어져 있는 한국인 동포에 대한 연구들이 관심들을 받기 시작했고 그 이후로 활발히 진행되어왔다. 이와 더불

2 남한: Corée du Sud, 북한: Corée du Nord.

어 프랑스에서 한국에 대해 연구하는 학자들 사이에서는 일단 연구의 대상이 되는 나라나 위치가 '한국'이라고 지칭되는 것에 대한 의문이 일었다. 발레리 줄레조는 그와 관련하여 한반도 내 두 나라 간의 지리적인 경계(국경) 외에도 언어·문화적인 경계에 대한 의문을 제시했다. 남북한 간의 교류가 증가하면서 두 나라에 관한 고찰이 동시에 이루어진 것이 이유가 될 수도 있겠으나 프랑스에서는 2000년대부터 한국학이 단지 한국에 관한 연구만은 아니라는 데 학자들의 의견이 모아졌다. 더불어 한반도의 국경, 경계선의 의미에 대한 연구가 활발해지고 한반도 이외의 지역이나 나라에서 사는 고려인(임은실, 파리시테대학), 외국인과 결혼한 한국여성(김경미, 파리시테대학) 등에 관한 연구가 이루어졌으며 한국에 체류하는 외국인들로 인해 되돌아보게 되는 한국인으로서의 정체성(김희연, 국립동양학대학)에 대해 고찰해보면서 넓은 의미에서의 코레를 이해하고 연구하는 데 많은 기여를 했다.

3. 한국학 연구기관과 주제별 연구 동향

1) 파리와 지방도시의 지역적 특색

프랑스 한국학의 중심은 파리라고 해도 과언이 아니다. 지방 대학들에서도 한국학 학자들이 활동하고 있기는 하지만, 우선 프랑스 한국학의 중심인 한국연구센터가 파리에 존재한다는 것이다. 한국연구센터는 2006년 공동연구유닛(Unité Mixte de Recherche, UMR)인 중국, 한국, 일본 연구소(UMR 8173 Chine, Corée, Japon)에 소속되어 프랑스 한국학의 중심에서 여전히 중추적인 역할을 계속하고 있다. 이전에 언급되었던 프랑스 1세대 한국학자라고 불릴 만한 학자들뿐만 아니라 특히 파리에서 한국에 관한 연구를 진행하는 학자들은 대부분 이 연구센터 소속이다. CRC는 프랑스, 한국뿐만 아니라 영어권 다른 나라들에서 한국에 대해 연구하는 학자들을 정기적으로 초청하여 세계 각국에서 이루어지고 있는 한국에 관한 연구들을 프랑스 학자들과 학생들에게 알리는 역할도 하고 있다. 국립대학 소속이기는 하나 교수진 모두가 본 한국연구센터 소속인 파리시테대학도 프랑스 한국학을 언급할 때 빼놓을 수 없는 곳이다.

『프랑스 한국학 백서』에서 야닉 브륀통(2018)이 소개한 바에 따르면 파리시테대학 한국학과는 1970년 중국학, 일본학, 베트남학, 한국학으로 구성된 동양학부(Unité Mixte de Formation et de Recherche Langues et Civilisations d'Asie Orientale, UMFR LCAO)의 4개 전공 중 하나로 개설되었다. 이 대학은 소르본에서 처음 한국어를 강의했던 이옥 교수가 재직했던 곳으로 몇 세기에 걸쳐 프랑스에서 한국학 관련 공부를 학부 1학년 때부터 박사학위까지 할 수 있는 유일한 고등교육기관이었다. 또한 한국학전문도서관 설립을 목적으로 한국에서 적극적으로 도서 기증을 했던 곳이기도 하다.

파리시테대학 교수들은 중국, 한국, 일본 연구소 공동연구유닛 소속으로 연구활동을 하고 있다. 한국학 RESCOR 같은 연구 콘소시엄 유치는 연구비, 학술회의, 해외학자 초청 등을 지원함으로써 파리시테대학의 연구활동을 활성화시키는 원동력이 되었다. 국립동양학대학이 같은 구역으로 이사오면서 두 대학 간의 협력이 강화되었다.

김대열과 스테판 테브네(2018)가 잘 요약했듯이 국립동양학대학은 프랑스에서 예전부터 동양학을 연구하고 통역가를 양성하는 전문화된 고등교육기관으로 1795년에 세워진 역사 깊은 교육기관이다. 1968년부터 1984년 사이에 이 대학은 파리3대학 소속이었다가 1985년 독립된 특수

국립교육기관으로 분류되었다. 이 전통 깊은 학교에서 한국어 수업이 처음 시작된 것은 1969년으로 언어학자인 앙드레 파브르 교수가 맡았고, 그 이후로 한국어 석좌교수 자리가 만들어졌다. 오랫동안 유라시아 학부에 소속되어 있던 한국학과는 학교가 2011년 현재 위치인 파리13구로 이사오면서 파리시테대학에서 불과 몇백 미터 떨어지지 않은 곳에 정착하게 되었다. 2007년부터 계속하여 학생 수가 급격히 늘어나 2017년 한국학과는 한국학부로 변경되었다. 프랑스에 존재하는 유일한 한국학부가 생긴 것이다. 국립동양학대학 교수들도 파리시테대학 교수들과 마찬가지로 중국, 한국, 일본 연구소 소속이었으나 2008년 이후 국립동양학대학 내에 존재하는 연구소에 소속된다. 교수들의 연구 주제는 각자 소속된 연구소에 따라 달라지는데 현재 교수들이 속해 있는 연구소는 프랑스 동북아연구소(Institut Français de recherche sur l'Asie de l'Est, UMR 8043 IFRAE), 동아시아언어학연구소(Centre de recherches linguistiques sur l'Asie orientale, CRLAO), 세계구두문학연구센터(Centre d'étude et de recherche sur les littératures et les oralités du monde, CERLOM)와 같다.

파리시테대학과 국립동양학대학은 2013년 공동한국학 석사과정을 개설하여 5년간 대부분의 석사강의를 공유했다. 이는 한국학 석사과정 학생 수가 급격히 증가하는 계기가 되었다. 그 이후로 두 대학의 교수진이 강화되면서 공유되는 강의는 몇 개의 세미나에 한정되고 나머지 강의들은 학생들이 소속된 대학에서 듣는 방식으로 발전했다. 또 새로운 점은 2020년부터 시작된 외국인을 위한 한국어교수법 석사과정 개설이다. 같은 시기에 파리시테대학과 국립동양학대학에 각각 개설되었으며 현재까지 계속되고 있다.

파리에서 한국학의 중심부 역할을 하는 기관으로는 한국연구센터를 유치한 고등사회과학연구원을 들 수 있다. 알랭 들리센이 『프랑스 한국학 백서』에서 소개했듯이(2018) 본 연구원에서는 석·박사과정만 이수할 수 있다. 고등사회과학연구원은 인문사회과학에 관한 강의, 연구 관련 프랑스 연구계에서 특별한 위치를 차지하고 있다. 학과의 개념보다는 공동연구소 중심으로 조직되어 있다. 국립과학연구원 소속 37개의 공동연구소가 고등사회과학연구원 내에 있다. 한국연구센터는 1987년 '서울의 봄'을 계기로 만들어졌다. 이에 정치학자인 정성배의 노력으로 한국교류재단(KF)의 지원을 받아 1991년 석좌교수 자리가 만들어졌다. 그 자리를 인류학자인 알렉상드르 기모즈, 그리고 역사학자인 알랭 들리센이 연이어 맡게 되었다. 이전에 국립과학연구원 소속 연구원으로 파리7대학에서 강의하기도 했던 알렉상드르 기모즈는 1995년 국립연구원 소속이던 한국연구센터를 고등사회과학연구원으로 옮기고 현재의 파리시테대학인 파리7대학과의 협력을 계속해왔다.

고등사회과학연구원 소속 한국연구센터 멤버는 현재 4명으로 한국식민사에 관한 연구를 하고 있는 알랭 들리센, 남북한의 도시·지역·국경 등을 통해 경계를 초과하는 국가라는 공간에 대한 연구를 하고 있는 발레리 줄레조, 한국근대사 전공으로 지식사, 조선시대의 유교(이율곡, 화담)에 관한 연구를 하고 있는 이자벨 산초, 연구지원을 담당하는 나은주(Carré-Na Eunjoo)다.

고등사회과학연구원에 개설된 한국에 관한 강의들은 석사나 박사과정에 등록한 학생들을 대상으로 한 것이다. 이 학교의 모든 강의는 연구를 통해 학습하는 자유로운 세미나 형식으로 매년 다른 테마로 진행된다. 알랭 들리센과 발레리 줄레조가 맡고 있는 연구 세미나 외에도 한국에 관심 있는 학생들이 모두 참여할 수 있는 한국연구센터만의 학제간 세미나를 개설하기도 했다가 현재는 석사과정 학생들의 방법론 강의로 변경되었다. 한국연구센터는 한반도(남북한), 북미, 유럽 등에서 오는 해외 학자들을 초대하여 학생들에게 세계 한국학의 현주소를 알고 프랑스 외에 다른 곳에서 활동하는 학자들을 알아가는 계기를 만들어주고 있다.

고등사회과학연구원은 학자들을 초청하여 한국학자들과의 개인적인 교류를 이어나가는 것 외에도 특히 발레리 줄레조의 주도하에 서울연구원, 평양건축대학 등과 밀접한 학술 교류를 이루어왔다. 또한 고등사회과학연구원은 알렉상드르 기모즈가 유럽한국학협회의 회장이었고 한국연구소의 소장이었던 기간 동안 한국학이 유럽화되는 데 많은 기여를 했다. 그 외에 한국국제교류재단의 지원도 크게 영향을 미쳤다. 더불어 2000년대에는 이필(European Programme for Exchanging Lecturers, EPEL) 프로그램이 프랑스 한국학을 유럽에 널리 알리고 유럽의 한국학자들을 프랑스에 알리는 기회로 활용되기도 했다. 이필은 유럽 내 한국학 연구 네트워크를 조성하고 유럽한국학협회가 한국학자들을 직업적 전문가로 인정받게 하는 주요 기관으로 변화시키는 데 기여했다. 한국연구소는 2000년대 말부터 다른 유럽 대학에서 프랑스로 온 박사후연구원(포닥)들을 받게 되면서 유럽 한국학에서도 빼놓을 수 없는 중요한 위치를 차지하고 있다.

프랑스 지방 도시들에서도 한국 관련 공부나 연구를 할 수 있는 대학 수가 늘어나고 있다. 하지만 지방에 위치한 대부분 대학들에서의 한국학은 인문사회과학 분야에서 한국을 공부할 수 있는 전공학부라기보다는 한국어 교육 중심으로 발전했다. 리옹장물렝대학(Université Jean Moulin-Lyon III)에서는 1983년부터 한국어 강의가 시작되었으며, 1988년부터 2000년까지 한국현대사 학자인 이진명의 활동하에 한국어 전문과정이 개설되었다. 2014년 응용외국어(Langues étrangères appliquées, LEA)로서의 한국어 학사 전문과정이 생겼고, 2017년에는 석사과정도 개설되었다. 보르도 몽테뉴대학(Université Bordeaux Montaigne, UBM)에서는 1986년부터 한국어 수업이 개설됐는데, 2018년부터 응용외국어로서의 한국어 학사 전문과정이 생겼다. 1993년 세워진 라로셸대학(Université de La Rochelle, ULR)은 초창기부터 한국어 교육이 시작되었다. 이 대학에서도 마찬가지로 응용외국어학부 내에 한국어-영어 전공 학사 커리큘럼이 만들어졌다. 엑스마르세유대학(Aix-Marseille Université, AMU)에서 한국학이 시작된 것은 2003년 국제협상 석사과정을 총괄하던 장클로드 드크레센조(Jean-Claude De Crescenzo)가 이 석사 커리큘럼 내에 한국 지역 관련 전문과정을 개설하면서 시작되었다고 볼 수 있다. 2008년부터 한국 언어, 문화 수업이 교양선택과정으로 개설되었고, 2011년 이 대학에서도 응용외국어 학사학위가 시작되었다. 2012년부터는 '동양의 언어, 문화, 문명'이라는 석사과정 내에서도 한국학을 공부할 수 있게 되었으며, 2013년부터 한국어는 문학번역 석사과정에도 포함되었다. 이처럼 2010년대에 리옹, 라로셸, 엑상프로방스 같은 프랑스 주요 지방 도시들에 위치한 국립대학들의 응용외국어학부에 한국어가 포함되었다. 물론 각 지방국립대학들에 소속된 교수들은 각자의 위치에서 전공 분야와 관련하여 한국에 대한 연구를 계속하고 있으나 한국학 전문가를 양성할 수 있는 연구조직 구조가 마련되어 있지 않다. 한국학에서 학업 및 연구를 계속하고자 하는 학생들은 위에 언급된 파리의 고등기관들에서 석사·박사학위를 하는 경우가 많다.

이 외에도 선택과목으로 한국어 강의를 수강할 수 있고 아시아 관련 교양수업에서도 한국에 관한 부분을 다루며 한국학 관련 교수들이 있는 대학들로는 벨포르몽벨리아 기술대학(Université de Technologie de Belfort-Montbéliare, UTBM)과 르아브르노르망디대학(Université Le Havre Normandie) 등이 있다.

〈표 1〉 한국학 관련 프랑스 고등기관과 교수진(2023년 기준)

대학	위치	인원	교수진	교수 전공	소속 연구소
파리시테대학 (Université Paris-Cité) 한국학과	파리	9명	BRUNTON Yannick	중세사	CCJ (UMR 8173 Chine, Corée, Japon)
			GALMOCHE Florence	인류학	
			KIM Jin-ok	언어학	
			RIVE Marie-Orange	현대사	
			ROUX Pierre-Emmanuel	근대사	
			YIM Eunsil	인류학	
			KIM Kyung-mi	인류학	
			YUN Soyoung	교수법	
			GUICHARD Justine	정치학	
국립동양학대학 (Insitut National de Langues et Civilisations Orientales) 한국학부	파리	8명	CHA Yejin	현대사	IFRAE
			CHOI Jiyoung	언어학	CRLAO
			JEOGN Eun-jin	문학	CERLOM
			KANG Shin-tae	교수법	PLIDAM
			KIM Daeyeol	근대사	IFRAE
			KIM Hui-yeon	사회학	
			PABERZ Chloé	인류학	
			THEVENET Stéphane	미디어	CERLOM
고등사회과학연구원 (EHESS) 한국연구센터(CRC)	파리	4명	CARRE-NA Eunjoo	연구지원	CCJ
			DELISSEN Alain	현대사	
			GELEZEAU Valérie	지리학	
			SANCHO Isabelle	근대사	
리옹장물렝대학 (Université Jean Moulin-Lyon III)	리옹	2명	WANG Min-sook	문학	IETT
			No Ji-hyun	근대사	
보르도 몽테뉴대학 (Université Bordeaux Montaigne, UBM)	보르도	2명	COURALET Stéphane	언어학	CLLE
			CHAE-DUPORGE Okyang	미학	
			PELADAN Damien	근대사	
라로셸대학 (Université de La Rochelle, ULR)	라로셸	3명	CHEREL-RIQUIER Evelyne	현대사	
			KWON Yong-hae	교수법	
			HONG So-ra	영화	

대학	위치	인원	교수진	교수 전공	소속 연구소
엑스마르세유대학 (Aix-Marseille Université, AMU)	엑상 프로방스	3명	DE CRESCENZO Jean-Claude	현대문학	IrASIA
			KIM Hye-gyeong	문학, 교수법	
			Olivier Bailblé	언어, 문학	
르아브르 노르망디대학 (Université Le Havre Normandie)	르아브르	1명	CHABAL Eun-sook	문학	GRIC
벨포르몽벨리아 기술대학(Université de Technologie de Belfort-Montbéliare, UTBM)	스브넝 (Sevenans)	1명	BAE Jung-sook	음성학, 심리학	RECITS

2) 분야·주제별 연구 동향

(1) 한국문학 관련

프랑스에 알려진 한국문학은 한국문학연구원의 지원을 받은 현대소설이 대부분이다. 아주 드물게 프랑스에서 출판된 고전문학은 로스니 홍티종우(J. H. Rosny Hong-Tyjong-Ou)가 번역한 『춘향전』(1892)과 『심청전』(1895)으로 처음으로 최근 라틀리에데카이에(L'Atelier des Cahiers)에서 『박씨전』(마크 오랑주 옮김, 1982)과 함께 재출판되었다(2016, 2015). 20세기 초의 작품들도 많이 번역되지 않았는데 최근 한국문학 전문 출판사도 아닌 스위스 출판사인 조에(Zoé)에서 나온 세계의 고전 시리즈에서 염상섭의 『삼대』를 출판한 것은 주목할 만한 일이다. 그 외에도 프랑스 문학시장에 스릴러나 추리소설과 같이 대중적인 한국 작품들과 더불어 아동소설들이 출판되고 있는 것도 흥미로운 일이다.

정은진(2018)은 『프랑스 한국학 백서』에서 한국어를 프랑스어로 번역한 작품들을 바탕으로 프랑스에서의 한국문학이 알려진 바에 대해 소개했다. 한국어를 프랑스어로 번역한 작품들을 유네스코 도서검색 사이트를 통해 검색해보면 1977년부터 2009년 사이 1,125개의 서적이 번역된 것으로 나타나는데, 그중 1,005개는 2000년 이후 출판된 것들이다. 이 도서들은 대부분 몇 권의 북한 서적을 제외하고는 대다수가 한국 도서들을 번역한 것이다.

한국문학번역원(LTI Korea)에 따르면 프랑스어는 다섯 번째로 한국 서적이 많이 번역된 언어로 대부분 문학작품들이다. 프랑스에서의 한국문학 번역은 1990년대에 악트쉬드(Actes Sud), 필립피키에(Phillippe Picquier) 등의 출판사들이 한국문학을 소개하기 시작하면서 활성화되었다고 볼 수 있다. 프랑스에서의 한국문학에 관해서는 대표적인 출판사로 꼽히는 이 두 출판사 외에 줄마(Zulma) 출판사도 2000년도에만 20권이 넘는 번역된 한국 문학작품을 출판하면서 황석영이나 이승우 같은 작가들을 프랑스에 알리는 데 기여했다. 2010년도에는 이마고(Imago) 출판사나 데크레센조(Decrescenzo) 에디터 같은 한국 전문 출판사들이 생겨났다. 갈리마르(Gallimard) 같은 대규모 출판사에서도 매년 한두 명 한국 작가들의 작품을 번역하여 출판하기도 한다.

프랑스 대학에서 다수의 한국학 석사과정에서 다수의 학생들이 한국문학을 주제로 논문 작성을 원하는 이유를 이처럼 많은 한국 문학작품들이 번역되어 나와 한국문학을 접하기가 쉬워진 데서 찾을 수도 있겠다. 반면 인문사회과학 분야에서 번역된 한국 서적들은 거의 존재하지 않는다. 최근 몇 년간 프랑스에서 한국에 관련하여 출판되는 많은 도서들은 프랑스어로 직접 집필되었다. 출판사들은 번역에 드는 비용과 전문서적들을 번역할 유능한 번역가들이 부족함 등을 이유로 들고 있지만, 한국 학계에서 사회과학이 차지하는 위치도 영향을 미치는 듯하다. 정은진은 또한 한국에서 출판되는 인문학 서적들은 대부분 대중화된 것들이 많지만, 프랑스 출판사들은 과학적 연구도 에세이도 아닌 형태의 이런 서적들에 관심을 갖지 않기 때문이라는 이유를 들기도 한다. 프랑스에서 한국의 인지도가 높아지고 이 나라에 대한 서적을 찾는 독자들도 늘어나고 있지만, 대부분 한국에 관한 대중적이고 일반적인 지식을 얻을 수 있는 도서에 관한 요구가 많은 것이 사실이다. 카이에드코레(Cahiers de Corée)처럼 프랑스어로 작성되었거나 번역된 한국에 관한 인문사회과학 관련 글들을 출판하는 데 힘쓰는 출판사도 존재하기는 하지만, 한국의 전문서적들이 프랑스어로 번역되지 않는 것은 프랑스에서 높아지는 한국에 관한 관심이 전문적인 것이기보다는 피상적이고 대중적인 것임을 보여주는 지표가 될 수도 있겠다.

(2) 언어 관련

한국학 연구의 기본이 되는 것은 아무래도 언어교육이라고 할 수 있다. 김진옥(2018)은 소르본대학에서 프랑스 처음으로 이옥 교수가 한국어 수업을 했던 1956년 이후 프랑스에서의 한국어 교육 상황은 판이하게 달라졌다고 평가한다. 프랑스에서 한국어는 1970년대부터 한국어가 국가에서 인정하는 학·석·박사학위를 취득할 수 있는 전공과목으로 인정받게 되었다. 이 학위들은 두 가지 전공 분야로 나누어볼 수 있는데 외국 또는 지역 언어, 문학, 문명전공(Langues, littérature et civilisation étrangères et régionales, LLCER) 내에서의 한국어 전공 또는 응용외국어로서의 한국어 학위였다. 더불어 한국어 전공이 존재하지 않는 대학들이나 시엉스포(Sciences-Po), 국립사범학교(Ecole Normale Supérieure, ENS) 같은 그랑제콜에서도 선택교양과목으로 들을 수 있는 한국어 수업이 존재한다는 것은 프랑스 대학생들이 그만큼 한국어에 관심을 가지고 있다는 것을 보여준다. 학생뿐 아니라 한국어를 배우고자 하는 일반인을 대상으로 일부 대학에서는 평생교육의 일환으로 저녁시간에 한국어 수업을 하기도 한다. 2016년 주프랑스 한국대사관 교육원에서 조사한 바에 따르면 총 18개의 고등교육기관에서 한국어 수업을 듣는 학생 수가 3천여 명에 이르는 것으로 나타났다. 이렇게 많은 학생이 프랑스 전역에서 한국어를 배우고 있지만, 사실 이러한 한국에 대한 열정이 한국학 연구로 이어지는 것은 드문 일이다. 2020년 이후 프랑스 전역에서 가장 큰 한국학부인 국립동양학대학과 파리시테대학 학사과정 1학년 학생 수는 100명이 훨씬 넘지만, 한국학 석사과정 학생 수는 두 대학 모두 10명 안팎이다. 언어 교육이 한국학 연구의 첫걸음인 것은 사실이나 파리뿐 아니라 프랑스 전역에서 이루어지고 있는 한국어 교육은 아직 한국학 내에서 연구적인 발전에 직결되지 않고 있다. 하지만 프랑스 한국학자들 중 다수를 차지하고 있는 언어학, 교수법 전공자들은 2018년부터 시작된 한국어 교수법 워크숍을 시작해 지금까지 매년 진행해오고 있다.

(3) 인문사회과학 관련

프랑스 한국학에서 두드러지게 눈에 띄는 연구 주제는 종교라고 해도 과언이 아니다. 우선 한국학자들이 가장 많은 역사학자 중 다수가 종교에 대한 연구를 하고 있다. 불교(야닉 브뤼통), 유교(이자벨 산초, 김대열), 천주교(피에르에마누엘, 에블린 셰렐 리키에) 등이 각자의 전문 시대, 종교와 관련된 다수의 연구실적을 내고 있다. 더불어 알렉상드르 기모즈나 플로랑스 갈미쉬 같은 인류학자들도 오랜 기간에 걸쳐 각각 무속과 불교에 대한 연구를 했으며, 사회학자 김희연은 개신교에 관한 연구를 하기도 했다.

그 밖에 디아스포라, 이민에 관한 연구가 주목할 만한 연구경향이라고 볼 수 있겠다. 임은실은 카자흐스탄의 고려인에 관한 연구를 현지에서 그리고 한국에 체류하는 이민자로서의 고려인에 관한 연구를 하고 있다. 김경미는 국제결혼을 한 한국여성에 관한 연구에 이어 한국의 결혼이주자들에 관한 연구에 전념하고 있다. 김희연은 한국의 또 다른 주된 이민자인 외국인 노동자들에 관한 연구를 진행 중이다.

그 외에 앞에서 언급했듯이 북한에 관한 연구도 최근 들어 활발해졌는데, 이는 단지 영토에 관한 연구가 아니라 한국에서 생활하고 있는 탈북자들이 당하는 차별과 고립, 그리고 그들의 정체성 문제에 관한 연구가 사회학, 인류학적으로 이루어졌다. 그러한 연구 결과는 발레리 줄레조와 알랭 들리센(2013)이 편찬한 『디보더링 코리아(Debordering Korea: Tangible and Intangible Legacies of the Sunshine Policy)』에 잘 나와 있다. 프랑스에서 북한 연구의 중추적 역할을 하고 있는 발레리 줄레조는 최근 프랑스국립연구청(ANR)의 지원으로 "북한의 도시계획과 건축(CITY-NKOR)"이라는 연구 프로젝트를 완성했다.

프랑스에서의 최근의 연구경향은 알랭 들리센(2018)이 분석한 것처럼 한국 관련 박사논문 주제들을 통해서도 살펴볼 수 있다. 들리센에 따르면 고등사회과학연구원에 매년 5-10명의 박사과정 학생이 등록하는데 그들 대부분은 영토, 사회, 개발(territoires, sociétés, développlement) 전문과정 소속이며 그 외 사회학, 언어학, 사회인류학, 민족학 전공이다. 대부분 20, 21세기 현대사회에 관한 연구들이 주를 이루는 박사논문들은 한국의 정치사회, 사회경제, 종교의 변화에 관한 주제를 주로 다루고 있다. 최근 북한에 관한 관심이 눈에 띄게 늘어났으며 젠더나 성에 관한 연구들도 박사과정에서 진행되었다. 아주 최근 들어 문학이나 미디어에서 다루는 한류 현상을 되짚어보는 한국 사회의 문화적 변화에 대한 관심도 늘어났다.

최근 들어 고등사회과학연구원에서 박사과정 학생 중 프랑스 학생 수가 증가하고 있다는 것은 주목할만한 사실이다. 그동안 한국에서 프랑스로 유학온 학생들이 연구원에서 한국과 관련하여 학위를 취득하는 경우가 많았는데, 이제 프랑스 학생 수가 더 많아졌다. 현재 프랑스 고등교육기관에서 일하고 있는 한국학자들의 절반 이상이 한국인인 점을 고려해볼 때 앞으로 프랑스 한국학은 프랑스 학자들이 주가 될 것이라는 예상을 해볼 수도 있겠다.

4. 결론

역사적으로 인문학이 발달한 프랑스의 전반적인 학문경향을 드러내듯이 프랑스의 한국학자들도 언어학을 제외하고는 대다수가 역사, 인류학, 사회학, 지리학, 고고학 전문가들로 이루어져 있다. 전반적으로 역사학자, 특히 전근대를 연구하는 학자들이 다수를 이루고 있기는 하지만 언어에 대한 성찰과 한국학의 윤곽, 북한과 디아스포라를 포함한 하나의 독자적인 '세계'라 명명할 수 있는 한국에 대한 탐구가 오늘날 프랑스에서 이루어지는 한국학 연구의 두드러진 점이다.

한국학자들은 자신들의 전공 분야 동료와 협업하는 동시에 한국에 관해 연구하는 학자들과도 공동연구를 진행하는 성향이 두드러지게 나타나기 시작했다. 한국학에서의 연구는 더 이상 한국이라는 한 나라에 한정되어 이루어지지 않는다. 우선 대한민국이 유일한 연구 대상으로 간주되지 않으며 북한, 해외 각국에 퍼져 있는 동포에 관한 연구들로 인해 대상이 여러 나라, 여러 지역으로 넓어졌다. '중국, 한국, 일본' 공동연구소나 프랑스동북아연구소에서 이루어지는 한국학은 이제 다른 나라와의 비교

연구나 학제간 및 다제간 연구로 활성화되어가고 있는 것을 보아도 이러한 새로운 경향을 알 수 있다.

알랭 들리센이 『프랑스 한국학 백서』에서 지적했듯이 공동연구유닛 구조는 파리 주변 일드프랑스 전역의 한국 관련 전문가 그룹을 하나로 모으는 데 결정적인 역할을 했다. 이는 경쟁 기관들 사이에 가교를 구축하고 공동연구 프로젝트를 수립하는 것을 가능하게 했다. 이러한 협업 과정에서 지역학은 특정 언어와 현지조사를 통해 이루어지는 하나의 방법론이 되기도 했다. 이러한 공동연구의 발달은 전공 분야나 소속연구기관의 다양성과 프랑스, 한국, 유럽 등 여러 지역에 걸친 지역적 다양성 그리고 점점 더 높아지는 한국학의 가시성에서 그 원인을 찾을 수 있다. 이는 또한 좀 더 심층적인 방법으로 여러 각도에서 연구해볼 수 있는 총괄적인 연구 주제들이 생겨나는 데 도움이 되었다. 프랑스에서도 한국의 위상이 날로 높아지고는 있지만, 프랑스 전체 학계에서 보았을 때 한국학은 아직도 미미한 부분을 차지하고 있다. 프랑스 한국학이 점점 더 역동적으로 발전하는 것도 사실이기는 하지만 그 저변에는 아직도 연구되지 않은 부분들이 많이 남아 있다. 플로랑스 갈미쉬(2018)가 지적하듯 다른 전공 분야에서 이미 이루어지고 있는 연구 주제들을 한국학에 비추어보아 현재 미진한 분야들이 무엇인지에 대한 고찰이 이루어지고 그에 관한 연구들을 발전시켜 더 많은 주제들과 접근법들이 다루어져야 할 것이다.

마지막으로 프랑스 학계에서 전반적으로 한국학이 기여한 바에 관해 언급해볼 수 있겠다. 한국학뿐 아니라 전반적으로 프랑스 지역학은 연구 대상이 되는 지역에 관한 언어, 문화, 학술적으로 충분한 지식을 가지고 있을 뿐 아니라 그 외에도 인문사회과학 분야에서 자신들만의 전공 분야에서 활약하는 학자들이 이끌어가고 있다. 그들의 연구 대상이 프랑스나 유럽에 국한된 것이 아니라 전 세계로 확대되면서 연구 폭이 자연스럽게 넓어졌다는 의미에서 일본미술사 전공학자인 미카엘 루켄(Michael Lucken, 2010)과 일본 정치학자인 카롤린 포스탈비네(Caroline Postel-Vignay, 2010)는 프랑스의 지역학이 프랑스 인문사회과학의 세계화에 크게 기여했다고 간주한다. 그들은 또한 지역학이 인문사회과학 연구에서 중요시되는 다양성, 다원성적인 시선으로 보았을 때도 중요한 역할을 하고 있다고 지적했다. 이제 다른 문명이나 타 지역에 관한 관심은 인간의 다양성, 다원성에 관한 분석으로 이어지고 있으며 이러한 다양성은 인문사회과학 연구 대상으로서 중요한 위치를 차지하고 있다. 그런 맥락에서 볼 때 다른 지역학과 마찬가지로 한국학도 프랑스 인문사회과학 분야에서 방법론으로서 하나의 연구 틀을 제공할 뿐 아니라 다른 특정 학문으로는 대체될 수 없는 복합적이고 전문적인 연구 분야로 서서히 자리 잡고 있다고 할 수 있겠다.

참고문헌

Bouchez, Daniel. "Un défricheur méconnu des études Extrême-Orientales: Maurice Courant (1865-1935)." *Journal Asiatique, Peeters*, 271, 1983, pp. 43-150.

_____.「韓國學의 先驅者 모리스 꾸랑」.『東方學志』, 1986, pp. 153-194.

Bruneton Yannick. Livre Blanc des Etudes coréennes, op.cit, 2018, pp. 50-54.

Delissen, Alain. "École des Hautes Études en Sciences Sociales (EHESS) Centre de Recherches sur la Corée (CRC)." Livre Blanc des Etudes coréennes, 2018a, pp. 59-65.

_____. "Au-delà des institutions universitaires en études coréennes: les thèses sur la Corée en France." Livre Blanc des Etudes coréennes, 2018b, pp. 28-31.

Delissen, Alain and Bruneton, Yannick (dir.). *Livre blanc des études coréennes en France 2018*. Réseau des Études sur la Corée, 2018.

Florence Galmiche. "Méthodes et thèmes de recherche dans les études coréennes en Freance: une diversification qui se poursuit?" Livre Blanc des Etudes coréennes, 2018, pp. 25-27.

Jeong, Eun-jin. "Traduire la littérature, traduire les sciences humaines et sociales et éditer sur la Corée." Livre Blanc des Etudes coréennes, 2018, pp. 31-35.

Gelézeau, Valérie, De Creuster, Koen and Delissen, Alain (eds.). "Debordering Korea: Tangible and Intangible Legacies of the Sunshine Policy." Routledge Advanceds in Korean Studies, 2013.

Kim, Daeyeol and Thevenet, Stéphane. "Institut National des Langues et Civilisations Orientales (INALCO), Département d'études coréennes." Livre Blanc des Etudes coréennes, 2018, pp. 55-58.

Kim, Jin-ok. "L'enseignement du coréen en France: continuité du développement et élargissement du public." Livre Blanc des Etudes coréennes, 2018, pp. 35-37.

Lucken, Michael et Postel-Vinay, Karoline. "Déplacer les disciplines: le nouveau rôles des aires." Espaces Temps, 2020.

Isablle Sancho. "La recherche française sur la Corée: histoire, caractéristiques, forces et faiblesses." Livre Blanc des Etudes coréennes en France, 2018, pp. 22-25.

III

아시아 및 대양주와 유라시아 한국학의 발전

대양주 한국 관련 연구 동향 조사 분석 연구

신성철(뉴사우스웨일즈대학교)

#한국학

#한국 연구

#대양주

#호주

#뉴질랜드

최근 몇 년 동안 호주와 뉴질랜드의 한국 연구 분야는 중요한 변화를 겪으며 활기찬 지역학 학문 분야로 떠오르고 있다. 이 연구는 두 나라 학계 내에서 진화하는 한국학 및 한국 관련 연구 동향을 조사하고 분석하며, 주요 연구 주제, 학제간 접근 방식 및 중요한 학문적 기여를 파악하려고 한다. 이 연구는 전반적인 연구 주제와 방향을 검토함으로써 더욱 광범위한 접근 방법을 취하여 호주와 뉴질랜드에서 한국학 전공 프로그램을 제공하는 대학들의 공식 웹사이트를 조사하고, 연구 프로필을 검토하며, 연구 결과물의 제목과 초록을 분석했다. 또한, 해당 학문 분야에서 남북한과 관련된 연구를 수행하는 개별 학자들의 연구 주제들과 연구물을 살펴보았다. 연구 결과, 호주와 뉴질랜드 내에서 남북한과 관련된 연구는 학제간 접근을 강하게 강조하고 있음을 확인할 수 있었다. 학자들은 한국, 아시아-태평양 지역 및 한인 이민 커뮤니티 사이의 교차점을 적극적으로 탐구하고 있었다. 이러한 포괄적인 탐구에는 한류 현상 및 그것이 미치는 사회, 경제 및 문화적 영향도 중요한 역할을 했다. 이와 함께, 한반도와 관련된 현대 정치 및 국제관계 문제에 대한 학문적 관심도 증가하고 있었다. 본 연구는 연구 동향에 대해 간단히 논의하고 해당 대학의 한국학 연구 프로그램을 강화할 필요성과 함께 소속 학자들의 연구 역량 향상의 중요성을 강조한다.

1. 서론

최근 몇 년 동안 호주와 뉴질랜드에서의 한국학 분야는 현격한 변화를 겪으며, 역동적이고 다학제적인 학문 탐구 분야로 떠오르고 있다. 아시아-태평양 지역에 위치한 두 나라인 호주와 뉴질랜드는 한국의 언어, 역사, 사회, 문화 및 정치 등 한국에 대해 더 잘 이해하기 위해 정부 정책적 차원에서 한국에 대한 교육 및 연구의 중요성을 인식했으며, 이로 인해 견실한 한국학 프로그램을 수립하게 되었다. 본 연구는 호주와 뉴질랜드 학계에서의 한국 관련 연구 동향을 탐구하고 분석하며, 호주와 뉴질랜드의 학문적 경험에서 한국 관련 연구의 주요 관심 분야, 학문 분야 간 접근, 학자들의 기여 등을 조명하고자 한다.

세계적으로 학문적 상호교류가 증가하고 변화하는 글로벌 환경 속에서 한국 관련 연구는 다양한 맥락에서 그 중요성을 찾고 있다. 호주와 뉴질랜드 모두 아시아-태평양 지역과의 유대관계를 강화하려는 노력으로 인해 한국학에 대한 관심이 증가했으며, 이는 해당 지역의 사회문화, 경제 및 정치적 영향력에 대한 더욱 포괄적인 인식을 반영한다.

호주에서의 한국 관련 연구는 학문 분야 간 접근에 중점을 둔 연구 동향을 보이며, 학자들은 한국과 아시아-태평양 지역 및 한국인 이민사회와의 교차점을 탐구하고 있다. 여기에는 한류 관련 연구가 그중 하나로 한국 대중문화의 세계적인 인기에 대한 연구도 포함된다. 연구자들은 한류 음악, 한국 드라마 및 한국 음식을 비롯한 한국 대중문화의 사회, 경제 및 문화적 영향을 탐구한다. 이와 더불어 한반도의 현시점 정치 및 국제관계에 대한 연구 관심이 더욱 커지고 있으며, 연구자들은 남북한 간의 긴장 및 지역 내 해당 국가들의 역할을 분석하고 연구한다.

뉴질랜드에서의 한국 관련 연구도 학문 분야 간 접근을 중요시하며,

학자들은 한국과 아시아-태평양 지역 간의 연결 및 한국 이민자의 경험을 연구하고 있다. 또한, 한국학에서 언어와 번역의 역할에 대한 탐구가 이뤄지고 있으며, 한국문학을 영어로 번역하는 데도 관심을 두고 있다. 또한 역사와 국제관계 등에서 한국전쟁과 이것이 뉴질랜드의 외교 정책에 미친 영향 등을 살피기도 한다.

이와 같이 호주와 뉴질랜드 두 나라에서 진행된 한국 관련 연구들은 학문 분야 간 접근을 중요시하며, 아시아와 태평양 지역 간의 연결, 그리고 한국 대중문화의 사회, 경제 및 문화적 현상과 영향 등을 조사하고 고찰한다. 이는 밀접하게 연결되어 있는 글로벌 시대의 학문적 탐구와 협력의 발전 동향을 이해하는 통찰력을 제공한다.

본 연구는 호주와 뉴질랜드에서 한국학 연구 분야에서 나타난 독특한 동향을 중점적으로 살펴보려고 한다. 연구자들이 한국과 다른 지역 사이의 교차점 및 한국 대중문화의 사회적 영향을 탐구하기 위해 채택한 다양한 다학제적 접근 방식을 간략하게 조명하고 한반도 주변의 현대 정치 문제와 대양주의 한국과의 관련성을 형성한 사회문화적 맥락도 짚어보려고 한다.

한국 관련 연구와 주제 지향성을 조사함으로써 대양주 지역의 최근 한국학 연구의 동향과 변화에 대한 이해에 기여하고자 한다. 학문적인 추구가 지리적 경계를 초월하는 것이 점점 더 증가하는 상황에서 다양한 학문 분야와 배경을 가진 학자들의 협력 노력은 한국의 다양한 글로벌 역할에 대한 이해를 넓혀줄 것이다. 또한 호주, 뉴질랜드 지역의 연구 동향을 포괄적으로 들여다봄으로써 이 지역과 다른 지역의 한국 관련 연구에 대한 통찰력을 제공하는 일에 도움이 되길 기대한다.

2. 연구 방법

이 논문은 대양주 지역의 한국학 및 한국 관련 연구의 동향을 조명하는 조사 연구이기 때문에 호주, 뉴질랜드 대학의 최근 연구 추세에 초점을 맞추었다. 매년, 매 학기마다 변화하는 구체적인 통계 숫자의 제시를 지양하고 전반적인 연구 주제나 방향의 흐름을 제시하여 연구 동향 이해에 도움이 되도록 했다. 이를 위해 대양주 지역 내 한국학 전공 프로그램을 제공하는 주요 대학의 홈페이지와 소속 학자의 연구 프로필, 논문 제목 및 초록을 조사했고, 한국학 프로그램을 제공하고 있지는 않으나 한국과 관련하여 소속 학문 분야에서 연구하는 개별 학자들의 연구 프로필을 살펴보았다. 그 외 대양주 한국학 프로그램의 전개와 관련된 논문이나 보고서를 참고했고, 대양주한국학회 활동에 대한 연구자의 관찰 등을 종합하여 기술하는 방법을 채택했다.

조사에 포함된 대학들은 호주의 주요 연구중심대학(Group of 8) 가운데 한국학 전공 프로그램을 제공하는 7개 대학〔호주국립대(ANU), 모나쉬대(Monash University), 멜버른대(University of Melbourne), 뉴사우스웨일즈대(UNSW), 퀸즈랜드대(University of Queensland), 시드니대(University of Sydney), 서호주대(University of Western Australia)〕과 오랫동안 중단되었다가 최근 한국학 프로그램을 재개한 커튼대(Curtin University) 등이다. 그 외 한국학 프로그램을 제공하고 있지는 않으나 한국 관련 연구가 수행되고 있는 맥콰리대(Macquarie University), 남호주대(University of South Australia), 시드니공대(UTS) 등의 연구도 들여다보았다. 뉴질랜드의 경우는 유일하게 한국학 전공 프로그램을 제공하는 오클랜드대(University of Auckland)의 연구를 살펴보았고, 그 외 한국 관련 연구가 수행되어온 웰링턴 빅토리아대(Victoria University of Wellington)와 캔터베리대(University of Canterbury)의 연구를 들여다보았다.

3. 호주와 뉴질랜드 대학의 한국학 발전 과정

1) '한국학'의 정의와 학문 범주

위에 언급한 각 대학들의 연구 동향을 살펴보기 전에 우선 대양주의 대학 및 연구기관에서 범용하는 '한국학(Korean Studies)'의 정의와 학문 범주를 간략히 논하고자 한다. 호주와 뉴질랜드에서의 '한국학'은 한국과 관련된 거의 모든 학문 분야를 아우르는 지역학 개념으로 언어를 비롯하여 사회, 문화, 문학, 역사, 정치 등 인문사회학 분야의 학문을 교육하고 연구하는 한국 중심의 통합적 지역학이다. 여기에는 종종 한국의 경제와 남북 및 국제외교관계, 그리고 호주 및 뉴질랜드 현지 교민사회에 대한 연구도 포함한다.

이러한 측면에서 한국의 '국학' 개념의 정의 및 연구 범주와 차이가 있고, 한국 대학의 전형적인 학과 중심의 개념이나 범주와도 다르다. 이 같은 '한국학'의 포괄적 개념화는 단지 호주, 뉴질랜드에서만의 일이 아니라 해외의 대부분 대학, 특히 서구권 대학에서 통용하는 지역학 개념으로 특정 지역 및 국가에 초점을 맞추어 강좌를 개설하고 연구하기 때문이다. 이 같은 '표지'는 기관의 조직과 경영 측면에서 볼 때 통합적으로 묶어 단위화하고 관리하는 것이 편리하고 대내외적으로 유리한 점이 있는 것도 작용한다. 또한 호주와 뉴질랜드 대학에서는 벌써 20여 년 전부터 칸막이 같은 학과 개념을 없애고 단과대학 아래 좀 더 큰 조직인 학부

(School) 단위를 도입하여 그 아래 전공 프로그램만 두고 있는 점도 포괄적 지역학 개념의 확대에 도움이 될 것으로 여겨진다. 그러나 무엇보다 해외 대학에서 어느 특정 지역의 국가에 초점을 맞추어 강좌를 개설하고 연구 활동하는 학자군을 확보하는 것은 쉬운 일이 아니기 때문에 특정 분야 학자군의 유용성 및 대학의 우선순위에 맞춰 한국학 또는 한국과 관련된 테두리 안에서 교수진을 채용하게 되고, 이것이 해당 대학의 교육 및 연구 학문 분야를 결정하게 된다.

2) '한국학' 프로그램의 발전 과정 개략

호주와 뉴질랜드 대학의 한국학 프로그램의 발전 과정을 개략적으로나마 간략하게 기술하고자 한다.

호주와 뉴질랜드 대학의 한국학은 초기 탐구 단계에서 확장과 기관화, 그리고 현재는 국제적 영향을 갖는 다학제적 관여까지 세 가지로 구별되는 단계를 거쳐 발전해왔다(Barraclough, 2019; Elfving-Hwang, 2019; Shin, 2020). 이 같은 추이는 한국의 문화적·정치적·경제적 중요성이 점차 인식되며, 역동적인 나라 한국과 한반도에 대한 포괄적 이해를 촉진하고자 하는 이 지역 대학들의 관심을 반영한다.

(1) 1단계: 초기 탐구와 기반 구축(1960-1980년대)

초기 단계에서 호주 대학의 한국 관련 강좌는 동아시아 연구와 문화 교류에 열정을 가진 학자들이 1960년대에 호주를 방문하는 학자들을 활용하여 한국과 관련된 강좌를 개설하면서 시작했다. 제한된 자원 상황에서 이 선구적인 학자들은 동아시아 관점에서 언어 수업, 기본 역사 강좌 및 문화 세미나를 도입하여 미래 성장의 기초를 다지게 되었다. 본격적인 한국학 전공 프로그램 제공은 1980년대 말에서 1990년대 초반에 정부 정책 지원과 더불어 이루어졌고, 한국어와 문화에 대한 학생들의 관심이 서서히 증가하면서 한국학이 인식 가능한 학문 분야로 싹트기 시작했다.

(2) 2단계: 확장과 기관화(1990-2000년대)

1990년대와 2000년대 호주와 뉴질랜드 대학들의 한국학 프로그램은 크게 확장되었다. 이 단계는 학계 내 한국학 전공 프로그램의 개설이나 센터의 설립으로 특징지어진다. 증가하는 자금 지원, 한국 기관과의 협력, 다양한 한국학 분야를 전문으로 하는 학자들의 유입 등이 종합적인 커리큘럼 개발에 기여했다. 강좌는 언어 교육을 넘어서 역사, 문학, 정치, 사회 등 다양한 주제를 포함하게 되었다. 한국 대학과 호주, 뉴질랜드 대학 간의 학술적 교류, 파트너십 및 유학 기회도 활기 있게 추진되었다.

(3) 3단계: 다학제적 관여와 국제적 초점(2010년대-현재)

최근 몇 년 동안 호주와 뉴질랜드의 한국학은 다학제적 관여와 국제적 인식을 강화하는 단계로 진입했다. 학자들은 점점 다양한 학문 분야 간 협력을 통해 한국과 다른 지역 간 다면적 연결을 탐구하고 있다. 한류의 등장으로 세계적으로 영향력을 미치는 문화의 사회경제적 영향, 국제적 영향력, 문화적 의미에 대한 연구가 증가했다. 이와 더불어 한반도의 정치적 긴장과 남북 관계 같은 현존하는 지정학적 문제로 인해 이 지역의 국제적 중요성에 대한 관심이 높아졌다.

호주 및 뉴질랜드 대학들은 최근에 문화 간 대화와 국제적 협력을 적극적으로 추진하고 있다. 디지털 자원, 온라인 강좌 및 가상 학술 행사를 통해 한국학의 활동이 지리적 경계를 초월하여 더 넓은 영향력을 행사하고 있다. 아시아-태평양 지역이 세계 무대에서 더욱 중요한 역할을 하면서 한국학은 대학들의 국제화 노력의 핵심 요소로 자리 잡고 있으며, 한국의 국제적 역할에 대한 깊은 이해를 촉진하고 있다.

4. 호주 및 뉴질랜드 대학들의 연구 주제와 동향

호주와 뉴질랜드 대학들의 한국 관련 연구는 앞선 발전 개략에서 언급한 대로 1980년대 말부터 1990년대 초에 한국학 전공 프로그램이 개설되고 수년간의 안정화 작업 시간이 지난 후 1990년대 중·후반부터 본격적으로 이루어졌다고 볼 수 있다. 대략 2010년 전후로 연구 주제가 다양화되고 특히 한국학중앙연구원(AKS) 등 한국학 진흥 기관의 연구기금과 중핵대학 지정, 경력 교수 지원 프로그램 등에 힘입어 인문사회학 분야 연구에서 크게 확대되었다. 여러 연구물 출판과 지속적인 국제 및 국내 학회 주최 등 연구 활동으로 지역 및 글로벌 한국학계뿐만 아니라 해당 학문 분야 학계에도 한층 기여하며 오늘에 이르게 되었다. 아래에 각 대학의 한국 관련 주요 연구 주제를 분석하여 개략적으로 간략하게 소개하고자 한다(영어 알파벳 순, 한국학 전공 프로그램 제공 대학 우선 순).

1) 호주국립대학교(ANU)

호주국립대학교(ANU)는 한국학 분야에서 학문적 우수성을 길게 이어온 전통을 가지고 있다. ANU는 한국 연구에 전념하는 한국연구소

(Korea Institute)를 운영하고 있으며, 이 연구소는 한국 관련 문제에 대한 연구와 호주 내외에서 한국에 대한 이해를 증진하는 데 기여하고 있다. 전반적으로 한국연구소는 한국어 및 한국 연구 교육을 강화하여 한국과 호주 간의 유대를 강화하고 한국 연구 분야를 글로벌로 발전시키려는 목표가 있다. 이 연구소는 인문과학 및 사회과학 분야에서 한국에 대한 연구를 지원하며, 혁신적인 연구로 국제적으로 인정받고 있다.

ANU 한국연구소의 주요 연구 분야 중 하나는 한국 역사와 한류, 대중문화 그리고 문학 분야다. 이 연구소 소속의 학자들은 근대 한국 역사와 K-Pop 음악과 미디어, 시민사회 및 여성 문제, 여성 문학 같은 주제를 연구한다. 한국 역사의 다양한 측면을 연구하며, 문학, 예술 및 영화 같은 한국 문화 표현을 탐구하고, 이들이 한국의 정체성을 반영하고 형성하는 방식을 조사 연구한다. 한국연구소는 또한 남북한의 정책과 한국 안보 및 국제 관계에 대해서도 관심을 두고 있다. 또한 한국의 글로벌 경제 대국으로의 부상과 그 성장하는 외교적 영향력의 함의를 분석 연구한다.

구체적으로 ANU 한국연구소 소속 연구자들의 주요 연구 분야와 관심사는 역사 분야에서 20세기 초 한국 정치와 사회, 근대 시대의 역사, 역사적 기억과 표현뿐만 아니라 동아시아 역사, 현대 한국 사회 및 문화 같은 더욱 폭넓은 주제를 포함한다. 대중문화 영역에서는 20세기 초부터 현재까지 한국의 문화 산업, 대중문화 및 팬덤, 엔터테인먼트와 대중문화뿐 아니라 민속음악학 분야까지 연구 주제로 삼고 있다. 언어학 분야에서는 한국어 경어법과 관련된 역사언어학적 구성과 사회문화적 조건, 한국 사회 내 언어 예의에 대한 언어학적 담론 등을 연구하고, 국제관계 영역에서는 한일 관계, 북동아시아 비정부 단체의 역할, 핵 반대 운동 및 피해자 보상 운동 같은 문제에 중점을 두고 있다.

이 같은 연구의 결과물로 다수의 연구 논저와 학술논문을 출판했는데, 몇몇 예시로 *Rationalizing Korea: The Rise of the Modern State, 1894-1945* (Hwang, 2015) 및 *A History of Korea* (Hwang, 2016), 그리고 공저 *K-Pop: The International Rise of the Korean Music Industry* (Choi & Maliangkay, 2017) 등과 *Factory Girl Literature: Sexuality, Violence and Representation in Industrializing Korea* (Barrraclough, 2012) 같은 논저를 출판하여 해당 분야뿐 아니라 한국 역사와 문화의 글로벌 연구에 기여했다.

연구 활동 외에도 ANU 한국연구소는 다양한 행사를 주최하고 있다. 공개 강연, 세미나 및 워크숍을 통해 학자들, 정책결정자 및 일반대중이 한국 관련 문제에 관여하고 아이디어와 관점을 교환할 수 있는 포럼을 제공하고 있다.

전반적으로 ANU대학의 한국 관련 연구는 학자들의 전문성과 통찰력을 통해 한국에 대한 지식과 이해의 발전에 기여하고 정책결정자, 학계 커뮤니티 및 일반대중에게 역동적인 한국과 복잡한 한반도와 동아시아 관련 다양한 문제에 대해 매우 소중한 통찰력을 제공하고 있다.

2) 커튼대학교(Curtin University)

서호주 주도 퍼스에 위치한 커튼대학교는 1990년대 초반 호주 대학들에 한국학 프로그램이 도입될 때 한국어 문화 강좌를 개설한 최초의 호주 대학 중 하나였는데, 당시 호주에서 가장 큰 아시아학부 중 하나를 운영한 대학이다. 1992년 서부 호주에서 최초로 한국학 전공 프로그램을 도입하여 수년간 교육하고 운영했으나 교수진의 은퇴와 내부 문제로 2010년 한국학 프로그램이 중단되었으나 예비 신입생들로부터 지속적인 한국 관련 프로그램 문의와 개설 요구에 따라 인문학부가 최근 교수진을 확충하고 프로그램을 재정비하여 다시 개설하기 시작했다.

2023년부터 커튼대학교는 한국학 주전공 프로그램을 다시 시작했으며, 이는 미디어, 창작예술 및 사회과학 등 분야에서 급부상하고 있는 아시아 연구 및 교육 콘텐츠 제공에 핵심적인 사항이다. 또한, 커튼대학교는 한국 관련 프로그램을 온라인으로 제공하고 있고 학부에서 성적이 우수한 학생들에게 장학금을 제공하여 대학원 프로그램에 참여하도록 유도하고 있다. 커튼대학교는 호주의 다음 세대 한국 전문가들을 양성하여 졸업생들의 고용주 만족도를 높이는 일에도 관심을 가지고 노력을 기울이고 있다.

서호주한국연구센터(Korea Research Centre of Western Australia)는 커튼대학교의 주요한 한국 중심 연구 및 협력센터로서, 서호주에서 한국에 초점을 맞춘 최고의 연구 및 협력 센터다. KRC는 서호주 주도 퍼스에서의 한국 연구 및 교육의 중심적 역할을 수행하고자 연구 중심 교육을 강화함으로써 대학원 및 박사후 연구 기회를 제공하고 한국학 연구 분야의 미래 학자들을 양성하는 목표를 가지고 있다. 서호주대학의 한국 관련 연구 주제로는 한국의 미모 문화, 대중문화, 한-호 관계, 한국어 교수 방법 혁신 등을 포함한다. 특히, 용모의 서구화, 육체미학, 미디어 등 대중문화 주제의 연구는 The Body, Cosmetic Surgery and the Discourse of "Westernization of Korean bodies" (Elfving-Hwang, 2021); Media, Cosmetic Surgery and Aspirational Beauty Aesthetics of the Ageing Body in South Korea (Elfving-Hwang, 2021); K-Pop idols, artificial beauty and affective fan relationships in South Korea (Elfving-Hwang, 2018) 등의 연구에서 찾아볼 수 있다.

또한 KRC는 서호주의 고등교육기관에서 한국 관련 연구에 참여한 연구자들 간의 협력을 촉진하고, 서호주 비즈니스 커뮤니티, 주정부 및 호주-한국 간의 이해관계가 있는 비영리단체와 연결하는 역할도 수행한다. 자연스럽게 KRC센터는 한국에 초점을 맞춘 외부 프로젝트와 협력하고 한국 전문가와 지역 내 산업 및 공공부문 파트너들을 결집하기 위한 행사를 자주 개최한다.

3) 모나쉬대학교(Monash University)

멜버른 소재 모나쉬대학교는 한국학을 포함한 다양한 연구 분야를 가진 선도적인 연구 중심 대학이다. 한국어, 문화, 역사, 정치 등의 분야에서 중점적으로 연구를 수행하고 있으며, 한국 연구에 중점을 둔 다양한 연구 프로그램을 개설하고 있다. 이러한 연구는 모나쉬대학교의 언어문화문학부와 한국학연구허브(MUKSRH)를 중심으로 이루어지고 있으며, 다른 학부의 한국 관련 연구자들도 협력하고 있다.

호주에서 아시아 언어 중 중요한 언어로 인정받고 있는 한국어에 대해 모나쉬대학은 한국어, 문화 및 사회에 대한 전문지식 수요가 계속해서 증가하고 이에 기여할 수 있는 좋은 위치에 있다고 평가한다. 한국은 호주의 중요한 무역 파트너로서, 두 나라 간의 관계는 무역, 교육 및 관광을 포함한 여러 분야에서 계속 확대되고 발전하고 있기 때문에 한국어 능력과 한국에 대한 지식을 갖춘 졸업생들을 배출하는 것을 중요하게 생각한다.

한국학연구허브는 한국과 관련된 연구 및 교육 활동을 촉진하는 다학제 연구 중심축이다. 이 허브는 주로 모나쉬대학교의 학자들로 구성되어 있고, 한국어, 한국 역사, 문화, 정치, 국제관계 등 다양한 측면의 연구를 수행한다. 이 허브를 기반으로 연구논문을 발표하며 학술 세미나와 학술대회를 주최하여 학계 내 토론과 협력을 촉진하고 있다.

모나쉬대학교는 이 한국학연구허브를 통해 멜버른과 대도시 지역에서 한국 연구의 전문성을 강화하고 있고, 호주 국내외의 기관과 협력하고 있다. 연구자들은 각자의 전문 연구 분야를 가지고 한국학연구허브 활동에 기여하고 있으며 이들이 다루는 연구 분야는 다양한데, 예를 들면 한국어 습득과 사용에 맞춰진 사회언어학 연구, 한국 근현대사 주제, 북한과 남한 영화, 한국 대중문화(K-Pop), 한국계 이민자, 대한민국과의 국제관계 등과 같은 주제를 포함한다.

구체적으로 모나쉬 학자들이 다루는 연구 분야 주제를 들여다보면, 가령 한국어 경어법과 사회문화적 언어 학습/교육, 한국어의 용어 및 언어적 규범화와 언어 이념의 역할, 현대 한국어와 문학 관계, 한국 역사, 특히 조선시대 정변에 특화된 연구, 한국계 이민자와 가정폭력 문제 등에 전념하고 있다.

이 같은 연구 주제 논저들의 예시로는 *Korean: A Comprehensive Grammar* (Yeon & Brown, 2019)와 공저 *Speed Up Your Korean: Strategies to avoid common errors* (Brown & Yeon, 2016) 등의 언어교육과 언어학 연구서, *The Musin Rebellion: Politics and Rebellion in Eighteenth-Century Korea* (Jackson, 2016) 같은 조선시대 정변 연구, 남북한의 국제관계를 탐구한 *The Two Koreas and their Global Engagements* (Jackson, 2022), 한국 대중문화를 다룬 *Korean screen cultures: Interrogating cinema, TV, music and online games* (Jackson & Balmain, 2016) 등이 있다.

모나쉬대학교는 이러한 전문 분야에서 연구를 수행하려는 예비 박사과정 학생들에게 한국학연구허브를 통해 기회를 제공하고 있고, 한국 관련 연구와 다른 학문 분야를 결합하는 다학제 프로젝트를 지원하여 학생들이 포괄적인 지도와 안내를 받을 수 있도록 하고 있다. 학문적 환경에서 한국 문화, 언어 및 역사 등 다양한 측면을 탐구하는 것에 관심 있는 연구자들에게 귀중한 통로라고 할 수 있다.

교육적 측면에서 모나쉬대학교는 호주 대학에서 가장 큰 한국학 프로그램 중 하나를 제공하고 있는데, 이 프로그램은 한국어, 현대문학, 근현대 역사, 대중문화 과목 등의 강좌를 제공하며, 학생들이 한국어 능력을 향상시키고 한국 문화를 이해하는 데 도움을 주도록 설계되어 있다. 특히, 한국어, 한국의 대중문화, 영화, 문학 등의 분야를 중점적으로 교육하고 연구하고 있다.

전반적으로, 모나쉬대학교는 한국학에 대한 관심과 열정으로 호주 내 한국 연구의 선도 기관이 되어가고 있다. 한국 사회와 문화에 대한 이해를 증진하는 데 기여하고 있으며, 혁신적이고 중요한 연구를 지속적으로 수행하고 있다.

4) 멜버른대학교(University of Melbourne)

멜버른대학교는 한국 관련 연구 분야에서 한국 사회, 문화, 정치 및 경제의 다양한 측면을 탐구하는 프로그램과 계획을 갖추고 있는 호주의 주요 명문 대학이다. 멜버른대학교의 한국학 전공 프로그램은 상대적으로 역사가 짧지만 언어, 역사, 문학, 영화 및 대중문화를 포함한 한국 사회와 문화의 다양한 측면을 탐구하는 강좌와 프로그램을 제공하고 있다. 이 프로그램은 언어교육과 한국 역사, 정치, 국제관계, 사회학, 미디어 연구를 포함한 다양한 분야 학자들의 전문지식을 활용한다.

멜버른대학교의 아시아연구소(Asia Institute)는 호주의 아시아 사회, 문화 및 언어 연구의 주요 센터 중 하나다. 이 연구소에는 한국 사회 및 문화와 관련된 역사, 정치, 경제 및 사회 변화와 관련된 다양한 주제에 초점을 맞춘 한국 연구 프로그램을 수행하고 있다. 이 프로그램은 다양한 학문 분야의 학자들을 모아 한국 관련 주제에 대한 연구 및 교류를 촉진하기 위해 행사, 세미나 및 워크숍을 개최한다. 이 연구소를 중심으로 한국과 관련하여 연구하는 연구자들의 주요 연구 주제로는 이민과 인권, 특히 북한의 인권 문제와 응용언어학과 사회언어학 관련 주제들이다. 인권 관련 연구 결과물의 예시로는 *Human Rights Discourse in North Korea: Post-colonial, Marxist and Confucian Perspectives* (Song, 2010) 등이 있다.

일명 '코리아 허브'라고 불리는 멜버른대학교의 한국학연구허브는 한국에 관한 협력 연구와 네트워크를 위한 학문 간 가상 허브다. 한국학연구허브는 2020년 한국학중앙연구원의 후원을 받아 설립되었으며, 한국 사회 및 호주-한국 관계에 대한 지역 및 국제적인 연구 협력을 촉진하기 위해 개설되었다. 이 허브의 활동은 주로 팀 기반 연구 프로젝트 수행, 연사 강연 및 방문 연구원 초청, 세미나 시리즈와 워크숍 개최, 대학원 연구 지원 등을 수행한다. 또한 한국학연구허브는 한국과 관련된 주제에 대해 연구하는 학생, 소장 연구자 및 전문가들의 네트워크를 구성하여 연구 지도 및 진로 멘토링, 대학원 연구 장학금 지급, 한국학 세미나 시리즈 및 연례 대학원 워크숍, 정기적인 한국 영화 상영 및 대학 도서관의 한국 자료 확보 등 프로그램을 운영하고 있다.

그 밖에 호주-한국재단(Australia-Korea Foundation)과 연구 및 교육 프로그램 협력, 문화 교류 및 비즈니스 파트너십을 포함한 여러 계획을 통해 호주와 한국 간의 더욱 밀접한 연결을 촉진하려고 활동하고 있다. 또한 한국 및 한반도가 직면한 현대적인 문제에 초점을 맞춘 연구로 정치·경제·안보 문제를 다루고, 호주와 한국의 학자 및 정책결정자들을 모아 아이디어와 연구 결과를 교환하며 한국 관련 주제에 대한 대화와 협력을 촉진하기 위해 행사와 세미나를 개최하고 있다.

전반적으로 멜버른대학교는 한국 사회, 문화, 국제정치 및 경제의 연구를 촉진하는 여러 프로그램과 계획을 갖춘 호주의 주요한 한국 관련 연구기관으로 연구를 통해 한국에 대한 이해를 증진하고 호주와 한국 간의 연결을 강화하는 데 기여하고 있다.

5) 뉴사우스웨일즈대학교(University of New South Wales/UNSW)

시드니 소재 뉴사우스웨일즈대학교는 이공계 학문뿐 아니라 인문학 분야에서도 연구 및 교육 우수성을 자랑한다. UNSW의 한국학 프로그램은 두 가지 주요 구성요소에 중점을 두고 있다. 한국어 학습 및 언어와 함께 얽혀 있는 사회, 문화 및 역사 등을 탐구하는 것이다. UNSW의 한국학 입장에서 한국어는 의사소통 수단일 뿐만 아니라 말하는 지역의 풍부한 문화와 정체성을 표현하는 주요 통로라고 여긴다. 한국어 능력을 계발하게 될 때 학생들은 한국 및 기타 한국어 사용 지역의 문화적 자산과 생활 양상에 대한 귀중한 표출 수단을 얻게 되고, 국제관계를 촉진하며 국가와 사람들 상호 간의 이해를 증진하는 데 중요한 역할을 한다고 표방한다.

UNSW의 한국학 관련 연구도 두 가지 필수 구성요소에 중점을 둔다. 첫 번째 요소는 한국어 습득과 사용 및 교육과 관련된 응용언어학, 교육언어학 또는 사회언어학 분야 연구로, 이는 언어 교육 방법과 학습 과정에 대한 포괄적인 이해뿐만 아니라 표현 능력과 다문화적 상황에서의 언어의 역할과 중요성에 대한 이해를 탐구하는 것이다. 두 번째 구성요소는 한국어와 관련된 문화와 사회의 다양한 측면을 연구하여 문학, 문화, 역사, 사회 및 국제관계 영역을 포함하여 다양한 학문 분야에서 통찰력을 얻고 한국에 대한 학문적 이해를 증진시키는 데 초점을 둔다.

UNSW의 한국학 또는 관련 연구에서 수행한 한국 관련 주제로 최근 수행한 연구 몇 가지 사례를 제시하면, 우선 UNSW 인문언어학부는 다양한 한국어 강좌를 제공하며, 해당 교수진은 한국어 교육에 대한 연구를 수행하고 있다. 예를 들어, 한국어 습득과 오류 분석, 교육과정 정책 및 교수 방법의 문제, 그리고 사회언어학 분야에서 언어 사용과 유지 및 언어 능력의 상관관계, 그리고 언어, 민족정체성 및 문화정체성 문제 등을 연구하고 있다. 인문사회학 분야에서는 한국의 근대 역사, 종교 역사, 한국의 전통문화, 불교문학과 고전문학 등 다양한 주제에 대해 연구하고 있다. 정치경제 분야에서는 국가 발전 전략에서 국가의 역할, 국가 개발계획과 금융 활동 등 한국의 국가사회 발전 전략을 국제적 시각에서 조명하는 연구들을 수행했다.

이 같은 연구 결과물의 예시로는 *Understanding L2 Korean Learner Errors: Description, Explanation and Implications* (Shin, 2017); *Korean Language Education: Australian Practices and Perspectives* (Shin, 2018); *Korean Heritage Language Maintenance, Learning and Development: Australian Practices and Perspectives* (Shin, 2019) 등의 응용언어학 및 사회언어학 연구와 *Salvaging Buddhism to Save Confucianism in Choson Korea (1392-1910)* (Evon, 2023) 같은 근대 이전 조선시대 불교사에 대한 최신 연구, 그리고 *Developmental Mindset: The Revival of Financial Activism in South Korea* (Thurbon, 2016) 같은 한국의 국가적 개발계획과 금융 활동을 분석한 논저들이 있다.

그 외 한국 관련 연구는 인문학부나 사회학부, 예술미디어학부, 경영대학 등 여러 학문 분야 내에서 간헐적으로 개별 학자의 연구 관심사에 따라 이루어지고 있다. 가령, 인문학부나 예술 및 미디어학부 내에 K-Pop과 한국 영화, 드라마 같은 한국 대중문화나 한국 뷰티 제품의 문화적 의미에 대한 연구 수행이나, 인문학부나 경영대학에서 한국 비즈니스와 경제를 전문적으로 연구하는 연구자들이 있다. 이들은 세계 경제에서 차지하는 한국 경제의 역할, 자유무역협정(FTA)이 한국에 미치는 영향, 한국의 다국적 기업의 부상 등을 연구하고 있다. 최근의 연구 중 하나는 첨단기술 분야에서 한국 스타트업의 성공에 기여하는 요인들을 조사 연구했다. UNSW 연구자들의 또 다른 연구 예로는 호주 기업의 한국 수출 성과에 대한 자유무역협정의 영향에 관한 연구가 있다.

이 외에도 UNSW 호주인권연구소(AHRI)는 북한 내 인권 침해에 관한 연구를 수행해왔으며, 강제노동, 정치적 감금, 성 차별, 폭력 등과 같은 문제를 다루고 있고 AHRI는 인권 단체인 Human Rights Watch와 협력하여 이러한 문제에 대한 인식을 높이고 변화를 주장하고 있다.

전반적으로 UNSW는 한국의 언어, 사회, 경제, 역사, 문화, 정치의 다양한 측면을 탐구하는 다양한 연구 커뮤니티를 가지고 있다. 인문언어학부는 한국학 프로그램은 물론 학제간 교섭 연구와 국제적 연구 참여하여 국제사회에서의 한국과 그 위상에 대한 이해를 증진시키는 일에 기여하고 있다. 또한 한국학 후학 육성을 위해 언어, 문화 및 사회와 그 외 여러 한국 관련 분야에서 다양하고 포괄적인 석·박사 대학원 프로그램을 제공하고 있다.

6) 시드니대학교(University of Sydney)

시드니대학교는 한국학 전공 프로그램의 일환으로 한국어, 미디어, 역사, 문화, 정치 등의 학부 및 대학원 연구과정을 제공하고 있다. 모든 수준의 학생들을 위한 한국어 및 문화 과정을 제공한다. 한국어 과정은 언어학 및 언어교육학 등 전공 교수 또는 한국어 교육 경험이 있는 강사들이 가르치며, 한국의 사회와 문화 같은 주제가 커리큘럼에 포함되어 있다.

시드니대학교 연구자들이 한국과 관련하여 연구하는 주제들은 한국을 비롯한 동아시아의 미디어 정책과 법규, 미디어 양상 비교, 한국전쟁과 냉전기 역사, 여성학, 북한 탈출 이주민 문제, 한국 영화, 문학 및 미디어 등을 포함한다. 학문 분야를 가리지 않고 인문 및 사회과학, 법학 등의 전공 영역을 결합하여 한국과 관련된 여러 연구 프로젝트가 진행되고 있다. 이들 연구 가운데는 한인 사회와 미디어 등 한인 사회에 관한 연구 프로젝트도 있어 호주 및 다른 국가에서 한국 이민자 및 그 자손들의 경험을 탐구한다.

이 같은 연구 프로젝트의 주요 결과물의 예시로는 동아시아 텔리비전 방송의 변화를 탐구한 *Television in Transition in East Asia* (Kwak, 2018)와 호주 텔렌비전 방송을 분석·탐구한 *Television Broadcasting in Australia* (Kwak, 2015) 등이 있고, 한국전쟁 중 민간인에 대한 잔인한 학살사를 탐구한 *Korea's Grievous War* (Hwang, 2016), 광복 후 소설문학을 탐구한 *La place de la litterature: Fictions Nationales et Cultures Politiques dans Les Corees Liberees (1945-1950)* (Berthelier, 2022) 등이 있다.

이 외에 시드니대학교 서로 다른 학부 내에서 간헐적으로 수행한 한국 관련 연구 주제로는 한인 청소년의 정체성 형성, 문화 적응, 이중국적 네트워크 등과 K-Pop 음악, 한국 드라마, 한국 영화 등 한국의 대중문화에 대한 연구들이 있는데, 한국 대중문화의 글로벌 영향력과 한국에 대한 국제사회의 인식 형성에 대한 연구들이다.

전반적으로, 시드니대학교는 한국과 호주의 미디어, 한국 근대사, 근대 문학 및 한인 사회 관련 주제의 연구가 두드러진 대학으로서 다양한 이니셔티브와 프로젝트를 통해 한국과 호주, 그리고 세계와의 관계에 대한 다양한 측면을 탐구하고 있고, 한국이나 호주의 파트너 기관과 협력하여 호주와 한국 간의 양국 관계를 촉진하는 연구나 교육 및 문화 교류 프로그램에도 활발히 참여하여 기여하고 있다.

7) 퀸즐랜드대학교(University of Queensland)

퀸즐랜드대학교(UQ)는 브리스번에 소재한 호주의 주요 연구기관 중 하나로, 이 대학의 연구자들은 한국과 관련된 다양한 연구를 수행해왔다. 주목할만한 몇 가지 예시로는 다음과 같다.

먼저, 언어 관련 측면에서 UQ는 다른 호주 주요 대학과 마찬가지로 초급부터 고급 수준까지 다양한 과정을 제공하는 한국어 프로그램을 훌륭히 운영하고 있다. UQ 연구자들은 한국어 학습과 교재, 한국어 습득과 능력 등의 연구 주제, 교육 방법의 효과성과 언어 학습의 동기와 태도 등을 연구 주제로 삼아왔다.

한국 사회와 문화 분야에서 UQ 연구자들은 대중문화, 성 정체성, 환경 문제 등 한국 사회의 다양한 측면에 관심을 갖고 한국 대중음악(K-Pop)이 젊은이들의 정체성과 자아 표현에 미치는 영향 등을 탐구해왔다. 한국 역사 및 정치 등 사회학 분야 연구자들은 한국전쟁, 민주화, 남북관계 등 한국 역사와 정치의 다양한 측면을 연구했다. 예를 들어 한 연구는 한국의 민주화 과정에서 시민사회의 역할을 탐구했다. 그리고 경제 및 경영 분야에서 UQ 연구자들은 외국 투자, 기업가 정신, 기업 혁신과 정부 정책 등 한국 경제의 다양한 측면에 대한 연구를 수행했다.

UQ 연구자들의 주요 연구 업적물의 예시로는 한국어 교재에 나타난 문화적 가치, 정체성, 정치적 사상 등의 주제를 분석한 *The construction of Korean culture in Korean language textbooks: ideologies and textbooks* (Lee, 2021), 호주 한인의 한국어 계승어 유지에 대한 태도를 분석한 Korean parents' attitudes toward their children's maintenance of heritage language in Australia (Jee, 2023) 등과 언어학, 사회언어학 관련 논문들이 주를 이루고 있다.

이 외 퀸즐랜드대학 내 다른 학부에서 간헐적으로 수행한 연구 가운데는 호주에서 생활하는 한국 여성들의 이민 경험을 조사한 연구 등 사회복지에 관련한 연구도 있고, 조선 후기 및 근대 한국사회사에 대한 연구, 한일 문화예술 교류 등에 대한 연구들도 있다.

전반적으로 UQ 연구자들도 한국어 및 한국 사회와 관련한 다양한 주제의 연구에 관심을 기울이고 있고, 호주 및 국제적 관점에서 한국과 한국 사회 및 한국인에 대한 이해와 호주의 상황에 대한 이해를 증진시키는 데 기여하고 있다.

8) 서호주대학교(University of Western Australia)

서호주대학교(UWA)는 호주 퍼스에 위치한 서부 호주의 주요 연구교육기관으로 다양한 연구 프로그램을 갖고 있는데, 지난 10여 년간 동아시아학부에서 한국 연구에도 중점을 두며 한국과 한국 문화와 관련된 여러 연구 기회를 제공했다. 아쉽게도 최근 인문대학 내 구조조정으로 인해 한국학 관련 연구자들이 대학을 떠나는 일이 있었으나 새로운 교수진을 충원하여 한국어 문화 프로그램을 중심으로 한국 관련 연구 및 교육의 명맥을 이어가고 있다.

UWA는 인문학부에서 한국어와 문화 과목을 제공하며, 학부생을 위한 한국 연구 전공 프로그램과 대학원생 연구학위과정을 제공한다. 한국 관련 연구는 한반도 및 전 세계 한인의 문화, 사회, 철학적 사고 및 언어에 대한 학제적 연구 분야로 제공되어왔다. 프로그램에는 한국어 연구 주제뿐만 아니라 학생들이 개인적으로 흥미를 느끼는 주제를 탐구할 수 있는 사회과학 과목이 포함되어 있다. 인문사회과학 주제로는 문학과 대중문화, 정치 및 역사에 이르기까지 다양하다. 또한 한국의 파트너 기관에서 전공 일부를 수행하는 선택 사항도 제공하고 있다.

지난 몇 년간 UWA의 한국연구센터(Korea Research Centre)는 한국어, 문학, 문화, 사회, 정치 및 경제와 관련된 연구에 중점을 두어왔다. KRC는 한국의 유수 대학 기관과의 연구 협력과 교류를 적극적으로 추진해왔으며 KRC의 연구 프로그램에는 한국 역사와 문학 연구, 한국 사회에서의 성정체성, 한국의 경제 및 국제정치에서의 역할이 포함되었다. 또한 이 센터는 호주 내에서 한국에 대한 인식과 이해를 촉진하기 위해 한국 연구 관련 학회, 워크숍 및 세미나를 주최했다.

전반적으로 서호주대학교는 인문학부와 한국연구센터를 중심으로 한국과 관련된 여러 다학제 분야 연구와 학술 교류를 적극적으로 추진해왔다. 최근에 겪은 구조적 변화 속에서 한국학 전공 및 연구 프로그램을 통해 한국에 대한 지식의 증가에 기여하고 호주에서의 한국에 대한 더 큰 이해를 촉진하는 데 기여할 것이라고 본다.

9) 남호주대학교(University of South Australia)

남호주대학교(UniSA)는 아직 한국학 프로그램은 개설하지 못하고 있으나 2016년 9월 30일 세종학당을 개설하여 남호주 주도 애들레이드에 한국어, 한국 문화 및 비즈니스 교육을 위한 중심 기관으로서의 역할을 하고 있다. 이를 계기로 기존에 있던 한국과의 연구 협력 및 학생 교류 관계를 넓히고 한국어와 문화에 대한 지역적 구심점으로 발전했다. 세종학당을 통해 지역 내 대학생들의 한국어 능력을 개발하고 한국 문화에 대한 이해를 증진시켜 이를 호주와 한국 두 국가 간의 비즈니스 및 교육 등 분야에서 연결고리를 강화하겠다는 의도다.

남호주대학교 당국이 인식하는 한국은 "현재 세계에서 가장 혁신적인 경제대국 중 하나"(David Llyod 총장)이며, 이에 따라 호주의 글로벌 참여 전략에서 한국을 매우 중요한 대상으로 삼고 있다. 또한 세종학당의 개설 및 운영을 계기로 남호주대학은 호주, 특히 남호주의 기업들이 한국에서 비즈니스를 더 잘할 수 있도록 지원하려는 목표를 세우고 있다. 특히, 비즈니스스쿨 내 호주아시아비즈니스센터(Australian Centre for Asian Business)에서 수행하고 있는 업무를 강화하고, 한국 관련 연구와 관련하여 연구 네트워크를 구축하며, 아시아-태평양 지역 내 문화예술 리더십을 관리하는 아시아-태평양센터(Asia-Pacific Centre for Arts and Cultural Leadership)와 함께 협업하고 있다.

전반적으로 남호주대학교는 비즈니스, 경제, 문화 분야 학부에서 한국과 관련된 연구들이 이루어지고 있다. 특히, 남호주대학교 경영학부는 한국의 경제와 비즈니스 환경과 관련된 여러 연구 프로젝트를 진행하고 있다. 이 같은 연구의 주요 결과물의 예시로 공저 *The Korean Economy: From Growth to Maturity* (Lee & Lee, 2019) 등이 있고, 최근에는 한국의 자유무역협정이 호주 기업에 미치는 영향, 한국의 경제성장을 촉진하는 혁신의 역할 등을 조사한 연구를 수행했다. 그 외 한국 대중문화와 정체성 형성에 미치는 역할 등의 연구물도 있다. 이러한 연구들은 한국의 경제, 비즈니스에 중점을 두면서 사회문화와 관련된 핵심 분야에서 이해를 증진하고 지식을 넓히기 위한 시도라고 볼 수 있다.

10) 맥쿼리대학교(Macquarie University)

시드니 북서부 소재 맥쿼리대학교는 한국학 프로그램을 제공하고 있지 않으나 한때 2년 여간 세종학당의 지원을 받아 비학점 한국어 강좌를 제공한 바 있다. 지난 10여 년간에 걸쳐서는 대학 내 각기 다른 학부나 학과에 소속된 학자들 가운데 자기 분야에서 한국과 관련된 연구 프로젝트를 수행해왔는데, 주요 연구 주제로는 크게 4개 분야로 한국을 비롯한 동아시아의 경제 변화와 정부 전략, 한국 대중문화와 음악문화, 사회언어학 분야에서의 통·번역과 문화 간 의사소통 및 계승어와 정체성, 그리고 한국을 중심으로 한 동아시아의 문학, 영화, 드라마 등의 연구다.

우선, 동아시아의 경제 변화와 정부 전략과 관련된 연구로는 한국을 비롯한 동아시아 경제의 변화 여정 과정에서 국제정치와 비교정치의 복잡성을 연구한 것인데, 특히 정부가 국가 과학기술 혁신 전략을 조율하는 데 있어서 끊임없이 변화하는 국제 경쟁력의 역학에 대응하는 역할을 탐구하고, 디지털 경제 내에서 경쟁우위를 지키기 위한 기관 관리, 녹색경제의 급격한 성장 등을 조사한 연구 등이다. 관련 연구로 공저 *Developmental Environmentalism: State Ambition and Creative Destruction in East Asia's Green Energy Transition* (Thurbon, Kim, Tan & Mathews, 2023) 등이 있다.

K-Pop과 음악문화 연구 분야에서는 K-Pop과 한국 대중문화 및 동아시아 대중음악의 다양한 세계를 탐구하고, 언어와 대중문화 사이의 복잡한 관계, 음악 기술의 진화, 음악 산업, 음악과 문화 정책 사이의 복잡한

상호작용, 그리고 스크린 미디어의 역동적인 영역을 탐구한 연구들이다. 이러한 프로젝트에는 K-Pop 팬덤과 호주 다문화에 대한 심층 조사도 있고, 디지털 시대에 음악계가 직면한 도전에 대해 탐구도 포함되어 있다. 이 같은 주제의 관련 연구로 Digital K-Pop platforms in a cosmopolitan world (Keith, 2023)와 BTS as cultural ambassadors: K-Pop and Korea in Western media (Keith, 2022) 등이 있다.

사회언어학과 문화 간 소통 영역에서는 번역 및 통역에서 문화 간 의사소통의 교차점에 대한 탐구를 통해 다양한 사회적 배경, 특히 호주와 한국에서의 상호작용의 역학을 탐구하는 연구가 있다. 이 같은 주제의 연구 예시로는 *Intercultural Communication in Interpreting: Power and Choices* (Cho, 2022) 등이 있다. 언어교육과 관련하여 계승어 한국어 화자의 정체성 연구는 한인 이민사회 내에서 종종 문화와 지역사회 활동의 중심으로 간주되는 교회가 한국 문화를 전승하는 데 있어 어떤 역할을 하는지 공동체의 노력을 평가한다. 이 같은 탐구는 공저 Church is like a mini Korea: the potential of migrant religious organisations for promoting heritage language maintenance (Joo, Chik & Djonov, 2023) 등에 잘 나타나 있다. 또한 청소년 세대 한인 호주인과 그들의 부모 사이에서 계승어 능력과 글로벌 시민의식 개발 관계를 조사하는 연구, 그리고 성장하면서 변화하는 언어 이념에 대한 인식과 태도가 언어 습득 및 유지 노력에 미치는 영향 등을 조사한 연구들이 있다.

동아시아 문학, 영화 및 텔레비전 영역에서는 아시아 사회의 다양한 문화 이념을 관통하는 복잡한 관계를 해석하고, 상처의 서술을 탐구하여 이러한 서술이 문학과 영화에 미치는 영향을 탐구하는 연구들이 있다. 특히 한국전쟁 이후에 등장한 문화 생산과 이로 인해 혼란스러운 시기의 사회심리적 측면을 탐구한다. 범위를 넓혀 한국계 이민자로부터 비롯된 문학과 대중매체를 조사하는 쪽으로 범위로 확장하고 있다. 이 같은 주제의 연구 예시로는 Coming-of-age in South Korean cinema (Lee, S., 2022); Memory, trauma and history: fairy-tale film in Korea (Lee, S., 2019); Intergenerational bonding in recent films from South Korea (Lee S., 2018) 등이 있다.

11) 시드니공과대학교(University of Technology, Sydney/UTS)

UTS는 시드니 시내 도심 남쪽에 메인 캠퍼스가 위치하고 있어 교통과 상업 시설에 대한 접근성이 편리하여 여러 가지 장점을 가진 대학이다. 아쉽게도 아직까지 한국학 전공 프로그램을 제공하지 못하고 있으나 한국 관련 주제로 연구하는 학자들이 서로 다른 소속 학과나 학부에 산재해 있다.

UTS 소속의 연구자들은 호주와 한국의 여성 활동에 관심이 많고, 페미니스트 이론을 활용한 성별에 따른 사회적 과정을 조사 연구한다. 가령 여성 운동, 여성 정책, 북한 탈북자 여성, 성노동자 및 여성에 대한 폭력을 포함한 다양한 주제를 다룬다. 다양한 맥락에서 여성의 권리와 북한 여성 연구에 상당히 기여한 연구들이다. 이 같은 주제의 연구의 예시로는 *Practicing feminism in South Korea: The women's movement against sexual violence* (Jung, 2013); Surviving Hard Times: The women's movement under the conservative administration in South Korea and Australia (Jung, 2017) 등이 있다.

정치적 측면에서는 주로 북한과 남한의 정치, 사회문화 및 부패, 사회자본과 사회운동, 한호관계 등에 대한 연구들이 있다. 특히 북한에 중점을 둔 연구들 가운데 북한에서 싹트는 자본주의 경제의 양태에 관한 연구나 경제적 변화에 따른 여성의 역할 등 흥미로운 연구물들이 있다. 경제와 관련한 연구로는 한국의 비즈니스문화, 기업 지배구조, 국제무역과 투자, 금융시장, 기업가 정신, 그리고 정부 정책이 경제성장을 촉진하는 데 어떤 역할을 하는지에 대한 한국 경제의 다양한 측면을 조사 연구한 바도 있다. 이 같은 연구물의 예시 중 하나로는 Business ethics in Korea: Chaebol dynastic practices and the uneven transition from a market to an entrepreneurial mode of exchange (Dalton & dela Rama, 2017) 등이 있다.

그 외 UTS 연구자들은 한국과 관련하여 도시 디자인, 환경 보전, 재생에너지, 디지털 혁신 등을 탐구한 연구들과 사회운동, 사회 불평등 및 사회복지 정책 그리고 한국 대중문화의 영향 및 주변의 팬덤 문화에 대해서도 탐구한 바 있다.

12) 오클랜드대학교(University of Auckland)

뉴질랜드의 최고 명문 고등교육기관인 오클랜드대학교는 국제적 명성을 유지하며 1990년 초반부터 한국어와 한국의 역사, 사회, 문화를 아우르는 균형 잡힌 한국학 전공 프로그램을 제공하고 있다. 특히 언어문화학부는 한국어, 사회 및 문화를 아우르는 학부 강좌 및 대학원 과정을 제공하고, 한국 관련 연구 네트워크를 구축하여 한국과 관련된 연구를 촉진·강화하고 있다.

최근 동아시아의 역동적인 나라라고 인식된 한국의 부상은 뉴질랜드 국민 및 거주민들에게 영감을 줄 만큼 교육적 측면에서도 매력적인 나라가 되었다. 오클랜드대학교 한국학은 최근 한국 대중문화의 전 세계적인 인기와 영향이 뉴질랜드 학생들과 어떤 관련성을 갖는가 하는 질문에 답하는 과정으로, 한국어와 인문사회 학문 간 연구를 결합한 균형 잡힌 프로그램을 제공하며 전통, 근대 및 현대적인 한국에 관한 흥미로운 주제들로 접근하고 있다.

한국학 프로그램의 교육에서는 학생들에게 견실한 한국어 능력과 한국의 역사, 경제, 사회 및 문화에 대한 폭넓은 지식을 제공하여 한국학 전공 졸업생들에게 민간 기업, 공공 서비스 및 학계에서 기회를 얻을 수 있도록 하고 실제 미디어, 홍보와 마케팅, 국제관계와 무역, 정부 및 국제기관, 언어 교육, 여행 및 관광 분야에 진출하도록 관심을 기울이고 있다.

오클랜드대학교 한국 관련 연구의 주제로는 사회학 측면에서 문화와 환경 간의 관계, 한인 디아스포라와 문화정체성 문제, 한국어 교육, 한인 청소년의 문화적응, 민족적 고국과의 연결고리, 한국의 민족주의, 국가주의 이념의 변화, 한인 귀환 이주자 및 탈북 이주자 문제 등이 있다. 언어 관련 연구로는 사회언어학 주제, 계승어 한국어 유지, 언어와 정체성 등에 중점을 두고 있다. 이 같은 주제의 연구 결과물 가운데는 편·공저 *Diasporic Returns to the Ethnic Homeland: The Korean Diaspora in Comparative Perspective* (Tsuda & Song, 2019) 등과 사회언어학 연구 Family language policy among mixed-heritage families in New Zealand: Perspectives of Korean migrant mothers (Park M., 2022)와 Language Ideologies and Identity Formation among KSL Learners (Park M., 2022) 등이 있다.

또한 미디어와 대중문화 영역에서 한국 영화, 드라마 등의 현대 한국 대중문화와 미디어 문화의 세계화, 한국 음악과 이민, K-Pop의 유통과 소비, 한류와 한국 대중문화 형성 등과 관련된 연구들이 있다. 이 같은 주제의 연구 예시로는 Remembering to Reset: Representations of the Colonial Era in Recent Korean Films (Lee H-S., 2020)와 Vicious Circuits: Korea's IMF Cinema and the End of the American Century (Lee H-S., 2021) 등과 음악과 정체성을 탐구한 *Sound of the Border Music and Identity of Korean Minority in China* (Koo, 2021) 등이 있다.

이 밖에 뉴질랜드 거주 한인 공동체의 생활상과 이민 경험을 탐구한 A person-centred approach to ethnic and national identity and its relation to subjective wellbeing among Korean New Zealanders (Park, Park & Song, 2023) 등과 The Korean Folk Custom Forbidding The Establishment of Water Wells (Yoon, 2016) 같은 지형, 지리 등 풍수, 한국 민담과 가치 등을 주제로 한 연구물들이 있다.

전반적으로 오클랜드대학교는 아시아학, 언어문화학, 사회학 등의 분야에서 한국과 관련된 주제에 대한 연구를 수행하고 있으며, 이는 언어, 사회 및 문화부터 정치 및 국제관계에 이르기까지 다양한 분야에 걸쳐 있다. 또한 대학 내 연구허브와 연구센터 등을 통해 한국 관련 주제의 행사와 워크숍을 개최하는 등 활발하게 활동하고 있다.

13) 웰링턴 빅토리아대학교(Victoria University of Wellington, NZ)

뉴질랜드 웰링턴 소재 빅토리아대학교(VUW)는 다양한 분야에서 연구 기회를 제공하는 훌륭한 기관으로, 이 중에는 한국과 관련된 연구도 포함되어 있다. 주로 문학, 영화, 음악 같은 주요 자료에서 영감을 얻는 현대 한국 사회와 그 문화적 표현에 대한 연구들이다.

VUW는 한국학 전공 프로그램을 제공하고 있지는 않으나 한국 사회에 대한 강좌들을 제공하고 있다. 한국과 관련된 연구는 주로 현대 한국 사회에 중점을 두고 이루어졌는데, 특히 한국의 대중문화와 미디어에 초점을 두고 있다. 가령, 한국 대중문화의 국제화, K-Pop의 글로벌 영향력, 한국 드라마가 뉴질랜드 관객에게 미치는 영향, 한국 미디어에서의 성정체성, 대중문화가 일본-한국 관계에 미치는 영향, 남한 미디어에서 북한식 표현과 수용 같은 주제를 연구해왔다. 이 같은 주제의 연구들의 예시로는 Now on My Way to Meet Who? South Korean Television, North Korean Refugees and the Dilemmas of Representation (Epstein & Green, 2015)과 Into the New World: Girls' Generation from the Local to the Global (Epstein, 2015), Revealing Voices? North Korean Males and the South Korean Mediascape (Epstein & Green, 2019), 그리고 Fly the flag (at your own risk): Netizens, nationalism and celebrities between South Korea, Japan and beyond (Epstein, 2020) 등의 연구가 있다.

VUW의 정치·경제·문화학부에서는 또한 간헐적으로 아시아-태평양 지역에서의 한국의 역할, 한국 경제에 미치는 글로벌화의 영향, 그리고 뉴질랜드와 한국 사이의 역사적 관계와 문화적 교류를 조명한 연구들이 있다. 이러한 연구는 한국과 다른 국가 간의 복잡한 사회, 정치 및 경제 문제를 이해하는 통찰력을 제공하며 한국과의 관계를 형성하는 요소를 밝히는 연구들이다. 그 밖에 뉴질랜드 학생들의 한국어 학습 동기나 요인, 학습 경험 등 한국어 학습에 대한 연구들이 있다.

전반적으로 웰링턴 빅토리아대학교에서 수행되는 한국과 관련된 연구는 글로벌 공동체 안에서의 한국의 역할에 대해 이해하고, 한국 대중문화의 다양한 측면이 지역 및 국제적 맥락에 미치는 영향을 밝히는 데 기여하고 있다. 이러한 연구 프로젝트는 또한 한국, 뉴질랜드 및 전 세계와의 관계에 대한 통찰력을 얻게 한다.

14) 캔터베리대학교(University of Canterbury, NZ)

뉴질랜드 크라이스트처치에 위치한 캔터베리대학교도 한국학 전공 프로그램을 제공하고 있지 않으나 한국과 관련된 연구에 상당한 관심을 가지고 있었다. 캔터베리대학교 아시아 연구학부는 한국 사회, 문화, 역사 등의 측면에 중점을 두고 연구를 수행했다. 특히, 캔터베리대학교에서 수행된 한국과 관련된 연구 프로젝트 중 하나는 한국 역사에 관한 것이다. 이 프로젝트에는 조선 후기 여성들의 역할을 조사하여 한국 여성사 연구에 기여했다.

전반적으로 캔터베리대학교의 한국과 관련된 연구는 역사에 중점을 두고 한국의 과거와 현재를 이해하는 데 기여했으나 최근 해당 학자의 은퇴와 함께 한국과 관련된 연구는 지속성을 잃고 쇠퇴일로에 있다.

15) 학술단체 활동

대양주를 대표하는 한국학 관련 학회인 대양주한국학회(Korean Studies Association of Australasia/KSAA)는 2000년대 초에 설립된 학술단체로, 호주와 뉴질랜드를 중심으로 한국 문화, 역사, 언어 및 사회 연구를 촉진하고 지원하고 있다. 이 학회는 한국학에 관심 있는 학자, 연구자 및 학생들이 아이디어를 교환하고 연구 프로젝트에 협력하며 한국의 다양한 측면에 대한 토론을 진행할 수 있는 플랫폼 역할을 해오고 있다. KSAA는 한국학과 관련된 학술 행사인 학술대회, 워크숍, 세미나 및 기타 학술 행사를 조직하여 학자들이 연구를 발표하고 통찰력을 공유하며 분야 내의 새로운 트렌드를 탐구할 수 있는 기회를 제공하고 있다. 또한 학회는 학술 연구를 널리 알리고 회원들에게 한국학 분야의 최신 소식을 알리기 위해 뉴스레터 및 기타 출판물을 발행해오고 있다.

초창기에는 KSAA가 한국학에 관심 있는 학자, 연구자 및 지지자들로 이뤄진 연구자 네트워크를 구축하는 데 중점을 두었다. 이러한 네트워크는 학술 연구를 촉진하고 대양주 지역 내 한국학 연구를 발전시키는 데 기여했다. 그러다가 시간이 지남에 따라 학회 규모와 범위가 확대되었을 뿐만 아니라 호주, 뉴질랜드 등 대양주와 국제적으로 대학, 연구 기관 및 기타 단체와 협력 파트너십을 구축했다. 이러한 협력은 학술 공동체를 강화하고 아이디어 교환을 촉진하여 한국학 연구자들의 국제적 네트워크에 기여하고 있다.

여러 해 동안 KSAA는 한국학에 관심 있는 학자, 학생, 연구자 및 개인들을 포함한 회원 기반을 확대해왔다. 또한 KSAA는 일반시민을 대상으로 대중 강연, 문화 행사 및 교육 기관과 협력하여 한국학을 홍보해왔다. KSAA의 지속적인 노력은 대양주 지역에서의 한국학 발전에 기여했고, 학술 교류, 연구 결과 공유 및 공동 프로젝트의 플랫폼을 제공함으로써 한국학 연구의 방향을 결정하는 데 중요한 역할을 수행했다. 또한 학회 활동을 통해 한국학 학자와 지지자들 사이에 공동체 의식을 키웠고, 이 공동체는 지적 교류, 상호 지원 및 아이디어 공유를 위한 공간을 제공해왔다.

이 외에 학문 분야별 또는 대상별로 비교적 중소 규모의 단체들이 있는데, 가령 호주, 뉴질랜드, 싱가포르, 홍콩 등 주로 대양주 영어권 한국어 기반 응용언어학 및 사회언어학자들이 주축이 되어 매년 개최하는 ASK(Australian Symposium of Korean…) 심포지엄, 대학원생들의 연구 워크숍인 KSAA Postgraduate Workshop, 그리고 대학 및 초·중·고교 한국어 교사들의 협의회 AUATK(Australian Association of Teachers of Korean) 등이 매년 정규적으로 학회, 심포지엄, 워크숍 등을 열어 연구 활동을 촉진하고 정보를 교류하고 있다.

5. 토론 및 결론

지금까지 최근 몇 년 동안 호주, 뉴질랜드를 중심으로 하는 대양주 지역의 한국학 연구 동향을 간략히 살펴보았다. 이 두 나라는 한국의 언어, 역사, 문화, 정치를 이해하기 위해 교육하고 연구하려는 의도로 인해 견실한 한국학 프로그램이 확대되고 다학제적인 연구가 증가하고 있음을 엿볼 수 있었다.

전반적으로 호주와 뉴질랜드에서의 한국 관련 연구는 지역학으로서의 한국학 프로그램 내에서 이루어지고 있으나, 그에 국한하지 않고 상당수의 연구자는 각자 자기 전공 학문분야 학부에서 한국과 관련한 주제로 연구하고 있었고, 한국과 아시아-태평양 지역의 교차점을 중심으로 다학제적인 접근을 취하고 있음을 들여다볼 수 있었다.

연구 주제로는 한국의 언어, 사회, 문화, 문학, 역사 및 정치 등 전형적인 한국학 영역의 학문 분야에 중점을 둔 연구 동향을 보이지만, 연구자들은 한국과 아시아-태평양 지역 및 한국인 이민사회와의 교차점을 탐구하는 경향도 엿볼 수 있었다. 이 같은 교차점에는 한국 대중문화의 세계적인 영향과 한류 관련 주제의 연구도 포함된다. 연구자들은 한류 음악, 한국 드라마, 한국 영화 등 한국 대중문화의 사회, 경제 및 문화적 영향에 대해 탐구하고 있었음을 엿볼 수 있었다.

게다가 한국의 국제정치, 경제적 위상과 초점이 더욱 커지고 있는 점들도 연구 결과물에 반영되고 있음을 볼 수 있었고, 남북한 간의 긴장 및 지역 내 국제관계 등에 대한 연구 관심도 엿볼 수 있었다. 또한 다언어·다민족·다문화인 호주 및 뉴질랜드 현지사회에 정착한 한인 이민자와 2-3세대 자녀들의 경험을 언어학적·심리적·사회복지적 측면에서 접근한 연구도 이루어졌으며, 한인 이민사회의 규모와 중요성이 더욱 커짐에 따라 그 같은 연구 주제는 좀 더 다양화되고 구체화될 것이라 기대된다.

연구 동향 분석과 관찰을 통해 세 가지 사항을 짚고 넘어가고 싶다. 첫째, 언어를 비롯해 인문사회 거의 모든 분야의 연구물들이 소위 '한국학' 연구의 핵심 연구 관점에서 볼 때 뭔가 다소 미흡하거나 부족하다는 느낌을 지울 수 없다. 해당 분야의 근본적인 주제나 내용의 결과물보다는 '현재' 나타나는 현상 주변을 맴도는 다소 피상적이거나 인기영합주의에 이끌린 듯한 연구물들이 일부 목격된다. 이 같은 현상에 대해 현지 한국학 학자군의 부족, 상대적으로 소규모인 한국학 프로그램, 비교적 짧은 한국학 역사, 장기적 연구 계획의 부족, 연구 업적을 재촉하는 환경, 최근 현상에 대한 집착 등 여러 가지 이유와 해석을 부여할 수 있겠지만, 무엇보다 근본적인 이유는 호주, 뉴질랜드, 즉 해외 현지에서 한국 관련 연구를 하는 그 자체가 한계가 아닌가 한다. 여기에는 언어 및 문화의 문제, 구조적 여건과 보이지 않는 편견, 우선순위, 국제적 위상 등 한국학 연구에 영향을 미치는 여러 가지 개별적·환경적 요인들이 함축되어 있다. 그럼에도 호주와 뉴질랜드의 한국학 연구는 앞으로 개론적이거나 현상적인 주제나 내용에 그치지 않고 역사, 사회, 문화, 철학 등 한국학의 핵심적인 인문학 분야에서 근본적인 주제와 내용으로 깊이와 넓이를 확대해나가야 할 필요가 있다.

둘째, 한국 관련 연구의 구조적 접근 방식과 소속감에 관한 것이다. 살펴본 연구들 가운데는 한국에 초점을 둔 연구라기보다는 동아시아나 일본 또는 중국을 아우르거나 비교하는 연구들에서 또는 일반 학문 분야 연구에서 한국의 경우를 사례로 포함하여 다루는 연구들이 적지 않았다. 이는 단순히 언어, 사회, 문화, 정치, 역사 등 해당 학문 분야의 학부에 소속된 학자들에게서만 나타난 현상이 아니라 한국학 프로그램에 소속된 학자들의 연구물에서도 관찰되었고, 대체로 경력이 쌓인 중진 학자들로 올라갈수록 더욱 눈에 띄게 관찰되었다. 각자 학문 분야에서 연구하면서 한국과 관련된 주제나 데이터를 다루는 일이나, 한국학 프로그램에 속하여 경력을 쌓아가면서 한국을 넘어 동아시아, 국제적 범위로 연구의 지평을 넓혀가는 일이야 탓할 수 없는 노릇이고 어쩌면 당연한 일이겠다. 다만, 해외에서 한국학 프로그램에 소속되어 연구 활동하는 학자들 가운데는 대학원 때부터 전임 교수직에 임명받을 때까지 그리고 이후 연구 활동에서 한국 정부 기관의 장학금과 교수직 설치, 그리고 연구기금을 받고 성장한 학자들, 특히 비한국계 연구자들이 적지 않다. 호주, 뉴질랜드의 경우도 예외가 아니다. 한국 정부의 기금으로 한국학 교수로 임명된 인사가 학계에서 성장하면서 더 크고 더 넓고 안정적인 울타리로 발을 넓혀 일본학, 중국학, 아시아학, 역사학, 국제관계학 프로그램 등으로 양다리도 모자라 삼다리, 사다리를 걸쳐 개인 이해를 추구함으로써 결국 한국학 강좌 운영 및 한국학 연구 내용이나 연구 산출물 측면에 손해를 주는 경우들이 있다면 이를 어떻게 받아들여야 할지 고민해야 할 과제다.

셋째, 한국학 연구소 등 연구 관련 여러 미명하에 한국 정부기관이 지원하는 연구 기금 프로그램에 대한 사항이다. 많은 경우 한국학 전공 프로그램을 제공하는 학부에 설치되거나 운용되어 한국학 교육 및 연구 프로그램과 유기적으로 상호 협력하고 상생 발전하는 반면, 개중에는 한국학 전공 프로그램 제공 학부와는 무관한 학부(가령, 경제경영학부)에 설치되어 해당 지역의 한국학 발전은 물론 해당 대학의 한국학 발전에도 도움이 되지 않고 운영·존치되는 경우가 있다. 소위 연구소, 연구센터, 중핵대학, 연구허브 등 별도 기구의 부실한 설치와 기금지원을 지양하고, 한국학 전공 프로그램이 설치된 학부 내 인문사회 교수 및 연구직 확충 등 프로그램 자체의 발전과 그 소속 한국학 학자들의 연구 능력 및 업적 향상에 노력을 집중해야 할 필요가 있다.

이 분석 연구는 대략적인 연구 동향을 개괄하는 데 그친다. 후속 연구에서 위에 언급한 과제들을 좀 더 심층적으로 논하고 언어교육과 인문학 또는 인문학과 사회학 학자군 간의 미묘한 갈등 등도 다루어지기를 기대해본다. 끝으로, 위에서 고찰하고 토의한 연구 동향이 대양주 지역에서의 한국학 연구에 중요성을 더욱 부여하고, 글로벌 시대에 학문적 탐구와 협력의 발전을 이해하는 데 도움이 되기를 소망한다. 다양한 학문 분야와 배경을 가진 학자들의 협력은 집단적인 지식 형성과 연구 활동을 지원하는 데 중요한 역할을 하리라 생각하며, 한국의 다양한 글로벌 역할을 더욱 잘 이해하도록 돕고, 문화 간 대화를 촉진하게 하는 계기가 되길 기대한다.

참고문헌

Barrraclough, R. "20 years of Korean Studies in Australia." A report presented to an Asian Studies Association of Australia meeting in Canberra on 20th November 2019.

_____. *Factory Girl Literature: Sexuality, Violence and Representation in Industrializing Korea*. University of California Press, 2012.

Berthelier, B. *La place de la litterature: Fictions Nationales et Cultures Politiques dans Les Corees Liberees (1945-1950)*. Paris: Collège de France, 2022.

Brown, L. and Yeon, J. *Speed Up Your Korean: Strategies to Avoid Common Errors*. Routledge, 2016.

Cho, J. *Intercultural Communication in Interpreting: Power and Choices*. New York: Routledge, 2022.

Choi, J. B. and Maliangkay, R. *K-Pop: The International Rise of the Korean Music Industry*. Routledge, 2017.

Dalton, B. and dela Rama, M. "Business ethics in Korea: Chaebol dynastic practices and the uneven transition from a market to an entrepreneurial mode of exchange." Oh I. and Park G. (eds), *The Political Economy of Business Ethics in East Asia*, Chandos Publishing, 2017, pp. 79-94. DOI: 10.1016/B978-0-08-100690-0.00005-1

Elfving-Hwang, J. "Korean Studies Association of Australasia President's Report." A report presented to the KSAA AGM in Perth on 6th December 2019.

______. "K-Pop Idols, Artificial Beauty and Affective Fan Relationships in South Korea." Elliot, A. (ed.), *Routledge Handbook of Celebrity Studies*, London: Routledge, 2018, pp. 190-201.

______. "Media, Cosmetic Surgery and Aspirational Beauty Aesthetics of the Ageing Body in South Korea." *Asian Studies Review*, 45(2), 2021, pp. 238-252.

______. "The Body, Cosmetic Surgery and the Discourse of Westernization of Korean bodies." Craig, M. (ed.). *The Routledge Companion to Beauty Politics*, London: Routledge, 2021, pp. 273-283.

Epstein, S. J. "Fly the flag (at your own risk): Netizens, nationalism and celebrities between South Korea, Japan and beyond." Epstein S. and Sakamoto R. (eds.), *Popular Culture and the Transformation of Japan–Korea Relations*, Routledge, 2020, pp. 167-181.

______. "Into the New World: Girls' Generation from the Local to the Global." Choi J. and Maliangkay R. (eds.), *K-Pop: The International Rise of the Korean Music Industry*, Routledge, 2015, pp. 35-50.

Epstein, S. J. and Green, C. K. "Revealing Voices? North Korean Males and the South Korean Mediascape." Y. Kim (ed.), *South Korean Popular Culture and North Korea*, Routledge, 2019, pp. 176-188.

Epstein, S. J. and Green, C. "Now on My Way to Meet Who? South Korean Television, North Korean Refugees and the Dilemmas of Representation." Jackson A. and Balmain C. (eds.), *Korean Screen Cultures: Interrogating Cinema, TV, Music and Online Games*, Peter Lang, 2015, pp. 119-14.

Evon, G. *Salvaging Buddhism to Save Confucianism in Choson Korea (1392-1910)*. NY: Cambria Press, 2023.

Hwang, K. *A History of Korea*. Palgrave UK, 2016.

_____. *Rationalizing Korea: The Rise of the Modern State, 1894-1945*. University of California Press, 2015.

Hwang, S-K. *Korea's Grievous War*. University of Pennsylvania Press, 2016.

Jackson, A. D. (ed.). *The Two Koreas and their Global Engagements*. Palgrave Macmillan, 2022.

Jackson, A. D. *The 1728 Musin Rebellion: Politics and Plotting in Eighteenth-Century Korea*. University of Hawaii Press, 2016.

Jackson, A. D. and Balmain, C. (eds.). *Korean Screen Cultures: Interrogating Cinema, TV, Music and Online Games*. Bern Switzerland: Peter Lang Publishing, 2016.

Jee, M. J. "Korean parents' attitudes toward their children's maintenance of heritage language in Australia." Cho H. and Song K. (eds.), *Korean as a Heritage Language from Transnational and Translanguaging Perspectivces*, NY: Routledge, 2023, pp. 46-66.

Joo, S. J., Chik, A. and Djonov, E. ""Church is like a mini Korea": the potential of migrant religious organisations for promoting heritage language maintenance." (E-pub ahead of print), *Applied Linguistics Review*, 2023. https://doi.org/10.1515/applirev-2022-0052

Jung, K. *Practicing Feminism in South Korea: The women's movement against sexual violence*. London: Routledge, 2014. https://doi.org/10.4324/9781315887289

_____. "Surviving Hard Times: The women's movement under the conservative administration in South Korea and Australia." Chang P. W., Lee M., and Roh J. (eds). *Asian Feminism and Transnational Activism*, Seoul: Ewha Womans University Press, 2017, pp. 289-312. http://hdl.handle.net/10453/104858

Keith, S. "BTS as cultural ambassadors: K-Pop and Korea in Western media." Kim, Y. (ed.). *The Soft Power of the Korean Wave: Parasite, BTS and Drama*, London: Routledge, 2021, pp. 155-167. DOI: https://doi.org/10.4324/9781003102489

_____. "Digital K-Pop Fan Platforms in a Cosmopolitan World." Kim, Y. (ed.),

Introducing Korean popular culture, London: Routledge, 2023, pp. 33-43. DOI: https://doi.org/10.4324/9781003292593

Koo, S. *Sound of the Border Music and Identity of Korean Minority in China*. University of Hawaii Press, 2021.

Kwak, K-S. *Television Broadcasting in Australia*. Seoul: Communication Books, 2015.

______. *Television in Transition in East Asia*. Routledge, 2018.

Lee, D. B. *The Construction of Korean Culture in Korean Language Textbooks: Ideologies and Textbooks*. Lexington Books, 2021.

Lee, H-S. "Remembering to Reset: Representations of the Colonial Era in Recent Korean Films." Sakamoto, R. and Epstein, S. (eds.). *Popular Culture and the Transformation of Japan–Korea Relations*, Routledge, 2020, pp. 63-77. DOI: 10.4324/9780429399558

______. "Vicious Circuits: Korea's IMF Cinema and the End of the American Century." *Journal of Japanese and Korean Cinema*, 13(2), Taylor & Francis, 2021, pp. 191-195. DOI: 10.1080/17564905.2021.1972711

Lee, S. "Memory, Trauma and History: Fairy-tale film in Korea." Teverson, A. (ed.), *The Fairy Tale World*, London/NY: Routledge, 2019, pp. 356-367. DOI: https://doi.org/10.4324/9781315108407

______. "Intergenerational bonding in recent films from South Korea." Joosen, V. (ed.), *Connecting Childhood and Od Age in Popular Media*, Jackson: University of Press of Mississippi, 2018, pp. 128-145. DOI: 10.2307/j.ctv5jxmnf.11

______. "Coming-of-age in South Korean cinema." Brown, N. (ed.), *The Oxford Handbook of Children's Film*, NY: Oxford University Press, 2022, pp. 544-566.

Lee, Y. and Lee, R. *The Korean Economy: From Growth to Maturity*. London/New York: Routledge, 2019.

Park, J. J., Park L. S-C., and Song, C. "A person-centred approach to ethnic and national identity and its relation to subjective wellbeing among Korean New Zealanders." *Kōtuitui: New Zealand Journal of Social Sciences Online*, 18(4), 2023, pp. 420-442. DOI: 10.1080/1177083X.2023.2199816

Park, M. Y. "Family language policy among mixed-heritage families in New Zealand: Perspectives of Korean migrant mothers." Cho, H. and Song, K. (eds.), *Korean as a heritage language from transnationalism and translanguaging perspectives*, Routledge, 2022, pp. 67-82. DOI: 10.4324/9781003227250-6

______. "Language Ideologies and Identity Formation among KSL Learners." Byon, A. S. and Pyun, D. O. (eds.), *The Routledge Handbook of Korean as a Second Language*, Routledge, 2022, pp. 454-472. DOI: 10.4324/9781003034704-27

Shin, S-C. "The Current State and Challenges of Korean Studies in Australian Universities." *Journal of the International Network for Korean Language and Culture*, 17(2), 2020, pp. 75-98.

______. *Understanding L2 Korean Learner Errors: Description, Explanation and Implications*. Seoul: Sotong Publishing, 2017.

______. *Korean Language Education: Australian Practices and Perspectives*. Seoul: Sotong Publishing, 2018.

Shin, S-C. (ed.). *Korean Heritage Language Maintenance, Learning and Development: Australian Practices and Perspectives*. Seoul: Sotong Publishing, 2019.

Song, J. *Human Rights Discourse in North Korea: Post-colonial, Marxist and Confucian Perspectives*. London: Routledge, 2010.

Thurbon, E. *Developmental Mindset: The Revival of Financial Activism in South Korea*. Cornell University Press, 2016.

Thurbon, E., Kim, S-Y., Tan, H., and Mathews, J. *Developmental Environmentalism: State Ambition and Creative Destruction in East Asia's Green Energy Transition*. Oxford, UK: Oxford University Press, 2023.

Tsuda, T. and Song, C. (eds). *Diasporic Returns to the Ethnic Homeland: The Korean Diaspora in Comparative Perspective*. Springer International Publishing, 2019. DOI: 10.1007/978-3-319-90763-5

Yeon, J. and Brown, L. *Korean: A Comprehensive Grammar*. Routledge, 2019.

Yoon, H-K. "The Korean Folk Custom Forbidding The Establishment of Water Wells." *Geographical Review*, 106(1), 2016, pp. 136-154. American Geographical Society/Wiley. DOI: 10.1111/J.1931-0846.2015.12139.X.

웹사이트

ANU. https://koreainstitute.anu.edu.au/

Curtin. https://www.curtin.edu.au/study/offering/course-ug-korean-studies-major-ba--mjru-kores/

Monash. https://www.monash.edu/arts/languages-literatures-cultures-linguistics/korean-studies

UMelb. https://arts.unimelb.edu.au/asia-institute/discipline-areas/korean-studies

UNSW. (1) https://www.handbook.unsw.edu.au/undergraduate/specialisations/2023/KOREF1?year=2023

(2) https://www.unsw.edu.au/arts-design-architecture/our-schools/humanities-languages/our-research/research-strengths/languages-cultures

USyd. https://www.sydney.edu.au/arts/schools/school-of-languages-and-cultures/korean-studies.html

UQ. (1) https://languages-cultures.uq.edu.au/study/korean

(2) https://languages-cultures.uq.edu.au/research/korean-studies-centre

UWA. https://www.uwa.edu.au/study/courses/korean-studies

Auckland. https://www.auckland.ac.nz/en/study/study-options/find-a-study-option/korean.html

KSAA. https://koreanstudiesaa.wordpress.com/

인도네시아의 한국학: '사회과학'으로서 한국학 관점의 재조명

최경희(서울대학교)

#인도네시아

#인도네시아의 한국학

#UI

#UGM

#UPI

#UNAS

본 연구는 인도네시아에서 한국학의 현단계를 진단하고 미래전망을 제시하고자 한다. 인도네시아에서 한국어 교육은 1980년대부터 시작되었지만, 한국어과 또는 한국학과가 대학에서 정규학과 지위를 갖게 된 것은 2006년부터였다. 늦은 출발에도 불구하고 인도네시아에서 인기를 누리고 있는 한류 열풍으로 한국어 그리고 한국학은 '성장'하는 분야다. 전반적으로 지난 30여 년간의 글로벌 한국학 또는 해외 한국학의 흐름 속에서 해외 한국학은 '지역학'으로 성장했고, 사회과학적 주제에 대한 교육 및 연구 수요 역시 높아졌다. 인도네시아에서 한국학과 4년제를 보유한 대학은 UI, UGM, UPI, UNAS이고, 이들 대학 중에서 사회과학 주제를 어느 정도 수준에서 가르치고 있는 대학은 UGM뿐이다. 그리고 질 좋은 '사회과학으로서의 한국학'에 대한 연구

성과가 활성화되어 있다고 보기는 어렵다. 그럼에도 지난 20여 년간의 짧은 시기 동안 인도네시아의 한국학은 어느 정도 학적 기반을 확보했다고 평가할 수 있다. 특히 2009년 INAKOS 조직의 출범과 활동은 그러한 성과 중에서 가장 큰 이정표라고 볼 수 있다. INAKOS는 2015년까지 한국학 포럼, 한국학 관련 저널 그리고 한국 관련 단행본을 출간하는 엄청난 성과를 보였다. 그러나 상당히 아쉬운 것은 현재 INAKOS의 홈페이지조차 운영되지 않는 것을 보면, 인도네시아에서 한국학의 지속이 얼마나 어려운 과제인지 목도할 수 있는 부분이다. 인도네시아에서 한국학이 향후 질적인 성장과 확대발전을 위해서는 한류, 한국 기업, 한국 정부의 역할 역시 중요하겠지만, 한국에서 인도네시아를 연구하는 지역 연구자들과의 교감 그리고 지속적인 교류와 협력이 매우 중요할 것이다. 결국 양국의 미래지향적인 발전을 위해서는 '인도네시아에서의 한국학'과 '한국에서의 인도네시아학'이 상호작용하면서 성장해야 하고, 그런 상호작용 가운데 인도네시아에서 한국학 발전 토대가 굳건해질 수 있을 것이다.

1. 서론

2023년은 한국과 인도네시아가 수교를 수립한 지 50주년이 되는 해였다. 양국은 2006년 '전략적 동반자 관계'를 수립했고, 2017년에는 '특별 전략적 동반자 관계'로 격상되었다.[1] 2012년부터 논의를 시작한 양국의 '포괄적 경제동반자 협정(CEPA: Comprehensive Economic Partnership Agreements)'도 2023년 1월부터 발효되면서 양국의 경제교류 및 협력은 상당히 진전되었다는 것을 가늠할 수 있다. 양국의 50년간의 교류역사는 1973년 박정희 정부를 시작으로 현재 윤석열 정부까지 이어지면서 양국 사이의 발전 관계는 크게 세 시기로 구분될 수 있다. 1973년에서 2005년까지 '협력기반 조성기', 2006년에서 2016년까지의 '협력 도약기' 그리고 2017년 이후에서 현재까지 '협력심화 발전기'로 구분할 수 있다(최인아 외, 2022: 195).

협력기반 조성기는 다시 크게 두 시기로 구분된다. 첫 번째 협력기반 조성 시기인 1970-1980년대에는 한국의 인도네시아 원자재 수입 증가와 함께 농림수산업과 광업 등 1차 산업투자가 이루어진 시기로, 당시는 양국 간의 경제교류 외에는 이렇다 할 정치외교 및 안보협력은 이루어지지 않았다. 두 번째 협력기반 조성기는 1989년에 있었던 한-아세안 대화관계 수립이 하나의 계기로 작용했다. 한-인도네시아 관계는 한-아세안 관계 안에서 더욱 다각도로 발전할 기반을 갖게 된 것이다. 이로써 경제교류 외에도 정치안보 이슈로 확대되기 시작했다. 1995년 양국은 국방 및 방산 군수협력 양해각서를 체결했다. 다음으로 '협력 도약기'는 2006

---

1 인도네시아는 미국(2015), 일본(2006)과 전략적 동반자 관계를 맺고 있고, 중국(2013), 호주(2018), 인도(2018)와는 포괄적 동반계 관계를 맺고 있다(최인아 외, 2022: 199).

년부터 전개된 시기로 양국의 협력이 본격적인 궤도에 오른 시기다. 경제, 정치외교, 안보 및 사회문화 모든 면에서 협력 범위가 확대되었다. 2006년 양국의 전략적 동반자 관계를 시작으로, 이명박 대통령과 유도요노 대통령 간의 활발한 정상외교는 G20 협력을 추동하는 요인이 되었다. 2012년에는 CEPA 협상도 개시되었고, 특히 양국 간 교역 및 투자가 괄목할만한 성장을 이루었던 시기다. 특히 포스코와 인도네시아 국영기업 크라카타우스틸 간의 합작회사 설립 등 핵심 산업에 대한 전략적 투자가 이뤄진 시기였다. 방산협력, 믹타(MIKTA)를 중심으로 한 중견국 외교가 활발하게 전개되었고, 2000년대 초반부터는 인도네시아에서 한류가 시작되었다. 마지막으로 2017년부터 현재 시기로서 '협력 심화·발전기'다. 2017년 특별 전략적 동반자 관계가 수립과 동시에 한국의 대아세안 외교 전략인 신남방정책이 발표되면서 한-인도네시아 관계는 한-아세안 관계와 함께 한층 더 발전하는 시대로 진입했다. 특히 양국은 미국과 중국의 경쟁이 심화되는 상황에서 서로에게 매우 중요한 전략적 파트너로서, 글로벌 공급망 재편에 따른 새로운 경제협력관계를 구축하고 있다. 가장 상징적인 것으로 현대자동차의 투자다. 현대자동차는 인도네시아에서 현재 전기차동차를 생산 판매하고 있다. 또한 한국은 니켈 최대 생산지인 인도네시아와의 협력을 통해 전기차, 배터리 생산을 위한 안정적인 공급망을 확보하면서, 에너지 전환 시대에 대비한 양국의 공급망 구축을 이루어냈다. 그리고 코로나19 팬데믹 위기 상황에서도 한국의 인도네시아 투자는 2021년 역대 최대치를 기록했다. 또한 방산·군수·기술 협력을 포함해 대테러, 해양안보, 사이버안보 등 양국 간 국방협력은 한층 더 고도화되었다(최인아 외, 2022: 192-196).

이러한 협력관계를 보았을 때, 크게 두 가지 특징이 있다. 하나는 양국의 발전을 위한 시간이 50여 년이라는 상당히 긴 시간에 기반하지만,

양국 관계가 압축적으로 성장변화한 것은 2000년대 이후 최근 20여 년간의 고도발전 성장에 기초하고 있다는 점이다. 다른 하나는 2017년 특별 전략적 동반자 관계로 시작된 현재 국면에서의 양국 관계는 이전과는 완전히 달라진 협력 관계를 보여주고 있기에 질적 전환이 발생했다고 평가할 수 있다. 그 흐름 속에서 2023년 50주년 기념의 해를 맞이했다. 특히 앞에서 말한 것처럼 올해 CEPA가 발효됨으로써 그 의미를 더하고 있다. CEPA는 FTA 협정을 뛰어넘는 포괄적 경제협정으로 양국의 심화된 경제협력을 내포한다. 게다가 코로나19 이후 글로벌 공급망 재편 시기에 한국의 기술과 투자, 인도네시아의 자원과 인구가 결합하면서 새로운 국면으로의 전환을 성공적으로 진행하고 있다.

지난 50년의 양국 관계를 정치안보, 경제 그리고 사회문화 세 축으로 전반적으로 평가해보았을 때, 경제적 교류와 협력이 중심축을 이루고 있고, 정치안보 관계는 양국의 협력관계의 기반이자 또한 경제협력을 추동하는 선도적인 역할을 해오고 있다. 하지만 양국의 사회문화 관계는 정치안보와 경제관계에 비하면, 오히려 상대적으로 덜 발전한 영역이라고 볼 수 있다. 특히 학문적 상호교류와 발전은 그중에서도 가장 취약한 부분이다. 환원하자면, 사회문화 영역을 인적 교류, 문화예술 교류 그리고 학문적 교류 등으로 구분해보았을 때, 그중에서도 학문적 교류 영역은 상대적으로 매우 취약한 부분이다. 이에 지난 50년의 발전을 바탕으로 미래지향적인 양국의 발전을 구상하기 위해서는 쌍방향적인 학문적 교류와 성장이 매우 중요한 기초라고 볼 수 있다. 본 연구는 양국의 발전이 쌍방향적으로 상호발전하기 위해서는 한국에서의 '인도네시아학(Indonesian Studies)' 발전과 인도네시아에서의 '한국학(Korean Studies)' 발전이 동시에 이루어져야 한다는 것을 전제로, 인도네시아에서의 한국학이 어떤 단계와 특징을 갖고 있는지를 분석해보고자 한다.

인도네시아에서의 한국학의 현단계와 미래전망을 위해서는 첫째, 지난 30여 년간의 글로벌 한국학 또는 해외 한국학이 어떤 흐름이 있었는지 지역적 맥락을 거시적으로 파악하는 가운데, 해외 한국학이 '지역학'으로서 성장하는 과정에서 '사회과학'으로서의 한국학은 어떤 의미를 갖는지를 분석하고자 한다. 둘째, 인도네시아 한국학 발전의 단계와 특징 등을 설명하고, 인도네시아 한국학 발전의 성장 동력에 미친 요인들을 분석하고자 한다. 셋째, 사회과학으로서의 한국학의 인도네시아적 맥락을 분석하기 위해 양국의 50년 관계에서 사회과학적 주제가 무엇이며, 양국에서 어떻게 연구되고 있는지를 분석해보고자 한다. 그동안 인도네시아에서 한국학에 대한 연구는 활발한 연구주제는 아니었다. 그 이유는 인도네시아에서 한국학 발전수준이 활발한 연구를 추동할 만큼 발전해 있지 않은 것도 그 이유가 될 것이다. 기존 연구는 인도네시아 한국학의 시작에 대한 초기 연구(신영지, 2009)와 인도네시아 한국학의 두 축인 두 대학 비교연구(Kim, 2016) 등이 있다. 그러나 본 연구에서는 '사회과학'으로서의 한국학이라는 주제로 인도네시아 한국학을 재조명해보고자 한다. 넷째, 결론을 대신하여 분석의 의미를 정리하고, 짧은 미래전망을 제시하고자 한다.

2. 글로벌 한국학의 지역적 맥락과 사회과학으로서의 한국학

이 절에서는 인도네시아 한국학을 분석하기 위해 두 가지 차원을 분석하고자 한다. 하나는 2023년 한국국제교류재단(Korea Foundation) 출범

30주년을 맞이하여 글로벌 한국학 포럼에 나타난 한국학 관련 쟁점을 정리하면서, 그 안에서 '사회과학으로서 한국학'에 대한 주제적 함의를 도출하고자 한다. 다른 하나는 '사회과학으로서의 한국학' 논의가 한국과 인도네시아 양국 발전관계사에서 어떤 학술적 쟁점을 의미하는지 정리하고자 한다.

1) 글로벌 해외 한국학과 동남아 지역에서의 한국학

KF 공공데이터에 따르면, 2023년 현재까지 해외 한국학은 1,407개 대학에서 한국학과가 운영되고 있다. 남미 34개 대학, 대양주 14개 대학, 동남아 140개 대학, 동북아 710개 대학, 북미 147개 대학, 서남아 30개 대학, 서유럽 78개 대학, 아프리카 13개 대학, 유라시아 89개 대학, 중동 31개 대학, 중미/카리브 38개 대학, 중유럽 82개 대학 등이다. 국가 수로 보면, 100여 개국에 해당한다. 그리고 해외 한국학 교수직은 145석이다.

이러한 자료에 근거하면, 동북아 지역에서 한국학과 개설이 압도적으로 많이 이루어지고 있는 반면, 아프리카 지역에서는 넓은 지역규모와 많은 국가 수에 비해 13개 대학 정도로 이제 한국학이 시작되는 지역이라고 볼 수 있다. 그중 동남아 지역에서는 동티모르 1개 대학, 라오스 4개 대학, 말레이시아 19개 대학, 미얀마 3개 대학, 베트남 33개 대학, 브루나이 1개 대학, 싱가포르 6개 대학, 인도네시아 14개 대학, 캄보디아 12개 대학, 태국 33개 대학, 필리핀 13개 대학에서 한국어 또는 한국학 과정이 운영되고 있다.

지난 30년 동안의 글로벌 한국학 발전의 지역별 동향과 맥락은 다음과 같다. 첫째, 북미 지역이다. 북미에서 한국학은 이제 기초와 기반이

다져졌고, 그에 따른 연구업적인 저서도 많이 출간되었다. 한국학에 대한 대중적 관심이 상당히 높아져 있는 상태이고, 한국학을 공부하는 학생도 인종적으로 다양해졌으며, 학생 저변으로 확대되었다(Sorenson, 2022). 이 지역에서 한국학에 접근하는 학생들은 한국 연구에 대해 매력을 느끼는 것이 큰 장점이다. 한국학은 일본학이나 중국학과 달리 잘 정돈된 것은 아니지만, 오히려 한국 연구에 대한 매력이 한국학의 장점일 수 있다. 즉, 한국 사회의 역동성과 자유롭고 혁신적인 사회 분위기가 큰 매력으로 작동하고 있다. 한국을 '헬조선'이라고 표현하는 것조차 흥미로운 연구 주제인 것처럼, 한국 연구는 매우 흥미로운 연구 영역이 되었다(유영주, 2022).

둘째, 유럽 지역이다. 유럽에서 한국학은 30-40개 정도의 주요 대학이 허브 역할을 담당하고 있고, 다른 지역에 비해 한국학 교수 수가 상당히 많은 것이 특징이다. 유럽에서의 한국학은 인문학적인 전통 위에 지역학으로서의 한국학으로 성장하고 있다. 이에 한국어 교육이 학부 때부터 철저하게 진행되는 것이 특징이다(이은정, 2022). 이에 유럽에서 한국학은 빠르게 성장했으며, 큰 성장잠재력을 갖고 있다. 그러나 한국학과 관련하여 크고 작은 기관들이 한국의 지원이 없거나 또는 한류가 사라질 경우 한국학 자체가 사라질 수 있다는 위험도 여전히 존재한다(Lowenstinova, 2022).

셋째, 중남미 지역이다. 중남미 역시 30여 년이라는 긴 시간 동안 한국학이 있어왔다. 하지만 최근에도 한국학을 어떻게 유지할 것인지 논의할 정도로 중남미 지역에서 한국학은 여전히 안정적으로 발전하고 있다고 보기 어렵다(민원정, 2022).

넷째, 동북아시아 지역이다. 앞에서도 언급했듯이 중국과 일본을 포함하여 한국학 관련 학과가 제일 많은 지역이다. 중국에서의 한국학은 지역학으로서 인문과학, 사회과학 그리고 자연과학 분야를 모두 아우르고, 한국과 조선을 포함한 한반도 전체에 대한 학문으로 정의하고 있다. 그리고 글로벌 한국학 30년이라는 전반적인 역사와 달리 중국에서의 한국학은 거의 80여 년이라는 오랜 역사적 전통을 갖고 있다. 266개 대학에서 한국학을 가르치고, 그중 4년제 대학은 125개 대학이다. 한국학 학사, 석사, 박사 그리고 비전공 영역까지 네 가지 차원에서 체계적으로 한국학 관련 인재를 양성하고 있다(Wang, 2022). 일본에서의 한국학 역사는 상당히 오래되었다. 그러나 KF 맥락에서의 한국학은 30여 년의 역사를 언급할 수 있다. 일본에서의 한국학은 식민지배와 깊은 연관이 있지만, 한국의 민주화 이후 일본에서의 한국학을 언급할 수 있다. 즉, 민주화 이후의 한국과 일본의 학술교류가 활발해지면서 일본에서의 한국학이 발전했다고 볼 수 있다. 1990년대를 시작으로 2000년대 전성기를 맞았고, 2010년 이후는 침체기다(Nishino, 2022). 즉, 한국과의 지리적·역사적 근접성과 여러 측면의 상호작용으로 중국과 일본에서의 한국학은 매우 발전한 학문 분야라고 볼 수 있다.

다섯째, 동남아시아 지역이다. 앞에서 서술한 것처럼 동남아 지역 중에서 한국학과가 가장 많은 나라 순으로 보면 베트남이 월등히 많고, 그 다음이 말레이시아와 인도네시아, 태국, 필리핀 순이며, 그다음으로는 캄보디아, 싱가포르, 미얀마, 라오스 순이다. 동남아 지역 안에서 한국어 학습자 수를 가장 많이 보유한 나라는 역시 베트남이고 그다음이 태국, 미얀마, 인도네시아 순이다(Supaporn, 2022). 그리고 전반적으로 2010년대 이후 한국학과가 증폭되었다. 인도네시아를 포함해서 동남아에서의 한국학은 북미, 유럽 또는 동북아시아에서의 한국학에 비하면, 현재까지는 한국학이 다루고 있는 학문적 범위가 넓지 않다. 다시 말하면, 한국어를 가르치는 것 정도로 한국학을 설명하고 있다. 그렇지만 '한국어'에 대한 열풍이 상당히 강하다는 점과 그 열풍이 대학뿐만 아니라 고등학교까지 확대되고 있다는 점이 다른 지역과의 차별적인 지점이다(Supaporn, 2022). 그리고 동남아에서의 한국어 열풍은 한류의 인기 현상과 뚜렷하게 상호작용하고 있다는 점도 주목해볼 만한 현상이다.

좀 더 구체적으로 베트남, 태국에서의 한국학을 간략하게 언급하고, 인도네시아에서의 한국학은 다음 절에서 자세히 설명하고자 한다. 베트남에서 한국학은 50개가 넘는 대학에 한국어 또는 한국학과가 개설되어 있다. 자랑할 만한 것은 베트남 안에는 해외연구 중에서 한국학이 가장 활발하여 한국학학회가 있다는 점이다. 그리고 주요 대학 내에 한국학연구소가 설치되어 있다. 다만 아쉬운 점은 대학 내 한국학연구소 내의 연구기반이 아직은 열악하다(Nguyen, 2022). 태국에서는 1986년 남부에 위치한 쏭클라나카린대학교에서 처음 교양과목으로 한국어 과목이 신설된 이래 현재는 전공과목으로 한국어학과 14개가 있다. 태국에서는 2018년도부터 대학입학시험에서 제2외국어로 한국어가 설정되었기 때문에 중등교육 내에서 한국어 관련 학교가 늘어나고 있다는 것도 중요한 특징이다. 2015년 70개였는데 2021년에는 175개로 단 6년 사이에 2.5배 성장했다. 그리고 전 세계에서 한국어를 가장 많이 학습하는 나라도 태국으로 알려져 있다(Supaporn, 2022). 이렇듯 동남아 지역에서의 한국학은 현재 가장 왕성하게 성장하고 있다고 볼 수 있다. 오랜 역사와 성과를 자랑하는 중국과 일본은 KF의 영향 이전부터 존재했던 해당 국가의 의지와 선택에 의해 스스로 한국학이 만들어진 국가라고 본다면, 그리고 KF의 전략과 지원, 노력으로 유럽과 북미, 남미 지역에서 한국학이 가장 먼저 발전한 지역이고, 그다음으로 성장곡선에 위치하고 있는 것이 동남아지역의 국가들이다.

정리하자면, 글로벌 한국학의 지역적 맥락에서 볼 때, 동남아에서의 한국학은 '성장산업' 반열에 오른 것이다. 그런데 왜 동남아 지역에서 한국어에 대한 학습욕구가 높아지고 있는가? 그리고 이러한 한국어에 대한 관심은 한국의 정치, 경제발전 그리고 역사 및 사회문화에 대한 관심으로 발전하고 있는가? 나아가 이러한 이해의 욕구가 성공적으로 채워지고 있는가? 이러한 질문과 답이 구성되는 것이 바로 사회과학으로서 한국학의 위치설정과 연관된다.

2) 지역학으로서의 한국학과 사회과학으로서의 한국학

지난 30여 년간의 시간 동안 한국학이 양적으로 성장했다는 것은 분명한 사실이다. 이러한 양적 성장을 배경으로 질적으로 얼마나 성장했는가? 양적 성장에 대한 질적인 평가를 위해 다양한 측면에서 논의가 제기되어야 한다고 본다. '한국어' 강의를 기초로 한국문화와 문학, 전통사회에 대한 역사와 철학 등에 대한 글로벌적인 관심과 지원을 통한 한국학의 발전이 이루어졌기 때문에 인문학적 관점에서 한국학을 다루는 것이 그 출발부터 중요하게 여겨졌다. 이러한 출발을 바탕으로 한국의 경제발전, 민주화, 한류를 중심으로 한국의 대중문화에 대한 관심이 높아지면서 사회과학적 관점에서 한국학에 대한 수요도 이미 높아지고 있는 것이 주지의 사실이다.

이러한 흐름에서 보았을 때, 인문학으로서의 한국학과 사회과학으로서의 한국학 외에도 한국의 과학기술, 자연과학에 이르기까지 학문적 관심이 높아지고 있다. 이러한 흐름을 포괄해낼 수 있는 개념이 바로 '지역학'으로서의 한국학이다. 지역학은 그 연구 대상(지역 또는 국가)에 대한 종합적인 이해를 목적으로 자연과학적 연구부터 인문과학, 사회과학적 접근에 기반한 학제적 접근을 추구하는 학문 분야다. 이에 '지역학'으로서의 한국학이 확보되고 질적인 성장을 담보해나갈 수 있는 것은 매우 긍정적인 방향으로 이해된다. 결국, 한국학의 질적 성장의 하나는 한국학, 한국에 대한 연구가 지역학으로서 그 위상을 획득하는 것이라고 본다. 한국 내에서도 동남아 연구이든 중앙아시아 연구이든 한국을 제외한 다른 해외 연구는 '지역학 또는 지역연구'로서 학문적 위상을 갖고 있기 때문에 동시에 해외 다른 국가에서의 한국학 연구는 해외 지역연구로서의 위상을 갖게 되는 것이다.

이러한 흐름과 맥락에서 한국학의 질적 성장에 대한 평가가 '인문학으로서의 한국학', '사회과학으로서의 한국학' 그리고 '자연과학으로서의 한국학' 등 좀 더 분화된 차원에서 이루어지는 것이 한국학의 질적 성장에 지표가 될 수 있다. 그러나 현재로서는 분과학문으로서 한국학을 평가하기는 어렵기 때문에 그렇게 나아가야 하는 방향성 속에서 '사회과학'으로서의 한국학을 만들어가기 위해 현재 어떤 담론지형과 쟁점을 갖고 있는지를 기술해보고자 한다.

첫째, 한국에 대한 인문과학적 접근을 넘어서 사회과학적 이해가 필요하다는 공동의 인식은 확보되었다. 그 이유로는 한국에 대한 깊이 있는 이해 요구가 계속적으로 높아지고, 한국에 대한 깊이 있는 이해를 위한 주제들이 사회과학적 주제와 연동되어 있기 때문이다. 그러면, 전체 해외 한국학 중에서는 얼마나 사회과학적 접근을 하고 있는가? 좀 특수한 영역일 수 있는데, KF가 진행하는 2011년에서 2021년 사이에 진행된 한국학 e-스쿨 사업에서는 사회과학이 70%로 압도적으로 높다. 그다음이 한국어 23%, 인문학 10% 그리고 기타로 구성되어 있다(이광철, 2022). e-스쿨이라는 특수한 사업 영역에 나타난 자료이기는 하지만, 사회과학으로서 한국학의 수요와 지원에 대한 인식은 일반화되었다.

그렇다면, 그다음 단계로는 사회과학으로서의 한국학 차원에서 학문적 체계와 교육내용이 잘 갖추어져 있는가를 고민해볼 수 있다. 한국에 대한 사회과학적 주제라고 한다면, 한국의 경제(한국의 발전 경험, 정부의 경제정책 및 전략, 한국 기업의 구조와 특징, 한국 노동 환경 및 노사관계, 노동운동 등), 한국의 정치(독립, 독립운동과 근현대사, 권위주의 정부와 민주화, 민주주의 제도와 정당, 선거와 정치 엘리트 등), 외교(역대 정부의 외교전략, 남북관계와 북미관계, 한반도 통일, 동북아시아 지정학, 지역전략, 중견국 외교, 신남방정책과 인도태평양 전략 등) 그리고 한국의 사회문화(한국 시민사회와 사회운동, 한국 시민사회의 특징, 교육, 의료, 보건, 노동, 복지, 평화, 인권 등)에 관한 영역과 주제들이 균형 있게 체계적으로 다루어지고 있는지 주목해볼 필요가 있다. 이를 위해서는 사회과학으로서의 한국학을 위해 이런 주제를 가르치는 '교수자'가 사회과학자로 잘 배치되어 있는가의 문제와 가장 기본적으로 연동된다.

둘째, 한국학 내에서 좀 더 비판적인 이슈인 한류와 한국학의 관계를 언급하고자 한다. 한류 연구는 사회과학 내에서 미디어와 문화 연구의 하나로서 자리하고 있다. 그럼에도 아시아에서 시작한 한류가 유럽과 미국, 중동과 중앙아시아, 아프리카로 확대되면서, 완벽히 '글로벌 현상'이 됨에 따라 한류 현상과 한류 연구는 영향력과 위상이 확실히 달라졌다. 한류의 열풍으로 한국에 대한 관심이 엄청나게 증폭되었다는 것은 부인할 수 없다. 「기생충」과 BTS, 「오징어게임」 열풍으로 한국을 바라보는 해외 언론의 태도는 이전과는 질적으로 달라졌다(홍석경, 2022). 그렇다면, 현재 한류 연구는 한국학에서 어떤 위상을 갖고 있는가? 한국학 내에서 한류 연구는 특정한 의미와 맥락 속에서 위상을 갖고 있다고 보기는 어렵고, 논의가 시작되고 있는 단계라고 볼 수 있다. 한류가 한국학 증진을 위해 시대적으로 강력하게 요청된다는 입장과 한류가 한국학의 관심을 증진시키는 데는 동의하지만 한국학 발전에 기여하지 못할 것이라는 입장이 동시에 존재한다고 볼 수 있다. 전자의 관점에서 봤을 때, K-Pop, K-드라마 등을 통해 한국에 대한 관심이 높아지는 것을 가볍게 여기지 말아야 한다고 당부한다. 또한 한류로 인한 열기를 도구로만 생각하지 말고, 이러한 인기를 한국학 발전에 기여할 수 있는 인식의 개방성을 가져야 한다. BTS 인기현상과 글로벌 팬덤문화 형성 중심에는 '한국어와 한국'이 중요한 변수로 장착되어 있는 것이며, K-드라마 속에는 한국인의 정서와 문화, 근대화와 민주화 등 굴곡진 한국인의 삶이 담겨 있다. 이에 한류로 만들어진 이러한 놀라운 변화들을 지속가능한 한국학 발전의 기회로 삼아야 한다(홍석경, 2022).

한류의 발전이 가져온 특별한 기회를 통해 한국학이 발전할 수 있도록 상호작용해야 한다는 주장에는 '사회과학'으로서의 한국학을 제기하는 입장과도 맥락을 같이한다고 생각한다. 왜냐하면, 한류의 성공 자체가 한국의 정치경제적 그리고 사회문화적 상호작용의 글로벌 결과이기 때문이다. 그리고 한류의 지속가능성 담론 역시 한국이 앞으로 어떤 글로벌 전략을 갖고 있는가와 연관되어 있다. 다시 말하면, 한국이 한류를 매개로 한국 밖의 세계와 어떻게 마주하려고 하는가에 달려 있기 때문이다. 한류의 지속가능성은 한국 내에서 작동하는 메커니즘뿐만 아니라 한국 밖에서 한류를 수용하고 소비하고 즐기는 해외에서 작동하는 메커니즘과도 동시에 작용하는 것이다. 한류의 인기가 지역별로 각각 다른 맥락을 갖고 있기 때문에 한류와 해당 해외 로컬 사회와의 상호작용을 충분히 이해하는 것은 한류의 지속가능성을 위해 중요하다고 오래전부터 제기해왔다. 그러나 아직 한류 연구는 그 정도로 발전하고 있지는 못하다. 사회과학으로서의 한국학 전망 역시 이러한 욕구와 흐름을 같이한다고 본다. 한국에 대한 관심이 사회과학으로서의 한국학에 대한 수요로 확장되고 있다. 그러나 동시에 사회과학으로서의 한국학이 지속가능하려면, 비교맥락에서 한류 연구가 중요하듯 한국과 다른 나라의 경험을 끊임없이 비교하는 사회과학 작업이 동시에 작동되어야 한다. 한류가 세계 속에서 꽃피려면 한류 안에 세계가 동시에 꽃피워야 하는 것처럼, 사회과학으로서의 한국학이 성공하려면 사회과학으로서의 한국학 속에 세계가 동시에 담겨 있어야 한다.

3. 인도네시아 한국학과 한국학 증진의 유발요인

이 절에서는 인도네시아에서 한국학의 시작과 성장을 중심으로 현황과 관련 쟁점들을 정리하고자 한다. 인도네시아에서 한국학이 성장하는 데 어떤 유발요인들이 있는지, 그중 '한류'가 가장 강력한 요인일 것이다. 그리고 인도네시아에 진출한 한국 기업과 한국 기업의 취업 가능성은 또 하나의 매력적인 요인이다. 이 절에서는 인도네시아 내부에서 한국학을 유발하는 요인에만 초점을 맞추고자 한다.

1) 인도네시아 한국학의 시작과 현황

인도네시아 대학에서 한국어를 가르치기 시작한 것은 1980년대 중반부터이지만, 4년제 전공과목으로 교육이 시작된 해는 2006년이다. 인도네시아 한국어 교육은 3년제 실무과정(D3)과 4년제 실무과정(D4) 그리고 한국어, 한국문화 등 한국학을 배우는 일반대학과정(S1)으로 크게 구분된다(데일리 인도네시아, 2023).[2] 2006년 S1 학과의 첫 시작은 인도네시아국립대학(Universitas Indonesia, 이하 UI)이고, UI에서 한국어는 1986년 한국어 교양과목부터 신설되어 2006년에서야 정규학과가 되었다. 현재 UI 내 한국어문학과는 전체 학생 규모가 200명 정도이고, 매년 50명 정원을 선발한다. UI 내의 다른 학과에 비하면, 적은 수의 학생을 선발하는 과에 속한다. 나시오날대학교(Universitas Nasional, 이하 UNAS)에서는 매 학기 100-150명, 반둥교육대학(UPI)이나 가자마다대학(UGM)에서는 60-70명을 선발하기 때문에 UI대학 한국어문학과 규모는 다른 대학과 비교해보았을 때도 상대적으로 작다. 그러나 UI 내에서 규모는 작지만 가장 인기 있는 학과로 평가받고 있다(Eva, 2022).

3년제 학과(D3)는 1995년 UNAS에서 처음으로 시작했다. UNAS대학은 1987년 인도네시아 최초로 한국학연구소를 설립하여 일반인 대상으로 자카르타에서 한국어 강좌를 개설하기 시작했다. 현재는 어문학부(Fakultas Bahasa dan Sastra) 내에 한국어 프로그램(Program Studi Bahasa Korea) 4년제 8학기 과정으로 최소 144-152학점의 졸업이수 학점이 요구되는데, 124학점은 전공필수 이수학점이고, 빤짜살라 수업처럼 교육 전반의 필수 이수학점인 14학점과 선택필수과목이 6학점에서 14학점까지 배치되어 있으며, 14명의 교수자가 있다.[3] UI와 UNAS 모두 서부 자바에 위치해 있어 인도네시아의 문화도시 족자카르타에 있는 가자마다대학교(Universitas Gadjah Mada, 이하 UGM)가 중요한 역할을 하고 있다. UGM에서는 2003년 3년제 한국어 실무과정을 4년제로 변경했고, 2007년 일반대학과정이 추가되어 현재는 D4와 S1 과정이 동시에 진행된다. 2007

2 〔인터뷰〕 수라이 UGM 교수 "한-인니 다문화가정 2세의 지도자 양성이 중요해". 실시간 인도네시아 뉴스 – 데일리 인도네시아(dailyindonesia.co.kr)(검색일: 2023. 9. 13)

3 korea.sastra.unas.ac.id(검색일: 2023. 9. 10)

년 시작된 S1 과정을 통해 현재까지 380여 명의 수료자를 배출했다. 그리고 UNAS와 함께 1995년 한국어 교양과목을 처음 개설하기 시작했다. UGM에서는 문화지식학부(Fakultas Ilmu budaya) 아래 한국어문화학과(Bahasa dan Kebudayaan Korea)로 있다. 본과 졸업생 중 40%는 한국 기업이나 한국 기관에 취업하고, 나머지 60%는 인도네시아 기업, 은행, 공무원으로 취업하기도 하고 번역가로 활동한다. 그리고 본과의 경쟁률은 2015-2023년 동안 '47 대 1'로 타 학과에 비해 상당히 높은 경쟁률을 보이고 있다. 경쟁률이 치열하다 보니 합격과 불합격 점수의 차이가 근소하다. 본과의 인기가 상당히 좋아서 입학정원도 45명에서 시작해 순차적으로 늘어 2023년에는 65명을 선발했다(데일리 인도네시아, 2023).[4]

현재 인도네시아에서 4년제 과정을 개설하고 있는 대학은 4개 대학뿐이다. 2015년 네 번째 대학으로 가장 늦게 출발했지만, 교육대학교 내 한국어교육학과로서 한국어 교사를 양성하는 학과이기에 어떤 의미에서는 파급효과가 상당히 큰 사례라고 볼 수 있다. 인도네시아 서부 자바 반둥에 있는 인도네시아교육대학교(Universitas Pendidikan Indonesia, 이하 UPI)의 어문학교육학부(Fakultas Pendidikan Bahasa dan Sastra) 한국어교육학과(Program Studi Pendidikan Bahasa Korea)다. 이 대학 역시 2007년부터 한국어 교육 프로그램을 운영했고, 대학생뿐만 아니라 인근 지역 중·고등학생들의 한국어 교육을 담당했다. 이 대학의 교육 커리큘럼을 보면, 한국어와 한국문학에 대한 교육과정이 상당히 체계적으로 준비되어 있다. 또한 2023년 *Journal of Korean Applied Linguistics*라는 저널도 출간했다.[5]

---

4 〔인터뷰〕 수라이 UGM 교수 "한-인니 다문화가정 2세의 지도자 양성이 중요해". 실시간 인도네시아 뉴스 - 데일리 인도네시아(dailyindonesia.co.kr)(검색일: 2023. 9. 13)

5 Prodi Pendidikan Bahasa Korea – Fakultas Pendidikan Bahasa dan Sastra UPI(검색일: 2023. 9. 10)

〈표 1〉 인도네시아 내 한국학과 현황 및 비정규 한국어 교육과정표 제목

대학	개설연도	개설전공/학과명	소재지
나시오날대학교	1995 2017	한국어과(3년제 D3) 한국어학과(4년제 S1)	자카르타 (서부 자바)
가자마다대학교	2003 2007	한국어과(4년제 D4) 한국어문화학과(4년제 S1)	족자카르타 (중부 자바)
인도네시아국립대학교	2006	한국어학과(4년제 S1)	데폭(서부 자바)
인도네시아교육대학교	2015	한국어교육학과(4년제 S1)	반둥(서부 자바)
하사누딘대학교	2007	한국어 교양과정(1학기)	마카사르 (남부 술라웨시)
람붕 망꾸랏대학교	2006	한국어 어학당 과정 (비정규 6개월 과정)	반자르마신 (남부 칼리만탄)
빠자자란대학교	2019	한국어 어학당 과정	반둥 (서부 자바)
아뜨마자야대학교	2019	한국어 어학당 과정 (비정규 10주 과정)	자카르타 (서부 자바)

출처: 최인아 외, 2022(재인용), pp. 160-161.

이 같은 4년제 정규 대학과정 외에 대학 내에서 한국어 교육 수요도 증가하고 있다. 사실 위에서 언급한 대부분의 4년제 대학은 인도네시아 1만 7천여 개 섬 중에서 주로 자바섬에 위치한 대학들이고, 그중에서도 수도 자카르타가 있는 서부 자바 지역이 중심을 이룬다. 또한 UPI가 소재한 반둥 역시 한국에 대한 인식이 높은 도시로, UPI 외에 반둥의 빠자자란대학교(Universitas Padjadjaran)도 2019년부터 한국어 어학당 과정을 운영하고 있다. 그리고 자카르타 소재 아뜨마자야대학교(Universitas Atma Jaya)에서도 2019년부터 한국어 어학당 과정을 운영하고 있다. 그리고 자바섬을 벗어나 술라웨시와 칼리만탄에도 한국어 교육과정이 있다. 남부 칼리만딴 반자르마신에 소재한 람붕망꾸랏대학교(Universitas Lambung Mangkurat)와 남

부 술라웨시 마카사르에 소개한 하사누딘대학교(Universitas Hasanuddin)에서 각각 한국어 과정이 진행 중이다. 그런데 KF 공공데이터에 따르면, 인도네시아에 한국학 과정이 진행된다고 언급된 학교는 14개이고, 위에서 언급한 대학 중에서 KF 자료에 없는 대학이 빠자자란대학과 아뜨마자야대학교이며, 위에서 언급되지 않은 KF 자료에 기록된 대학은 국방대학원, 두타와카크리스천대학교, 디포느고르대학교, 무리아쿠두스대학교, 반둥기술대학교, 브리위자야대학교, 라우타라대학교, 자카르타샤리프 히다야툴라 국립이슬람대학교 등이 있다.[6]

인도네시아에서의 한국어 교육 수요는 대학 정규과정과 어학 프로그램 외에도 세종학당을 통한 한국어 교육도 있다. 〈표 2〉를 보면, 아세안 회원국 중에서 베트남의 경우가 월등히 높다는 것을 알 수 있다. 그리고 그다음이 인도네시아다. 한국어를 배우는 플랫폼으로서 세종학당의 인기는 인도네시아에서도 높다.

인도네시아에서 한국학은 어문학과 사회과학 등을 모두 포괄하고 있다. 물론 그 비중은 어문학 비율이 훨씬 더 높은 것은 분명하다. 우선, S1 차원에 있는 UI, UGM의 커리큘럼을 자세히 보면, UI에서 한국의 사회과학적 주제를 다루는 과목은 2학년 2학기에 '한국사회와 종교' 3학점, '근대한국사' 6학점, '한국의 사회문화' 3학점으로 12학점이 배치되어 있다. 그리고 UGM에서는 1학년 2학기에 '한국문화개론' 3학점, 2학년 2학기에 '한국역사개론' 3학점, '한국사회개론' 3학점, 3학년 2학기에 '한국정치개론' 3학점, '한국철학개론' 3학점, '한국경제개론' 3학점, 4학년 1학기에 '현대한국문화' 3학점으로 총 21학점이다(Kim, 2016). UI와 UGM에서 한국에 대한 사회과학적 주제를 다루는 수업은 각각 12학점과 21학점

---

6 한국국제교류재단 데이터 상세 | 공공데이터포털(data.go.kr)(검색일: 2023. 9. 16)

〈표 2〉 인도네시아 내 세종학당 운영 현황

국가	2017	2018	2019	2020	2021
싱가포르	0	0	0	0	0
말레이시아	2	2	2	2	2
태국	4	4	4	5	5
베트남	13	15	15	15	22
필리핀	4	5	4	5	6
캄보디아	3	2	0	1	2
인도네시아	6	4	6	6	7
미얀마	1	1	1	1	1
브루나이	0	0	0	0	0
라오스	0	0	1	2	2
총계	33	33	33	37	48
세계	171	172	180	213	234

출처: 최인아 외, 2022(재인용), pp. 160-161.

으로 UGM이 훨씬 더 많이 개설되어 있다. 그리고 전반적으로 개론적 차원에서 한국의 사회과학적 이슈를 다루고 있다. '사회과학'으로서의 한국학을 풍부하게 가르치고 있다고 보기에는 아직 충분하지 않다고 볼 수 있다.

1980년대 중반부터 실험적으로 시작된 한국어 교육이 2000년대 중반인 2006년과 2007년에 각각 UI와 UGM에 한국어학과가 생김으로써 인도네시아 대학 내 명실상부한 학과로서의 위상을 갖게 되었다. 그 이후 UPI와 UNAS로 확대되었다. 인도네시아는 세계에서 네 번째로 면적이 큰 국가로 수많은 섬으로 구성되어 있는데, 현재의 한국학 교육은 주로 자바섬 중심으로만 가능하다. 수마트라, 술라웨시, 칼리만탄 등 다른 큰 섬의 한국학 교육은 매우 취약하다. 자바섬을 벗어나 다른 섬에서 한국어 교육의 수요가 높아지고 있는 이유다. 이러한 열악한 환경임에도 하나의 중요한 조직적 성과가 있었다. 2015년 인도네시아에서 한국어와 한국학을 가르치는 교수들의 학술정보 교환과 친목을 도모하기 위해 '인도네시아 한국학교육학회(AKSEIN)'가 발족했는데, 이 조직이 2018년 3월 '인도네시아한국어교육자협회(AJARI)'로 통합 발족했다. AJARI는 인도네시아에서 한국어 교육 발전을 위해 인도네시아에 있는 한국어 교수, 교사, 학원 강사 등이 참여해 설립한 단체다. 초대 회장으로는 UPI 한국교육학과 신영덕 교수가 맡았다.[7]

정리하자면, 글로벌 한국학 30년 역사에서 인도네시아의 한국학은 16-17년 정도의 역사로 후발주자는 아니고 중진 그룹 정도에 속한다. 이에 한국학의 기반적 조건을 어느 정도 갖추었다고 할 수 있지만, 압도적인 양적 성장 또는 질적 전환을 이루었다고 보기에는 아직 부족하다. 이로써 지금까지 '사회과학'으로서 한국학의 인도네시아적 맥락은 과거와 현재가 아니라 미래적 과제일 수밖에 없다.

2) 인도네시아 내부에서 한국학 증진의 유발요인: 한류와 한국 기업

이 절에서는 인도네시아에서 한국학을 증진시킬 수 있었던 요인들을 설명하고자 한다. 인도네시아에서 한국학은 '성장하고 있는' 분야로 향후 계속적인 성장을 지속하기 위해 한국 그리고 한국학 증진을 유발하

7 〔인터뷰〕 퇴임하는 신영덕 UPI 한국어교육학과 교수. 실시간 인도네시아 뉴스 – 데일리인도네시아(dailyindonesia.co.kr)(검색일: 2023. 9. 13)

는 요인 역시 이해할 필요가 있다. 앞에서도 지적했듯이 해외 한국학 역사가 전체 30여 년을 지나온다면, 인도네시아에서 한국학은 30년보다는 짧은 20여 년이라고 볼 수 있다.

한류는 글로벌 차원뿐만 아니라 인도네시아에서도 한국에 대한 관심을 유발하는 가장 강력한 요인이라고 볼 수 있다. 인도네시아에서 한류의 역사는 2002년 한국 드라마가 처음 Indosiar 민영방송에 소개되면서 당시 해외 콘텐츠 12% 전국 시청률이라는 놀라운 기록을 보여주며, 한국 드라마가 인도네시아 안방을 차지하고 들어간 것이다(샤스키아, 2014). 그로부터 20년이 지난 지금 한국국제문화교류진흥원(Kofice)의 조사에 따르면, 인도네시아 한류는 최고 인기 단계와 성장 단계를 구가하고 있다. 아래 〈그림 1〉에서 볼 수 있는 것처럼, 한류가 얼마나 인기 있는가를 측정하는 한류현황지수와 경제적으로 얼마나 성장하고 있는가를 측정하는 한류심리지수를 기준으로 보았을 때, 인도네시아에서 한류는 최고 그룹에 속해 있다. 이러한 위상은 2022년에만 나타난 것이 아니라 한국국제문화교류진흥원의 해외한류 실태조사의 거의 모든 자료에서 나타나고 있다. 그래서 족자카르타 UGM 한국어문화학과 수라이(Suray Agung Nugroho) 교수는 현재 인도네시아에서 한류 인기는 "K-웨이브를 넘어서 K-쓰나미" 수준으로 커졌다고 말한다(오수진·박의래, 2023). K-드라마와 K-Pop을 위시한 한류의 인기는 인도네시아에서 한류스타, 한국 음식, 영화, IT 제품, 뷰티(화장품), 패션, 웹툰, 출판 등으로 다양하게 관심을 받고 있다.

인도네시아에서 한류의 인기는 한국에 대한 관심은 물론 한국학에 대한 관심으로 이어지고 있다. UI 한국학과 에바 라티파(Eva Latifah) 교수가 책임연구자로 참여한 2022년 KF 기획조사연구의 결과물인 "A Study on Co-relationship between Korean Wave and Korean Studies in Malay Indonesian Region(한류 확산에 따른 지식 공공외교 발전 방향 연구: 인도네시아&

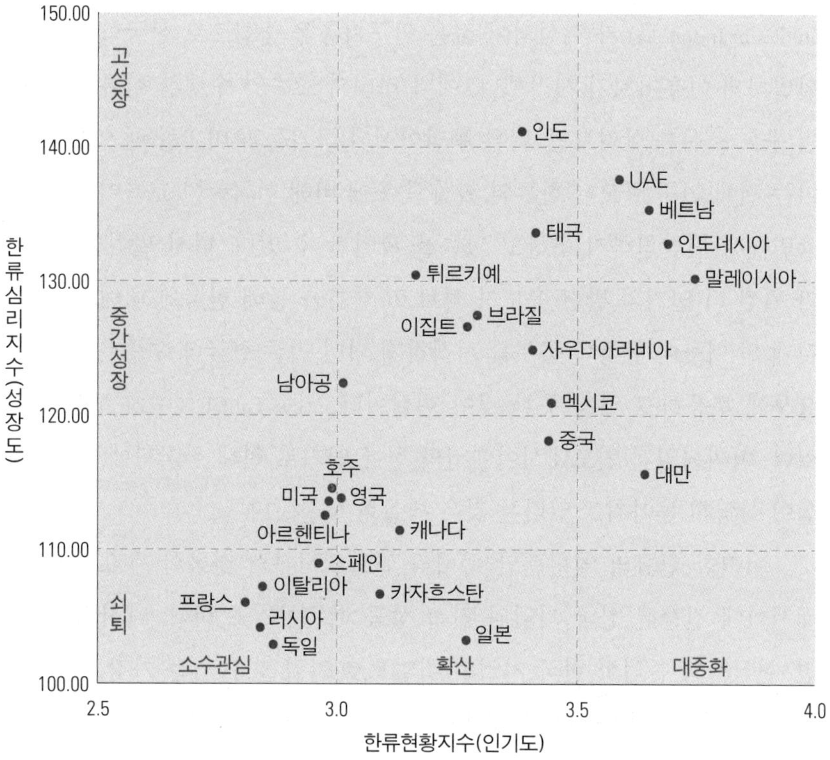

〈그림 1〉 2022 인도네시아 한류 현황: 한류현황지수(인기도)와 한류심리지수(성장도)

출처: 한국국제문화교류진흥원, 『2022 한류의 경제적 파급효과 연구』, 2023, p. 22.

말레이시아의 한류와 한국학 연관성 분석)"이라는 보고서는 지난 10년 동안 인도네시아에서 한국학이 어떻게 발전해왔으며 동남아시아 지역에서 한류의 확산 추세와 한국학 발전 사이의 연관성과 향후 방안을 모색하고 있다. 이 보고서에는 2000년대 초반부터 인도네시아에서 한류의 인기가 높아짐에 따라 2006년 UI 한국어학과, 2007년 UGM 한국어문화학과가 만들어지고, 한국어 교육을 확대하기 위해 2015년 인도네시아교육대학(UPI)에서 한국어교육과가 만들어졌다고 설명하고 있다. 그리고 2009년 7월 '인도네시아국제한국학회(INAKOS: The International Association of Korean

Studies in Indonesia)'가 결성되어 젊은 연구자층을 중심으로 한국학 연구가 활발하게 이루어지기 시작했다. 에바 라티파 교수가 수행한 한류와 한국학 수요 조사를 살펴보면, 다른 동남아시아 국가들과 비교할 때 인도네시아는 전체 인구 규모나 한류의 확산 속도에 비해 한국학이 교육이나 연구 측면에서 뒷받침하지 못하고 있음을 확인할 수 있다. 다시 말하면, 한류가 훨씬 더 인기와 발전 속도가 빠르고, 한류를 통해 한국에 대해 관심을 갖게 된 이들이 한국학 공부를 시작하게 되면 기존 한국학 수준은 이러한 요구에 부응하고 있지 못한 것이 현실이라고(Eva Latifah, 2022) 분석하고 있다. 어찌되었건 인도네시아에서의 한류 인기로 인해 한국학에 대한 관심이 상당히 높아지고 있다는 것은 확실한 사실이다.

이러한 한류의 영향뿐만 아니라 인도네시아의 한국학 수요는 인도네시아에 진출한 한국 기업의 진출 성공 때문이기도 하다. 다시 말하자면, 한국학과 졸업이 한국 기업의 취업으로 연결될 수 있는 가장 높은 가능성을 갖고 있기 때문에 인도네시아 주요 대학에 개설된 한국학은 시작부터 인기 있는 학과가 될 수밖에 없었다. 한국의 해외투자 기업 1호가 인도네시아에 진출했던 기록처럼 인도네시아에 진출한 한국 기업의 역사는 매우 오래되었다. 주목할 만한 한국 기업을 중심으로 역사적으로 나열하면 다음과 같다. 1968년 한국남방개발주식회사(KODECO), 1969년 코린도(KORINDO), 1973년 미원 인도네시아, 1982년 키데코(Kideco), 1988년 제일제당(2002년 CJ제일제당으로 상호변경) 등이 초기 해외 직접투자 회사들이다. 그리고 1970-1990년대 동안 삼성물산, 효성 및 선경 등 한국의 종합무역상사들은 인도네시아 곳곳을 누비며 산림, 목재, 자원 등 한국으로 물건을 나르는 일을 마다하지 않았다(인도네시아 한인 100년사 편찬위원회, 2020). 1960년대부터 현재까지 인도네시아에 진출한 한국 기업 역사의 특징을 시기적으로 구분하면 다음과 같다. 첫째, 1968-1985년 자원확보 중심의 한국 기업 진출 시기로서 앞에서 언급한 코데코, 키데코, 미원 등이 이에 해당한다. 둘째, 1986-1999년 제조업 중심의 한국 기업 진출 시기로서 대표적인 기업은 LG전자, 삼성전자, CJ, 신발·가발·의류 제조업체들이다. 2000년부터 현재까지는 기술 및 자본 중심의 한국 기업 진출 시기로서 대표적인 기업은 KEB하나은행, 신한은행, IBK인도네시아은행, 한화생명 등 금융산업의 진출과 포스코, 롯데케미칼 등이다. 그리고 2019년 현대자동차 진출 등 굵직한 기업들은 거의 모두 인도네시아에 진출해 있다(최경희 외, 2022).

좀 더 구체적으로 현재 인도네시아에 진출한 한국 기업들은 재인도네시아 한인회 홈페이지의 기업 디렉토리 코너에 정리되어 있다. 2023년 현재 인도네시아에 진출한 한인 기업 수는 2,166개로 나타난다. 개인서비스업 28개를 시작으로 건설업 90개, 교육 서비스 23개, 금융·보험업 30개, 금형 15개, 기술서비스 42개, 농업·임업·어업 13개, 도매·소매업 180개, 도장 및 레이저마킹 1개, 무역 62개, 미분류 57개, 법률·투자·경영컨설팅 35개, 부동산업 7개, 서비스 17개, 섬유·봉제 서비스 17개, 숙박·음식점업 2개, 슈퍼마켓·식당·노래방 2개, 시설관리·임대 서비스 20개, 신발 관련 사업 12개, 액세서리 55개, 여행·관광 서비스 30개, 연마제 2개, 요업 1개, 운수·창고업 71개, 유통 서비스 21개, 의료 서비스 6개, 자원 20개, 정보통신업 65개, 정부 및 공공기관·금융 31개, 제조업·수출업·서비스업 2개, 제조업 1,248개, 조립 및 후가공 1개, 종합상사 1개, 중소기업청 1개, 채석업 2개, 철강 2개, 플랜트 3개, 협회 및 단체 17개, 후가공 2개 등이다. 여기에서 가장 많은 숫자를 차지하는 분야가 제조업이다. 이러한 한국 기업은 인도네시아인의 고용창출에 매우 큰 기여를 하고 있고, 인도네시아 사회에서 한인 커뮤니티와 한인 기업들은 선호의 대상이다. 이에 한국어와 한국문화를 배운 학생들은 인도네시아 한인 기업에 취업하는 것을 매우 자연스러운 성공전략으로 삼고 있다. 또한 한국과 인도네시아 관계에서 인도네시아에 한국 기업이 이렇게 꾸준히 성공적으로 진출한다는 것은 당연히 '인적 교류'를 동반한 현상이다. 비즈니스를 위한 인적 교류 및 인도네시아 체류 과정은 인도네시아에서 한국에 대한 접촉지점을 확대 및 심화시키고, 이는 인도네시아에서 한국학이 발전하는 데 매우 중요한 요인으로 기여하고 있다.

4. 인도네시아에서 한국학 연구자들의 조직과 연구

이 절에서는 인도네시아에서 사회과학으로서의 한국학에 주목해보고자 한다. 그런데 앞에서도 기술했듯이 인도네시아에서 한국학 발전은 저조한 상태이기 때문에 사회과학으로서 한국학이 어떻게 펼쳐져 있고 성장하고 있는지를 분석하기는 어려운 상태다. 그럼에도 인도네시아 한국학이 2006년부터 주요 대학의 한국학과 운영을 시작으로 본궤도에 오른 이후, 인도네시아 내의 한국학 관련 연구자 조직이 만들어지고 운영되는 것은 인도네시아 한국학의 발전적 성과라고 볼 수 있다. 이에 이 절에서는 이러한 조직적 성과를 중심으로 사회과학으로서의 한국학을 평가해보고자 한다. 다음으로는 해외 한국학이 지역학적 위상을 갖고 있는 것처럼 한국에서 인도네시아학(Indonesian Studies) 역시 지역 연구로서 위상을 갖고 있다. 인도네시아에서 한국학(Korean Studies) 발전 전망을 위해 한국에서의 인도네시아학 연구가 어떻게 진행되어오고 있는지 기술해보고자 한다.

1) INAKOS를 통해 본 한국학 성과와 의미

현재 인도네시아에서 한국학 관련 학술조직은 대표적으로 2개가 존재한다. 하나는 인도네시아국제한국학회(INAKOS: The International Association of Korean Studies in Indonesia)와 다른 하나는 인도네시아한국어교육자협회(AJARI: Asosiasi Pengajar Bahasa Korea Indonesia)다. 전자는 2009년 설립되었고, 후자는 2018년 설립되었다. 전자가 UGM을 중심으로 발의되어 운영된다면, 후자는 UPI를 중심으로 발의되어 운영된다고 볼 수 있다. 그리고 AJARI는 출범한 지 얼마 되지 않아서 아직 학술적 성과가 뚜렷하지는 않다. 이 절에서는 INAKOS를 중심으로 인도네시아에서의 한국학 성과와 의미를 분석해보고자 한다.

INAKOS는 인도네시아에서 한국학을 전공한 학자들이 모여서 한국학 증진에 기여하고자 학술활동을 목적으로 만들어졌다. 또한 '국제'라는 수식어가 붙은 것은 인도네시아에서 한국학 전공자뿐만 아니라 해외 한국학 전공자, 한국학자 그리고 인도네시아에서 한국에 대한 다양한 연구를 수행하는 인도네시아 연구자를 포괄한다는 것을 의미한다. 2009년에 만들어져서 현재까지 활동하는 INACOS의 학술적 성과는 의미가 깊다. 우선, 출범 이후 최근까지 주기적으로 학술포럼을 진행해왔다. 제1회 INAKOS 포럼은 2009년 5월 7일 "Reinventing the Importance of Korean Studies for Future Generations of Indonesia and Korea"라는 주제로 족자카르타 UGM에서 시작되었다. 제1회 INACOS 포럼부터 한국대사관 및 한국 기업들은 관심을 갖고 참여했다. 제2회는 2009년 10월 자카르타 UI에서 "Korean Studies in Indonesia"라는 주제로 치러졌다. 제3회 INAKOS 포럼은 2010년 4월 족자카르타에서 UGM 한국학연구센터, UGM 인문대, 한국대사관 관계자들이 모여 포럼을 진행했다. 제4회

INAKOS 포럼은 2010년 10월 반둥 파순단(Pasundan)대학 인문학부 주관으로 "Human Capital and Creative Industry: Korea and Indonesia"라는 주제로 이뤄졌다. 제5회 INAKOS 포럼은 2011년 10월 중부 자바 스마랑에 위치한 니포네고로대학에서 진행함으로써 공간을 확장한 의미가 있으며, "Globalization, Democracy and National Identity: Comparative Views on Korea and Indonesia"라는 주제로 진행되었다. INAKOS는 학술포럼 운영뿐만 아니라 INAKOS Journal을 생산하면서 학술적 성과를 축적하기도 했다(Suray, 2021). 〈그림 1〉은 INAKOS Journal인 *Korean Studies in Indoensia*의 2018년 Vol. IV, No. 1로서 목차를 볼 수 있다. 그리고 그 목차 아래 2009년, 2010년, 2011년, 2015년, 2016년, 2017년 목차가 수록되어 있다고 적시되어 있다. 우선 2018년 Vol. IV, No. 1의 목차를 보면, 이 저널에는 한국에 대한 사회문화, 언어, 정치경제 등을 전반적으로 다루면서 한국 학자와 인도네시아 학자 등이 필진으로 포진해 있다.

그리고 INAKOS는 한국 관련 책을 기획하여 출범 이후 2015년까지 8권의 책을 생산했다. 첫 번째 책은 역사에 관한 것이다. 『Sejarah Korea Menuju Masyarakat Modern: Beberapa Peristiwa Penting(The History of Modern Korean Society: Some Key Events)』로서 독도 문제, 한류, 남북 문제, 한국경제, 새마을운동, 원자력발전소 문제 등 한국의 근현대사에서 중요한 몇 가지 이슈를 다루었고, 2010년 10월에 출판되었다. 두 번째 책은 정치행정에 관한 책이다. 『Politik dan Pemerintahan Korea(Korean Politics and Government)』로서 한국의 정치행정에 관한 내용이고, 2011년 2월 한국학자까지 포함하여 집필된 책이다. 세 번째 책은 한국어에 관한 것이다. 『Huruf Hangel dan Bahasa Korea(Hangel and Korean Language)』로서 INAKOS 책 시리즈 세 번째이지만, 인도네시아어로 된 한국어 관련 첫

ii

Korean Studies
in Indonesia

Daftar Isi

〈그림 1〉 *Korean Studies in Indoensia*, Vol. IV, No. 1(2018)의 목차

번째 책이라는 의미를 갖는다. 2011년 5월에 출간되었고, 내용은 비교적 기초적인 개론 수준의 책이다. 한국어의 쟁점과 특징 및 장점 등을 다루었고, 인도네시아와 한국 학자가 공동으로 집필했다. 네 번째 책은 문화에 관한 것이다. 『Pusparagam Sosial Budaya Korea(The Socio-Cultural Arrays of Korea)』로서 한국 문화와 사회에 대한 다양한 연구논문이 수록되었는데, 인도네시아 여러 대학의 연구자들과 한국 연구자들이 공동으로 집필했고, 2011년 7월 출간했다. 다섯 번째 역시 문화에 관한 책이다. 하지만 좀 더 차별화된 지점은 인도네시아 청년의 관점에서 한국 문화에 접근한 것이다. 『Mengintip Budaya Korea: Pandangan Generasi Muda Indonesia(Taking A Peep Into Korean Culture: Indonesian Younger Generation's Perspective)』로서 이 책의 특징은 인도네시아 학자는 물론 인도네시아 청년들의 글이 수록된 것으로 2012년 4월에 출간되었다. 여섯 번째 책은 한류에 관한 것이다. 『Hally: Kekuatan Budaya Kreatif Korea di Panggung Dunia(Hallyu: Korea's Soft Power and Creative Prowess at World Stage)』로서 인도네시아 독자를 위해 인도네시아어로 쓰인 케이팝, 드라마, 음식, 소프트파워, 공공외교 등 한류에 관한 총서 같은 것이다. 인도네시아 학자와 학생들이 공동으로 집필하여 2013년 1월에 출간했다. 일곱 번째 책은 2013년 한국과 인도네시아 수교 40주년을 맞이하여 『40 Tahun Hubungan Indonesia-Korea Selatan(40 Years of Indonesia-Korea's Relation)』로 그해 10월에 출간되었다. 마지막으로 여덟 번째 책은 2015년 4월에 출간된 『Menggapai Asa Ke Korea?(Why Korea?)』다. 이 책의 특별한 지점은 인도네시아 이주노동자도 필진으로 합류했다는 점과 한국에 있는 인도네시아 유학생 조직(PERPIKA: Persatuan Pelajar Indonesia di Korea(Indonesian Students Association in Korea)과 협업을 통해 만들어졌다(Suray, 2021).

INAKOS를 중심으로 인도네시아 한국학 성과와 한계를 정리해보면 다음과 같다. 첫째, 인도네시아 내 주요 대학의 관련 한국학과 소속 및 관련된 연구자들이 학회로 구성되어 학술활동을 진행해왔다는 것은 매우 큰 성과라고 볼 수 있다. 그리고 초기에는 한국 기업과 한국대사관 등이 꾸준한 관심 속에 상호작용하면서 발전해왔다고 볼 수 있다. 그래서 INAKOS 포럼 운영과 저널 및 단행본 등을 출판하면서 광폭의 행보를 보여주었다. 둘째, 그럼에도 현재 INAKOS가 더욱더 활발하게 연구하고 활동하기 위한 안정적인 운영기반은 취약해 보인다. INAKOS 포럼에 대한 최근 정보도 찾기가 어렵고, INAKOS 저널도 1년에 두 번 생산하고자 했던 2018년의 목표는 아직 이루어지고 있는 것 같지 않다. 셋째, INAKOS가 생산하고 있는 논문 및 단행본에 대한 학술적인 질적 평가도 아직 이루어지고 있다고 볼 수는 없다. 왜냐하면, 지금까지의 단계는 인도네시아에서 한국학이 유지·확산되는 데 집중할 수밖에 없었기 때문이다. 이러한 활동을 해온 INAKOS의 공식 홈페이지가 없는 현실은 현재 인도네시아 한국학 기반이 여전히 취약한 것을 보여주고 있다. 이러한 기반이 좀 더 안정적으로 관리되고, 더 많은 재정적 지원을 확보하여 인도네시아 한국학이 학문적으로 발전하기 위한 전략과 방법을 모색해보아야 할 때라고 생각한다.

2) 인도네시아에 대한 한국 연구자와 연구활동

인도네시아에서 한국학은 한국어 교육이 산발적으로 시작된 1990년부터 시작하면 현재까지 약 30년을 경과했다. 그러나 대학 4년제 한국학과의 성립과 운영의 관점에서 보면, 20여 년이 지나온 셈이다. 즉, 인도네시아에서 한국학 20년의 성과는 앞에서 언급한 한국과 인도네시아 수교 50년 동안 양국의 관계가 압축적으로 성장해온 2000년대 이후 20여 년의 시간과 그 궤를 함께하고 있다. 그리고 그 20여 년 동안 인도네시아 한국학은 위에서 언급한 INAKOS를 통해 어느 정도 발전의 디딤돌이 구축되었다고 볼 수 있다. 앞으로 그 기반이 더욱 안정적이며, 인도네시아 한국학 연구가 질적으로 성장할 수 있도록 하기 위해서는 인도네시아를 연구하는 한국학자들의 역할이 중요해 보인다. 왜냐하면, 해외에서 사회과학으로서의 한국학이 발전하기 위해서는 한국의 해당 지역 연구자들의 역할과 활동 역시 중요해 보이기 때문이다.

한국에서 인도네시아 연구를 포함하여 동남아 연구의 조직적 시작은 1991년 한국동남아학회 출범으로 기록된다. 그로부터 2023년까지 약 30년이 경과했지만, 한국에서도 동남아학은 여전히 기반 조성기 수준이라고 볼 수 있다. 조금 오래된 정보이지만, 2017년을 기준으로 한국동남아학회 정회원은 333명에 불과하다. 그중에서 정회원으로서 인도네시아를 전문적으로 연구하는 연구자 수는 약 25명으로 가장 많고, 그다음이 베트남으로 24명, 태국 18명, 말레이시아 10명, 미얀마 8명, 필리핀 7명 등으로 기록된다. 그러므로 333명 한국동남아학회 회원 중에서 꾸준히 동남아 지역 연구를 하고 있다고 볼 수 있는 회원 수는 50여 명 정도이고, 그중에서 인도네시아는 30여 명 안팎으로 존재한다는 것이다(전제성, 2019: 13-14). 그런데 이러한 분류가 한국동남아학회에서 출간하는 학회지를 중심으로 한 논문 출간을 중심으로 엄격하게 본 척도라고 한다면, 좀 더 느슨한 기준에서는 한국에서 인도네시아 연구자 수가 확대된다. 학위논문과 『동남아시아연구』와 『동남아연구』라는 2개의 전문학술지를 중심으로 보았을 때는 전문연구자 47명, 비교연구자 21명, 사례확장연구자 16명으로 총 84명이다. 전문연구자는 박사학위논문을 인도네시아 사례연구로 작성한 경우, 비교연구자는 박사학위논문을 인도네시아 사례를 포함하는 비교연구로 작성한 경우, 사례확장연구자는 박사학위논문을 인도네시아와 무관하게 작성했지만 인도네시아 관련 논문을 동남아 지역 연구 전문학술지에 게재한 경우를 모두 포함한 것이다(김형준·전제성, 2019: 27).

이러한 세 부류 연구자들의 구분을 기초로 인도네시아 단일사례로 박사논문을 작성한 47명 중 전공별 분포를 세부적으로 보면, 정치학 9명, 인류학 8명, 어학·문학 7명, 경제학 6명, 이학·공학 5명, 경영학 2명, 역사학 2명, 국제학·지역학 2명, 신학 2명, 교육학 1명, 사회학 1명, 여성학 1명, 법학 1명이다(김형준·전제성, 2019: 28). 여기에서 사회과학이라고 볼 수 있는 정치학, 인류학, 경제학, 경영학, 역사학, 국제학·지역학, 교육학, 사회학, 여성학, 법학 등이 주류를 이룬다. 그리고 인도네시아 단일사례로 첫 박사학위논문은 국내에서 1983년, 그리고 해외에서 1989년 처음으로 나왔다. 그리고 1990년대 박사학위논문 6편, 2000년대 18편, 2010-2017년 21편이 생산되었는데, 최근에 근접할수록 박사학위논문이 계속 많이 만들어지고 있다(김형준·전제성, 2019: 30-31). 한국에서 인도네시아에 관한 첫 석사학위논문은 1964년이기에 매우 이른 시기부터 생산되었다고 볼 수 있다. 인도네시아 관련 석사학위논문 생산 수는 1964년에서 2017년까지 총 281편으로 적지 않은 수다. 그리고 2000년대 이후 가장 흥미로운 변화는 한국에 온 인도네시아 유학생이 쓴 학위논문이 생산된 것이다. 2000-2017년 생산된 석사학위논문은 126편, 박사학위논문은 22편이다(김형준·전제성, 2019: 35-37). 인도네시아 관련 석·박사 학위논문과 학술논문 생산의 관점에서 정리하자면, 1960년대에서 2017년까지 328편의 석·박사 학위논문과 672편의 학술지 논문이 출판되었다. 그러나 이러한 학위논문과 학술논문 생산에 비하면, 학술서는 41편에 불과하고 정책보고서, 체험기, 문학서적 등을 추가해도 150여 권 정도다(전제성, 2019: 43). 이상과 같이 한국에서 인도네시아에 대한 연구 성과를 중심으로 보았을 때 양적으로는 적지 않다고 볼 수 있다. 그러나 필자가 경험적으로 보았을 때, 현재 한국 내 인도네시아 지역 연구자로서 활동한다고 볼 수 있는 전문연구자는 50명 내외다. 이러한 상황은 한국과 인도네시아의 경제교류 및 사회문화적 교류 수준에 비하면 매우 미미한 상황인 것은 분명하다.

한국 내 인도네시아학 발전을 저해하는 가장 강력한 원인은 대학 내 학과 및 연구 기반의 취약성에 근거하고 있다. 한국 내에서 '인도네시아학과'를 갖고 있는 대학이 떠오르지 않는 것이 현재의 상황이다. 인도네시아학은 아니더라도 '말레이시아 인도네시아어학과'를 갖고 있는 대학도 1-2개 정도다. 한국 내 인도네시아학은 현재 단독으로 설정되어 있지 않고, 동남아학 아래 편재되어 있는 수준이다. 한국 대학의 동남아 관련 학과 및 전공 현황은 아시아 관련 전공 531개 가운데 동남아 관련 학과는 15개뿐이다. 반면 중국 전공은 255개, 일본 전공은 181개여서 압도적이다. 동남아 15개 학과 및 전공을 보면, 한국 내 인도네시아어와 관련된 대학 외에 청운대학교 베트남어과를 추가할 수 있는 정도다. 거점 국립대학 학부 동남아 관련 개설 과목을 보면, 2020년 1월 기준으로 서울대학교 내 인문대학과 사회과학대학을 합쳐서 관련 과목이 26개 운영되어 가장 많았고, 그 외에 전북대, 충남대, 경북대, 충북대, 강원대, 부산대, 경상대를 합쳐서 14개 과목이 개설된 정도다. 그리고 거점 국립대학 대학원 동남아 관련 과목은 2020년을 기준으로 서울대학교 8과목과 그 밖에 부산대, 경상대, 전북대, 전남대, 충북대에 9개 과목이 개설되어 있다(전제성·김현경·박사명, 2021).

정리하자면, 이상과 같은 분석에 따라 한국 내에서 인도네시아학은 아직 학적 기반도 갖고 있다고 보기 어렵다. 인도네시아 지역 연구자가 양적으로 어느 정도 확보된 데 비하면, 학과로서 인도네시아학과는 존재하고 있지 않기 때문이다. 오히려 인도네시아 지역 연구자는 동남아학 관련 전공 우산 아래 존재한다. 한국 내 인도네시아 연구 기반이 이렇게 열악한 상황이기 때문에 인도네시아 내의 한국학 발전에도 충분히 기여할 수 없었다. 인도네시아 내의 한국학 발전을 위해 한국 내의 인도네시아학 발전이 동반될 필요가 있고, 쌍방향적 상호작용이 있을 때 학문적으로 더욱 발전할 수 있다. 특히 한국과 인도네시아는 비교맥락에서 흥미로운 주제들이 많다. 근대국가의 탄생에서 식민지와 탈식민지 경험, 군부권위주의와 탈군부 민주화, 글로벌화와 경제발전, 도시화와 인구변동 등 많은 사회과학적 이슈를 내포하고 있다. 그리고 이 두 사회는 사회문화적 기반으로 매우 이질적인 유교문화권 또는 이슬람문화권이기도 하지만, 민주주의와 문화다양성을 추구하는 사회로서 두 국가 간의 사회과학적 어젠다를 소통한다면 의미 있는 사회과학적 지식을 양산해낼 수 있다고 본다. 그리고 양국의 지속가능한 그리고 심도 깊은 발전을 위해 서로가 서로를 깊이 있게 알아가는 것은 반드시 필요한 일이기 때문이다.

5. 결론

이 연구는 인도네시아에서 한국학의 현단계를 진단하고 미래전망을 제시하고자 했다. 첫째, 지난 30여 년간의 글로벌 한국학 또는 해외 한국학 역사에서 동남아시아의 한국학은 완전히 후발주자는 아니고, 대략 2000년대부터 시작된 중진그룹에 속한다. 동남아 지역에서 한국학과가 가장 많은 나라 순으로 보면, 베트남이 월등히 많고, 그다음이 말레이시아와 인도네시아, 태국, 필리핀 순이며, 그다음으로는 캄보디아, 싱가포르, 미얀마, 라오스 순이다. 동남아 지역 안에서 한국어 학습자 수를 가장 많이 보유한 나라 역시 베트남이고 그다음이 태국, 미얀마, 인도네시아 순이다. 이로써 인도네시아는 동남아 지역 11개 국가 중에서 네 번째를 차지하고 있다. 그리고 인도네시아의 경우 4년제 한국어과 및 한국학과를 보유한 대학은 4개 정도인데, 2006년, 2007년, 2015년, 2017년에 각각 만들어졌다. 그 외에도 KF 공공데이터에 따르면, 인도네시아에 한국어 과정이 진행된다고 언급된 학교는 14개 정도다. 인도네시아를 포함해서 동남아에서의 한국학은 북미, 유럽 또는 동북아시아에서의 한국학에 비하면, 현재까지 한국학이 다루고 있는 학문적 범위는 넓지 않다. 즉, 한국어 및 한국문화를 가르치는 것 정도로 한국학이 설명되고 있다. 그렇지만 '한국어'에 대한 열풍이 상당히 강하다는 점과 그 열풍이 대학뿐만 아니라 고등학교까지 확대되고 있다는 점이 다른 지역과의 차별적인 지점이다. 즉, 동남아에서의 한국어 열풍은 한류의 인기 현상과 뚜렷하게 상호작용하고 있다는 점도 특징적이다.

둘째, 사회과학으로서의 한국학 차원을 언급해보고자 한다. KF에서 규정하는 한국에 대한 사회과학적 주제라고 한다면, 한국의 경제(한국의 발전 경험, 정부의 경제정책 및 전략, 한국 기업의 구조와 특징, 한국 노동 환경 및 노사관계, 노동운동 등), 한국의 정치(독립, 독립운동과 근현대사, 권위주의 정부와 민주화, 민주주의 제도와 정당, 선거와 정치 엘리트 등)와 외교(역대 정부의 외교전략, 남북관계와 북미관계, 한반도 통일, 동북아시아 지정학, 지역전략, 중견국 외교, 신남방정책과 인도태평양 전략 등) 그리고 한국의 사회문화(한국 시민사회와 사회운동, 한국 시민사회의 특징, 교육, 의료, 보건, 노동, 복지, 평화, 인권 등)에 관한 영역과 주제들이다. 그러나 이러한 범주에 '한류 연구'가 빠져 있는 것은 아쉬운 부분이다. 한류를 포함한 한국의 문화와 대중문화는 최근 한국학 중에서도 가장 관심을 받는 주제이기 때문이다. 인도네시아 4개 대학 UI, UGM, UPI, UNAS 중에서 한국에 대한 사회과학 교육 프로그램을 잘 갖추고 있는 대학은 UGM이다. UGM에서는 '한국문화개론', '한국역사개론', '한국사회개론', '한국정치개론', '한국철학개론', '한국경제개론', '현대한국문화'로 총 21학점을 가르치고 있다. 한국의 문화, 역사, 사회, 정치, 철학, 경제를 개론적으로 가르치고, 그런 다음 심화된 단계에서 현대한국문화를 가르치고 있다. 그리고 인도네시아 한국학 연구자들에 의한 한국학 연구 성과들은 양적으로나 질적으로 아직 미약한 단계다.

셋째, 그럼에도 인도네시아에서 한국학은 '성장하는 분야'로 한류의 인기 속에서 함께 성장하고 있고, 특히 인도네시아에 진출한 한국 기업이 상당히 많다는 것은 인도네시아 한국학과가 인기가 높은 중요한 이유가 될 것이다. 또한 인도네시아에서 한국학은 대략 20년이라는 짧은 기간이지만, 한국학의 토대구축을 위해 헌신했던 한국학과 교수들의 노력 역시 주목해야 한다. 즉, INAKOS의 존재는 이런 성과의 하나라고 볼 수 있다. INAKOS의 출범과 함께 INAKOS 포럼, 저널 그리고 한국 관련 단행본 출간 등 놀라운 성과를 보여주고 있다. 그러나 현재 상황에서 INAKOS의 홈페이지조차 없는 것은 그 조직적 기반과 유지가 생각보다 쉽지 않다는 것을 반영하고 있다. 그리고 인도네시아에서 한국학의 발전과 심화를 위해 한국대사관과 한국 기업의 지원도 중요하지만, 가장 중요한 것은 한국 내에서 인도네시아 지역 연구를 하는 학자들과의 교감, 교류, 소통이 아닐까 생각해보게 된다. 그러나 이러한 협력의 틀을 생산해내지 못한 가장 구조적인 문제는 한국 내 인도네시아 지역 연구자들의 위상 역시 안정적이지 못하거나, 아카데미 사회에서 인도네시아학이 아직 그 기반을 확보하고 있지 못한 한계 때문일 것이다. 물론 한국에서 인도네시아 연구는 동남아 연구라는 좀 더 넓은 우산 아래에서 숨쉴 공간 정도만 갖고 있다.

결론적으로 인도네시아에서의 한국학은 이제 걸음마 단계를 막 지났다고 볼 수 있다. 현재 인도네시아 한국학은 자바섬 중에서도 서부 자바에 있는 주요 대학을 중심으로 운영되고 있기에 향후 중부 자바와 동부 자바로 확산되는 것은 물론 수마트라, 술라웨시 그리고 인도네시아 신수도로 이전할 곳인 칼리만탄까지 더 넓은 지역으로 한국학이 확산되어야 할 것이다. 그리고 인도네시아 연구자들에 의해 한국의 사회과학적 주제를 다루는 질 좋은 연구 결과물들이 생산될 수 있도록 다각도의 노력이 필요할 것이다. 인도네시아 내 한국학 연구활동을 위한 재정확보뿐만 아니라 한국 내 인도네시아 지역 연구자들과의 주기적이며 지속적인 교류와 협력이 반드시 필요해 보인다. 결국 '인도네시아에서의 한국학'과 '한국에서의 인도네시아학'의 상호작용은 양국에 필요한 사회과학적 지식생산을 생산해낼 수 있을 것이다. 무엇보다 미래지향적인 양국의 지속가능한 그리고 심도 깊은 발전을 위해 서로가 서로를 깊이 있게 알아가는 것은 반드시 필요한 일이기 때문에 상호작용하는 '인도네시아에서의 한국학'과 '한국에서의 인도네시아학'은 이러한 미래 비전에 충실히 기여할 수 있을 것이라고 본다.

참고문헌

김지수. "Progress and prospects in Korean Studies: Humanities in"(세션 1: 지역별 한국학의 변화와 발전 전망 ①). 2022 KF 글로벌 한국학포럼, 2022. https://www.youtube.com/watch?v=Y3--L8mse6I(검색일: 2023. 9. 9)

김형준·전제성. "제2장 한국의 인도네시아 연구". 안청시·전제성 엮음. 『한국의 동남아시아 연구: 역사, 현황 및 분석』, 서울대학교 출판문화원, 2019, pp. 23-62.

데일리 인도네시아(1). "〔인터뷰〕 수라이 UGM 교수 "한-인니 다문화가정 2세의 지도자 양성이 중요해"", 데일리 인도네시아, 2023. 9. 7. http://dailyindonesia.

co.kr/m/page/view.php?no=23397&code=netfu_64709_77360&d_code=20110809192501_1035&ds_code=(검색일: 2023. 9. 13)

데일리 인도네시아(2). "〔인터뷰〕 퇴임하는 신영덕 UPI 한국어교육학과 교수". 데일리 인도네시아, 2023. 9. 4. http://dailyindonesia.co.kr/news/view.php?no=23496(검색일: 2023. 9. 13)

민원정. "지역별 한국학의 변화와 발전전망: 중남미"(세션 1: 지역별 한국학의 변화와 발전 전망 ①). 2022 KF 글로벌 한국학포럼, 2022. https://www.youtube.com/watch?v=ArHHxS5aPlE(검색일: 2023. 9. 9)

박의래·오수진. "인도네시아 내 한국 열풍, 한류 넘어 K-쓰나미 수준". 연합뉴스, 2023년 1월 26일자. https://www.yna.co.kr/view/AKR20230126141551104(검색일: 2024. 1. 2)

신영지. 「인도네시아 대학 내의 한국학 교육 현황과 전망」. 『인문과학』 44, 2009, pp. 263-302.

유영주. "세션 1: 지역별 한국학의 변화와 발전 전망 ①", 2022 KF 글로벌 한국학포럼, 2022. https://www.youtube.com/watch?v=ArHHxS5aPlE(검색일: 2023. 9. 9)

이은정. "유럽 한국학: 과거와 현재, 미래"(세션 1: 지역별 한국학의 변화와 발전 전망 ①). 2022 KF 글로벌 한국학포럼, 2022. https://www.youtube.com/watch?v=ArHHxS5aPlE(검색일: 2023. 9. 9)

이광철. "KF 글로벌 e-스쿨: 현황 및 비전"(세션 3-3: 해외 한국학 패러다임의 변화: KF e-스쿨과 온라인 교육). 2022 KF 글로벌 한국학포럼, 2022. https://www.youtube.com/watch?v=pSiuUpj9lO4(검색일: 2023. 9. 10)

인도네시아 한인 100년사 편찬위원회. 『인도네시아 한인 100년사: 한인과 한인기업의 성공 진출사』. 순정아이북스, 2020.

전제성. "제1장 한국에서 동남아학계의 형성과 발전". 안청시·전제성 엮음, 『한국의 동남아시아 연구: 역사, 현황 및 분석』, 서울대학교 출판문화원, 2019, pp. 1-22.

전제성·김현경·박사명. 「한국 대학의 동남아시아 관련 교육과정: 현황과 대안」. 『동아연구』 40(1), 2021.

한국국제교류재단. https://www.data.go.kr/(검색일: 2023. 9. 16)

한국국제문화교류진흥원. 『2022 한류의 경제적 파급효과』. 한국국제문화교류진흥원, 2023.

홍석경. "What opportunity does the Hallyu provide for Korean studies?"(세션 3-1: 해외 한국학 패러다임의 변화: 한류현상과 연구). 2022 KF 글로벌 한국학포럼, 2022. https://www.youtube.com/watch?v=LPnzeJ9Fbm8(검색일: 2023. 9. 10).

최경희·고우정·신성철·박정훈·Eva Latifah·Servulus Bobo Riti. 「한-인도네시아 수교 50주년 계기 양국 협력평가 및 다변화 전략연구」. 『2022년 외교부 정책용역 과제 보고서』, 2022.

최인아·이재호·김소은·최경희. 『한-인도네시아 포괄적 미래 협력 방안 연구』. KIEP 대외경제정책연구원, 2022.

Kim, Jang-Gyem. "Retrospect and Prospect of Korean Studies in Indonesia: Focusing on the University of Indonesia and the University of Gadjah Mada Cases." 『동남아연구』 25(3), 2016, pp. 263-302.

Eva Latifah. 「한류 확산에 따른 지식 공공외교 발전 방향연구: 인도네시아와 말레이시아의 한류와 한국학 연관성 분석」. 『2022 KF 기획조사연구』, UI대학교 연구팀, 2022.

Lowenstinova, Miriam. "세션 1: 지역별 한국학의 변화와 발전 전망 ①". 2022 KF 글로벌 한국학포럼, 2022. https://www.youtube.com/watch?v=ArHHxS5aPlE (검색일: 2023. 9. 9)

Nishino Junya. "일본에서의 한국학: 특징과 과제"(세션 2: 지역별 한국학의 변화와 발전전망②). 2022 KF 글로벌 한국학포럼, 2022. https://www.youtube.com/watch?v=l8SirySLnDc(검색일: 2023. 9. 9)

Nguyen Thi Phuong Mai. "베트남 내 한국(어)학 교육·연구 현황"(세션 2: 지역별 한국학의 변화와 발전 전망 ②). 2022 KF 글로벌 한국학포럼, 2022. https://www.youtube.com/watch?v=l8SirySLnDc(검색일: 2023. 9. 9)

Supaporn Boonrung. "동남아시아에서의 한국어 교육 현황: 태국에서의 한국어 교육현황을 중심으로"(세션 3-2: 해외 한국학 패러다임의 변화: 한국어 교육). 2022 KF 글로벌 한국학포럼, 2022. https://www.youtube.com/watch?v=nMUPOsJ052M(검색일: 2023. 9. 9)

Suray Agung Nugroho. "Korean Studies in Indonesia: Present state and What the

Future Holds." 한국학중앙연구원 디지털인문학연구소, 2021. http://dh.aks.ac.kr/~cefia/wiki/index.php/Korean_Studies_in_Indonesia:_Present_State_and_What_The_Future_Holds(검색일: 2024. 1. 3)

______. "KF e-school and Online Education at Korean Department, Gadjah Mada University"(세션 3-3: 해외 한국학 패러다임의 변화: KF e-스쿨과 온라인 교육). 2022 KF 글로벌 한국학포럼, 2022. https://www.youtube.com/watch?v=pSiuUpj9lO4(검색일: 2023. 9. 10)

Sorenson, Clark W. "Progress and prospects in the Western US"(세션 1: 지역별 한국학의 변화와 발전 전망 ①). 2022 KF 글로벌 한국학포럼, 2022. https://www.youtube.com/watch?v=ArHHxS5aPlE(검색일: 2023. 9. 9)

Wang Dan. "미래 지향적인 중국 한국학의 발전방향"(세션 2: 지역별 한국학의 변화와 발전 전망 ②). 2022 KF 글로벌 한국학포럼, 2022. https://www.youtube.com/watch?v=l8SirySLnDc(검색일: 2023. 9. 9)

나시오날대학교 한국어과. http://korea.sastra.unas.ac.id/(검색일: 2023. 9. 10)

가자마다대학교 한국어문화학과. https://korea.fib.ugm.ac.id/(검색일: 2023. 9. 11)

인도네시아교육대학교 한국어교육학과. https://korea.upi.edu/(검색일: 2023. 9. 10)

인터뷰 대상자

인도네시아 국립대학(UI) 한국어문학과 에바 라티바(Eva Latifah) 교수(2023년 6월 문서 인터뷰)

인도네시아 가자마다대학(UGM) 한국어문화과 수레이 아궁 누그로호(Suray Agung Nugroho) 교수(2023년 7월에서 12월 사이 왓츠앱으로 소통)

말레이시아의 한국학

김금현(말라야대학교)
류승완(쿠알라룸푸르대학교)

#말레이시아
#한국학
#한국어
#한국학 역사
#한국학 발전

말레이시아의 한국학 발전에는 한국, 말레이시아 두 정부 간 외교관계의 긴밀성뿐만 아니라 각기 국내외 정치, 교육, 문화, 사회적 환경이 원동력이자 촉매제 역할을 해왔다. 특히, 1980년대 말레이시아 정부의 동방 정책과 2000년대 초반 한류의 유입은 말레이시아에서의 한국학이 크게 성장하는 전환점의 중심에 있다고 평가된다. 한국어 교육이 비교적 일찍 시작된 말레이시아의 한국학은 시대적·정치적 상호 필요성에 따라 성장·발전해왔다. 그러나 현 시점의 기준으로 볼 때, 다른 동남아 국가들에 비해 양적으로나 그 발전 속도로 평가할 때 미미한 점이 있다. '말레이시아의 한국학이 언제 시작되었는가?'라는 연구 시작의 시점을 규정하기는 어려우나, 1980년대 이후에 시작된 것으로 보는 의견이 지배적이다. 1980년대 중반까지 한국과 말레이시아 양국 간 외교적·경제적으로 간헐적인 교류가 있을 경우 회의 준비자료나 그 결과물을 출판한 자료들이 있기는 하지만, 정기적으로 발간된 연구는 거의 없었다고 봐도 무방하다. 그러나 이후 1990년 중반부터 점진적으로 나오기 시작한 연구논문과 서적 등의 출판이 지속적으로 증가하여 현재는 괄목할 만한 질적·양적 발전을 보여주고 있다.

정치적·시대적 전환점과 함께 발전해온 말레이시아 한국학은 한국어 교육의 시작 및 확산이 그 근간을 이루고 큰 역할 또한 담당했다고 볼 수 있다. 이와 더불어 학술단체 및 정부 기관도 한국학 발전에 지대한 역할을 했다. 이러한 관점하에 말레이시아 한국학의 발전 및 현황을 단계적으로 다루고자 한다. 첫째, 말레이시아 한국학 발전의 주요 전환점이 된 양국 간의 협력을 교육사적 측면에서 분석하고, 둘째, 한국학 발전의 초석이 된 한국어 교육과 한국학 교육 발전에 대해 살펴본다. 셋째, 연구자들의 관점과 연구 방향을 반영하는 한국학 연구의 시대별 발전·변화 추세를 고찰한다. 넷째, 말레이시아 국내 및 국외에서 말레이시아 한국학 발전에 중추적 역할을 하고 있는 기관들에 대해 알아보고 말레이시아 한국학의 성장 가능성과 지속적 발전을 위해 무엇이 필요한지를 제안하고자 한다.

1. 서론

말레이시아 한국학의 시작, 발전 과정과 성과는 한국과 말레이시아 양국의 정치, 외교, 경제적 상황 및 협력 과정과 깊은 연관성이 있다. 한국과 말레이시아의 62년 외교 및 교류라는 역사적인 틀에서 외교 정책의 변화, 사회, 문화의 교류 그리고 교육 정책 변화라는 주요 사안들이 한-마 관계 및 한국학 연구 발전 과정에 지대한 영향을 끼친 요인이라고 볼 수 있다.

말레이시아의 한국학은 크게 두 분야로 나누어볼 수 있는데, 첫째, 한국어 교육을 기반으로 한국에 대한 이해와 지식을 전달하는 교육 분야로서의 한국학, 둘째, 한국에 대한 연구, 지식, 정보를 학술대회나 출판을 통해 공유하는 학자들이 주도하는 연구 분야로서의 한국학이 그것이다.

교육사적 측면에서 볼 때, 한국학의 근간을 이루는 것은 바로 국립·사립 대학교들과 중등학교에서 시행하고 있는 한국어 교육 프로그램이다. 이 과정들은 학생들의 언어 교육뿐만 아니라 한국에 대한 관심을 한국학 관련 교육 및 연구로 유도하여 한국학 발전의 기초가 되고 있다. 다음으로 한국학 교육과정이 있는데, 말레이시아에서는 유일하게 말라야대학교(University of Malaya: Universiti Malaya)가 동아시아학의 한 과정으로 개설하여 진행하고 있는 한국학 프로그램이다. 타 대학교에서도 이와 비슷한 프로그램을 실행하고 있지만,[1] 말라야대학교의 한국학 프로그램에 비해 다양화되어 있지는 않다. 전자의 한국어 과정은 대학교의 교양과목 혹은 외국어 과정의 한 과목으로서 언어 구사 능력 배양에 중점을 두고 있

1 한국학과는 아니지만 한국어를 전공 혹은 부전공의 한 과목으로 개설한 프로그램으로, 말레이시아 국립대학교 사회·인문대학 석사과정에 필수 언어로 한국어가 개설되어 있다.

으며, 한국의 사회·문화 등 한국에 대한 전반적 관심과 이해를 높이는 데 큰 역할을 하고 있다. 후자인 한국학 프로그램은 전공 혹은 부전공 과목을 통해 한국어 구사 능력보다는 한국의 역사, 문화, 정치, 경제 등 한국에 대한 포괄적 이해와 지식 습득에 목적을 둔다고 할 수 있다.

말레이시아의 한국학 발전 배경, 현황 및 전망을 명확히 파악하기 위해서는 말레이시아 교육 환경의 근간이 된 영국 식민지배 정책 및 독립 후 말레이시아 국가 형성 과정이라는 역사적인 배경을 통찰하여 이해하는 것이 필요하다. 영국 식민 통치하에서 노동인력 확보라는 식민정책에 의해 말레이시아는 중국인, 인도인이 함께 사는 다인종 국가를 형성하게 된다. 이후 국어인 말레이어 외에 중국어, 인도어에 대한 언어 정책과 다문화를 수용할 수밖에 없게 되면서 자국민 보호라는 배타적인 정책이 시행되었다. 따라서 인종, 종교, 문화의 다양성이라는 큰 틀 안에서 동질성, 배타성이 공존했고, 언어 특히 외국어 교육에 대해 민감할 수밖에 없었다. 이러한 사회·문화적 측면을 고려한다면 말레이시아에서의 한국어와 한국학 발전 과정에 대해 제대로 된 이해와 평가를 할 수 있고 향후 발전 방향을 예측하는 데 도움이 될 것으로 본다. 부연하면, 말레이시아의 외국어 정책은 영국 식민시대의 유산으로 볼 수 있는데, 자국언어 보호라는 보수적인 정책과 함께 외국에 대해서는 호의적이지만 외국어 교육에는 소극적인 정책을 펼친다. 따라서 외국어의 하나인 한국어 도입과 교육에 시간이 걸렸고, 더 나아가 한국학의 발전에도 적지 않은 영향을 끼쳤다고 할 수 있다.

1960년대 외교 수립 이후에도 한국과 말레이시아 정부는 개도국으로서 자국 내의 경제적·정치적 발전에 치중해야 했기에 양국 간의 교류는 문화·스포츠 분야에 국한되었다. 한국학 발전의 최초 전환점은 1980년대 동방 정책(Look East Policy: LEP) 시행 이후로 외교 수립 25년이 지난 후였다. 동방 정책 시행 후인 1985-1986년 사이에 말레이시아 대학교들에 한국어 과정이 처음으로 개설되었는데, 이것을 첫 번째 전환점으로 볼 수 있다. 이후인 1990년대 중반에 한국학 과정이 개설된 후 한국학 연구가 시작되었으며, 두 번째 전환점인 한류 유입 후 한국학 연구가 본격적으로 진행되어 2010년 이후부터 더욱더 활성화되기 시작했다.

주변 동남아 국가들에 비해 한국어 그리고 한국학 과정 개설이 늦은 것은 아니지만, 양적인 측면에서 그리고 한국학 성장 측면에서 보면 정체되어왔다고 평가할 수 있다. 이러한 배경에는 한-마 양국의 상황과 정부간 협력의 긴밀성 그리고 시대적 배경에 따른 정치적·외교적·경제적·사회적으로 다양한 요인이 큰 영향으로 작용해왔다고 평가된다.

이 글에서는 다음과 같이 한국어와 한국학 교육에 대한 시대적 발전 및 현황 그리고 앞으로의 전망을 단계적으로 다룬다. 첫째, 한-마 관계 발전과 연계한 한국학 발전의 주요 전환점들을 고찰한다. 1960년 한-마 외교 수립 이후 20여 년간 양국의 교류를 활성화시킨 1982년 동방 정책 시행기, 한류가 시작되어 한국에 대한 관심이 대중화된 2000년 이후 그리고 현재까지를 시대별로 분석하여 시대별 특징과 한국학 교육, 연구의 성장과 변화를 분석한다. 둘째, 한국학 과정과 그 성장 발전이 어떠한 양상을 띠고 있는가를 고찰하는데, 한국학과 한국어 전공 프로그램의 개설 배경 및 교과 내용 그리고 발전 과정, 특징과 전망을 논의함과 함께 시대별 한국학 연구 출판 주제와 현황 등을 살펴본다. 셋째, 한국학 연구와 발전을 주도해온 연구 기관들과 연구자들의 활동 분야, 연구 출판물들을 정리해봄으로써 앞으로의 공동 연구 및 협력 가능성을 시사하고 관련 정보를 공유하고자 한다. 아울러 말레이시아 한국학의 전망과 발전에 대한 제안을 하고자 한다.

2. 한국학 발전 과정: 전환기를 중심으로

1) 외교 수립과 한-마 교류 초기(1960-1972)

1960년 2월 23일 외교 수립 이후 한국은 1962년, 말레이시아는 1964년에 각각 자국 대사관을 개설한 이후 1966년 박정희 대통령의 방문 전까지 양국 간 교류는 체육·문화 교류에 한정되었다. 이런 상황에서 1964년 말레이시아 및 인도네시아에 관한 학문과 인재 양성을 목적으로 한국외국어대학교에 말레이-인도네시아어과가 개설된 것은 이례적인 일이었다. 이에 반해 말레이시아에서는 한국보다 약 20년 늦은 1980년대 중반에 이르러서야 한국어 강좌가 처음으로 개설되었다. 이러한 시간적 차이는 양국의 경제적 상황이 주요 원인으로 작용했다고 보여진다. 일제강점기와 한국전쟁 이후인 1950-1960년대 세계 최빈국이었던 한국에 비해 천연자원이 풍부했던 말레이시아는 1960년대부터 1980년대까지 한국보다 경제적인 우위에 있어 한국과의 경제협력이나 교류, 아울러 한국에 대한 관심과 연구 동기가 부족했다고 해석된다. 오히려 1970년대까지는 말레이시아 정부가 한국 학생을 초청하여 유학을 시키는 주도적인 역할을 해왔다는 기록이 남아있다.[2]

전반적으로 이 시기는 양국이 문화와 스포츠 교류를 통해 우호적 관계를 시작하는 시기로 분석되는데, 1957년 말레이시아 독립 기념으로 시작된 메르데카컵(Merdaka Cup) 축구대회에 한국 축구팀은 매년 빠지

---

2 한 예로 1965년 10월 말레이시아 정부는 한국 학생 5명을 말라야대학교로 초청했고, 또 한국이 원할 경우 말레이어를 가르칠 강사를 보내주겠다는 제안도 했다(말레이메일, 1965. 10. 24). 또한 1966년에는 10명의 말레이시아 학생을 선발해서 한국으로 보내기도 했다(말레이메일, 1966. 8. 16).

지 않고 출전했고, 한국의 초대 대사(최홍기)와 2대 대사(최규하)는 말레이시아에 태권도를 소개하는 등 양국의 스포츠를 통한 우호 증진을 위해 많은 노력을 했다. 한국과 관련된 학문적 연구는 전무했지만, 한국에 대한 관심과 양국 간 교류 상황이 신문과 방송을 통해 일부 소개되었던 것이 양국의 관계 형성 초기라고 볼 수 있다. 한국에 대한 말레이시아의 관심이 문화와 스포츠 교류에 국한되었던 상황이고, 한국과 말레이시아의 소소한 교류만이 말레이시아 신문에 게재되는 상황에서 한국학이나 한국 연구 출판물 등은 기대할 수 없었다. 한국에 대한 일반적 자료는 앞에서 언급했듯이 양국 간의 교류에 대한 신문 기사들이었는데, 예컨대 페락(Perak)주의 유물에서 고려시대 유물이 출토되었으며(말레이메일, 1961. 10. 12), 한국 무슬림의 말레이시아 총리 방문(스트레이트타임스, 1961. 4. 14), 말레이시아 정부가 한국 최초의 이슬람 사원 건립을 재정적으로 지원한 것(말레이메일, 1961. 4. 27) 그리고 한국 축구팀이 메르데카배 축구경기에 참여한 것(스트레이트타임스, 1960. 8. 12) 등이 있다. 그 외 한국이 말레이시아로부터 하키 기술을 전수받았으며, 한국의 태권도가 말레이시아에 최초로 소개되었다는 등의 사회, 문화, 종교와 스포츠에 대한 기록들이 주로 남아있다(류승완, 2015). 말레이시아 국민평균소득이 한국보다 높은 시기였으므로 그들보다 경제적으로 낙후한 한국에 대한 관심과 지식이 높지 않은 것은 당연하다고 여겨지며, 한국 측과 직접적 교류가 있었던 말레이시아 정부의 종교 관련 부처나 특정 스포츠 관련 관계자들을 제외한 말레이시아 일반인 혹은 학자들의 한국에 대한 관심은 전무했다고 추정된다.

2) 말레이시아의 등거리 외교 정책과 한-마 관계 침체기(1973-1983)

1960-1970년대 초기까지는 한국과 말레이시아 양국이 경제회복과 반공산주의 표방이라는 공통점과 함께 스포츠 교류를 통해 우호적 관계를 유지할 수 있었지만, 1973년 이후 두 국가 간의 관계가 일시 정체를 맞으면서 심각한 침체기를 맞게 되었다. 당시 동남아 외교에서 고립된 말레이시아 정부가 북한과 중국 등의 공산 국가들과 외교 수립을 하게 되면서 반공산주의를 표방하고 있던 한국과의 관계가 소원해진 것이다.[3] 이 같은 양국 관계 침체는 말레이시아의 등거리 외교 정책 전환으로 인한 것으로서 한국은 말레이시아와 교류를 거의 중단하게 되었고, 이후 14년간 단 한 번의 국빈 방문도 이루어지지 않았다는 점이 양국 외교의 침체 상황을 시사한다(류승완, 2015). 이 시기에 한-마 교류 관련 증거 기록으로 남아있는 것은 말레이시아에서는 1978년 11월 12-18일, 한국에서는 12월 4-8일에 각각 개최된 한국과 말레이시아 간의 보건 관련 협력 워크숍인 "말레이시아와 한국의 주요 보건 발전에 대한 국가 간 학술대회(Intercountry Workshop on Primary Health Care Development in Malaysia and Republic of Korea)"에 대한 자료가 있으며, 1979년 필리핀의 마닐라(세계보건기구, 서태평양지역 사무소)에서 출판된 기록이 있다.

3 말레이시아 정부가 동말레이시아의 사바(Sabah)와 사라왁(Sarawak) 지역을 말레이시아연방에 포함시키면서 인도네시아와 외교·영토 분쟁을 벌이게 된다. 이에 대해 필리핀 등 다른 동남아 국가들이 인도네시아와 같은 입장을 표명하자 외교적 입지가 좁아지게 되었고, 이에 따라 말레이시아는 다른 국가들의 국제적 지지가 필요했다. 따라서 말레이시아 정부가 아프리카와 동아시아의 중국과 외교 수립을 하기 이전에 중국과 우호관계에 있는 북한과는 1973년, 그리고 중국과는 1974년에 외교 관계를 맺는 등거리 외교를 실행하자 한국과 말레이시아 관계는 냉전기 또는 침체기를 맞게 되었다.

3) 동방 정책과 한국어, 한국학(1983-1999)

말레이시아의 4대 총리인 마하티르(Mahathir) 총리가 1982년 시행한 동방 정책(Look East Policy)[4]은 한국과 말레이시아의 침체되었던 외교 관계에 결정적 회복 계기가 되었을 뿐만 아니라 정치·경제적 협력을 확대하고 교육 분야에서의 상호교류와 협력의 물꼬를 트게 했다. 1960년대까지도 최빈국이었던 한국이 포함된 것은 세계의 주목을 받게 된 '한강의 기적', 즉 경제적인 급성장을 이룩한 한국의 성공 비결을 배우고자 함이었다. 마하티르 총리는 한국의 경제성공 원인은 지도자의 능력만이 아닌 근로자의 직업정신과 기술력에 있다고 판단했으며, 이러한 점은 동방 정책 시행 후 1년 만에 한국을 방문한 마하티르 총리의 한국 정부 주최 만찬(1983. 8. 9) 연설에 잘 나타나 있다.

> "본인은 (한국)에 대해 더욱 잘 알게 되었으며, 오늘날 한국은 세계에서 가장 경제적인 발전을 이룩한 국가이며 이번 본인의 방문에서 대한민국의 발전과 성공에 큰 역할을 한 한국의 경험을 배울 수 있기를 희망합니다. … (또한) 우리는 한국의 경제 그리고 산업 발전을 성공시켰던 방안과 시도들을 채택하여 말레이시아에 적용할 수 있을 것으로 봅니다. … 본인은 우리 근로자들과 유학생들이 한국에서 교육을 받도록 교육 프로그램을 제공한 한국 정부와 민간 기업체들의 협조와 지원에 깊은 감사를 드립니다."[5]

---

4 한국과 일본, 대만 등 동아시아 경제발전을 본보기로 삼아 근면한 직업 윤리를 배우자는 정책으로, 당시 영연방 국가였던 말레이시아가 영국이나 서방 세계보다는 이들 아시아 국가를 경제성장 모델로 채택해 근로자의 직업관을 배워 인력 개발을 하겠다는 취지였다.

5 말레이시아 국가문서보관소, 기록물 시리즈 No. 6423.

경제협력 관계가 교육 분야로 확대된 것은 한국과 말레이시아 정부 간의 협력방안과 무관하지 않다. 두 정부는 ① 산업 및 기술훈련, ② 말레이시아 정부 중견 관리들의 단기교육 연수, ③ 대학 교육 및 기술교육, ④ 교육, 훈련 및 연구기관 간의 상호유대 협력강화 등 4개 분야 협력을 합의했고, 말레이시아 정부는 근로 연수생들을 파견했다. 그러나 실행 첫 해부터 문제가 발생했다. 그것은 기술적인 문제가 아닌 바로 언어의 다름으로 인한 의사소통 문제였다. 이전에 주로 영국으로 파견된 유학생, 근로자 연수생들은 영어에 능숙하여 의사소통 문제가 없었다. 그러나 한국으로 보내진 연수생들은 한국어를 전혀 모르는 상태에서 교육과 훈련을 받는 것이 힘들었고, 더욱이 일상생활에서도 많은 어려움을 겪게 되었다. 이 문제점을 파악한 한국 정부는 말레이시아 정부와의 협의를 통해 연수생 파견 이전에 한국어 교육을 받고 올 수 있도록 건의하고, 또한 한국어 교육 프로그램을 적극 지원했다.

이러한 한국 정부의 호의와 적극적인 지원이 있자 말레이시아 정부는 말라야대학교(Universiti Malaya: UM, University of Malaya)와 말레이시아 국립대학교(Universiti Kebangsaan Malaysia: UKM, National University of Malaysia) 2개 대학교와 공업전문학교인 마라공업전문학교(Institut Teknologi MARA, ITM, Institute of MARA)에 한국어 과정을 개설하도록 했다. 한국어 교육을 처음으로 시작한 말라야대학교와 말레이시아 국립대학교는 교양과목으로 한국어 강좌를 개설했고, 학술진흥재단[6]이 교사 혹은 교수들을 선발·파견하여 두 대학교의 한국어 강좌를 지원했다. 반면 마라공업전문학교[7]에는 기술훈련 혹은 이공계통 분야 한국 대학 진학을 목표로 하는 학생들

6 2009년 한국연구재단으로 통합됨.

7 1999년에 UiTM(Universiti Teknologi MARA, MARA University of Malaysia)으로 개명.

을 돕기 위해 한국어, 수학, 화학 과목 교사들을 파견하여 학생들의 한국 유학 준비과정을 지원했다.

(1) 한국어 교육과정 개설

앞에서 언급한 바와 같이 말레이시아 정부의 외국어 정책을 고려한다면 한국어를 말레이시아 1, 2위의 국립대학교에 교양강좌로 개설한 것은 괄목할 만한 사건이었다. 특히 한국으로의 유학생 선발 목적이 아닌 현지 학생들의 교양과목으로 개설하는 것은 한국 정부의 적극적인 협력에 대한 보답 차원으로 간주될 수 있다. 반면 마라공업전문학교는 기술훈련 혹은 이공계통의 유학생을 위해 수학, 화학 등의 이공계 교육을 위한 과정을 개설하여 교육했고, 한국에서의 연수 효율성을 높이고자 한국어 과정을 개설하는 등 유학생 교육을 중점적으로 했다. 한국 정부는 한국어 및 이공계 과목 강사진을 파견함과 함께 교과서와 한국 관련 책자 등의 서적을 지원했다.

1990년대 이후 말레이시아 과학대학교(Universiti Sains Malaysia: USM, Science University of Malaysia)와 말레이시아 농과대학교(Universiti Pertanian Malaysia: UPM, Agricultural University of Malaysia)[8]에서도 한국어 과정을 개설하여 2000년 초반까지 5개 대학교에서 한국어가 교양과목으로서 진행되었다. 한국어는 각 대학교에서 비교적 인기 높은 과목 중의 하나였지만, 대학에서 자격을 갖춘 강사를 구하기 힘들어 UM, UKM, UiTM을 제외한 여타 대학교에서는 강사의 유무에 따라 빈번히 폐강·재개강되는 상황이 반복되었다.

---

8 1997년에 말레이시아 뿌뜨라대학교(Universiti Putra Malaysia, University of Putra Malaysia)로 개명.

1990년대 초부터 말레이시아 국립대학들에 개설된 한국어 과정이 말레이시아 한국학 교육과 한국학 연구의 근간이 되었는데, 한국어 교육자들과 함께 말레이시아와 관련된 주제를 연구하는 학자들은 이 시기부터 한국어와 관련되거나 한국-말레이시아 협력에 관한 기초 연구들을 시작한 것으로 보인다. 이 연구들은 주로 한국어 학습, 말레이시아의 한국에 대한 지식 정보, 말레이시아와 한국의 문화 격차, 한-마 관계 등이 주를 이루었다. 아울러 이 시기에는 말레이시아 학자들이 아닌 한국 정부, 기관과 한국어 교육자들 그리고 말레이학을 연구하는 한국 학자들이 주축을 이루었다. 말레이시아 교과서에 등장하는 한국 관련 연구도 있었는데, 말레이시아 교과서에 한국의 긍정적인 면이 부각된 내용들이 많았다는 점이 흥미롭다. 이는 최대 빈민국에서 급속한 경제적 발전을 이루어 세계의 주목을 받았고, 특히 1990년대 현대, 금성(현재 LG), 대우, 삼성 같은 대기업들의 건설 및 제조업 분야에 말레이시아 투자 진출이 늘어나자 자연스레 중등학교 교과서에 한국에 대한 내용들이 등장하게 된 것으로 파악된다. 주로 지리·역사·경제 교과서에 한국의 지리, 도시, 역사 및 한강의 기적 등에 관한 내용이었다, 그러나 일부 출판사의 교과서 내용에는 한국의 수도를 평양으로 명시하는 등 몇몇 오류도 발견되었다(류승완, 1997).

(2) 한국학 프로그램 개설

말라야대학교가 인문·사회대학 동아시아학과에 개설한(1996.7) 한국학 프로그램은 현재까지도 말레이시아에서는 최초이자 유일한 한국학 과정이다. 동아시아학과는 중국, 일본 그리고 한국학 프로그램을 운영하고 있으며, 이 학과에 등록한 학생들은 1년간의 동아시아 필수 및 선택과정을 이수한 후 2년째 되는 3학기부터 전공 및 부전공을 선택할 수 있다. 이 세 프로그램 가운데 한국학 프로그램을 선택한 학생들은 3학기부터

〈표 1〉 한국학 전공과목(2022)

분류	과목명
한국학 전공필수과목 (8개 과목)	한국어 1-6, 한국의 정치경제, 한국의 문화와 사회
한국학 전공선택과목 (17개 과목)	한국 역사, 한국 문명사, 한국 경제, 세계화와 한국 팝 문화, 남-북한 관계, 한국의 현대화 과정, 한국의 사회 개혁, 한국의 기업 경영, 한국의 조직 문화, 한국의 외교 정책, 한국-아세안 관계, 한국(남한)의 현대 정치, 한국의 국제 무역, 현대 동아시아, 동아시아 연구의 디지털적 접근, 1900년 이후 동아시아 정치이슈, 동아시아와 세계
동아시아학 과목 (7개 과목 및 인턴십)	디지털렌즈로 본 동아시아, 지역학 방법론, 동아시아 국제 관계, 동아시아 경제 개발, 연구 프로젝트, 연구 세미나, 동아시아 안보 문제, 인턴십 과정

출처: Basic Degree Handbook, 2021/2022, Faculty of Arts and Social Sciences, UM.

관련 과목들을 일반 선택과목과 함께 수강하게 된다. 전공·부전공 학생들에게 개설된 한국학 전공과목[9]은 〈표 1〉과 같다.

한국학 전공과 부전공에 등록한 학생 수는 지난 26년간 서서히 증가하고 있지만, 획기적으로 늘어나지는 않고 있다. 한국학 프로그램 개설 초기에는 한국에 대한 관심 부족과 학부형의 개입으로 학생 수가 10명 이하였고,[10] 비록 점차 증가하는 추세이나 16명이 최고인 것을 감안할 때, 한국에 대한 관심이 한국학 전공으로 이어지는 것은 아님을 보여준다. 특

9 한국학 전공과목 중 한국어에 대한 시간배정은 〈표 1〉과 같이 총 4학기로 배정되어 있다. 이는 언어 선택과목으로 듣는 학생들이 4-5학기 이상을 수강할 수 있는 데 반해 4학기로 제한함으로써 오히려 전공학생들이 한국어를 배울 기회가 한정되어 있음을 알 수 있다. 더욱이 전공학생으로서 한국어 구사 능력이 한국 기업체에서 높게 평가되고 있음을 감안한다면 교과과정의 재편성을 검토해봐야 할 것으로 본다.

10 학부모들이 자녀들의 졸업 후 취직에 대한 불안감으로 한국학 프로그램을 선택하지 않도록 만류하는 경향이 있었다.

〈표 2〉 한국학 전공 졸업생 현황

1996	1997	1998	1999	2000	2001	2002
-	-	-	3	2	2	5
2003	2004	2005	2006	2007	2008	2009
3	3	0	6	11	11	4
2010	2011	2012	2013	2014	2015	2016
11	6	5	4	13	7	10
2017	2018	2019	2020	2021	2022	
11	10	5	10	16	8	

히, 아시아 금융위기 이후 한국에 대한 부정적 인식으로 인해 2002년에는 전공 신청자가 없어 2005년에는 졸업생이 없었다. 이러한 전공 등록 학생 수는 한-마 관계와 한국의 경제적 위상을 반영한다고 해석할 수 있다. 초기의 한국학 전공·부전공 학생들 대부분은 중국계 학생들이었으나, 한류의 영향 이후 말레이계 학생들이 증가하는 점은 주목할 만하다.

학생과 학부모의 경제적 부담을 줄여주고자 전공 학생에게는 장학금이 지급되는데, 현지에 진출한 한국 업체들, 특히 삼성과 대한항공, 포스코 등이 장학금과 교재비 같은 경제적 후원을 지속적으로 해오고 있다. 개설 초기 한국학 전공 학생들은 2학년부터 3학년[11]까지의 수업료 지원 장학금과 교재 구입비 명목의 장학금을 받았는데, 이러한 교재비 장학금 혜택은 부전공 학생들에게도 주어졌다. 대학교 전체 학생들의 50% 이

11 말레이시아 학제는 현재 3년제다. 이는 경제성장이 활발하던 1990년대 말까지 인력충당을 위해 정부가 학제를 4년제에서 3년제로 줄였기 때문인데, 이후 경제위기를 맞으면서 일부 대학교의 단과대학들은 학생 취업 문제와 학생들의 과다한 수업부담 그리고 교육의 질적 향상을 이유로 정부로부터 별도의 승인을 받아 4년제를 시행하고 있기도 하다.

상이 경제적으로 넉넉지 않은 점을 감안하면, 장학금 지급이 한국학 전공 선택에 큰 역할을 했다고 할 수 있다. 1990년대 전공 학생 중 일부는 졸업 후 삼성, 대한항공 등 한국 업체에 채용되었고, 이러한 취업 기회와 함께 장학금 혜택이 학생들의 한국학 전공과목 선택에 하나의 동기가 되었지만, 한국의 위상이 높아진 현재는 한국에 대한 관심이 한국학 전공 선택의 주요 동기가 되고 있다고 평가된다. 현지 강사진이 부족한 상황에서 1996년부터 한국국제교류재단(Korea Foundation)의 5년간 강사지원은 한국학 개설과 운영에 결정적인 역할을 했다. 이 지원 프로그램은 2000년 초, 일시 중단되었던 적이 있었지만 현재까지 운영되고 있다. 현재는 말레이시아 강사 2명 외에 현지 채용 계약직 한국인 강사 2명이 한국학 관련 강의를 하고 있고, 한국어 과정은 어문대학 아시아·유럽어학과 소속 강사가 파견되어 한국어 강의를 담당하고 있다.

(3) 동방 정책 시기의 연구 출판: 정부 지원 자료 보급 및 한국 문학작품 번역 출판

동방 정책의 영향으로 일부 대학교들에 한국어가 소개되고 이러한 한국어 교육이 한국학 발전의 기초가 되었지만, 한국에 대한 관심은 대학생들에게 한정되었다. 이 시기의 한국에 대한 연구, 즉 한국학 출판은 아주 드물었을 뿐만 아니라 한국 관련 정보 전달을 위해 홍보 출판물을 배포하는 것이 대부분이었다. 일부 한국 학자들에 의한 소수의 연구나 한국 문학작품 번역이 진행되었을 뿐이다.

한국학 연구활동이 거의 없던 시기였을 뿐만 아니라 말레이시아에 대한 정보 공유 또한 흔치 않았고, 말레이시아에 한국을 소개하는 출판물만 일부 있었다. 1973년부터 한국 정부(공보부)에서 발간한 'Facts about Korea'를 1980년대 중반부터 말레이-인도네시아어로 번역·출판하여 공관이나 말라야대학교와 말레이시아 국립대학교 등에 보급했다. 당시 한국 관련 서적이 별로 없고 인터넷이 발달하지 않아 한국에 대한 일반적인 정보 전달 그리고 이후에는 한국학 연구의 참고문헌으로도 활용되기도 했다. 그 외에 말레이시아 중등부 교과서들에 등장하는 한국에 관한 내용들이 말레이시아 국민에게 한국을 소개하는 가장 대중적인 통로였다. 앞에서 언급한 바와 같이 말레이시아 중등부의 지리, 세계사, 경제 교과서들에 한국에 대한 일반 정보가 소개되었으나 잘못 서술된 오류가 다수 발견되었다. 한국 정부(공보부)의 요청에 의해 류승완(말레이시아 국립대학교), 김금현(말라야대학교)이 1997년에 '말레이시아 중등부 교과서에 기록된 한국 내용 조사'를 했고, 이는 2012년에 다시 한국학중앙연구원의 연구 프로젝트 '한국 바로 알리기 사업'에 의해 추가 연구되어 발표되었다.

이 외에 한국 문학작품인 『삼포로 가는 길』과 『춘향전』이 정영림(한국외대)에 의해 1988년과 1999년에 말레이시아어로 번역·출판되었다. 두 작품은 말레이시아 측에서 작품성, 인기도에 의해 선정한 것이 아니라 번역자에 의해 선정되었으며, 출판기관은 말레이시아 언어정책을 관장하는 기관인 '언어, 문학 연구소(Dewan Bahasa dan Pustaka: DBP, Institute of Language and Literature)'다. 그러나 일반인이 서점에서 구할 수 없어 대중화는 불가능했고, 한-마 간 문학 교류라는 명목상 출판에 그치고 말았지만, 한국 문학작품이 번역·출판되었다는 데 의의를 둘 수 있겠다. 이 시기에 출판된 한국 관련 논문과 서적은 〈표 3〉과 같다.

이 시기에 유일하게 대학 교재로 사용된 한국학 서적은 한국 대학생들에게 말레이시아를 소개하는 『말레이시아: 동방 정책과 비전 2020』으로 책의 일부 장에서 한국과 말레이시아 관계 및 동방 정책에 대한 연구와 한국과 말레이시아 사회, 문화의 차이점 등이 소개되었다는 점에서 지역학 또는 한국 관련 서적으로 구분될 수 있겠다.

〈표 3〉 한국학 관련 연구 출판 자료(1983-1999)

연도	제목	저자	분야
1985	Fakta tentang Korea(Facts about Korea)[한국 정보]	한국 문화공보부	한국 일반 정보
1988	Perjalanan ke Samp'o(삼포로 가는 길, 말레이어 번역)	정영림	한국 문학(번역)
1994	Pengkajian Simpulan Bahasa mengenai Anggota badan beberapa Bahasa[신체기관에 대한 외국어(한국어) 관용구 연구]	류승완	교육, 언어
1995	Malaysia-South Korea Economic Relations: Trends and Issues (말레이시아-한국 경제 관계: 트렌드와 이슈)	Vijayakumari Kanapathy	경제
1998	말레이시아: 비전 2020을 지향하는 동방 정책의 나라	소병국, 김금현, 이경찬 외	역사, 정치, 사회
	Foreign language learning strategies used by Malaysian students in UKM [말레이시아 국립대학교 학생들을 위한 외국어(한국어) 학습연구]	류승완	언어
1999	Chunhyang(춘향전, 말레이어 번역)	정영림	한국 문학(번역)
	The impact of the US and Japanese economies on Korea and Malaysia after the Plaza Accord(플라자 합의 이후 미국과 일본 경제가 한국과 말레이시아에 미치는 영향)	Soo Y. Chua, Selahattin Dibooglu, Subhash C. Sharma	경제

4) 한류와 한국학 연구 및 출판 성장기(2000-2009)

2000년부터 2009년까지는 말레이시아의 한국어 및 한국학 교육이 더욱 발전하게 되는 시기이자 한국학 연구 성장기로 구분된다. 최초로 한국 드라마가 방영되기 시작한 1990년대 말부터 2000년 초반, 그리고 한국 영화와 K-Pop 음악이 소개되면서부터 말레이시아 대중의 한국 사회·문화 전반에 대한 관심이 증가하게 되었다. 당시 「겨울연가」와 「대장금」 같은 드라마와 영화 그리고 K-Pop 음악과 오락 프로그램이 소개되며 말레이시아인의 한국에 대한 관심과 호기심이 급증한 한류의 시작은 다른 동남아 국가들과 다르지 않았다.[12]

(1) 고등 교육기관의 한국어·한국학 교육

한류의 유입이 시작될 즈음, 아시아 금융위기로 한국에 IMF 사태가 발생한 1997-1998년부터 2000년 초까지 한국에 대한 관심이 냉각기를 겪는다. 한국의 불투명한 미래로 인해 한국학에 대한 학생들의 외면이 지속되어 전공·부전공을 지원하는 학생이 없어지면서 한국학 프로그램이 최대 위기를 맞기도 했다. 이와 더불어 동방 정책의 대상국이었던 한국은 말레이시아가 본받아야 할 모범 국가에서 제외될 위기를 맞기도 했다. 그러나 한국이 외환위기를 빠르게 극복하고 '2002 월드컵'을 성공적으로 개최하면서 국제적으로 인정을 받게 되자 한국에 대한 관심은 다시 고조되었고, 이와 맞물려 더 많은 한국 드라마가 방영되면서 한국에 대한 관심은 한국어와 한국학 성장의 촉매제가 되었다. 하지만 한류 열풍으로 많은 대학교와 중등학교에서 한국어와 한국학 전공 학과가 개설된 태국, 베트남, 인도네시아 등 다른 동남아 국가들에 비하면 말레이시아의 한류가

12 말레이시아에서의 한류가 한국에 대한 대중의 관심을 증폭시키는 데 큰 역할을 한 데는 이견이 없다. 다만 실질적인 한국 물품에 대한 구매나 한국 방문이 즉각적으로 나타나지 않았던 것이 주변 동남아 국가들과 크게 대별된다고 할 수 있다. 한국 식당을 찾는 것도 「대장금」 방영 이후에 서서히 증가했고, 2010년 이후에나 말레이시아인의 한국 방문이 급속도로 증가한다. 지금도 가장 선호하는 방문 장소 중의 하나가 「겨울연가」를 촬영한 남이섬이라는 것도 눈여겨볼 만하다.

한국어 및 한국학 교육의 발전에 미친 영향은 상대적으로 미약했다고 평가된다. 그렇지만 한류의 영향이 2000년 초반부터 2010년 중반까지 한국과 한국어에 대한 관심으로 연결됨과 함께 한국어를 개설하는 국립·사립 대학교 그리고 사설학원의 양적 성장에 큰 몫을 담당한 것은 부정할 수 없다. 이와 같이 한국에 대한 관심이 높아지자 말레이시아북부대학교(Universiti Utara Malaysia: UUM, Northern University of Malaysia), 뚠후세인온공과대학교(Kolej Universiti Teknologi Tun Hussein Onn: KUiTTHO, Tun Hussein Onn University College of Technology),[13] 말레이시아 사라왁대학교(Universiti Malaysia Sarawak: UNIMAS, University of Malaysia Sarawak) 등 일부 국립대학교들이 한국어 강좌를 교양과목으로 개설했다. 한국어를 개설한 대학 숫자가 6-7개로 증가했으나 지방 대학교들의 경우, 한시적으로 한국어 과정이 개설되었다가 휴강 또는 폐강 그리고 재개강하는 일이 발생하는 등 운영상의 문제점을 갖고 있었다. 그 주된 이유는 자격을 갖춘 한국어 강사를 구하기가 어렵기 때문이었다.

(2) 한국학 관련 연구

2000년 이전까지의 연구·출판이 양국의 상호 이해를 돕기 위한 번역이나 소개서가 주를 이루었다면, 이 시기는 한국 관련 전문적 연구와 출판이 점차 증가하면서 한국학 연구의 지평이 점차 넓어지는 시기로 볼 수 있다. 한국어 교육이 시작된 지 15년 만에 처음으로 한국어 관련 국제학술 세미나가 개최된 점은 한국어뿐만 아니라 한국학 세미나, 그리고 본격적인 연구의 출발점이었다고 평가된다. 말라야대학교와 한국의 이중언어학회가 "동남아에서의 한국어 교육"이라는 주제하에 제10차 국제학술

13 2007년 말레이시아 뚠후세인온대학교(Universiti Tun Hussein Onn Malaysia: UTHM, Tun Hussein Onn University of Malaysia)로 개명.

대회(2001.6.29-30)를 공동으로 개최했는데, 말레이시아의 한국어 및 언어 교육에 대한 논문들이 다수 발표되었다. 2004년에는 『말레이시아인을 위한 한국어(Bahasa Korea untuk Warga Malaysia)』가 출판되었는데, 이슬람 국가이자 다인종·다문화 국가인 말레이시아의 사회, 종교, 문화적 상황을 고려한 대화, 지문, 예문, 삽화와 함께 현지어로 쓰인 최초의 한국어 교재다.

2000년부터 2010년까지의 연구는 외환위기 여파로 한국과 말레이시아의 외환위기 극복 전략에 관한 연구가 다수 나왔다. 한국의 IMF 금융 지원 정책과 말레이시아의 외환규제를 통한 독자적인 경제 정책이 주목을 받으면서 '누가 빨리 경제위기를 벗어나는가?'에 대한 세계의 관심이 모아졌고 이에 대한 연구 논문들이 나왔다. 〈표 4〉에서 볼 수 있듯이, 이 시기의 한국학 연구 및 출판에는 한국과 말레이시아 그리고 다른 동남아 국가들의 경제위기에 대한 관심과 극복 과정이 주요 연구 주제가 되었고, 그 외에는 한국어, 미디어학에 대한 출판이 주를 이룬다.

〈표 4〉 한국학 연구 출판 자료(2000-2009)

연도	제목	저자	분야
2001	Korean Language and Korean Studies Programs in Malaysia(말레이시아에서의 한국어와 한국학 프로그램)	류승완, 김금현	교육, 언어
2002	Foreign capital and sovereignty: a comparative study of Malaysian and South Korean experience during the Asian financial crisis(해외자본과 주권: 아시아 금융위기 시 한국과 말레이시아 비교 연구)	Mohd Nazari Ismail	경제, 금융
2003	Trade and investment relations between South Korea and Malaysia(한국과 말레이시아 간 무역과 투자 관계)	Tan Soo Kee	경제, 무역

연도	제목	저자	분야
2004	Technology development in Malaysia and the newly industrializing economies: A comparative analysis(말레이시아의 기술 개발과 신흥 산업화 경제: 비교 분석, 말레이시아, 한국, 싱가포르, 대만)	Mun-Chow Lai, Su-Fei Yap	경제
	Bahasa Korea untuk Warga Malaysia(말레이시아인을 위한 한국어)	류승완, 김금현	교육, 언어
2005	The political power of economic ideas: Comparative policy responses to the East Asian financial crisis in South Korea and Malaysia(경제 이념의 정치적 파워: 동아시아 금융위기에 대처한 한국과 말레이시아의 정책 대응 비교)	Lee, Wang Hwi	경제 정책
	Comparative analysis of economic policies for Korea and Malaysia after the financial crisis(금융위기 이후 한국과 말레이시아 경제 정책 비교 분석)	Seok Yoon	경제 정책
	History of Korean Language Education in Malaysia(말레이시아에서의 한국어 교육사)	류승완, 김금현	교육, 언어
2007	A Study of the integrated teaching materials for Korean language and Korean cultural education through multi-media; A case study in Korean language education in foreign countries (Malaysia)[멀티미디어를 이용한 한국어와 한국문화교육을 위한 통합교육자료 연구: 외국(말레이시아)에서의 한국어교육 사례연구]	류승완, 김금현	교육, 문화
	Korean Language Education in Malaysian Universities(말레이시아 대학교에서의 한국어 교육)	류승완	교육, 언어
2009	Effect of Financial Risk on the Earnings Response of Bank('인도네시아, 필리핀, 한국, 태국 은행들'의 은행 수익반응에 대한 금융위험의 영향)	Soh Wei Ni	경제 정책

5) 한류 3.0과 한국어 교육 확장 및 한국학 연구의 다각화(2010-2019)

한류의 진화, 즉 한국 드라마, 영화, K-Pop뿐만 아니라 한국의 음식(K-food), 역사, 문화 등 다양한 분야에서 한류의 유입과 관심이 높아지는데, 말레이시아의 경우도 2010년 이후 한국학과 교수나 학생들에 국한된 학문이 아닌 정부기관, 정치 및 경제 관련 연구소 등 다양한 그룹의 연구자, 학자들이 적극적으로 연구를 시작하여 한국학의 지평이 확장된다. 연구 분야도 언어, 경제나 국제관계뿐만 아니라 한국의 사회, 문화, 역사 등 다양한 분야에 대한 연구로 확대되었다. 특히 한류에 대한 연구 비중이 높아진 것이 두드러진 현상이다.

이 시기의 전환점으로는 말레이시아의 한류 3.0으로 평가되는 싸이(Psy)의 「강남 스타일」의 세계적 열풍으로 이전까지 청소년과 중년여성에 한정되어 있던 한국 관심 집단이 세분화되고 확대되었다. 특히 2013년 말레이시아 정부의 동방 정책 2.0이 한-마 관계의 새로운 장을 열게 되면서, 한국과 말레이시아 양국 간의 인적·문화 교류 및 경제 협력이 더욱 강조됨과 함께 연구와 출판을 더욱 가속화시켰다. 2012년 말라야대학교에 설립된 말레이시아-한국 연구소(Malaysia-Korea Research Centre; MKRC, 2012)는 활발한 연구와 함께 동남아 국가, 호주 그리고 한국에 있는 연구자들과의 협력의 장을 마련하는 등 말레이시아 한국학 연구를 선도했을 뿐만 아니라 중추적 역할을 하고 있는 것으로 평가받고 있다.

(1) 2010년대 한국어 교육기관 다변화 및 한국어 대중화

2010년 이후에는 9개 국립대학교와 5개 사립대학교로 총 14개의 고등교육기관에서 한국어 교육이 이루어졌다. 한류의 영향으로 다른 동남아 국가에서 한국어 전공이 급속도로 늘어나는 상황에도 말레이시아에서 한국어과 설립은 요원했다. 말레이시아 대학교에 한국어과 개설이 어려운 이유는 첫째, 다른 동남아 국가들과 달리 영어를 주로 사용하여 한국어 전공이 취업에 큰 도움이 되지 않아 선호도가 낮기 때문이며 둘째, 제2외국어 교육에 관심이 높지 않은 말레이시아의 특성상 2000년 초반부터 대학에서 외국어 전공은 프랑스어, 독일어, 스페인어, 아랍어, 일본어로 제한되어 있었고, 비록 대학교에서 한국어 전공 개설 신청을 한다 해도 말레이시아 교육부의 승인을 받기 어렵기 때문이었다.

한국어 교육이 대학교 위주로 진행되었던 것이 2010년부터 한국 문체부의 세종학당과 교육부의 한국교육원이 설립·운영되면서 한국어 교육 운영기관이 다변화된다. 가장 먼저 설립된 기관은 한국관광공사 쿠알라룸푸르 지사 내에 설립된 협업형 세종학당(2014)이다. 한국문화의 일환으로서 한국어 강좌 운영을 통한 국가 이미지 제고 및 방한 관광객 유치에 기여한다는 목적으로 설립되었다. 〈그림 1〉은 2017년부터 2022년까지 한국관광공사 쿠알라룸푸르 세종학당에 개설된 한국어 강좌 수강생 현황이다.

말레이시아 국립대학교에 설립된 방이세종학당(2016)은 독립형 학당으로서 대학생, 일반인 그리고 영재학교 학생들을 대상으로 한 한국어

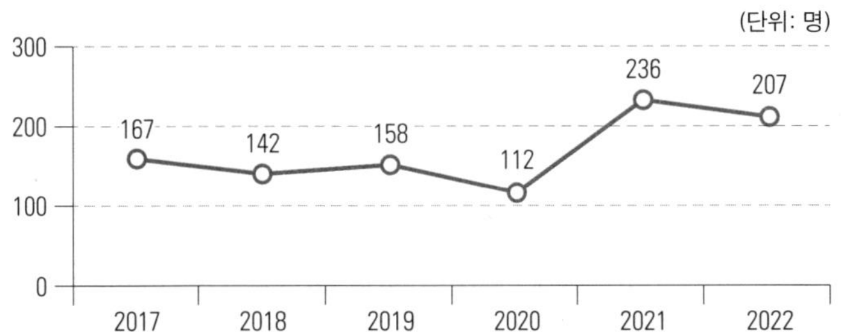

〈그림 1〉 한국관광공사 세종학당 한국어 수강생 현황(2017-2022)

출처: 한국관광공사, 쿠알라룸푸르 지사 제공

및 문화교육을 운영하고 있다. 말레이시아 교육부가 아닌 총리실이 직접 관리하는 영재학교는 말레이시아 전역에서 선발된 영재학생들을 위한 교육기관으로 세종학당이 한국어 강사를 지원하여 한국어를 교육함과 함께 2년마다 개최하는 세계문화축제도 지원하고 있다. 2017년부터 2021년까지 주말레이시아 한국대사관이 개최해온 '한국어 말하기대회'를 공동 주최해왔으며, 말레이시아 공립중학생들을 위한 '한국문화캠프'(2018-2020) 그리고 말레이시아 국립대학교, 말라야대학교, 쿠알라룸푸르대학교(Universiti Kuala Lumpur: UniKL), 인텍교육대학(INTECT Education College) 등 전국의 대학생들을 위한 '한국문화캠프'(2022-2023)를 개최하는 등 활발한 활동을 하고 있다. 〈그림 2〉는 2016년 하반기부터 2022년까지의 한국어 수강생 현황이다.

2020년 12월 30일 설립된 말레이시아 한국교육원은 교육부 지원기관으로서 「재외국민의 교육지원 등에 관한 법률」에 따라 한국어 보급, 국제교육 교류 지원, 유학생 유치, 한글학교 교육활동 지원 등 한국어 보급 및 재외동포 교육을 지원하고 한국과 말레이시아 양국의 교육협력 활성화에 그 목적을 두고 있다. 교육원이 제공하는 한국어 강좌로는 정규강좌

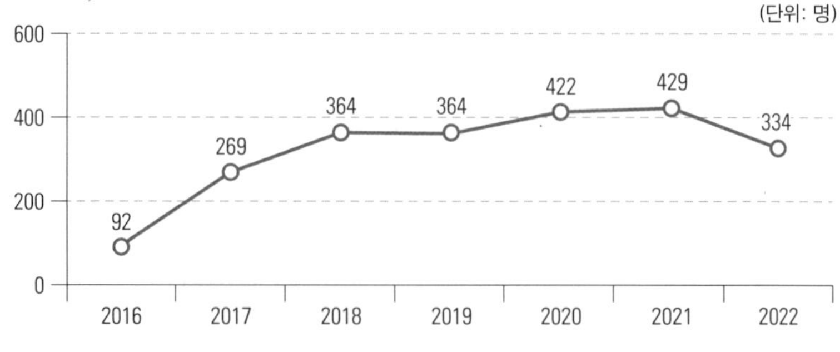

〈그림 2〉 말레이시아 국립대학교 세종학당 한국어 수강생 현황(2016-2022)

출처: 말레이시아 국립대학교, 방이세종학당.

〈그림 3〉 말레이시아 한국교육원 한국어 수강생 현황(2021-2023)

출처: 말레이시아 한국교육원.

및 특별강좌(토픽대비반, 고급한국어) 등이 있으며 설립 이후 한국어를 수강한 학생들의 현황은 〈그림 3〉과 같다.

한국어 교육 외에도 '한국어 말하기대회'를 개최하고 '한국 교육 박람회' 그리고 말레이시아 교육부 및 한국 파견교사, 학생들을 위한 교육 세미나도 개최하는 등 다양한 활동을 벌이고 있다.

말레이시아 중등학교에 한국어가 제2외국어로 채택된 것은 말레이시아의 한국학 교육뿐만 아니라 한국학 발전의 전환점으로 볼 수 있으며, 기존의 대학생 그리고 일반인이 주 대상이었던 한국어 교육이 나이 어린 학생으로 확산되어 한국어 대중화의 한 축을 형성하게 되었다. 1990년대 말부터 중등학교를 대상으로 한 제2외국어 채택에 대한 논의가 있었으나 재정적인 문제와 학생들의 제2외국어 선호조사, 교사 확보 등의 문제점들로 실현되지 못했다. 2010년대 이후 한국어 학습에 대한 학생들의 요구가 증폭되면서 2015년 말레이시아 교육부가 학교, 교사 및 학생들을 대상으로 수요조사를 실시한 후[14] 제2외국어 과목으로 채택되었다.

---

14 2015년 말레이시아 교육부가 실시한 외국어 선호도 조사에서 학교와 교사들의 선택은 일본어가 1위, 한국어가 2위였으나, 학생들의 선택은 한국어가 1위, 일본어가 2위였다.

2016년 신행정도시인 푸트라자야(Putrajaya)와 사이버자야(Cyberjaya) 지역에 있는 2개의 남녀 기숙 중학교[15]에서 1년간의 성공적인 시범 교육 후 2017년부터는 10개, 2019년부터는 11개 중학교[16]로 확대 실시하게 되었다. 초기에는 한국 교육부의 국립국제교육원이 10명의 한국어 교원과 교과과정 개발을 위한 자문위원 2명을 선발· 파견하여 지원했고, 2019년에는 조호르(Johor) 지역 학교를 추가해 11개 학교로 늘었다. 자문위원은 2018년부터 한 명으로 줄었다가 2020년에는 자문위원 파견을 중단하고 이후 한국교육원이 지원하고 있다.[17]

말레이시아 중등학교에서 한국어가 제2외국어로 채택·시행된 것은 지난 40여 년간의 대학교 한국어 교육과는 다른 시각에서 평가될 수 있다. 첫째, 그동안 성인 또는 대학생 위주의 한국어 교육이 13세 이상 어린 말레이시아 청소년층을 대상으로 실시되는 교육이라는 것이다. 이는 한국어 학습의 기회와 시간이 증대되어 한국학을 연구할 차세대 말레이시아 학생들이 더욱 증가할 것이라는 긍정적인 발전이다. 대학교 교양과목으로 한국어를 수학한 대학생들은 최대 2년 정도의 학습 이후 한국어 공부를 중단하는 경우가 대부분이고, 단기간의 한국어 학습으로는 유학이나 취직을 하기에는 역부족이라는 점을 고려할 때, 앞으로 말레이시아에서의 한국어 저변 확대 및 높은 한국어 능력을 갖춘 학습자들과 다수의 한국 전문가가 배출되어 한국학 발전에 토대가 될 것으로 예측된다.

15 알람 샤 공립 남자기숙중학교(Sekolah Alam Shah)와 스리 뿌뜨리 공립 여자기숙중학교(Sekolah Seri Puteri).

16 학교 이름은 지면상 생략하는 대신 지역만 밝히면 쿠알라룸푸르 지역(3개), 푸트라자야 행정도시(2개), 쿠알라룸푸르를 기준으로 남부지역(2개), 북부지역(3개) 등이다.

17 한국과 말레이시아 교육부는 향후 5년간 교원파견사업 협약을 체결했다.

(2) 한국학 연구 출판 자료(2010-2014)

2010년 이후, 이전 시기 동안 한국어 개설 교육기관이 증가하며 다져 놓은 토대로 한국에 대한 연구와 출판이 점차 증가했다. 〈표 5〉는 한국학 특히 경제, 경제정책, 기업문화, 국제무역 등을 연구한 논문과 서적 자료로 한국어와 한국학과 관련 교수, 연구자에 의해 연구·출판되었다.

〈표 5〉 한국학 연구 출판 자료 1: 정치·경제 분야(2010-2014)

연도	제목	저자
2011	Moving towards the knowledge-based economy: A comparative study between Malaysia and South Korea(지식을 기반으로 하는 경제 지향: 말레이시아와 한국 비교)	Khaled Shukran, Rebeka Sultana, Farhana Rahman
	Policy Responses to the Asian Currency Crisis: The Cases of Malaysia and South Korea(아시아 환율위기에 대한 정책적 대응: 말레이시아와 한국 사례)	Soo Kee Tan
2012	Cultural Divergence between Korean and Malay Industrial Workers as Reflected in Their "Definition of the Situation"('상황 정의'에 반영된 한국과 말레이 산업 근로자들 간의 문화적 다양성)	Kim Keum Hyun
2013	The Impact of Changes in South Korean Economic Policy on Post-secondary Education in Early 1970s(1970년대 초 한국의 경제 정책 변화가 중등교육 이후에 미치는 영향)	Julia Pay Loo Lim
	South Korea's Outward Foreign Direct Investments in Southeast Asia: Trends, Motivations and Case Studies(한국의 동남아 지역 해외 직접 투자: 트렌드, 동기와 사례연구)	Soo Kee Tan
	Structure and agency in the Malaysian government's policies for economic development (경제개발을 위한 말레이시아 정부 정책의 구조와 담당 기관)	Md Nasrudin Md Akhir, Keum Hyun Kim, Chung-Sok Suh

연도	제목	저자
2013	Sejarah Politik Moden Korea(한국 근대 정치사, 말레이시아어 번역)	Il Joon Jung, Kim Keum Hyun, Rou Seung Yoan
2014	Konflik Silang-Budaya antara Pekerja Melayau dan Pekerja Korea dari segi Pengelakan Ketidakpastian dan Orientasi Masa(말레이와 한국 근로자 간의 문화 간 갈등: 불확실성 기피와 시간 중심적 관점에서)	Kim Keum Hyun
	Changes in Revealed Comparative Advantage of South Korea and her Major European Union Trading Countries(한국의 경쟁력 장점의 변화와 주요 EU 무역 대상국)	Seung Jin Kim, Gi Seung Kim

〈표 6〉에서 알 수 있듯이 한류, 문화, 사회, 종교에 관한 논문들이 다수 발표되었으며, 특히 한류와 관련하여 한국과 말레이시아 문화비교 및 문제점 등을 다룬 것들이 많았다. 이 가운데 말레이시아 연구자에게 한국의 정치, 역사 그리고 사회문화 연구에 도움이 될 만한 번역서가 출판된 것도 주목할 만하다. 전체적으로 인문학 분야의 12개 출판물 가운데 50%인 6개가 한국어, 한국학 관련 교수에 의한 연구이며, 한류 관련 연구가 33%를 차지하고 있다.

〈표 6〉 한국학 연구 출판 자료 2: 인문학 분야(2010-2014)

연도	제목	저자
2010	New Media Policy: a comparative Perspective on Malaysia and Korea(신미디어 정책: 말레이시아와 한국의 비교 관점)	Hasmah Zanuddin
	Korean Wave in Malaysia and Changes of the Korea-Malaysia Relations(말레이시아에서의 한류와 한-마 관계의 변화)	Cho Chul Ho

연도	제목	저자
2010	Hubungan Sosiobudaya Malaysia-Korea Selatan: Perkembangan dan Hala Tuju(한국-말레이시아의 사회 문화적 관계: 발전과 방향)	Kim Keum Hyun
2011	Hallyu Di Malaysia: Kajian Sosiobudaya(말레이시아의 한류: 사회-문화적 연구)	Nor Hashimah Jalaluddin, Zaharani Ahmad
2013	Pembelajaran Bahasa Melayu sebagai Bahasa Asing: Strategi Komunikasi dalam Kalangan Pelajar Korea di HUFS (Hankuk University of Foreign Studies)[한국외국어대 학생들의 말레이어 학습 의사소통 전략]	Minsung Cho, Puteri Roslina Abdul Wahid
	Pengawalan dan Pencegahan Pengaruh Hallyu oleh Ibubapa terhadap Anak-anak Menurut Perspektif Islam(이슬람의 시각에서 본 부모의 한류 영향통제와 예방)	Adiba Munira Mohamad Amin et.al.
	Yangban: Golongan Pemerintah Tradisional Korea(양반: 한국 전통사회의 지도계층, 말레이시아어 번역)	Kim Keum Hyun et al.
	Culture Dimensions Comparison: A Study of Malaysia and South Korea(문화 차원 비교: 말레이시아와 한국 사례)	Shirley Ken Tzu Ting, Cheah Yeh Ying
	Analyzing the Dimension of Korean Popular Culture Among Malaysian Adolescent(말레이시아 사춘기 청소년 사이에 한국 대중문화 차원 분석)	Zailin Zainal Ariffin et al.
	A Comparative Study on Idioms of the Human Body Parts in Korean and Malay Languages(한국과 말레이시아 언어 속 신체와 관련된 관용구 비교 연구)	Rou Seung Yoan, Kim Keum Hyun
2014	Revisiting Multiculturalism and Multicultural Policies in South Korea(한국의 다문화와 다문화 정책 재고)	Chang Kyoo Park
	The Challenge of Multiculturalism: A Comparison of South Korea, Singapore and Malaysia(다문화의 문제점: 한국, 싱가포르, 말레이시아 비교)	Geetha Govindasamy et al.

(3) 한국학 연구 출판 자료(2015-2019)

전반적으로 이 시기에 연구 출판된 자료는 학술지 논문(72.2%)이 서적(27.8%) 출판물보다 많다. 한류와 관련한 연구나 교육 혹은 한국어 교육, 문화 관련한 연구 발표 자료는 〈표 7〉과 같다.

〈표 7〉 한국학 연구 출판 자료 1: 한류·교육·문화·방송 분야(2015-2019)

연도	제목	저자
2016	Does Korean Drama Have a Real Influence? An Analysis of Malaysia Outbound Tourists To South Korea(한국 드라마가 진정한 영향이 있는가? 한국으로 가는 말레이시아 관광객 분석)	Pek Yen Teh, Hong Ching Goh
	Reviving the Reading Culture in South Korea and Malaysia(한국과 말레이시아의 독서 문화 부활)	Siti Ezalia Mustafa, Azizah Hamzah
	Watching South Korean Soap Operas: Malay Women Strike a Balance between Malaysian Modernity and Tradition(한국 연속극 시청: 말레이시아 현대성과 전통 사이에서 말레이 여성의 균형 유지)	Azizah Hamzah, Md. Azalanshah Md. Syed
	Hugging and Hallyu: Examining Representations of Moral Panic and the Korean Wave in the Malaysian Media(허깅과 한류: 말레이시아 미디어에서 한류와 도덕적 공황의 표현 조사)	Wahida Asrani Ahmad, Adrian Lee Yuen Beng
	A Study of Al-Jazeera's Framing of Tragedies Flight MH370 and the MV Sewol Ferry (말레이시아항공 MH370과 한국 세월호 비극에 대한 알자지라 방송 구성에 대한 연구)	Fatima Mohammed Al-Majdhoub et al.
2017	해외의 한국어 교육: 말레이시아 한국어 교육의 발전과 현황	류승완, 김금현
2018	Variation of Asian Collectivistic Values and Its'Impact on Intercultural Conflicts of Workers: A Study on a Korean MNC Operating in Malaysia (아시아 집단주의 가치관의 변형이 근로자의 문화 간 갈등에 대한 영향: 말레이시아 한국 기업 사례 연구)	Kim Keum Hyun, Rou Seung Yoan

연도	제목	저자
2018	Culture in Korean Drama towards Influencing Malaysian Audiences(말레이시아 시청자에게 영향을 미치는 한국 드라마 속의 문화)	Julina Tajul Ariffin et al.
	Korean wave and Malaysian young adults: Attitudes, intention and behavior(한류와 말레이시아 젊은 성인: 태도, 의도와 행동 비교)	Grace Phang Ing et al.
	A framework of Halal Industry Support System in non-Muslim Country: Focusing on South Korea (비무슬림 국가의 할랄 산업 지원 시스템: 한국 사례)	Mingyu Park, Mohamad Aizat Jamaludin
2019	Female Stereotyping and Gender Socialization through Proverbs and Idioms: A Comparative Study of Malaysia and Korea(속담과 관용구에 나타난 여성에 대한 고정관념과 성역할 사회화: 말레이시아와 한국 비교 연구)	Kim Keum Hyun et al.
	Online Fandom: Social Identity and Social Hierarchy of Hallyu Fans(온라인 팬덤: 한류 팬의 사회 정체성과 사회 계층)	Atiqah Abd-Rahim
	How do Malaysian and South Korean mathematics teachers encourage collaboration among students in mathematics classroom(한-마 수학 교사들이 수학 수업에서 학생들의 협력을 격려하는 방법)	Abdul Halim Abdullah, Bomi Shin
	Refleksi Penerokaan Etnografi Peminat Gelombang Korea di Malaysia(말레이시아 한류 팬의 민속지학적 고찰)	Nurul Akqmie Badrul Hisham et al.
	Mirror-mirror on the Wall, Which Teachers Use Educational Technology in Mathematics Classroom-Malaysians or South Koreans?(거울아 거울아, 한-마 어느 선생님이 교육 기술을 수학 수업에 사용하니?)	Abdul Halim Abdullah et al.
	Social Media Translational Action: Translation Activities by K-Pop Fans in Twitter(사회적 미디어 번역 작업: 트위터에서 K-Pop 팬의 번역 활동)	Aznur Aisyah, Safinaz Zainuddin, Rou Seung Yoan
	A Comparative Study of Quadrilaterals Topic Content in Mathematics Textbooks between Malaysia and South Korea(한-마 수학 교과서 사변형 주제 비교 연구)	Abdul Halim Abdullah, Bomi Shin

한류가 확산되기는 했으나 그 영향에 대한 연구는 설문조사, 한류의 영향과 결과 등 전반적인 기초 자료조사가 주를 이루고 있다. 〈표 8〉에서 볼 수 있듯이 경제, 정치, 외교에 관한 연구 발표들이 한류에 관한 연구물보다 더 많이 출판되었다.

〈표 8〉 한국학 연구 출판 자료 2: 정치·경제·외교 분야(2015-2019)

연도	제목	저자
2015	The Role of Korean Collectivism in South Korea's Industrialization Process(한국 산업화 과정에서의 한국 집단주의의 역할)	Soo Kee Tan
2016	Cultural Divergence between South Korean and Malay Industrial Workers(한국과 말레이 산업 근로자들의 문화 차이)	Kim Keum Hyun
	The Impact of State Capacity and Leadership Changes on National Development: Drawing Comparisons between Malaysia and South Korea(국가 발전에 대한 국가 능력과 리더십 교체의 영향: 한-마 비교)	Norma Mansor et al.
	The Quest for South Korean Youth Political Participation in the Information Age(정보 시대 한국 청년들의 정치 참여에 대한 탐구)	Noor Sulastry Yurni Ahmad
	The Dynamics of South Korea's Relationship with Asia-Pacific(아시아-태평양 지역과 한국 관계의 역학)	Norma Mansor et al.
	Korean Economy: From Protectionism to Liberalism(한국 경제: 보호주의에서 자유주의)	Soo Kee Tan
	South Korea and ASEAN: Strategic Partnership for Building an East Asian Community(한국과 아세안: 동아시아 공동체 형성을 위한 전략적 파트너십)	Bong Ryul Yang, Norma Mansor
	Components of Social Protection: A Comparison between South Korea and Malaysia(사회적 보장의 요소: 한국과 말레이시아 비교)	Norma Mansor, Nur Fakhrina Ab. Rashid
2017	Dilema Pekerja Melayu dalam Budaya Syarikat Multinasional Korea di Malaysia(말레이시아 진출 한국 다국적 기업문화에서의 말레이 근로자의 딜레마)	Kim Keum Hyun

연도	제목	저자
2017	e-Government Implementation Challenges in Malaysia and South Korea: A Comparative Study(전자 정부 시행의 문제점: 한-마 비교 연구)	Razlini Mohd Ramli
	History of Look-To-The-East Idea: South Korea Interests in the Socio-Economic Development of Malaysia(동방 정책 아이디어의 역사: 말레이시아 사회경제 발전에 대한 한국의 관심)	Uqbah Iqbal
2018	Variation of Asian Collectivistic Values and Its' Impact on Intercultural Conflicts of Workers: A Study on a Korean MNC Operating in Malaysia (아시아 집단주의 가치관의 변형이 근로자의 문화 간 갈등에 대한 영향: 말레이시아 한국 기업 사례 연구)	Kim Keum Hyun, Rou Seung Yoan
	Malaysia-South Korea Economic Relations: Mahathir Mohamad Made the Difference(말레이시아와 한국의 경제 관계: 마하티르가 이룩한 변화)	Sivachandralingam Sundara Raja, Miyoung Song
	Republic of Korea-Indonesia Relations: Middle Power Diplomacy in East Asia(한-인도네시아 관계: 동아시아 지역 중간 파워 외교)	Devi Anggraeni Poetri et al.
	A framework of Halal Industry Support System in non-Muslim Country: Focusing on South Korea (비무슬림 국가의 할랄 산업 지원 시스템: 한국 사례)	Mingyu Park, Mohamad Aizat Jamaludin
	An East Asian Approach to Rural Development: A Comparative of the Saemaul Undong and FELDA Programs(동아시아의 지역개발 접근: 새마을운동과 펠다 비교)	Nurliana Kamaruddin
2019	The ASEAN-ROK Economic Relations: Challenges and Opportunities(아세안-한국 경제 관계: 도전과 기회)	Nurliana Kamaruddin, Jan Vincent Galas
	The Foundational Decades of Malaysia-South Korea Economic Relations 1960-1981(한-마 경제 관계 수립기 1960-1981)	Sivachandralingam Sundara Raja, Miyoung Song
	Failure of An Inter-Korean Policy: The Case of Trust politic(남-북한 간 정책 실패: 신뢰 정치 사례)	Geetha Govindasamy et al.

(4) 한국학 연구 출판 자료(2020-2023)

최근 4년간 한국학에 대한 많은 연구와 출판이 급증했는데, 2020년(11개), 2021년(14개), 2022년(9개) 그리고 2023년에 3개의 한국학 자료가 출판되었다. 2020년부터 시작된 코로나19 팬데믹으로 인해 이에 대한 논문도 다수 나왔으며, 전반적으로 한류에 대한 연구자료가 많았는데, 특히 한류 자체만을 다루지 않고 교육, 경제, 문화, 종교 등과 연계한 점이 주목받고 있다. 다음의 〈표 9〉, 〈표 10〉, 〈표 11〉과 같이 이 기간 동안에 발표된 한국학 관련 연구를 분야별로 구분했다. 〈표 9〉는 한류와 교육, 문화, 사회와 관련된 발표 연구 자료들이다.

〈표 9〉 한국학 연구 출판 자료 1: 한류·교육·사회·문화 분야(2020-2023)

연도	제목	저자
2020	Cross-National Study on the Perception of the Korean Wave and Cultural Hybridity in Indonesia and Malaysia Using Discourse on Social Media (소셜미디어 담론을 활용한 인도네시아와 말레이시아의 한류 인식과 문화적 혼종성에 관한 국가 간 연구)	Yu Lim Lee et al.
	The Role of the Hallyu Phenomenon in Shaping a Destination Image among Malaysian Adolescents(말레이시아 청소년의 운명 이미지 형성에 있어 한류 열풍의 역할)	Farah Hidayah Mohd Zaini et al.
	Hallyu Wave as a Major Motivation to Learn Korean Language(한국어 교육의 주요 동기로서의 한류)	Dayana Najwa binti Samsudin
	Wacana Dan Pengaruh Hallyu Dalam Iklan Produk Kecantikan Wanita Berbahasa Melayu: Satu Analisis Wacana Kritis(말레이어로 된 여성 화장품 광고에서 한류의 영향)	Suziana Mad Saad, Qurratu 'Aina Muhd Ridhwan
	Synergizing Hallyu and halal economy for wealth creation(부의 창조를 위한 한류와 할랄 경제 시너지 창출)	Adlin Masood, Alina Abdul Rahim
	한류의 이슬람 시장 개척과 할랄 인증의 교두보 말레이시아	류승완, 김금현

연도	제목	저자
2021	The Globalization of Hallyu Phenomenon: Impact on Malaysian Young Female's Attitude and Behavior(한류 현상의 세계화: 말레이시아 여성 청소년의 태도와 행동에 미치는 영향)	Siti Norliza Othman, Noor'ain Aini
	Korean Wave, Malaysian Modernity and Strategic Disobedience among Malay Women(한류, 말레이시아 근대화와 여성의 전략적 불복종)	Md Azalanshah Md Syed
	Korean Wave, K-tourism and Muslim Friendly Tourism in South Korea(한류, K-관광, 한국의 무슬림 친화 관광)	Young Geun Lee, Kim Keum Hyun, Rou Seung Yoan
	The Korean Wave and Islamic Southeast Asia: Exploring Current Issues(동남아시아 이슬람 사회에서의 한류의 영향: 현황 고찰)	Kim Keum Hyun, Rou Seung Yoan (Editors)
	The Impacts of Korean Wave in Islamic Southeast Asian Societies(동남아 이슬람 사회에서의 한류의 영향)	Rou Seung Yoan, Kim Keum Hyun
2022	The Cultural and Religious Conflict between Korean Wave and Islamic Values(한류와 이슬람 가치관 사이의 종교적·문화적 갈등)	Wan Kamal Mujani, Seung Yoan Rou, Keum Hyun Kim
	The Mediatization and Culture of the Korean Wave Phenomenon among Malay Female Youth(말레이 청소년 사이의 한류 문화 현상)	Nurul Akqmie Badrul Hisham et al.

〈표 10〉은 경제, 정치 그리고 외교 관련 연구 발표자료로 한류 관련 연구 자료보다는 상대적으로 적은 수가 출판되었다.

〈표 10〉 한국학 연구 출판 자료 2: 정치·경제·외교 분야(2020-2023)

연도	제목	저자
2020	State Support and Competitiveness of Industry: Case of Shipbuilding Industry in Korea(정부의 지원과 산업 경쟁력: 한국의 조선산업 사례)	Soo Kee Tan

연도	제목	저자
2021	The Influence of Customer Perception in Selection of Korean Restaurant in Malaysia (말레이시아 한국 식당 선택에 작용하는 소비자의 인식)	JunWan Chee, Rashad Yazdanifard
	Exploring the Collaboration between Malaysia and South Korea in Human Capital Development under Look East Policy(인적 자원 개발에서의 한-마 협력 탐구)	Nabila Huda Ibrahim et al.
	What's in the New Southern Policy Plus? An ASEAN Perspective on Building Niche-Based Pragmatic Cooperation with South Korea (신남방정책 플러스에는 무엇이 있는가? 틈새 기반의 한국과의 실용적 협력 구축에 대한 ASEAN의 관점)	Chiew-Ping Hoo
	COVID-19 Pandemic Management: Best Practices and Lessons From China, Japan and South Korea (코로나 관리: 일본, 한국, 중국 사례 연구)	Geetha Govindasamy, Md Nasrudin Md Akhir, Rohayati Paidi
2022	Regime Change and Malaysia–South Korea Relations: Domestic and Structural Explanations of Mahathir Mohamad and Moon Jae-in's Foreign Policy Reorientations(정권 교체와 한-마 관계: 마하티르와 문재인의 외교 정책의 방향 전환)	Geetha Govindasamy
	Consumers' profiles in purchasing Korean products: Malaysia context(한국 제품 구매 소비자의 프로파일)	Azurin Sani et al.
	Budaya Konsumerisme Dalam Kalangan Penggemar Korea Pop (KPOP)[K-Pop 팬의 한국 상품 소비 문화]	Norafiqah Shahirah Ayob, Azlina Abdullah
	Punca-punca Pengaruh Drama Korea Terhadap Remaja: Analisis Penyebaran Hallyu(한류-무슬림의 한국 상품 수용)	Muhammad Mustaqim Bin Roslan, Nurus Silmi Binti Amir Hamzah
2023	Acculturation, religiosity, and willingness to accept Korean products among Muslim consumers: an exploratory study(무슬림 소비자의 문화화, 종교성과 한국 상품 수용 의지: 탐험적 연구)	Reza Ashari Nasution et al.

다인종·다종교·다문화 국가로 형성된 말레이시아는 외국 문화에 대한 수용성과 배타성을 동시에 갖고 있다. 외국문화의 하나인 한류가 들어옴으로써 자국민에 대한 긍정적·부정적 영향 그리고 타 분야에 대한 비교도 좋은 연구 대상이 되고 있는데, 〈표 11〉에서 이러한 예를 발견할 수 있다.

〈표 11〉 한국학 연구 출판 자료 3: 언어·교육·사회·문화 분야(2020-2023)

연도	제목	저자
2020	Drama Adaptasi Korea: Suatu Analisis Terhadap Pemaparan Islam dalam Drama My Coffee Prince(한국 드라마의 변형: 드라마 나의 커피 프린스에 투영된 이슬람 분석)	Nazra Aliff Nazri, Abdul Latiff Ahmad
	Language Attitudes and L2 Motivation of Korean Language Learners in Malaysia(말레이시아에서 한국어 학습자의 언어 태도와 동기부여)	Larisa Nikitina, Fumitaka Furuoka, Nurliana Kamaruddin
	Engaging Women in Rural Development: A Case Study of South Korea's Saemaul Undong and Malaysia's FELDA Programs(말레이시아 펠다와 한국 새마을운동에서 여성의 역할)	Nurliana Kamaruddin, Jan Vincent Galas
	Korean Television Drama in Malaysia: An Analysis on Korean Media Strategy(말레이시아의 한국 드라마: 한국 미디어 전략 분석)	Julia Tajul Ariffin
2021	University students' perception to online class delivery methods during the COVID-19 pandemic: A focus on hospitality education in Korea and Malaysia(코로나 시기 비대면 수업에 대한 대학생들의 인식: 한국과 말레이시아 서비스 교육 중점 고찰)	Jeong-Ja Choi et al.
	Behind the Korean Media Strength(한국의 미디어 강점의 이면)	Julina Tajul Ariffin
	Watching Korean Dramas: Youth's Behavioural Intention Towards South Korea(한국 드라마 시청: 청소년의 한국에 대한 행동 의사)	Santhidran Sinnappan, Jingyi Loke, Thinavan Periyayya

연도	제목	저자
2021	The Development of Islam and the Challenges of Muslim in Korean Cultural Settings(한국 사회의 맥락에서 이슬람의 발전과 무슬림의 변화)	Rou Seung Yoan, Kim Keum Hyun
	Korean Popular Culture in Southeast Asian Muslim Societies(동남아시아 이슬람 국가에서의 한국 대중문화)	Azizah Hamzah
2022	"I found my talent after I become a K-Pop fan": K-Pop participatory culture unleashing talents among Malaysian youth K-Pop(팬이 되고 내 재능을 발견했다: K-Pop 참여문화를 통한 청소년의 재능 발휘)	Nur Ayuni Mohd Jenol, Nur Hafeeza Ahmad Pazil
	Pendidikan Matematik Menengah di Malaysia dan Korea Selatan(한국-말레이시아 교육 비교: 중등학교 수학)	Abdul Halim Abdullah
	Drama Adaptasi Korea: Suatu Analisis Terhadap Pemaparan Islam dalam Drama Monalisa(한국 드라마의 각색: 드라마 「모나리자」에 투영된 이슬람)	Nazra Aliff Nazri, Nurul Akqmie Badrul Hisham, Abdul Latiff Ahmad
	Factors of Knowledge, Attitude, Friends, and Social Media that Influence The Universiti Pendidikan Sultan Idris (UPSI) Students in Accepting K-Pop Culture(UPSI 학생들이 K-Pop 문화 수용에 대해 지식, 자세, 친구 그리고 사회 미디어가 끼친 요인들)	Nurul Diyana Kamarolzaman, Kamaruzzaman Abdul Manan, Nur Hafza Mohd Mustafa
2023	From Theory to Practice: An assessment of putting learning into practice among alumni of Korea studies, University of Malaya(이론에서 실제까지: 말라야대학교 한국학 동문들의 학습 실천 평가)	Muhammad Mustaqim Bin Roslan, Nurus Silmi Binti Amir Hamzah
	Impacts of the Korean Wave and the Conundrum of Malaysian Young Female Muslims(한류의 영향과 말레이시아 여성 무슬림에 대한 난제)	Kim Keum Hyun et al.

3. 한국학 연구기관: 연구활동 및 국외 협력

말레이시아 한국학 연구와 출판에 중추적 역할을 하고 있는 말레이시아 국내 및 국외 기관들과 학자들은 각자의 연구물을 다양한 경로를 통해 공유하고자 꾸준히 노력해왔다. 이러한 연구단체 및 기관으로는 말레이시아-한국 연구소(MKRC), 동남아한국학협회(KoSASA), 한국학 연구 이니셔티브(Korea Research Initiatives: KRI), 한국학중앙연구원이 있으며 말레이시아 한국학 연구, 출판, 협력, 지원 등 한국학 발전에 핵심적인 역할을 하고 있다.

1) 말레이시아-한국 연구소(Malaysia-Korea Research Centre: MKRC)

2012년 한국학중앙연구원의 씨앗형 사업지원으로 말라야대학교에 설립되었으며, 말레이시아의 유일한 한국학 연구기관으로서 한국에 대한 연구·출판을 주도하고 있다. 아울러 말레이시아 내에서뿐만 아니라 국외 연구기관들과 연계하여 공동 연구 및 세미나, 학술대회, 포럼 같은 각종 플랫폼을 통해 정부, 학계 및 일반대중과 지식을 공유하고 상담과 특강 등의 활동을 벌이고 있다.

사회학, 인류학, 경제학, 여성학 그리고 행정학 등 다양한 분야에서 연구를 해왔고 이에 대한 연구 논문 및 서적을 다수 출판했다. 한국과 말레이시아 정부 및 정부 산하기관들의 지원과 협력으로 국제적 연구 프로젝트들을 실행하고 있으며, 연구소 설립 이후 한국 정부와 말레이시아 정부, 공공기관 및 산업체의 연구 지원을 받아 진행한 주요 연구 프로젝트들은 〈표 12〉와 같다.

〈표 12〉 말레이시아-한국 연구소: 연구 활동(2013-2023)

연도	연구 제목	연구지원 기관, 성격
2013-2016	국가 능력 변화와 리더십이 국가 발전에 미치는 영향: 말레이시아와 한국 비교 분석	한국학중앙연구원 씨앗형 연구 지원 프로젝트
2013	말레이시아 교과서에 언급된 한국에 대한 사실 전수조사	한국학중앙연구원 지원 프로젝트
2013-2016	국가의 변혁: 말레이시아 펠다(FELDA)와 한국의 새마을운동 지역개발 모델 비교 분석	말레이시아 FELDA 연구 지원 프로젝트
2015-2017	한국과 말레이시아 속담 비교	말라야대학교 연구 지원 프로젝트
2016-2017	말레이시아 중등학교 교사들을 위한 한국학: 교과서의 한국 서술 오류 분석	한국학중앙연구원 지원 프로젝트
2016-2017	한국학 자료 수집 프로젝트	한국학중앙연구원 지원 프로젝트
2017-2019	Korea Wave in Southeast Asian Islamic Nations: Present, Future and Strategy for Coexistence	한국학중앙연구원 학술대회 지원 프로젝트
2018-2019	동남아 이슬람 국가의 한류: 현재, 미래 및 공존/상생 전략	한국학중앙연구원 주요 연구 지원 프로젝트
2019-2022	한류가 말레이시아 청소년에 미치는 영향: 국가 개혁 2050 실행에 끼치는 영향	FRGS-말레이시아 정부 주요 연구 지원 프로젝트
2019-2022	한국과 말레이시아 경제 및 인적 자원 개발 협력 가능성 타진: 동방 정책 2.0의 가능성	FRGS-말레이시아 정부 주요 연구 지원 프로젝트
2020-2022	말레이시아의 한류: 한-마 협력 현황과 향후 협력	말라야대학교 특별 연구 지원 프로젝트
2020-2022	말레이시아 허브 약제품 똥갓 알리의 관광산업 분야의 가능성과 최적화 분석: 한국의 인삼과 비교 연구	말레이시아 정부 주요 연구대학 연구지원 프로젝트
2022-2023	한국과 말레이시아 음식 관련 관용구 비교 연구	한국학중앙연구원 주요 연구 지원 프로젝트

〈표 12〉에 언급된 연구 프로젝트에 의한 연구 결과물은 영어, 한국어, 말레이어 등 여러 언어로 출판되어 한국학 부교재로 사용하고 있다.[18]

2) 말레이시아의 한국학 연구협력 외국 기관

말레이시아의 한국학은 물론 동남아 한국학에 대한 연구 발전을 위해 말레이시아, 한국, 호주 연구기관들이 공동연구, 출판을 위한 협력을 지속해왔는데, 주요 기관들은 다음과 같다.

(1) 동남아한국학협회(Korean Studies Association of Southeast Asia: KoSASA)

동남아시아 국가의 정부기관, 대학교 그리고 학자 간의 교류를 주도한 학술협회로 코사사(KoSASA)를 들 수 있는데, 이 지역의 한국학 연구에 중추적인 역할을 하고 있다고 평가된다. 이 협회는 호주의 한-호 연구소(Korea-Australia Research Centre: KAREC)에 의해 2000년 7월 28일 결성되었다. 동남아시아 학자들의 연구·출판과 네트워킹을 위해 만들어진 협회로서 뒤에서 언급할 KRI에 본부가 있고, 2000년대 초반부터 동남아 10개국 최고 대학들의 총장, 행정 책임자 그리고 한국 학자와의 네트워킹을 구축하고 있다. 2001년 2월 8일 최초로 동남아 한국학 학술대회를 개최했으며, 2년마다 국제학술대회를 개최하고 있다. 협회 결성 이후 지난 20여 년간 동남아시아 한국학의 성장과 발전에 큰 공헌을 해온 것으로 평가

18 이 외에도 서적(6권), 국제학술지(14편)와 프로시딩(13편) 등이 있으며 제목은 지면상 생략함.

받는다. 코사사 회원기관으로는 동남아시아 10개 대학[19]이 있고, 말레이시아에서는 말라야대학교가 2000년부터 창립 회원 대학으로 활발하게 활동하고 있다.

코사사의 성공 요인 중 하나는 학술대회 외에도 정책결정자와 정책실행자들을 위한 네트워크를 구축해서 한국학 연구가 효과적으로 진행되는 것을 가능하게 했다는 점이다. 이 외에도 국가 및 대학 간의 한국학 교류, 한국학 관련 연구와 출판 그리고 대학, 연구소, 정부 간의 협력을 위한 플랫폼을 마련하여 동남아시아 지역의 한국학 진흥에 기여했다. 특히 2년마다 동남아 한국 학자들을 대상으로 열리는 국제학술대회는 한국학 발전의 시발점이자 원동력이 되었다고 평가된다. 그간 코사사가 진행한 국제학술대회의 주제와 장소는 〈표 13〉과 같다.

〈표 13〉 동남아한국학협회(KoSASA) 개최 국제학술대회(2001-2020)

연도	학술대회 주제	장소 및 주최
2001	한국-호주 연구소(Korea-Australia Research Center: KAREC) 제1회 동남아한국학협회 학술대회	호주, 뉴사우스웨일스대학교
2002	제2회 동남아한국학협회 학술대회: 상호 발전을 위한 경험 공유: 한국어 교육과 연구 워크숍(Sharing Experiences for Mutual Evolution, KFL Education and Research Workshop)	말레이시아, 말라야대학교
2005	베트남 사회·인문대학교-KAREC 국제 심포지엄, USSH - KAREC INTERNATIONAL SYMPOSIUM. KoSASA	베트남, 사회인문대학교

19 말레이시아 말라야대학교, 인도네시아 국립대학교, 태국 부라파대학교, 태국 쭐랄롱꼰대학교, 베트남 하노이인문사회과학대학교, 베트남 호찌민인문사회과학대학교, 필리핀대학교, 캄보디아 프놈펜 왕립대학교, 라오스 국립대학교, 호주 뉴사우스웨일스대학교.

연도	학술대회 주제	장소 및 주최
2008	제3회 동남아한국학협회 학술대회: 문화 상호작용 시대의 동남아 한국학: 동남아시아와 한국의 문화 산업과 저작권 이슈(Korean Studies in SEA in New Era of Cultural Interaction: Copyright Issues & Culture Industries in Southeast Asia and Korea)	태국, 부라파대학교
2011	제4회 동남아한국학협회 학술대회(The 4th Biennial Conference KOREAN STUDIES KoSASA)	인도네시아, 인도네시아 국립대학교
2012	제5회 동남아한국학협회 학술대회: 세계 평화와 번영을 위한 국제 협력(Cooperation Needed for Global Peace Prosperity)	베트남, 사회과학대학
2014	제6회 동남아한국학협회 학술대회: 아시아 세기의 동남아 한국학 신 플랫폼 구축: 학문 간 연구와 교육(Building a New Platform for Korean Studies in the Asia Century: Interdisciplinary Research & Education)	말레이시아, 말라야대학교
2016	제7회 동남아한국학협회 학술대회: 한국학의 글로컬화(Glocalization of Korean Studies)	필리핀, 필리핀 국립대학교
2018	제8회 동남아한국학협회 학술대회: 한국과 아세안의 전략적 협력을 위한 신 플랫폼: 기회와 도전(ASEAN for Korea: Opportunities and Challenges for a New Platform for Strategic Cooperation)	태국, 쭐랄롱꼰대학교
2020	제9회 동남아한국학협회 학술대회: 동남아 한국학의 미래-국제화와 현지화(The Future of Korean Studies in Southeast Asia: Globalization and Localization)	베트남, 베트남 국립대학교

출처: 말레이시아-한국 연구소.

(2) 한국학 연구 이니셔티브(Korea Research Initiatives)

동남아 한국학 발전의 주축이 된 코사사의 창립과 동남아 국가 간의 협력에 큰 공헌을 한 호주 뉴사우스웨일스대학교의 한국학 연구 이니셔티브(Korea Research Initiatives: KRI)는 한국과 동남아 국가들, 호주, 뉴질랜드의 학자들을 연계하고 다양한 분야의 연구 협력을 위한 네트워킹 플랫폼을 제공해왔다. 또한 모든 코사사 회원 대학들과 MOU를 체결하여 공학, 과학, 경영학, 인문학 분야에서 협력해왔다. 2000년 뉴사우스웨일스대학이 한국학 연구를 위해 설립했으며, 국제학술대회 개최 및 한국 정부와 동남아 국가의 정부와 교육기관, 학술기관, 비학술기관과의 협력을 도모하는 데 크게 이바지해왔다고 평가된다. 또한 호주 정부로부터 한국학 분야의 대형 연구 프로젝트를 받아 수행하기도 했으며, 이 외에도 한국개발연구소(KDI)와 협력을 통해 한국, 호주 동남아 지역의 학자들, 정책 입안자들과 함께 동남아 8개국의 공공 정책에 대한 연구 협력을 위해 국제 심포지엄, 포럼, 세미나 등을 개최했다. 실제로 KRI가 진행한 공공 정책 비교 연구 포럼의 내용을 바탕으로 실질적 정책 개혁 가이드라인을 동남아시아 국가의 정부 기관에 배포해왔다.

이 외에도 KRI는 *International Review of Korean Studies (IROKS)*라는 국제 학술지를 통해 한국학과 관련된 다양한 분야의 논문을 출판하고 있다. 이 저널은 언어, 언어교육, 문학, 역사, 인류학, 정치학, 경영, 경제, 사회과학, 인문학 등 다양한 분야를 다루고 있으며, 2009년 이후 호주 연구위원회의 ERA 학술지로 선정되었다. 이 학술지 역시 태국의 쭐랄롱꼰대학교, 베트남 호찌민인문사회과학대학교, 말레이시아 말라야대학교, 인도네시아 국립대학교와 출판 협력을 진행하고 있다.

4. 결론: 말레이시아 한국학의 전망과 도전

한국과 말레이시아 62년 역사에서 말레이시아에서의 한국학은 약 20년 주기로 커다란 도약의 전환점을 맞이했고, 이를 계기로 한국 교육 분야와 연구 분야에서 점진적 발전을 이루어왔다. 다인종 국가인 말레이시아는 국민 통합을 위해 국어인 말레이어와 영어에 편중된 교육으로 외국어를 기반으로 하는 지역학 발전의 정체 현상이 두드러지는데, 이에 따라 한국어와 한국학의 교육적 발전도 다른 동남아 국가에 비해 뒤떨어진 감이 있다. 2001년 말라야대학교가 이중언어학회와 공동 주최한 최초의 국제학술대회는 말레이시아에서의 한국어 연구에 대한 시발점이 되었다. 또한 2000년 초반부터 동남아한국학협회(KoSASA)의 설립과 함께 다국적 협력을 통한 연구와 교류가 시작되었고, 10여 년 후인 2012년 말레이시아-한국 연구소(MKRC) 설립을 계기로 한국학 연구가 한 단계 도약하는 비약적인 발전을 보이게 된다.

현재 말라야대학교에서 준비 중인 한국어 전공·부전공 개설은 앞으로 새로운 도약의 발판으로, 그리고 한국어 교육의 양적 팽창에서 질적 성장으로 전환하게 하는 구심점이 될 것으로 본다. 이는 예컨대 한국어 전공·부전공이 한국어 교육에만 국한된 것이 아니라 한국의 역사, 정치, 경제, 사회, 문화, 관광, 방송 등의 전 분야를 포함함으로써 말레이시아 학생들의 한국학에 대한 관심과 연구를 이끌 수 있기 때문이다. 앞으로 한국학을 이끌어갈 미래의 주역들이 배출되어 말레이시아 대학들의 한국어 과정과 한국학 프로그램이 더욱 크게 성장해나갈 것으로 기대한다.

이러한 기대와 함께 한국학에 대한 관심과 연구를 일시적 혹은 단발적인 것으로 끝내지 않고 장기적 계획하에 꾸준히 수행하는 것이 반드시 선행되어야 할 것이다. 일부 말레이시아 연구자들의 한국에 대한 결핍된 지식으로 인해 한쪽으로 치우치는 연구 결과가 나오기도 하는데, 이러한 점을 보완하기 위해서는 한국학에 전문성을 지닌 여러 연구자 그리고 학자와 학술대회, 워크숍 같은 네트워크를 통한 소통과 협력이 필수다. 특히, 말레이시아 연구자들의 한계를 보완할 수 있도록 한국과 동남아시아 여러 연구자와의 공동 연구가 시너지 효과를 불러올 것이라는 점을 믿어 의심치 않는다.

참고문헌

류승완. "말레이시아 국립대학교의 한국어 프로그램". KoSASA 7th Biennial International Conference, 필리핀대학교, 2016.

류승완·김금현.「말레이시아 교과서 오류 시정 프로젝트」. 문화공보부, 1997.

______.「말레이시아에서의 한국어와 한국학 프로그램」.『이중언어학』 19, 2001. pp. 95-110.

______.「한국어 교육에 있어 문화교육의 역할과 중요성: 말레이시아 대학에서의 사례연구」.『한국언어문화학』 7(1), 2010, pp. 117-144.

류승완·김금현·나스루딘 모함마드 아키르.『한국-말레이시아 교육, 문화 교류사』. 서울: 폴리테이아, 2015.

소병국 외.『말레이시아: 비전 2020을 지향하는 동방정책의 나라』. 서울: 한국외국어대학교 출판부, 2011.

한국국제교류재단.『해외한국학백서』. 서울: 을유문화사, 2007.

한재영.「동남아 지역의 한국학 및 한국어 교육 현황」.『한국문화교육연구』 제5기, 2018, pp. 33-60.

Asmadi Hassan, Tan Soo Kee, Muhammad Muhsein Kamarudin, and Rohayati Paid. "Form Theory to Practice: An Assessment of Putting Learning into Practice among Alumni of Korean Studies, University of Malaya." *The International Journal of East Asian Studies*, 121, 2023, pp. 4-22.

Basic Degree Handbook. 2020/2021 2020. Faculty of Arts and Social Sciences,

University of Malaya.

Cho Chul Ho. "Korean Wave in Malaysia and Changes of the Korea-Malaysia Relations." *Jurnal Pengajian Media Malaysia*, 12, 2010, pp. 1-14.

Kim Keum Hyun and Rou Seung Yoan. The Impacts of Hallyu on Socio-Cultural Relationship between Malaysia and Korea. 2019 KRI Special Regional Workshop: State Capacity for National Development in Transition Economies in ASEAN and Cooperation between ASEAN and Korea. 4th-6th December. 2019. Phnom Penh. Cambodia.

_____. The Impact of the Korean Wave on the Youth and Education in Malaysia. The 1st KEC Seminar on Korean Language in Malaysia. 30 Nov. 2022. Kuala Lumpur, Malaysia

Lee Kyungchan and Hwang In-won. "The Evolution of Korea-Malaysia Relations: From Low key to an Interdependent Relationship." *The Southeast Asian Review*, 25(3), 2015, pp. 267-307.

Md. Nasrudin, Md. Akhir, and Tan Soo Kee. "Education and Research on Korean Studies in Malaysia." *International Review of Korean Studies*, 4(1), 2007, pp. 119-136.

Nabila Huda Ibrahim, Kim Keum Hyun, and Rou Seung Yoan. "Socio-cultural adaptation of Malaysian graduates in South Korea under look east policy human capital development program." *Journal of Islamic, Social, Economics and Development (JISED)*, 8(55), 2023, pp. 216-227.

Rou Seung Yoan and Kim Keum Hyun. "Role and Importance of Korean Cultural Education in Korean Language Education: A Case Study of Malaysian Universities." *Journal of the International Network for Korean Language and Culture*, 7(1), 2010, pp. 117-144.

_____. "Korean Language Education in Overseas: The Development and Present of Korean Language Education in Malaysia." *Journal of Research on Korean Culture and Language Education*, 2, September, 2017. pp. 27-49.

_____. Korean Language Education in Malaysia: Current Status and Development Strategies. International Conference Commemorate 50th Anniversary of Korean Language Education Center, Seoul National University, 7th-8th Jun 2019. Seoul, South Korea.

중국의 한국학 교육과 연구

박룡(상하이교통대학교)

#중국의 한국학

#한국어학과

#한국연구센터

#사회과학으로서의 한국학

중국의 한국학은 1945년 국립동방어문전문학교의 한국어과 개설을 시작으로 어느덧 80여 년에 가까운 역사를 맞이하고 있다. 중국의 한국학은 어려운 여건에서 시작되어 1992년 한중 수교를 계기로 압축적인 성장을 달성했다. 다만, 이러한 양적인 팽창이 질적인 도약으로 성장하지 못하면서 현재 중국의 한국학은 혼란을 겪고 있다. 본 연구에서는 한중 수교와 한반도에서의 사드 배치 사태를 전후로 중국의 한국학 발전을 초창기(1945-1991), 성장기(1992-2016), 침체기(2017-현재)로 구분하여 한국학 교육과 연구 현황을 파악했다. 또한 본 연구는 최근 급격하게 침체기에 들어선 중국 한국학의 여러 문제점을 분석하고, 향후 질적인 도약을 위한 대안들을 모색했다.

1. 서론

중국의 한국학은 국립동방어문전문학교 한국어과에서 기원하여 80년에 가까운 세월을 거치면서 성장을 이어왔다. 비록 어려운 환경에서 시작되었지만 연구자들의 노력으로 중국의 한국학은 외형적인 규모에서 엄청난 발전을 해왔다. 사드 배치 사태 전까지만 해도 중국 대학의 한국어학과는 200개 이상으로, 전체 외국어학과에서 3위를 기록했다. 다만, 최근 들어 중국의 한국어학과는 급격하게 위축되고 있다.

베이징연합대학교, 베이징공업대학교, 서북정법대학교 등의 한국어학과가 연이어 폐과되었고, 칭다오이공대학교, 양저우대학교, 쑤저우대학교 한국어학과는 최근에 정원을 받지 못하고 있으며 폐과 위기에 처해 있다. 이를 한중 수교 이후 엄청난 압축 성장에 따른 일시적인 조정으로 보기에는 너무 낙관적이다. 특히 「기생충」, 빅뱅 등 한류가 세계를 휩쓸고 있는 최근에 중국에서만 한국어학과가 혼란에 겪게 된 데는 원인이 있을 것이다.

중국의 한국어학과가 급격하게 침체되고 있는 원인은 과연 무엇일까? 본 연구에서는 다차원의 시각에서 중국의 한국학 교육과 연구 현황을 살펴보고 문제점들을 지적하고자 한다.

2. 중국의 한국학 교육 현황

1) 중국의 한국학 교육의 초창기(1945-1991)

중국의 한국학 교육은 주로 언어학에서 비롯되었다. 다만 장기간 동아시아 문화권에서 한문(汉文)으로 교류가 가능했기 때문에 기타 외국어에 비해 한국어 교육은 비교적 늦게 시작했다. 1860년 이후 중국의 문화가 서방 국가들에 의해 강제로 개방되면서 인적 교류와 경제통상을 위한 외국어 교육이 필요했다. 대표적으로 1862년 청나라는 경사동문관을 설립하여 영어, 프랑스어, 러시아어, 독일어 교육을 시작했다.

19세기 말, 중국은 서양식 근대화에 일찍 성공한 일본어 교육에 먼저 관심을 가지게 되었고, 아쉽게도 한국어 교육에 대한 수요는 이보다 좀 더 늦게 시작되었다. 중국에서의 한국어 교육의 기원은 1942년 설립된 국립동방어전문학교(国立东方语专门学校)에서 시작된다. 당시 장제스 총통이 제2차 세계대전 연합군의 중국작전구역 총사령관을 맡으면서 베트남어, 미얀마어, 태국어, 한국어 등 동아시아 외국어 통역 인재 양성에 총력을 기울였다. 1945년 국립동방어전문학교에 한국어학과가 설치되었고, 1948년 제1기 졸업생을 배출했다.

그러나 한국어 교육이 초반부터 순조롭게 추진되어온 것은 아니다. 한국어학과는 다른 외국어학과에 비해 1학기 늦게 학생을 모집했는데, 이는 교원 초빙이 어려웠기 때문이다. 국립동방어전문학교에서는 대한민국 임시정부 대표단 민필호 단장에게 한국어 교수 추천을 부탁하여 김준엽 등 한국어 교수를 초빙할 수 있었다.

국립동방어전문학교의 궁극적인 교육 목표는 단순히 외국어 교육에 머문 것이 아니라 국제적 통합 인재를 양성하는 것이었다. 졸업 요건으로 외국어 필수 과목뿐만 아니라 중국지리, 정치학, 민족학, 경제학, 법학 등 다양한 과목을 필수로 이수해야 했다. 제3대 야오난(姚楠) 학장은 학교의 사명이 "통역 외교 인재를 양성할 뿐만 아니라 동방 학술의 정수를 선양하여 세계문화에 기여하는 것"이라고 했다.

1949년, 중국의 국공내전이 마지막 단계에 들어서면서 국립동방어전문학교를 베이징대에 통합시키는 방안을 추진했다. 같은 해 4월, 베이징대학교 동방어문학과장을 맡고 있던 지센린(季羡林) 교수는 베이징대와 국립동방어전문학교의 통합을 적극 추진했고, 6월에 화북고등교육위원회의 지침이 떨어지면서 공식 합병이 이루어졌다. 이로써 베이징대 동방어문학계(东方语言文学系)는 문과계열에서 가장 큰 학과로 급부상하게 되었고, 한국어과도 새롭게 전승되고 발전할 기회가 마련되었다.

1951년, 베이징대 한국어과는 교수 충원을 위해 김일성종합대학교의 류렬(柳烈) 교수를 초빙하여 한국어 강의를 맡겼고, 김일성종합대학교 학생들이 베이징대에 와서 공부하는 안건도 통과했다. 이로써 베이징대 한국어과는 교수 정원을 확보할 수 있었고, 제1기 졸업생 웨이쉬성 등이 교수로 남아 한국어 강의를 담당하게 되었다.

1950년대 초기 중국은 정치적인 목적으로 아시아와 아프리카 여러 나라에 대한 교류를 확대해나갔다. 이러한 배경하에 베이징대 동방어문학과도 정부의 적극적인 후원을 받게 되었다. 다만, 1952년부터 중국 대학들은 구소련의 대학교육 체제를 그대로 받아들이면서 대규모 구조조정에 들어갔다. 베이징대학교 문과대학에 속했던 동방어문학과는 역사, 철학, 문학 등 정통 인문학과에서 독립되어 언어 중심의 동방언어학과로 재탄생했다.

베이징대학교는 국립동방어전문학교를 전적으로 승계했고 중국에서의 한국어 교육에 큰 기여를 했다. 게다가 남한과 북한 주재 외교관들을 대량으로 배출하면서 한·중 정치경제 교류에 큰 역할을 하게 되었다. 대표적으로 1954학번 장정연(張庭延)은 1992년부터 초대 주한 중국대사를 역임했다. 다만, 1966년부터 중국이 10년간의 문화대혁명 암흑기를 겪으면서 베이징대학교 한국어학과는 제대로 성장을 이루지 못했다. 1978년부터 개혁개방정책이 실행되면서 한국어 교육이 다시 성장하게 되었으나, 경제성장 초창기에 실용주의를 중시한 탓에 한국어학과를 비롯한 인문학 분야보다는 공대, 경영대 등 학과에서 비약적인 성장을 하게 되었다.

실제로 1992년 한중 수교 전까지만 해도 중국에서의 한국어 교육은 제대로 성장하지 못했다. 해당 시기에 중국은 경제적으로 우세에 처한 미국, 일본, 유럽과의 교류를 중시하기 위해 한국어 교육보다는 영어와 일본어 교육에 중점을 두었다. 베이징제2외국어대학교는 1973년부터 1992년까지, 대외경제무역대학교는 1966년부터 1984년까지 한국어학과 학생 모집을 중단했다.

한국어 교육의 초창기에 큰 공헌을 한 대학교는 베이징대학교 외에도 옌벤대학교, 중앙민족대학교 등이 있다. 옌벤대학교는 조선족 간부를 양성하고자 하는 목표로 1949년 3월에 첫 개학식을 가지게 되었다. 옌벤대학교는 중국 조선족 밀집지역인 연변자치주에 자리 잡고 있어 초반부터 한국어 교육 성장에 필요한 인적자원과 정책자원이 잘 구축되어 있었다. 옌벤대학교는 한국어 언어교육을 넘어서 한국의 문화, 역사, 철학, 정치, 경제 등 각 분야에 걸쳐 폭넓은 교육을 실시했으며, 중국의 한국학 연구에서 수많은 업적을 이루어냈다.

그러나 옌벤대학교 한국어학과도 설립 초창기에는 교수 부족과 도서자료 결핍으로 어려운 시기를 겪었다. 이를 보완하기 위해 옌벤대학교 임민호(林民鎬) 부총장은 1949년 7월에 김일성종합대학교, 평양사범대학교를 방문하면서 한국어 도서자료를 어느 정도 확보했다. 또한 김일성종합대학교 정열모 교수 등을 초청하여 한 학기 이상씩 한국어 강의를 맡게 했으며, 옌볜대학교 교수진과 공동연구도 수행했다. 한국어 교육의 본산이라고 해도 과언이 아닌 옌볜대학교 한국어학과는 문화대혁명 전까지만 해도 교수진 중에서 대학원 과정을 나온 교수는 〈표 1〉과 같이 5명에 불과했다.

〈표 1〉 옌볜대학교 한국어학과 교수 중 대학원 이상 졸업자(문화대혁명 전까지)

구분	이름	졸업대학	전공 및 학위
1	정판룡	소련 모스크바대학교	소련문학, 부박사 학위
2	천광익	소련 레닌그라드종합대학교	문학이론, 부박사 학위
3	권철	중국 동북사범대학교	문학, 연구반 졸업
4	림휘	중국 동북사범대학교	문학, 연구반 졸업
5	김영덕	중국 베이징사범대학교	문학, 연구생 졸업

초창기 어려운 환경에서도 옌볜대학교 한국어학과는 비교적 체계적으로 한국어 교육과정을 도입했다. 1950년 가을학기부터 전공필수과목으로 현대조선어, 훈민정음 원문해석, 고한문, 문학원론, 문장강화, 조선문학강독, 중국문학, 조선문학, 세계문학, 시론, 소설론, 연극론 등 12개 과목이 포함되어 있었고, 공동과목으로 한어, 조선역사, 사회발전사, 철학, 정치경제학, 교육학, 심리학, 논리학 등 8개 과목이 포함되었다.

옌볜대학교 정판룡 교수는 중국 대학에서 한국학 교육 연구로 최초의 박사지도교수 자격을 취득했는데, 그때가 이미 1986년이었다. 이듬해에 김병민, 김관웅, 이암 등이 제1기로 박사학위과정에 입학하게 되었고, 1990년 6월에 김병민이 최초로 박사학위를 취득했다. 이처럼 중국의 한국어 교육은 1990년 초반이 되어서야 비교적 체계적으로 전 교육과정이 형성되었다. 다만, 한중 수교 전까지 한국어학과를 개설한 대학교로는 베이징대학교, 옌벤대학교, 중앙민족대학교, 대외경제무역대학교, 해방군외국어대학교, 베이징제2외국어대학교 6개뿐이었다.

2) 중국의 한국학 교육의 성장기(1992-2016)

1992년 한중 수교 이후 중국의 한국어 교육은 양적인 측면에서 짧은 기간에 압축적으로 성장했다. 수교 이후 두 국가 간의 교류가 확대되면서 중국의 한국어 교육이 전례없던 속도로 성장하게 되었다. 수교 이후 불과 몇 년 사이에 한국어학과의 학생 수가 크게 증가했으며, 지린대학교, 산둥대학교, 베이징외국어대학교, 푸단대학교 등 명문대에서도 한국어학과를 앞다투어 개설했다. 수교 10년 후인 2002년에는 한국어학과의 학생 수가 2,300여 명으로 크게 증가했으며, 교수 인원도 200여 명 가까이까지 확대되었다(Wang, 2009). 급격한 양적인 팽창으로 교육에 필요한 교재·교원 확충이 일시적으로 따라가지 못하는 문제점도 존재했으나 양국 정부의 적극적인 노력으로 잘 극복할 수 있었다.

이러한 성장세는 2002년 이후 더욱 가파르게 확대되었다. 2002년 중국이 WTO에 가입하면서 외국과의 인적 및 경제 교류가 대폭 늘어났고, 외국어에 대한 수요도 크게 증가했다. 특히 산업 전 과정에서 한국과 중국이 보완적인 역할을 하면서 한국자본의 중국투자가 확대되었고, 양국의 무역액도 크게 증가했다. 한국은 전자전기 부품 및 자동차 등 산업에서, 중국은 인건비와 시장규모에서 우위를 차지하고 있었기에 한중 양국의 경제협력이 강화될 수밖에 없었다. 통계적으로 살펴보아도 2002년 이후부터 사드 사태 발생 전까지 한중 양국의 경제 무역 규모는 지속적으로 증가해왔다.

또한 이 시기에 중국 정부는 해외 자본의 유치를 확대하기 위해 세제, 공장부지, 정책금융 등 측면에서 대폭적인 혜택을 제공했는데, 산업적 우위와 지리적 우세를 가진 한국 기업들이 대규모로 중국에 투자하게 되었다. 삼성전자, 현대차, SK 등 대기업이 연이어 중국에서의 사업을 확대하면서 한중 경제 의존도가 날로 높아졌다. 한국 재벌기업들은 베이징, 시안, 톈진시에 대규모 공장을 세워 현지 생산과 판매를 확대해나갔다.

이로 인해 한국어 전공자에 대한 수요가 많이 필요했고, 중국의 대학들도 한국어학과 설치를 격려하고 신입생 정원을 크게 확대했다. 사드 사태 발생 전인 2016년 중국의 한국어학과 신입생 규모는 5천여 명을 초과하여 최고의 전성기에 도달했다.

과거 한국어학과는 주로 조선족 집거지인 중국의 동북지역, 한국과 거리적으로 우위를 가진 산둥지역, 그리고 대학이 밀집해 있는 베이징 지역에 집중 설립되어 있었지만, 2002년 이후부터는 중국 동부 연해지역을 중심으로 남부·서북·서남지역으로까지 확장되어가는 추세가 뚜렷했다. 구체적으로 광동외국어무역대학교와 난징사범대학교는 2003년, 광서사범대학교는 2005년, 난징대학교는 2006년, 쑤저우대학교는 2007년, 화중사범대학교는 2009년, 서북정법대학교는 2013년에 한국어학과가 설립되었다.

중국 교육부의 비정기적인 집계에 따르면 2015년 기준 정부에 정식으로 등록된 한국어학과 수는 무려 218개에 달했다. 그중 4년제 대학이 110개, 2년제 및 3년제 전문대학이 약 108개가 있었다. 사드 사태 전인 2016년 기준으로 중국의 한국어학과는 외국어 관련 학과 중에서 영어, 일본어에 이어 세 번째로 큰 규모를 자랑하게 되었다.

이 시기 중국에서 한국어학과가 압축적으로 성장하게 될 수 있었던 원인은 크게 아래 네 가지 요인 때문이다.

첫째, 가장 중요한 원인은 여전히 경제 수요 때문이었다. 2000년 이후 중국은 오랜 기간 한국의 최대 무역국가였으며, 한국도 중국의 주요 무역국가였다. 한중 경제협력의 폭증으로 실무 한국어에 대한 교육이 확대될 수밖에 없었다.

사드 사태 전까지만 해도 중국 대학 내 한국어학과는 인기가 많아 입시 경쟁률이 비교적 높았다. 이는 학생들이 졸업 후 취업을 안정적으로 할 수 있었기 때문이다. 2000년 초반 연변대 신임교수의 월급은 1천 위안이 조금 넘었는데, 중국 내 삼성 등 대기업의 초임 월급이 이미 4천 위안을 넘어서 엄청난 화제를 일으켰다.

둘째, 중국 경제와 교육의 성장 때문이다. 중국은 1978년 이후부터 개혁개방정책을 도입했으나 실제로 첫 10여 년간은 경제성장이 비교적 늦었다. 정치적인 안정으로 중국은 개혁 초반에 점진적으로 개방 정책을 도입했고, 산업기반이 취약하다 보니 경제성장 혜택이 교육 분야까지 확산되기 어려웠다. 다만, 2000년 초반에 경제성장이 지속적으로 이루어지면서 대학 교육에 대한 정부 재정도 점차 확대되었다. 최근 20여 년간 중국 대학의 재정지원은 수십 배 증가했다. 〈표 2〉에서 볼 수 있듯이 칭화대학교, 베이징대학교, 상하이교통대학교 등 톱 대학교의 예산은 100배 이상씩 증가했고, 이미 미국 하버드대학교, 스탠퍼드대학교의 예산과 대등한 수준에 이르렀다. 참고로 2020년 서울대학교의 전체 예산은 8,635억 원(정부출연금, 등록금 수입, 보조금 등 포함)으로 칭화대학교의 10분의 1 정도로, 57위인 중국 윈난대학교와 비슷한 수준이다.

엄청난 예산 증가로 중국 대학들은 양적으로는 물론 질적으로도 크게 성장할 수 있었다. 중국의 한국어학과도 개혁개방 전 6개 대학에서

〈표 2〉 2023년 중국 대학교 예산 순위(30대)

순위	대학		억 위안	백억 원
1	칭화대학교	清华大学	410.93	751.18
2	저장대학교	浙江大学	309.12	565.07
3	상하이교통대학교	上海交通大学	265.12	484.64
4	베이징대학교	北京大学	222.47	406.68
5	중산대학교	中山大学	197.12	360.34
6	푸단대학교	复旦大学	178.69	326.65
7	하얼빈공업대학교	哈尔滨工业大学	167.5	306.19
8	산둥대학교	山东大学	166.58	304.51
9	통지대학교	同济大学	152.04	277.93
10	우한대학교	武汉大学	151.36	276.69
11	시안교통대학교	西安交通大学	146.29	267.42
12	둥난대학교	东南大学	145.49	265.96
13	베이징항공항천대학교	北京航空航天大学	141.26	258.22
14	화중과기대학교	华中科技大学	137.37	251.11
15	베이징이공대학교	北京理工大学	132.14	241.55
16	화난이공대학교	华南理工大学	125.26	228.98
17	쓰촨대학교	四川大学	124.01	226.69
18	중난대학교	中南大学	120	219.36
19	베이징사범대학교	北京师范大学	115.69	211.48
20	샤먼대학교	厦门大学	113.17	206.87
21	서북공업대학교	西北工业大学	111.74	204.26
22	다롄이공대학교	大连理工大学	106.13	194.01
23	지린대학교	吉林大学	104.72	191.43
24	중국인민대학교	中国人民大学	104.48	190.99
25	난징대학교	南京大学	97.49	178.21

순위	대학		억 위안	백억 원
26	톈진대학교	天津大学	91.95	168.08
27	전자과기대학교	电子科技大学	87.87	160.63
28	충칭대학교	重庆大学	84.54	154.54
29	난징항공항천대학교	南京航空航天大学	84.28	154.06
30	후난대학교	湖南大学	79.33	145.02

주: 2023년 9월 15일 환율 기준: 1위안=182.8원
출처: 중국 교육부.

1992년 수교 이후 수십 개 대학으로 늘어났으며, 2016년에는 200여 개로 최고치를 기록했다.

셋째, 200만 가까운 조선족 인적자본의 기여 때문이다. 제5차 전국 인구 전수조사 결과에 의하면 2000년 중국 조선족 인구는 192만 3천여 명으로 집계되었다. 해외 동포 인구가 700만 명인 것을 감안하면 중국의 조선족 규모는 아주 많은 편이다. 중국은 마오쩌둥 시기부터 소수민족의 문화와 언어를 존중해주었고, 민족 교육을 지원해주었다. 중국의 조선족도 어려서부터 민족 언어로 교육을 받을 수 있었고, 나중에 옌벤대학교, 중앙민족대학교 한국어학과를 지원하여 한국어 교육을 이어갈 수 있었다. 특히 수교 이후 많은 중국 조선족 학생들은 한국 유학을 택했다.

베이징외국어대학교 김경선 교수, 대외경제무역대학교 최옥산 교수, 베이징제2외국어대학교 김영옥 교수, 산둥대학교 박은숙 교수 등은 모두 수교 이후 1990년 초반에 한국에서 박사학위를 받은 조선족 학자들이다. 엄청난 조선족의 인적자본이 있었기에 압축적으로 성장한 한국어학과의 교수 충원이 가능하게 되었다. 중국의 한국어학과 교수 중 중국어보다 한국어를 더욱 능숙하게 구사하면서 주요 교육과 연구에 한국어를 사용하

는 비중이 90% 이상 차지한다고 해도 과언이 아니다(Yin, 2016).

넷째, 한국 공공기관과 관련 재단의 정극적인 지원 정책 때문이다. 이는 중국의 한국어 교육이 압축적으로 성장할 수 있었던 또 다른 주요 원인이다. 대표적으로 한국학중앙연구원과 그 산하의 한국학진흥사업단의 해외한국학 관련 지원 프로그램들이다. 한국중앙연구원은 중국의 난징대학교, 중국해양대학교, 옌볜대학교 등 다수 대학의 한국어 교육을 5년 이상씩 장기간 후원하여 중국의 한국어 교육을 지원해주었다.

이 외에도 한국국제교류재단 등 공공기관에서는 한국학 관련 방문학자 프로그램을 지속적으로 지원해주었고, 해외정책연구지원 프로그램으로 중국의 한국학 관련 연구센터를 지원했다. 또한 한국고등교육재단에서도 한국학 관련 방문학자를 지속적으로 지원했고, 베이징대학교, 저장대학교 등 아시아연구센터를 지원했다.

3) 중국의 한국학 교육의 침체기(2017-현재)

한중 수교 이후 20여 년간 중국의 한국학 교육은 양적으로 빠르게 압축 성장했다. 그러나 급격한 성장에는 버블이 나타날 수밖에 없고, 이는 조정기에 들어서게 된 직접적인 원인이다. 다만, 단순하게 이를 양적인 버블에 의한 침체 혹은 조정으로 보기는 어렵다. 일부 학자들은 2017년 이후 한국학 교육의 쇠퇴를 사드 사태에 의한 일시적인 수요 충격으로 분석하고 있는데, 이 또한 지나친 낙관론이다.

필자가 수집한 자료에 의하면 중국의 한국학에 현존하는 문제점들은 결코 일시적인 것이 아니다. 2017년 사드 사태로 중국의 반한감정이 높아졌고, 한한령으로 한류에도 치명적인 타격을 주었다. 다만, 사드 사태

〈표 3〉 중국 대학의 외국어 학과 개설 현황(2020년 말 기준)

구분	학과명	학부과정 개설 대학 수	연간 졸업생 수
1	영어학과	1,002개	10만 명 이상
2	일본어학과	507개	22,000-24,000명
3	러시아어학과	169개	6,000-7,000명
4	프랑스어학과	151개	5,000-6,000명
5	한국어학과	125개	4,500-5,000명
6	독일어학과	117개	4,000-4,500명
7	스페인어학과	97개	3,500-4,000명
8	아랍어학과	45개	1,000-1,500명

출처: China Higher Education Student Information and Career Center.

로 한국어 교육이 크게 쇠퇴했다고는 볼 수 없다. 우선 〈표 3〉에서 볼 수 있듯이 2020년 기준 중국의 한국어학과 개설 수는 125개로 전체 외국어학과에서 5위를 기록하고 있다. 그러나 4년 전만 해도 한국어학과는 200개를 넘어섰고, 외국어학과 중 3위를 기록했다. 4년간 양적으로 너무 많이 쇠퇴한 것은 결코 일시적인 일이 아니다.

한국어학과에 비해 일본어학과는 여전히 안정적으로 성장해오고 있다. 일본어학과는 전체 외국어학과 중 여전히 2위를 기록하고 있으며, 매년 2만 2천여 명 이상의 졸업생을 배출하고 있다. 이는 한국어학과의 5배 정도에 달한다. 최근 몇 년간의 데이터를 시계열로 살펴보아도 일본어학과와 한국어학과의 격차는 날로 심해지는 양상을 나타내고 있다. 러시아학과도 최근 들어 하락세를 보이고 있으나 대규모로 축소하는 양상은 아니다. 이에 비해 프랑스학과, 독일어학과, 아랍어학과는 지속적으로 성장세를 보이고 있다.

사드 사태 이후 중국의 한국어 교육은 심각한 위기와 도전에 직면하고 있다. 직관으로 찾아볼 수 있는 데이터로는 한국어학과 폐과 현상과 학생 정원이 눈에 띄게 감소하고 있는 현상들이다. 최근 몇 년 사이에 베이징연합대학교, 베이징공업대학교, 서북정법대학교 등 한국어학과가 연이어 폐과되었고, 신입생을 못 받고 폐과 위기에 처해 있는 한국어학과 대학들도 크게 늘고 있다. 대표적으로 수교 이후 급격하게 늘어난 산둥지역 대학의 한국어학과들이다. 칭다오이공대학교는 이미 몇 년간 신입생 모집을 중단하고 있으며, 린이대학교 같은 많은 대학에서는 신입생을 격년제로 뽑고 있다.

전국에서 경제와 교육을 자랑하는 장쑤성(江苏省)에서도 유사한 현상이 나타나고 있다. 2023년 9월 양저우대학교와 쑤저우대학교는 신입생을 뽑지 못하고 있다. 중국의 최고 명문대 중의 하나인 난징대학교도 신입생 유치로 골머리를 앓고 있다. 지난 몇 년 전까지만 해도 난징대학교 한국어학과는 매년 15명 이상의 학부생을 뽑았으나, 최근에는 신입생 10명 이상 뽑는 것조차 힘겨워하고 있다. 난징대학교 한국어학과는 언어교육과 한국문화 등 분야에서 중국 내 최고의 교수진과 연구역량을 자랑하고 있다. 난징대학교 한국어학과는 2008년부터 10년간 한국학중앙연구원 해외한국학 중핵육성사업에 두 차례나 선정되어 한국어 교육을 강화했으며, 한국국제교류재단의 지원을 받아 고려대학교 등과 화상강의 영상수업(E-School) 프로그램을 도입하여 다양한 교육 방식을 제공하고 있다. 그럼에도 최근 몇 년은 여러 위기에 직면하고 있다.

학부생 모집을 중단하거나 격년제로 모집한다는 것은 곧 대학 측에서도 학과 폐지를 기정사실로 받아들이고 있다는 것을 의미한다. 한국어학과가 전면적 쇠퇴기에 들어선 원인은 크게 네 가지가 있다. 우선 한국에 대한 중국의 경제 의존도가 크게 축소되었다. 한국은 장기간 전자전기, 자동차 등 산업에서 경쟁력 우위를 가졌다. 한국의 경제성장을 견인하던 동력이 힘을 잃어가고 있다는 진단이 2010년 이후부터 계속되었다. 그 주요한 요인으로 먼저 중간재 생산 또는 이를 재가공하는 형태로 시장을 확보하던 제조업의 성장과 경쟁력이 둔화되었기 때문이다. 이는 통신, 자동차 및 철강 등의 주력 품목을 수출에 지나치게 의존하고 있으나 이런 품목을 비롯한 수출이 부진을 보이면서 경제성장률에도 악영향을 끼쳤다는 일련의 연구에서도 지적되고 있다(Park, 2019).

중국은 한국이 기존에 우위를 보이던 산업 영역을 대체하는 등 전반적인 산업 및 무역구조의 변화가 영향을 끼친다는 분석이 있다. 가령 중국 정부의 가공무역 억제정책으로 가공무역 의존액이 2000-2008년에는 전체 교역액 중 46.9% 정도였지만 2021년에는 28% 수준까지 하락했다. 또한 통신기기, 반도체 등 고부가가치 제품의 성장세가 돋보이는 등 기술집약형 구조로의 전환도 두드러지고 있다. 이러한 중국의 무역구조 변화 및 특징은 품목구조 및 주요 무역 대상국이 중국과 비슷한 한국 등의 국가가 향후 세계 시장에서 중국과의 경합이 더욱 심화될 것을 시사한다.

1992년 한중 수교 이후 양국은 장기간 전략적 협력관계였지만, 최근에 들어와서는 경쟁국가로 변했다. 따라서 경제 교류가 축소되는 현황에서 한국어학과에 대한 시장 수요도 크게 위축될 수밖에 없다. 양국의 이러한 경제 경쟁 구조가 쉽게 변하지 않는 한, 한국어학과에 대한 수요도 예전처럼 늘어나기 어렵다.

〈표 4〉에서도 알 수 있듯이 중국의 한국어학과는 지린성, 헤이룽장성 등 조선족 밀집지역 외에 주로 산둥성, 장쑤성 등 기존에 한국 기업이 밀집된 지역에 자리 잡고 있다. 다만, 아시다시피 2017년 이후 한국 기업들이 중국 시장에서 대거 퇴출하면서 한국어학과 졸업생들의 진로가 크게 위협받고 있다. 대표적으로 산둥성의 경우 한국과의 지리적 우위로 과

〈표 4〉 중국 지역별 한국어학과 설치 대학 수(2020년 말 기준)

지역		대학 수	지역		대학 수
산둥성	山东省	29	톈진시	天津市	3
지린성	吉林省	16	후베이성	湖北省	3
헤이룽장성	黑龙江省	10	허난성	河南省	2
장쑤성	江苏省	10	안후이성	安徽省	2
베이징시	河北省	7	충칭시	重庆市	2
상하이시	上海市	6	쓰촨성	四川省	2
광둥성	广东省	6	윈난성	云南省	2
산시성	陕西省	5	장시성	江西省	1
허베이성	河北省	4	광시성	广西省	1
랴오닝성	辽宁省	4	하이난성	海南省	1
저장성	浙江省	4	구이저우성	贵州省	1
후난성	湖南省	4	전국(계)		125

출처: China Higher Education Student Information and Career Center.

거 한국 중소기업의 좋은 선택지였지만, 최근 몇 년간은 상황이 아주 좋지 않다. 한국 통계청의 자료에 의하면, 2014-2018년간 한국의 대산둥성 수출은 연평균 8.6% 감소했다. 특히 사드 사태 이후인 2018년에는 한국의 대산둥성 수출이 17.5% 축소했고, 2020년에는 감소폭이 19%로 더 확대되었다.

둘째, 수교 이후 중국의 한국어학과는 지나치게 언어 인문학 중심으로 불균형적인 양적 팽창을 해왔다. 중국의 한국학 교육의 99% 이상을 각 대학 한국어학과들이 담당하고 있다고 해도 과언이 아니다(Yin, 2021). 비록 옌볜대학교, 산둥대학교, 푸단대학교에서 제한적으로 한국 정치, 경제, 역사, 철학 등 관련 분야를 가르치고 있지만 규모가 너무 작다.

중국의 난징대학교 한국어학과는 이러한 문제점을 해결하기 위해 2011년부터 고려대학교 E-School을 도입하여 중국 대학 최초로 한국 정치, 외교, 경제, 경영, 사회 등과 관련된 교과목을 가르치고 있다. 해당 프로그램은 고려대학교가 국제교류재단에서 지원받아 제공하는 해외 화상 강의로 난징대학교에서는 2016년부터 교양 필수학점으로 인정해주고 있다. 이로써 한국어를 모르는 타 전공의 학생들도 영어로 한국의 정치, 경제 관련 사회과학 교과목을 이수할 수 있게 되었고 언어 인문학을 넘어서 사회과학으로서의 한국학 후속 세대 양성에 주력하고 있다.

다만, 사회과학 단과대학으로 국제관계학부와 정부관리학부가 있는 난징대 외국어학부에서 한국 사회과학 교과목을 교양과목으로 수행하기에는 한계가 있을 수밖에 없다. 또한 전 교과목을 고려대학교 전임교수가 맡다 보니 강의를 안정적으로 수행하기 어렵고, 진정한 의미에서 중국의 한국학이라고 보기 어렵다. 사실상 중국에서의 한국 사회과학 교육의 확대를 위해서는 베이징대학교, 상하이교통대학교, 난징대학교 등 명문대의 사회과학 단과대학에서 자체 교수가 중국어로 전공과목을 맡는 것이 가장 바람직하다.

현재로서는 중국 명문대에서 한국 정치, 경제를 전공과목으로 강의하고 있는 사회과학 관련 단과대학이 없다. 푸단대학교에서 한국 정치, 한국 역사를 가르치고 있지만 여전히 푸단대 사회과학 단과대학(국제관계와 공공사무학부)이 아니라 푸단대 산하 국제문제연구원에서 연구중심 교수들이 교양과목으로 강의하고 있다.

셋째, 중국의 한국어학과가 명문대 위주로 자리매김을 하지 못한 것이 가장 아쉬운 부분이다. 중국의 한국어 교육은 어느덧 70여 년의 세월을 넘어섰지만, 여전히 양적인 단계에서 질적으로 성장하지 못했다는 평가를 받고 있다. 대학평가가 중요한 것은 아니지만, 앞선 〈표 2〉의 대학교 예산 순위처럼 중국 대학의 경우 순위에 따라 예산의 차이가 천차만별이기 때문이다. 아시아 기타 국가에 비해 중국 대학의 예산규모는 이미 최고급이다. 중국 정부는 5년, 3년, 1년마다 정기적으로 대학과 학과 평가를 진행하고 있고, 이에 따라 예산을 배정한다. 그리하여 중국 대학은 성과 창출에 올인하게 되고, 교수들의 연구실적과 과제 수주를 높이고자 노력하고 있다.

따라서 대학교 측에서는 상대적으로 실적 창출이 적은 인문학에 대한 투자를 꺼린다. 게다가 언어 인문학의 경우 취업이 어렵기 때문에 대학 측에서도 최소한의 정원으로 줄이고자 한다. 최근 몇 년간 한국어학과가 대폭으로 폐과되는 이유 중의 하나도 이러한 요인들 때문이다. 다만, 명문대의 경우 워낙 자체 예산이 많기 때문에 언어 인문학과의 경우 대학 전체의 예산 혜택을 볼 수 있다.

〈표 5〉와 같이 20대 중국 명문대 중 한국어학과가 설치되어 있는 대학은 베이징대학교, 푸단대학교, 난징대학교뿐이다. 〈표 3〉에서 설명했듯이 중국의 외국어학 설치 중 프랑스학과, 한국어학과, 독일어학과는 3-5위를 기록하고 있다. 〈표 5〉에서는 동일한 수준인 프랑스어학과, 독일어학과의 명문대 설치 현황을 분석했다. 프랑스학과는 20대 명문대 중 13개 대학에 설치되어 있고, 독일어학과는 15개 대학에 설치되어 있다. 따라서 최근 몇 년간 언어 인문학의 수요가 축소되더라도 프랑스학과나 독일어학과의 경우 대학교 전체 예산과 정원의 혜택을 받기 때문에 비교적 잘 유지되고 있다.

아쉬운 것은 지난 수십 년간 한국어학과의 성장은 중국의 명문대 중심으로 이루어진 것이 아니라 조선족 집거지인 동북 3성, 한국과 지리적 우위에 있는 산둥성 등 지방에 밀집되었기 때문이다. 미국과 유럽은 물론 한국에서도 최근 지방대 재정난이 심각하다. 중국도 저출산 문제가 가속

〈표 5〉 중국 20대 대학 한국어학과·프랑스어학과·독일어학과 설치 현황(2022년 말 기준)

순위	대학		한국어학과	프랑스어학과	독일어학과
1	칭화대학교	清华大学			
2	베이징대학교	北京大学	✓	✓	✓
3	저장대학교	浙江大学		✓	✓
4	상하이교통대학교	上海交通大学		✓	✓
5	푸단대학교	复旦大学	✓	✓	✓
6	난징대학교	南京大学	✓	✓	✓
7	중국과학기술대학교	中国科学技术大学			
8	화중과기대학교	华中科技大学		✓	✓
9	우한대학교	武汉大学		✓	✓
10	시안교통대학교	西安交通大学		✓	✓
11	중산대학교	中山大学		✓	✓
12	쓰촨대학교	四川大学		✓	
13	하얼빈공업대학교	哈尔滨工业大学			
14	베이징항공항천대학교	北京航空航天大学			✓
15	동난대학교	东南大学		✓	✓
16	베이징이공대학교	北京理工大学			✓
17	퉁지대학교	同济大学			✓
18	중국인민대학교	中国人民大学		✓	✓
19	베이징사범대학교	北京师范大学			
20	난카이대학교	南开大学		✓	✓

주: 동난대학교의 프랑스어학과와 독일어학과는 유럽어학과에 설치

출처: 대학 순위는 Best Chinese Universities Ranking 2022년 기준,
외국어학과 설치 여부는 저자가 정리

화되면서 지방대 통폐합이 현실로 다가오고 있다.

그러면 어떤 이유로 중국의 한국어학과는 명문대 중심으로 개설되지 않았을까? 이에 대한 답은 사실 찾기 쉽다. 앞에서 중국의 한국학 연구자들을 보면 지금까지 주요하게 한국어를 더욱 능숙하게 구사하고, 연구도 한국어로 진행하고 있다고 설명했다. 이럴 경우 SSCI 및 CSSCI 연구 논문 성과 창출에 한계가 있을 수밖에 없다. 한국어학과를 주도하고 있는 조선족의 가장 큰 장점인 탁월한 한국어 언어능력이 오히려 '양날의 검'과 같아서 언어 문화를 연구하는 관련 중국 학계에 융합되기 어렵기 때문이다. 중국의 경우 명문대 교수 채용에서 지원자의 연구역량 외에 출신대학도 주요 요인으로 중요시하는데, 한국어학과 연구자의 경우 아쉽게도 이러한 요건을 충족하기가 어렵다. 이에 대해서도 관련 데이터로 직관적인 설명이 가능하지만, 추가 문제들을 야기할 수 있을 것 같아 생략하고자 한다.

넷째, 날로 악화되는 반한감정과 지정학적 요인들이 저해 요인으로 작동하고 있다. 1992년 한중 수교 이후 두 나라는 정치, 경제, 문화, 사회에 걸쳐 우호적인 관계를 유지했다(Yang, 2019). 그러나 2017년 사드 배치 문제로 두 나라는 처음으로 갈등을 겪게 되었으며, 이는 중국의 일방적인 반한감정으로 확대되었다(Kim, 2021). 사드 배치 이후 중국의 반한감정은 주로 대중의 대규모적인 시위와 불매운동(롯데마트), 중국 정부의 한국 기업 규제정책, 정부 고위급 간부들의 반한 발언이 대표적이다. 사드 사태에 따른 중국의 갑작스런 반한정책은 중국 국내 요인과 대외적인 요인이 복합적으로 작동하면서 형성된 것이다.

2013년 시진핑 정부 이후 중국은 강력한 반부패운동과 국유기업 성과 개선 등으로 대중의 신뢰을 얻게 되었으며, 경제 규모를 바탕으로 기존에 상대적으로 보수적이던 외교정책을 점차 확장적인 외교정책으로 바꾸기 시작했다(Piao & Jung, 2021; Xinhua 2021; Bai, Cao et al., 2021). 2014년부터 본격화된 일대일로 정책이 중국 대외 확장 정책의 대표적 사례다(Wang, 2019; Wang et al., 2021). 중국 정부와 대중은 "Great Rejuvenation"의 가장 큰 걸림돌로 미국을 겨냥하고 있다(Piao and Wu, 2023). 인권, 민주주의에 대한 미국의 비난을 중국을 견제하기 위한 것으로 받아들였으며, 미국에 대한 중국 정부의 공개적인 비난 수준도 갈수록 높아졌다(Wen, 2014; Yang et al., 2021).

이러한 맥락에서 한국의 사드 배치와 최근 한미일 동맹의 강화 정책도 중국으로서는 받아들이기 어려운 것들이다. 미중 갈등이 지속되고, 한미일 동맹이 강화되는 추세에서 중국인의 반한감정은 높아질 수밖에 없다. 이는 중국의 한국학 교육에도 영향을 줄 수밖에 없다. 대표적으로 한국어를 배우거나 한국 문화를 경험하고자 하는 학생 수가 크게 감소하고 있다.

3. 중국의 한국학 연구 현황

1) 학술등재지를 통해 본 중국의 한국학 연구 현황

중국의 대학평가와 교수승진에 주요 지표로 사용되는 것은 1999년 8월 중국 교육부의 중점 프로젝트로 선정된 중문사회과학인용색인(Chinese Social Sciences Citation Index, CSSCI) 시스템이다. 그 후부터 매년 학술등재지 리스트를 발표하고, 2008년부터는 등재후보지를 발표하고 있다. 대체로 CSSCI에 수록된 학술지는 중국 전체 학술지의 20% 수준으로 비교적 요건이 까다롭다. 매년 약간의 차이는 있지만 대체로 580개 학술지가 CSSCI에 수록되어 있고, 220여 개 학술지가 등재후보지로 선정되어 있다. CSSCI 학술지 논문은 중국 대학평가, 학과평가와 교수 승진에서 주요 지표로 사용되고 있다.

다만, 현재 CSSCI에 수록된 한국학 관련 학술지는 하나도 없다. 한국학 관련 주요 학술지인 『연변대 동강학간(Dongjiang Journal)』은 1984년 창간되었고, 1996년부터 분기별로 논문을 출간했다. 주로 동북아시아 언어·문학과 정치·경제를 다루고 있는 대표적 한국학 관련 학술지였으나, 아쉽게도 2019년부터 등재후보지로 강등되었다. 중국의 대부분 대학, 특히 명문대의 경우 등재후보지는 교수 승진 실적으로 인정해주지 않는다. 따라서 후보지로 강등되면 좋은 원고 수집이 어렵게 되고, 다시 등재지로 승급되기 어렵다.

또 다른 한국학 주요 학술지인 푸단대 한국학연구센터의 『한국연구논총(Collected Papers for Korean Studies)』은 1995년 창간되었으며 주로 한국 정치와 외교, 역사 등을 다루고 있다. 다만, 『한국연구논총』의 경우 정기 간행물이 아니라 집간(Academic Monographic Serials)으로 아직까지 학술지 고유번호(ISSN)를 받지 못하고 있어 중국 내 많은 대학에서는 이러한 집간을 실적으로 인정해주지 않는다. 중국은 정부 규제로 학술지 고유번호를 새로 부여받기가 매우 어렵다. 학술지의 주관기관이 푸단대 단과대학이 아니라 산하 연구원의 연구센터이다 보니 향후에도 학술지 고유번호를 받기는 쉽지 않을 것으로 예상된다.

앞 장에서 설명했듯이 중국에는 125개 대학에 한국어학과가 설치되어 있다. 학교마다 전임교수 수가 약간 다르지만, 대체로 적게는 5명 미만, 많게는 10명 정도 규모를 가지고 있다. 다만, 필자가 조사한 결과에 의하면 인원 규모에 비해 중국의 한국학 연구자들의 실적이 너무 저조하다는 것이다. 필자가 '한국'이라는 키워드로 2022년 CSSCI에 수록된 논문을 전수조사해보니 〈표 6〉과 같이 51편 정도가 발표되었다. 연구 소속은 제1저자로 집계했고, 2편 정도는 한국 대학의 연구자가 발표한 것으로 이번 분석에서 제외했다.

분석 결과 51편 중 한국어학과 교수가 발표한 논문은 1편뿐이다. 연변대 조문문학원(현 외국어학원) 최웅권(崔雄权) 명예교수가 유일하게 외국문화연구 학술지에 논문을 발표했다. 베이징대 외국어학원과 퉁지대 외국어학원에서 한국 관련 논문을 1편씩 발표했으나, 한국어학과가 아니라 영문학 혹은 국외문학과 소속 교수들의 논문이다. 〈표 6〉에 의하면 한국어학과보다 사회과학 분야에서 한국학을 발표한 논문 수가 훨씬 더 많다. 다만, 이러한 경우에도 대부분 연구자의 전공이 한국학이 아니라 연구 대상 혹은 주제의 일부만 한국과 관련이 있을 뿐이다.

몇 년 전까지만 해도 연변대 『동강학보』가 학술등재지여서 한국 관련 CSSCI 논문이 매년 20-30편씩 발표되었으나 현재로서는 거의 전무한 상황이다. 추가로 한국어학과와 프랑스어학과나 독일어학과 연구자들의 실적을 비교 평가하면 아마도 상상을 초월한 엄청난 격차를 보일 것으로 예상된다.

교수 승진의 경우 대학마다 약간의 차이가 있으나, 대체로 명문대 인문사회과학 학과의 경우 조교수에서 부교수로 승진하고자 하면 6편 이상의 CSSCI 혹은 SSCI(A&HCI) 논문을 발표해야 하고, 부교수에서 정교수로 승진하고자 하면 12편 이상 발표해야 한다. 참고로 필자가 근무하고 있는 상하이교통대학교 국제와 공공사무학원에는 68명의 전임교수가 재직 중인데, 올해 1월부터 7월까지만 CSSCI 논문 59편, SSCI 논문 69편을 발표했다. 인문학도 거의 동일한 기준으로 교수 승진을 평가하고 있다.

대체로 중국의 한국학 연구자들은 KCI 논문을 발표하고 있다. 중국

〈표 6〉 2022년 한국학 관련 학술논문의 CSSCI 등재지 수록 현황

순번	논문 제목	학술지명	저자	소속
1	韩国朝鲜时代《方言类释》所收汉语方言词释例	语言研究	梅雪吟&王平	상하이교통대 인문학원
2	韩国世界一流大学研究生培养质量保障体系研究	中国高等教育	张雷生&朱莉	지린대 마르크스학원
3	举办冬奥会促进冰雪运动发展的韩国经验及借鉴	北京体育大学学报	孙民康 등	화동사범대 스포츠와 건강학원
4	百年来中国对韩国史学史研究的回顾与展望	史学理论研究	孙卫国&秦丽	난카이대 역사학원
5	评价数据驱动的国家课程改革: 韩国的经验	全球教育展望	金京泽	상하이시교육위원회 교학연구실
6	韩国高校“职业生涯体验学期制”实施现状与特点	比较教育研究	朴钟鹤	서화사범대 교육학원
7	当代韩国社会的宗教特征及其影响	世界宗教文化	王卫东 등	중국인민대 사회학과
8	当代韩国新教保守派的政治参与	世界宗教文化	李永春	중국사회과학원
9	道教“洞天福地”思想与韩国汉文小说	宗教学研究	王雅静	허난재경정법대 교육센터
10	原料产地对中国东北和韩国旧石器时代晚期黑曜岩石器工业的影响	人类学学报	侯哲 등	지린대 고고학원
11	韩国奎章阁本《书义》性质与作者再考	图书馆杂志	朱岩	양저우대학 문학원
12	韩国总统选举与尹锡悦政府对外政策展望	当代世界	董向荣	중국사회과학원
13	一所新型研究型大学的50年: 韩国科学技术院的发展及启示	高等工程教育研究	彭湃&张雷生	화중과기대학 교육과학연구원
14	儒家思想之于韩国国民精神探析	道德与文明	陆妍旭	톈진직업기술사범대

순번	논문 제목	학술지명	저자	소속
15	韩国未来遗产制度的建立	民族艺术	高静	광시과기대 인문예술과 디자인학원
16	韩国对中美战略博弈的认知、因应与中韩关系走向	国际问题研究	张弛	상하이정법학원 정부관리학원
17	难以逾越的高墙: 韩国的高校分层与就业机会不平等	社会学研究	李荷&郑印哲	중국인민대 사회와 인구학원
18	韩国对儒家文化的保护与传承探析	孔子研究	王曰美	취부사범대 공자문학연구원
19	韩国“单一民族”的神话与现实	文化纵横	郑立菲	중국사회과학원
20	中高级韩国汉语学习者口语能力评价研究	汉语学习	马庆&柴省三	베이징언어대 국제학생교육정책과 평가연구원
21	韩国尹锡悦政府外交政策探析	和平与发展	王付东	중국현대국제관계연구원
22	韩国经济发展中的教育改革研究综述	东南大学学报	卢心然	베이징대 외국어학원
23	公务员职位分类制的进路与分野——日本、 韩国的经验教训及其启示	中国行政管理	朱祝霞	중국인사과학연구원
24	心象风景: 韩国文人笔下的“桃源图”诗文题咏	外国文学研究	崔雄权	연변대 조한문학원
25	韩国生育政策转型分析	人口学刊	张慧智&安那莹	지린대 동북아연구센터
26	韩国教育福利视域下学前教育财政投入政策探析	比较教育研究	李文美	취부사범대 교육학원
27	韩国“无形文化财”的名录制度建设与启示	文化遗产	郝达&夏元勇	소으싱문리학원 예술학원
28	中美战略博弈格局下的韩国对外经济合作政策调整	国际论坛	吕平&金香丹	다롄외국어대 국제관계학원

순번	논문 제목	학술지명	저자	소속
29	韩国政府参与全球教育治理的范式与路径	北京师范大学学报	姜英敏	베이징대 국제와 비교교육연구원
30	韩国青年群体对华认知评析	和平与发展	于婉莹	베이징대 지역과 국별연구원
31	噪音背景下韩国留学生普通话声调产出调整方式研究	汉语学习	季金鑫 등	퉁지대 외국어학원
32	来华韩国人的族裔经济形态探析	世界民族	马萧&何雪松	화동이공대 사회와 공공관리학원
33	乡村振兴与在地乡贤培养: 基于韩国新村指导者的考察	浙江学刊	宣朝庆 등	난카이대 정부관리학원
34	韩国《艺术家福利法》研究: 从“福利”到“权利”	南京艺术学院学报	周超	충칭대 법학원
35	中美博弈与韩国对外经济合作政策调整	亚太经济	金香丹	지린대 동북아연구센터
36	韩国文学的跨界变迁: 脉胳、特点及走向	深圳大学学报	尹允镇&郑冬梅	산둥대 동북아학원
37	网飞在韩国参与式传播的影视实践与探索	当代电影	张燕&赖缨	베이징대 예술과 전매학원
38	新修订《体育法》背景下中国体育仲裁程序建构路径研究——基于对韩国、日本、土耳其等国体育仲裁程序的考察	体育与科学	黄世昌&晏子昂	샹탄대 스포츠법연구센터
39	基于人工神经网络的韩国汉语学习者口语流利性评价研究	汉语学习	柴省三&鲍杰	베이징언어대 국제학생교육정책과 평가연구원
40	乡村振兴与民俗学研究: 韩国民俗学在农村观光研究中的定位之争	西北民族研究	高静	광시과기대 인문예술과 디자인학원

순번	논문 제목	학술지명	저자	소속
41	协调发展视域下地方高校与城市共生发展研究——基于韩国地方高校与创新城市联动的分析	高校教育管理	阙明坤&王佳桐	저장대 교육학원
42	女性与韩国电影的过去、现在与未来	当代电影	范小青	중국전매대 연극영화학원
43	韩国学校文化主要研究领域主题特征与动向考察	比较教育研究	和小军&毋翠玲	위린사범학원 교육과학학원
44	韩国学生汉语语篇NP省略习得及分级教学研究	语言文字应用	曾丽娟&梁卓	후난사범대 국제한어문화학원
45	新形势下高质量普惠托育服务体系的建设路径——基于韩国经验的本土思考	学前教育研究	洪秀敏&赵思婕	베이징사범대 교육학부
46	跨国劳工移民的多维度获得感与国家认同——以在韩国就业的中国朝鲜族为例	华侨华人历史研究	沈澈	중앙민족대 경영학원
47	翻越“小院高墙”——中美博弈下的韩国高技术产业	文化纵横	罗仪馥	중국인민대 국제관계학원
48	试论韩国近代史家朴殷植的民族主义史观及其历史著述	史学史研究	孙卫国	난카이대 역사학원
49	激进的现实主义者: 韩国左翼政党在绿色新政中的角色分析	当代世界与社会主义	焦佩	산둥대 마르크스학원
50	“游荡者”的抗争与救赎: 韩国电影的底层书写与空间叙事	北京电影学院学报	顾亚奇&张旭	중국인민대 예술학원
51	韩国电影民族美学的现代特征与历史溯源	北京电影学院学报	范小青 등	중국전매대 연극영화학원

출처: 저자 정리.

해양대, 난징대, 연변대 등에서는 한국어학과 교수의 승진 진로가 막혀 KCI 논문도 승진에 필요한 연구 실적으로 인정해주고 있지만, 이 또한 문제가 많아 비판을 받고 있다. 대체로 중국에서 한국학을 연구하는 학자들은 한국어를 더욱 능숙하게 사용하기에 대부분의 연구논문을 한국에서 발표하고 있다. 다만, 이것이 과연 중국에서의 한국학 발전에 도움이 될 것인지는 의문이다.

필자는 중국의 한국학은 중국에서 한국학의 확산과 성장을 의미한다고 본다. 게다가 일부 대학에서 KCI 논문을 실적으로 인정해준다고 해도 그 대학의 학과(한국어학과의 경우 외국언어문학과에 속함) 평가에는 전혀 도움이 되지 않기에 지속가능하기는 어려울 것이라고 추측한다.

2) 한국연구센터를 통해 본 중국의 한국학 연구 현황

중국 대학의 한국연구센터는 거의 대부분 한국어학과 주도로 설립되었다. 다만, 한국연구센터 상당수는 실체가 없거나 장기간 연구 활동을 수행하지 않는 '장롱센터'들이다. 연구센터에서 연구활동을 수행하려면 예산이 확보되어야 하는데, 언어 인문학 특성상 새로운 예산 확보가 너무 어렵다. 특히 중국 대학은 연구실적에 따라 예산을 편성하므로 센터 책임자와 공동연구자의 CSSCI 혹은 SSCI(A&HCI) 논문 수가 중요한 근거가 된다.

앞에서도 언급했듯이 중국의 한국어학과는 지나치게 언어 교육에 집중하다 보니 성과 창출에 있어 기타 외국어학과보다 양적으로나 질적으로 모두 현저히 떨어지고 있다. 이러한 원인으로 중국의 한국학 연구는 매우 취약하다고 봐도 과언이 아니다. 다만, 중국 한국어학과에서도 여러 노력을 시도하고는 있다. 특히 일부 대학에서는 한국중앙연구원의 후원을 받아 한국연구센터를 설립했고, 중국의 한국어 교육과 연구를 확대하고자 노력하고 있다.

다만, 주요 예산을 여전히 자체 대학이 아닌 한국학중앙연구원에 의존하다 보니, 센터에서도 중국 대학 측에서 필요로 하는 연구실적 창출을 소홀히 하고 있다. 한국학중앙연구원의 지원이 끝나면 대부분 예산 문제로 센터가 실질적인 연구활동을 전개하지 못하고 있다. 이러한 사례가 굉장히 많지만, 이에 추가적인 설명은 생략하고자 한다.

현재 실질적으로 한국학 연구를 수행하고 있는 중국의 한국연구센터는 몇 개 되지 않는다. 주로 푸단대 한국연구센터, 연변대 조선한국연구센터, 중국해양대 한국연구센터(현재 한국학중앙연구원 해외한국학 중핵사업 수행 중) 등이 있다.

푸단대 한국연구센터는 국제문제연구원 산하에 설립된 연구기관으로 1992년부터 운영을 시작했다. 센터 전임 연구원은 5명으로 주로 한국정치, 한중 외교, 한국 사회 등을 연구하고 있다. 푸단대 한국연구센터는 한국학중앙연구원, 한국국제교류재단의 후원을 받아 푸단대 타 학과의 한국 관련 석·박사생에게 장학금을 지급하고, 한국정치 등 교양과목 개설을 주관하고 있다.

푸단대 한국연구센터는 한국 사회과학, 그중에서도 한국 정치와 외교에 특화된 연구센터다. 센터는 『한국연구논총』 학술지를 꾸준히 출판하고 있지만, 아쉬운 것은 아직까지 학술지 고유번호를 받지 못하고, 집간 형식으로 도서로 출판하고 있다. 푸단대 국제문제연구원은 한국연구센터의 상급 기관으로 미국연구센터, 일본연구센터, 러시아연구센터, 프랑스연구센터, 중동연구센터 등 15개의 연구센터를 운영하고 있다. 한국연구센터도 그중 하나로 푸단대 국제문제연구원에 편속되어 있고, 예산과 인력 확보를 지원받고 있다. 지금까지 푸단대 한국연구센터는 어려운 여건 속에서도 중국의 한국학 발전을 위해 여러 사업을 전개하고 있다. 다만, 아쉬운 것은 한국연구센터가 푸단대 국제와 공공사무학원 등 단과대학에 귀속되어 있지 않다는 것이다.

연변대 조선한국연구센터도 중국 내 대표적인 한국연구센터다. 연변대 조선한국연구센터는 오랜 역사를 자랑하고 있다. 1979년 연변대 조선문제연구소로 시작하여 2001년에는 중조한일문화연구센터로 이름을 변경했으며, 2007년부터 현재의 조선한국연구센터로 자리매김하고 있다. 연변대 조선한국연구센터는 주로 한반도의 역사와 문화, 정치, 경제, 사회 등 분야를 다루고 있다.

해당 센터의 가장 큰 장점은 대학 내에 한국학 연구를 수행할 수 있는 조선족 학자들이 많다는 것이다. 연변대 인문과 사회과학학원, 외국어학원, 경영학원 등 전임교수 중 대부분이 조선족 학자로서 융합적인 연구가 가능하다. 또한 연변대의 경우 중국 내에서 거의 유일하게 북한 대학들과 실질적인 교류를 수행할 수 있기에 중국의 북한 연구를 선도할 수 있는 기관이다. 연변대 조선한국연구센터는 김일성종합대학교, 사회과학원 등 북한 대학들과 장기간 학술교류를 진행하고 있다. 다만, 아쉬운 것은 교류에 있어 정치적으로 민감한 부분이 많다 보니 최근 들어 북한과의 교류 확대를 꺼리고 있다.

중국해양대 한국연구센터는 한국학중앙연구원의 해외한국학 중핵대학육성사업에 세 번이나 선정된 대학으로 한국 언어와 문학을 주로 다루는 연구기관이다. 이에 대한 상세 내용은 한국학중앙연구원 산하 한국학진흥사업단의 홈페이지에서 찾아볼 수 있다.

4. 중국의 한국학 향후 전망

중국의 한국학 교육과 연구는 어느덧 70여 년에 가까운 역사를 자랑하고 있다. 특히 1992년 한중 수교 이후 중국의 한국학은 비약적으로 발전했다. 다만, 아쉬운 것은 양적인 팽창에서 질적인 성장으로 아직 업그레이드되지 못하고 있다. 2017년 한반도 사드 배치 이후 중국의 한국학은 이미 혼란기에 접어들면서 긴 침체의 터널에서 벗어나지 못하고 있다.

제2절과 제3절에서 중국의 한국학 교육과 연구 현황을 파악하고 문제점들을 지적했다. 이러한 문제점들에 대해 아직도 충분한 논의가 이루어지지 않았지만, 필자는 아래와 같은 대안책을 제시하고자 한다.

첫째, 중국의 한국학 교육과 연구의 비대칭적인 성장을 해소하기 위해 향후 한국학 연구에 더 주목할 필요가 있다. 기존 중국의 한국학은 주로 한국어 교육으로 확산되었다. 향후에는 한국 문학, 정치, 경제 등에 대한 연구를 강화하여 한국학 관련 학자들이 중국 학술등재지에 중국어로 된 연구논문을 많이 발표하여 담론을 형성할 필요가 있다. 현재 CSSCI에 수록된 한국학 관련 학술지가 전무한 상황에서 학술지 번호를 해외에서 받아 영문학술지를 창간할 필요가 있다. 영문학술지에 대한 지속적인 투자를 확대하여 3-5년 사이에 SCOPUS 혹은 SSCI에 등재되도록 노력해야 한다.

둘째, 과거 지나친 언어 인문학 중심의 한국학에서 사회과학으로의 한국학 발전을 모색해야 한다. 사회과학으로서의 한국학 교육을 위해 우선 중국어로 된 한국 정치, 한국 경제 등 교과서를 편찬할 필요가 있다. 이를 기반으로 중국 내 대학의 사회과학 단과대학에서 한국 정치, 한국 경제와 관련된 필수과목을 개설해야 한다. 또한 사회과학으로서의 한국학 연구를 위해 관련 대학의 사회과학 단과대학에서 한국연구센터를 설립하여 연구에 매진해야 한다.

셋째, 중국 한국학의 질적인 성장을 위해 주요 명문대에서의 한국학 도입 가능성을 적극 검토해보아야 한다. 중국은 대학평가 때문에 인문학에 대한 투자를 최소화하고자 하는 경향이 있다. 이에 대한 대안으로 한국학중앙연구원, 한국국제교류재단 등 한국 공공기관들이 중국 명문대와 적극 협력하여 한국학 교육과 연구를 중국 명문대 중심으로 안착할 수 있는 대안을 모색해야 한다.

참고문헌

쉬잉잉(徐迎迎).「한·중 수교 이후 중국의 한국학 교육·연구 동향」. 경상대학교 박사학위논문, 2015.

국립동방어문전문학교 엮음.『국립동방어문전문학교 개황』. 1946.

베이징대학 동방어문계 엮음.『베이징대학 동방어문계 설립 40주년 기념전간(專刊)(1946~1986)』. 1986.

베이징대학 한국학연구센터 엮음.『한국학논문집』12. 베이징대학출판사, 2004.

윤해연.「중국에서 한국학 교육의 역사와 현황 그리고 향후 전망」.『동방잡지』177, 2016, pp. 399-426.

_____.「중국 남방 지역의 한국학 교육연구 동향 분석」. 2021 한국학국제학술회의, 2021, pp. 103-117.

이해영.「중국 남방 지역의 한국학 교육연구 동향 분석」. 2021 한국학국제학술회의, 2021, pp. 119-117-148.

왕단.「중국에서의 한국어 교육의 현황과 전망」. *Journal of Korean Culture*, 12, 2009, pp. 33-71.

Bai, Yunyi, Cao, Siqi, and Chen, Qingqing. "Global Times Public Opinion Survey Center's latest poll: More than half of Chinese Young People's outlook to Western countries has changed due to the epidemic." *Global Times*, April 20, 2021. https://world.huanqiu.com/article/42nD6YLz7ve. (Chinese)

Kim, Dongwoo. "The Politics of South Korea's 'China Threat'." *The Diplomat*, April 5, 2021. https://thediplomat.com/2021/04/the-politics-of-south-koreas-china-threat/.

Piao, Long and Wu Hsinche. "The Effect of the Chinese Government's Political Propaganda and Individual Characteristics on Anti-US Sentiment." *Asian Survey*, 63(3), 2023, pp. 381-406.

Piao, Long and Jung, Kwangho. "The Effect of the Xi Jinping Administration's Anticorruption Campaign on the Performance of State-Owned Enterprises." *Asian Survey*, 61(5), 2021, pp. 711-741.

_____. "A Q Methodology Analysis of Chinese Policy Makers' Perceptions of China's Foreign Policy Decision-Making Process concerning South Korea's THAAD Deployment." *Korea Observer*, 53(4), 2022, pp. 581-600.

Wang, H. "China's approach to the Belt and Road initiative: scope, character and sustainability." *Journal of International Economic Law*, 22(1), 2019, pp. 29-55.

Wang, H., Han, Y., Fidrmuc, J., and Wei, D. "Confucius institute, belt and road initiative, and internationalization." *International Review of Economics & Finance*, 71, 2021, pp. 237-256.

Wen, Xian. "People's Daily Correspondent in the United States: "The New York Times" harms others, harms itself, harms the world." *People's Daily*, December 15, 2014. http://world.people.com.cn/n/2014/1215/c1002-26212321.html. (Chinese)

Xinhua. News analysis: What signal did the Sino-US Tianjin interaction release?. July 27, 2021. http://www.xinhuanet.com/2021-07/27/c_1127702133.htm. (Chinese)

Yang, Florence, Wen-ting. "Asymmetrical interdependence and sanction: China's economic retaliation over South Korea's THAAD deployment." *Issues & Studies*, 55(4), 2019, 1940008.

Yang, Sheng, Cao, Siqi, and Chen, Qingqing. "GT survey shows 90% say China should not look up to West; experts say confident Chinese won't tolerate foreign provocations." *Global Times*, Apr 19, 2021. https://www.globaltimes.cn/page/202104/1221496.shtml.

한국에 거주하는 고려인을 위한 한글교육 개선 방향 분석

성동기(인하대학교)

#고려인

#한국어

#한글교육

#한국어 강사

한국에 살고 있는 구소련 출신의 고려인은 삶의 마지막 정착지로 한국을 선택한 자들이다. 1991년 고려인이 살았던 거주국이 독립한 이후 악화된 경제상황과 민족주의정책 등으로 인해 이들은 정치적·경제적·사회적으로 힘든 상황에 처해 있었다. 이와 같은 문제들을 극복하기 위해 고려인은 한국으로 이주하기 시작했다. 그러나 한국에 살면서 이들은 새로운 문제에 직면하게 되었다. 그것은 바로 한국어였다. 한국에서 성공적으로 정착하고 한국인과 상생하기 위해서는 높은 한국어 수준이 필요했다. 본 연구는 한국에 거주하는 고려인이 한국어를 더 잘 구사할 수 있도록 기존의 정책을 분석하고 현실적인 새로운 제안을 하는 것을 목적으로 한다.

1. 서론

본 연구자는 2021년 7월 20일부터 8월 1일까지 13일간 인천과 안산에 거주하는 고려인 156명을 대상으로 온라인 설문조사를 실시했는데, 다음과 같은 결과가 나왔다.

첫째, 한국에 살면서 가장 어려웠던 점이 무엇이었느냐는 질문에 이번 조사에 응답한 고려인 73.5%가 한국어 말하기가 어렵다고 답했다.

둘째, 한국에서 생활하기 위해 어떤 서비스가 필요한가에 대한 질문에 고려인 47%가 한국어교육이라고 답했다.

셋째, 한국인과 공존하기 위해 가장 필요한 것이 무엇이냐는 질문에 응답자의 63.1%가 한국어를 잘하는 것이라고 답했다.

한국에 거주하는 고려인이 살면서 가장 어려웠던 것은 한국어였다. 그러나 2007년 3월 4일 시행된 방문취업비자(H-2)로 고려인의 한국 이주가 시작되었다는 점을 감안할 때 한국에 거주하는 고려인이 여전히 한국어 학습에 어려움을 겪고 있다는 것은 이해하기 어렵다.

본 연구의 목적은 한국에 거주하는 고려인이 15년이 지난 후에도 여전히 한국에서 생활하면서 가장 어려운 것으로 한국어를 선택했다는 사실을 바탕으로 그 원인을 분석하는 데 있다.

본 연구는 다음과 같은 내용으로 구성된다.

첫째, 2007년 방문취업비자(H-2) 제도 시행 이후 현재까지 한국에 거주하고 있는 고려인의 실태를 분석한다.

둘째, 한국에 거주하는 고려인의 한국어 습득 과정과 수준을 분석한다.

셋째, 한국에 거주하는 고려인이 한국어 습득 과정에서 직면하는 문제점을 구체적으로 분석하고 이를 해결할 수 있는 방안을 제시한다.

2. 한국에 거주하는 고려인 실태 분석

1) 한국에 거주하는 고려인의 현황

한국에 거주하는 고려인의 현황은 아래 표와 같다.

〈표 1〉 2022년 국적별 고려인 현황

국적	러시아	카자흐스탄	우즈베키스탄	키르기스스탄	우크라이나	기타*	합계
합계	28,978	16,065	35,926	3,178	2,995	629	87,142

주: *타지키스탄, 투르크메니스탄 출신 고려인.
출처: 이민 및 이민 정책, 『월간통계』, 2022. 7.

〈표 2〉 2022년 러시아-CIS의 한인 디아스포라 비자 종류 현황

비자 종류	F-4	H-2	F-5	합계
합계	63,769	16,353	1,897	82,019

출처: 이민 및 이민 정책, 『월간통계』, 2022. 7.

〈표 3〉 2022년 F-4 소지자 국적별 현황

국적	러시아	카자흐스탄	우즈베키스탄	키르기스스탄	우크라이나	기타*	합계
합계	27,033	10,076	22,768	1,948	1,493	451	63,769

주: *타지키스탄, 투르크메니스탄 출신 고려인.
출처: 이민 및 이민 정책, 『월간통계』, 2022. 7.

〈표 4〉 2022년 H-2 소지자 국적별 현황

국적	러시아	카자흐스탄	우즈베키스탄	키르기스스탄	우크라이나	기타*	합계
합계	0	4,377	10,025	858	957	136	16,353

주: *타지키스탄, 투르크메니스탄 출신 고려인.
출처: 이민 및 이민 정책, 『월간통계』, 2022. 7.

〈표 5〉 2022년 F-5 소지자 국적별 현황

국적	러시아	카자흐스탄	우즈베키스탄	키르기스스탄	우크라이나	기타*	합계
합계	840	135	850	45	24	3	1,897

주: *타지키스탄, 투르크메니스탄 출신 고려인.
출처: 이민 및 이민 정책, 『월간통계』, 2022. 7.

위 통계와 2015년 발표된 한국 거주 고려인의 통계를 비교하면 다음과 같다.

① F-4 소지자

법무부 출입국관리정책본부가 2015년 2월 28일 발표한 통계에 따르면 F-4 비자를 소지한 러시아 국적 고려인은 4,871명이다.

② H-2 소지자

법무부 출입국관리사무소가 2015년 2월 28일 발표한 통계에 따르면 H-2 비자를 소지한 우즈베키스탄 고려인은 12,013명, 카자흐스탄 고려인은 1,043명이다.

③ F-5 소지자

법무부 이민외교정책본부가 2015년 2월 28일 발표한 통계에 따르면 F-5 비자를 소지한 러시아 국적 고려인은 292명이다.

2015년 통계에는 한국에 거주하는 고려인의 총 인구수가 나타나지 않았다. 이는 당시에 고려인이 외국 국적을 가진 동포 중에서 비중이 매우 낮았음을 의미한다.

위의 통계에 대한 자세한 분석은 다음과 같다.

① 한국에 체류하는 외국 국적을 가진 모든 동포 중 고려인이 차지하는 비율

2022년 기준으로 한국에 거주하는 고려인 수는 87,142명으로 전체 한국에 거주하는 외국 국적을 가진 동포 780,253명 중 11.1%를 차지한다. 이 수치는 중국에 거주하는 조선족에 이어 2위에 해당한다. 따라서 2015년에 비해 고려인의 비중이 상당히 증가했음을 알 수 있다.

② 체류 자격 변경

2022년 현재 한국에 거주하고 있는 고려인의 체류 자격 변화를 이해하기 위해서는 '코로나19' 발생 전인 2019년의 통계 자료와 비교해볼 필요가 있다. 2019년 집계된 고려인은 이전 3년에 비해 215% 증가했다. 2019년 통계와 비교했을 때, 2022년 한국에 체류하는 고려인의 경우 H-2가 거의 50% 감소한 반면, 반대로 F-4 수는 약 30% 증가했다. 특히 F-5는 약 3배 증가했다. 또한 2015년 통계와 비교할 때 결과는 훨씬 더 놀랍다. 2015년 한국에 체류한 우즈베키스탄 출신 고려인 전원이 H-2를 받았지만, 그로부터 약 7년이 지난 2022년에는 F-4가 22,768명에 달했다.

〈표 6〉 2019년 국적별 고려인의 한국 체류 상황

국적	러시아	카자흐스탄	우즈베키스탄	키르기스스탄	우크라이나	기타*	합계
합계	28,020	14,992	36,752	2,931	2,617	577	85,889

주: *타지키스탄, 투르크메니스탄 출신 고려인.
출처: 이민 및 이민 정책, 『월간통계』, 2019. 12.

〈표 7〉 2019년 고려인에 대한 비자 유형 현황

비자 종류	F-4	H-2	F-5	합계
합계	45,108	31,480	628	77,216

출처: 이민 및 이민 정책, 『월간통계』, 2019. 12.

〈표 8〉 2019년 F-4 소지자 국적별 현황

국적	러시아	카자흐스탄	우즈베키스탄	키르기스스탄	우크라이나	기타*	합계
합계	26,395	5,215	11,873	1,021	341	263	45,108

주: *타지키스탄, 투르크메니스탄 출신 고려인.
출처: 이민 및 이민 정책, 『월간통계』, 2019. 12.

〈표 9〉 2019년 H-2 소지자 국적별 현황

국적	러시아	카자흐스탄	우즈베키스탄	키르기스스탄	우크라이나	기타*	합계
합계	0	7,762	20,281	1,511	1,680	246	31,480

주: *타지키스탄, 투르크메니스탄 출신 고려인.
출처: 이민 및 이민 정책, 『월간통계』, 2019. 12.

〈표 10〉 2019년 F-5 소지자 국적별 현황

국적	러시아	카자흐스탄	우즈베키스탄	키르기스스탄	우크라이나	기타*	합계
합계	377	18	224	7	2	0	628

주: *타지키스탄, 투르크메니스탄 출신 고려인.
출처: 이민 및 이민 정책, 『월간통계』, 2019. 12.

③ F-4에 대한 선호

2022년 현재 한국에 거주하는 고려인의 20%가 여전히 H-2를 받고 있으나, 이는 2019년의 40%보다 낮은 수치다. 이로써 한국에 거주하는 고려인은 H-2보다 F-4를 선호하는 것으로 이해된다. 이러한 현상의 원인은 한국에 거주하는 고려인이 입국할 때 F-4 취득 기준을 충족했기 때문이라고 여겨진다. 또한, H-2로 한국에 입국한 고려인은 대략 70만 원을 투자하여 기술면허를 취득하고 F-4를 신청하여 체류자격을 변경했다.

2) 고려인 사회의 변화

(1) 재이주 범위 확대

구소련 붕괴 이후 우즈베키스탄과 키르기스스탄에 있는 고려인 중 일부는 경제적인 이유로 카자흐스탄과 러시아로 이주노동을 떠났다. 1992년 타지키스탄 내전이 발발한 후 타지키스탄에 거주하는 고려인의 절대 다수가 인근 중앙아시아 국가로 이주했다. 한국에서 이주노동이 가능해지면서 우즈베키스탄 출신 고려인이 적극적으로 한국으로 떠났다. 그리고 러시아와 카자흐스탄의 경제상황이 어려워지면서 양국의 고려인 역시 한국으로 이주노동을 시작했다. 특히 고려인 젊은 세대는 한국뿐만 아니라 유럽과 미주에서도 공부할 수 있게 되면서 고려인의 재이주 범위가 확대되었다.

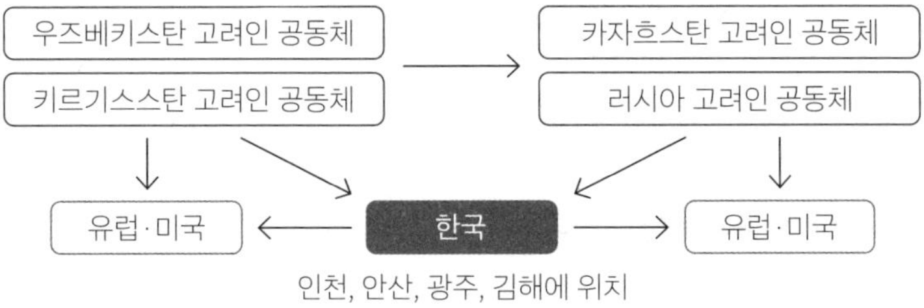

(2) 거주국의 고려인 인구 감소

러시아의 우크라이나 침공으로 러시아로 이주노동과 유학을 떠나는 중앙아시아 고려인 수가 예전보다 급격히 줄어들었다. 따라서 한국으로의 재이주는 더욱 증가하고 있다.

(3) 국가정체성과 민족정체성 다양화

거주국에 남아 있는 고려인의 인구 감소로 인해 고려인과 결혼하는 것이 어려워지고 있다. 거주국의 외국인과 결혼한 고려인은 자신의 민족적 정체성을 한민족에 두거나 포기하는 이중적인 경향을 보인다. 고려인과 결혼한 이민족 배우자가 함께 한국으로 이주하고 있다. 유학이나 사업을 위해 유럽과 미주로 이주한 고려인은 이미 현지 이민족과 결혼하고 있다. 한국에 거주하는 고려인 중 한국인과 결혼하는 비중은 아직 높지 않다. 이러한 이유로 한국에 거주하는 고려인은 오히려 강한 민족정체성을 유지하고 있다.

(4) 장기 체류로 인한 가족 해체와 상봉

한국에 거주하는 고려인 사회에서 이혼과 재혼을 하게 되면서 새로운 유형의 문제가 발생하고 있다. 이러한 문제들로 인해 고려인 젊은 세대가 정상적인 교육을 받고 정착하는 데 어려움을 겪고 있다.

3) 고려인이 직면한 현실적 문제

한국에 살고 있는 고려인이 직면한 현실적인 문제는 다음과 같다.

(1) 정착

한국에 거주하는 고려인 대부분은 F-4를 받았다. 그중에서 처음부터 H-2로 한국에 입국한 고려인은 앞서 언급한 바와 같이 대략 70만 원을 투자해 기술면허를 취득하고 F-4로 변경했다. 고려인의 입장에서 볼 때, 기술면허 취득에 필요한 70만 원이라는 비용은 거주국으로 가는 왕복

항공권과 취업비자 기간을 연장하는 데 드는 기타 비용을 합한 것보다 저렴하기 때문에 실제로 고려인 대부분은 기술면허 취득에 투자하고 있다. 이처럼 한국 정부는 고려인을 위해 F-5 취득에 필요한 긍정적인 정책을 점점 더 추진하고 있지만, 오히려 2018년에는 「재외동포법」으로 인해 고려인 자녀와 생이별을 하게 되었다. 한국 정부가 재외동포의 범위를 손자까지 규정했기 때문에 고려인 4세대는 외국 국적 동포에 해당하지 않았다. 이에 따라 법무부는 2019년 「재외동포의 출입국 및 법적 지위에 관한 법률 시행령」을 개정하여 외국 국적을 가진 고려인의 범위를 손자(3세대)에서 직계후손(4세대 이상)으로 확대하는 것으로 변경했다. 고려인은 영주권 취득을 강하게 원하고 있다. 영주권을 받기 위해서는 F-4 자격으로 2년 이상 계속 한국에 체류한 자로서 한국에 계속 거주하기 위해 필요하다고 법무부 장관이 인정하는 자 또는 H-2 소지자(F-4로 변경한 자 포함), 제조업에 종사하는 자, 어업이나 축산업에 종사하는 자, 근무지를 바꾸지 않고 4년 이상 같은 회사에 재직한 자, 한국에서 동거하는 가족에게 일정 금액 이상의 자산이 있는 자, 취업 등 생계를 유지할 수 있는 능력이 있는 자, 한국인적자원개발원에서 실시하는 시험을 통해 기술적 자격을 취득한 자, 또는 한국은행 고시 전년도에 1인당 연간 소득이 GNI 이상이어야 한다. 그러나 한국에 거주하는 고려인은 이러한 조건을 완화해달라고 요구한다.

(2) 직업

H-2로 입국한 고려인은 한국 정부가 정한 제한된 직종에서 일해야 했지만, 이 또한 한국어 능력 문제로 인해 선택의 폭이 다시 줄어들었다. 그 결과 고려인 남성은 제조업과 건설업에서 단순노동직에 종사하고 있으며, 여성은 서비스업에서 단순노동직에 종사하고 있다. 따라서 고려인

은 안산의 반월공업단지, 인천의 남동공업단지, 광주의 하남공업단지, 김해의 대동공업단지 부근에 정착했다. 한국에 거주하는 고려인 대부분은 고등학교 이상의 교육을 마쳤기 때문에 거주국에서 위와 같은 직종에서 일한 경험이 없었다. 이 부분은 고려인이 직업을 선택할 수 있는 범위를 더욱 좁혔다. 이러한 현실에도 불구하고 고려인은 자신에게 가장 적합한 직업을 선택하여 일했고, 이후 기술면허를 취득하고 비자를 F-4로 변경했다. H-2를 F-4로 바꾼 고려인은 H-2가 적용되는 직종과 다른 직종에서 일할 수 있다. 입국 당시부터 F-4 등급을 받은 고려인은 H-2 조건에 해당하는 직종에서 일할 수 없다. 따라서 이러한 법적 제한도 변경해야 한다.

(3) 가족

2007년 한국에 입국한 고려인은 주로 혼자 머물면서 경제활동을 하고 거주국으로 송금했다. 가족이 들어오면서 부인과 함께 경제활동을 하게 되었고, 자녀들도 경제활동을 하면서 생활수준도 달라졌다. 한국에 평균 5년간 머물렀던 고려인은 처음 정착했던 동네를 떠나 경제적 안정을 찾으면서 생활여건이 좋은 곳으로 이주했다. 이것은 그들이 자동차를 소유하고 두 개 이상의 방에서 살 수 있는 경제력이 있었기 때문에 가능했다. 그러나 한국에 거주하는 고려인의 체류 기간이 길어지면서 가정불화가 생겨 이혼으로 이어졌다. 고려인의 이혼율은 상당히 높은데, 더 큰 문제는 이혼 후 재혼에서 발생한다. 재혼할 경우 거주국에서 합법적으로 혼인신고를 해야 하지만, 고려인 대부분은 이 문제 때문에 거주국으로 돌아가지 않는다. 거주국에서 혼인신고를 하지 않으면 한국은 이들을 법적인 부부로 인정하지 않는다. 결국 재혼한 부부는 사실혼 생활을 할 수밖에 없다. 이 경우 부부 중 한 명이 사망하면 장례식도 정상적으로 치르기 어렵다. 부부가 사실혼 관계여서 화장이 허용되지 않는 경우도 있었기 때문에 자녀의 동의하에 화장하기도 한다. 그리고 사실혼 관계로 태어난 아이는 대부분의 경우 무국적 상태로 남아 있기 때문에 학교에 가더라도 졸업장 대신 수료증을 받을 수밖에 없다. 고려인은 이미 정착 및 고용에서 발생하는 기본적인 문제에 대해 국내법에 기반한 자체적인 노하우를 가지고 있다. 그러나 이혼과 재혼에 따른 민법과 가족법에서 발생할 수 있는 다양한 문제를 해결할 수 있는 새로운 정책이 필요하다.

(4) 고려인 젊은 세대의 탈선

고려인 젊은 세대 중 일부는 한국에 적응하지 못하고 범죄를 저지르고 있다. 고려인 기성세대는 이들을 비판하고 있지만, 오히려 세대 간 갈등으로 확대됐다. 또한 고려인 젊은 세대 중 일부는 다른 국적의 동포들과 깊은 갈등을 겪고 있으며, 특히 러시아, 카자흐스탄, 키르기스스탄 출신 고려인과 우즈베키스탄 출신 고려인 사이에 충돌이 발생하고 있다.

3. 고려인의 한국어 습득 과정 및 수준 분석

1) 구소련의 한국어교육 분석

스탈린은 1938년 모든 소비에트 시민이 러시아어만 사용하도록 강제하는 언어법을 통과시켰다. 실제로 냉전체제에서 고려인에게는 한국어가 더 이상 필요하지 않았다. 학교에서, 직장에서, 그리고 공산당에 가입하기 위해 고려인은 러시아어에 중점을 두었고 시간이 지남에 따라 한국어를 잊어버렸고 후손에게도 한국어를 가르치지 않았다. 1991년 구소련 붕괴 이후 구소련에 성공적으로 정착하기 위해 한국어를 포기할 수밖에 없었던 고려인은 새로운 문제에 직면했다.

고려인은 제1언어가 러시아어이기 때문에 알타이어인 한국어를 배우는 데 어려움이 있다. 이와 달리 우즈베크어는 알타이어이기 때문에 우즈베크인이 고려인보다 한국어를 더 수월하게 배울 수 있다.

한국인이 영어를 배울 때 한국인 강사가 처음에는 한국어로 영어의 기초를 가르치고, 그 후 일정 수준에 도달하면 원어민에게 회화를 배운다. 고려인을 위한 한국어 습득 과정 역시 이와 유사한 교수법이 필요하지만 실제로는 그렇지 못하다. 고려인 대부분은 한국어 교수법을 전공한 러시아어 사용자가 한국어 원어민 교사들보다 한국어의 기초를 배우는 데 훨씬 더 도움이 된다고 말했다. 실제로 고려인 대부분은 한국에 입국하기 전에 우즈베키스탄, 카자흐스탄, 키르기스스탄, 우크라이나 등에 있는 한국교육원에서 한국어 교수법을 전공한 한국인이나 러시아인으로부터 러시아어 기초를 배웠다.

한국은 우즈베키스탄과 1992년 공식적인 외교관계를 수립했다. 우즈베키스탄 독립 직후 북한식 한국어교육과 남한식 한국어교육이 동시에 진행되었으나, 1990년대 중반 이후 북한은 폐쇄정책으로 인해 우즈베키스탄과 거리를 두었고, 남한은 다양한 분야에서 적극적으로 관계를 발전시켜왔는데, 현재 한국어교육은 전적으로 남한식으로 진행되고 있다. 우즈베키스탄의 수도 타슈켄트에는 1991년 광주한글학교(현 세종한글학교)가 설립되었고, 1992년 한국어교육센터가 설립되면서 한국어교육이 시작됐다. 한국 정부는 이러한 움직임에 발맞춰 한국어 교과서와 교육기구를 공급하고 있으며, 한국국제협력단(KOICA)은 소속 인력을 우즈베키스탄에 파견하여 한국어교육을 지원하고 있다.

카자흐스탄은 1992년 한국과 수교한 후 다양한 분야에서 한국과 교류를 전개하고 있으며, 한국어교육도 활발히 진행되고 있다. 특히 카자흐스탄은 카자흐스탄 고려인이 발행한 『고려일보』를 통해 모국어를 유지·전파하고 있다. 또한 다양한 이유로 한국어를 배우고자 하는 학생들이 늘어남에 따라 많은 대학에서 한국어를 전공 또는 부전공으로 가르치고 있어 한국어교육에 대한 관심이 높아지고 있다.

한국과 키르기스스탄의 공식 외교관계는 우즈베키스탄과 카자흐스탄에 비해 늦었다. 그러나 현재 다른 중앙아시아 국가들에 비해 선교 및 종교 활동이 상대적으로 자유로워서 한국의 종교인들이 종교 활동에 집중적으로 참여하고 있으며, 대학과 사립 교육기관 등에서 강의를 통해 한국어와 한국 문화를 홍보하고 있다.

2) 한국에서의 한국어 습득 과정 및 수준 분석

한국에서 고려인이 거주하는 주요 도시에는 주로 NGO가 한국어 강좌를 개설하여 가르치고 있다. 사실 한국어 교수법을 정상적으로 이수하고 외국인 교육 경험이 많은 한국인 강사가 고려인에게 한국어 기초를 강의한다면 고려인의 한국어교육은 정상적으로 진행될 수 있다. 그러나 대부분의 NGO에서 한국어를 가르치는 한국인 강사의 전문성 수준에 대한 공식보고서는 없다. 따라서 고려인의 한국어 능력은 한국어 강사의 전문성에 의해 영향을 받을 수 있다. 실제로 이러한 이유로 NGO에서 제공하는 한국어 강좌는 고려인에게 점점 인기가 떨어지고 있다.

한국에는 고려인 자녀들을 위한 러시아어 학교가 없기 때문에 그들의 자녀들은 한국 학생들과 같은 학교에 다닐 수밖에 없다. 이러한 이유로 고려인 학생은 한국 학생들과 함께 수업을 듣게 되어 한국어 능력이 부족한 학생은 학업성취도가 낮을 수밖에 없다. 한국어 수준이 낮은 고려인 자녀들은 방과 후 한국어교육을 별도로 받지만, 단기간에 한국어 실력을 향상시키는 것은 불가능하다. 고려인 학생은 한국 학생들과 마찬가지로 의무적으로 초등 및 중등교육을 받을 수 있다. 그러나 고등학교는 의무교육이 아니기 때문에 가고자 하는 학교의 교장이 실제로 고려인 학생의 입학 여부를 결정한다. 한국 학생들과 부모 중 일부는 이들의 입학을 환영하지 않기 때문에 고려인 학생이 고등학교에 입학하는 것이 쉽지 않으며, 입학하더라도 그들과 소통하고 적응하는 데 문제가 있다. 결국 위와 같은 문제들을 해결하기 위해 고려인 학부모회가 필요하다.

한국에 거주하는 고려인에게 한국어로 얼마나 잘 말하고 들을 수 있느냐는 질문에 대한 답변은 다음과 같다.

구분	(1) 매우 못한다	(2) 못한다	(3) 평균	(4) 잘한다	(5) 매우 잘한다
직장	11(7.1%)	36(23.6%)	73(47.8%)	27(17.6%)	6(3.9%)
일상생활	11(7.2%)	41(26.7%)	60(39.2%)	37(24.2%)	4(2.7%)

위의 조사에서는 직장에서 한국어를 잘하지 못하는 사람(30.7%)이 한국어를 잘하는 사람(21.5%)보다 높았으며, 일상생활에서도 같은 응답이 나왔다. 한국어의 어려움은 직장에서보다 일상생활에서 약간 더 높았다. 반면 한국어를 잘하는 곳은 직장보다는 일상생활이었다. 이 수치는 한국 체류 기간의 결과로 판단된다.

한국에 거주하는 고려인이 한국인과 공존하기 위해 가장 필요한 것이 무엇이라고 생각하느냐는 질문에 대한 답변은 다음과 같다.

(1) 한국인을 알 수 있는 기회를 만들기 위해	38(25.5%)
(2) 한국어를 잘한다.	94(63.1%)
(3) 한국인이 우리를 차별하지 못하도록 법을 제정한다.	37(24.8%)
(4) 고려인을 위한 귀화 간소화	79(53%)
(5) 그 외	6(4%)

예상대로 위의 조사에 응답한 고려인 중 63.1%가 한국인과 공존하기 위해 가장 필요한 것으로 한국어를 잘하는 것이라고 답했다.

4. 고려인의 한국어 습득 문제점과 해결 방법

1) 고려인 학생의 교육 문제

한국에 거주하는 고려인 학생의 한국어 습득 문제는 고려인 부모의 자녀교육과 관련이 있다. 고려인 일부는 자녀들을 'Russian Academy (русская академия)'라는 등록되지 않은 교육기관에 보낸다고 한다. 부모는 자녀를 등록되지 않은 러시아어 교육기관에 보내 자녀를 거주국의 대학에 보내고자 한다. 그러나 그 결과 고려인 자녀들이 한국어를 할 수 없어 한국의 대학에 갈 수 없고, 거주국에 적응하지 못해 거주국의 대학에도 가지 못하는 경우가 있었다.

2) 러시아-CIS 사회 한인 디아스포라의 폐쇄성

한국에 거주하는 고려인이 한국어 학습에 어려움을 겪는 이유는 자녀와 부모의 일상생활에서도 찾을 수 있다. 안산 선일초등학교 학생의 80%는 고려인 자녀들이다. 이러한 상황에서 고려인 자녀들은 수업 시간 외에 러시아어로 학교 생활을 할 수 있기 때문에 한국어 능력을 개발할 수 없다. 일부 고려인 학부모는 자녀를 한국 학생들이 많은 곳으로 전학을 시키기도 하지만 큰 차이는 없다. 그 이유는 방과 후 고려인 자녀들끼리 모여서 러시아어로 시간을 보내기 때문이다. 일반적으로 부모 모두 일하는 상황에서는 자녀들이 방과 후 학원에 가지만, 주로 고려인 친구들과 놀이터나 PC방에서 시간을 보낸다. 고려인은 다른 외국인처럼 한국어는 물론 중국어, 영어를 구사하지 못해 다른 동포나 외국인과 생활하는데 어려움을 겪고 있다. 따라서 고려인은 다른 외국 국적 동포보다 매우 폐쇄적이다. 안산의 땟골에는 고려인을 위한 카페와 식당이 많다. 고려인 대부분은 퇴근 후 이곳에 와서 저녁을 먹고 안산의 여러 지역에 있는 거주지로 돌아간다. 이러한 상황 때문에 한국에 거주하는 고려인의 한국어 능력 향상은 어려워 보인다.

3) 해결방안

현재 한국에서는 한국어를 외국어로 전공한 한국인 강사들이 주로 초급 한국어부터 고려인 젊은 세대를 대상으로 강의하고 있다. 문제는 러시아어로 한국어를 강의할 수 있는 강사를 고용하는 것인데, 이들은 우즈베키스탄, 카자흐스탄, 키르기스스탄, 우크라이나의 한국어교육원에서 찾을 수 있다. 한국교육원의 역할은 현지인에게 한국어교육을 제공하고 현지인이 한국어 강사가 될 수 있도록 교육하는 것이다. 주로 고려인이 한국어 교수법을 배우고 현지인에게 한국어를 가르친다. 따라서 4개의 한국어교육원에서 강의하는 현지 한국어 강사를 한국에 초청해 일정 기간 초급 한국어 수업을 맡길 수 있다. 결과적으로 한국 정부는 이러한 강사그룹을 구성하고 공식적으로 지원할 필요가 있다.

앞에서 강조했듯이 고려인의 가장 큰 문제는 한국어 능력이다. 고려인 대부분은 한국어 교수법을 전공한 러시아어 사용자가 한국어 원어민 교사보다 한국어 학습에 훨씬 더 도움이 된다고 주장했다. 이러한 이유로 고려인을 지원하는 NGO에서 제공하는 한국어 강좌의 인기가 점점 줄어들고 있다. 실제로 고려인을 지원하는 NGO에서 한국어를 가르치는 한국인 강사의 자격을 조사할 필요가 있다. 고려인 대부분이 한국어 실력 향상을 원하기 때문에 한국 측의 일방적인 교육방식보다는 그들의 의견을 반영한 맞춤형 교육이 필요하다고 판단된다. 고려인 출신이거나 구소련 국가의 초·중·고등학교에서 한국어를 가르쳤던 러시아인 강사들이 다수 한국에 머물고 있기 때문에 이들을 이용하는 것이 효과적인 방법이라고 판단된다. 이를 활용한 초급 한국어 동영상 강의를 제작하여 배포하는 것도 고려인의 한국어 초급 수준의 향상에 도움이 될 것이다.

무엇보다 한국 정부는 한국에 거주하고 있는 고려인을 대상으로 한국어교육 담당 교사를 체계적으로 교육하고 관리할 수 있는 프로그램과 네트워크를 구축해야 한다.

5. 결론

1937년 고려인은 연해주에서 중앙아시아로의 첫 번째 강제이주를 겪었다. 강제이주 1세대는 집단농장에서 일하면서 정착의 토대를 마련했고, 2세대는 고등교육을 이수하고 한민족 특유의 높은 학문적 열정을 바탕으로 여러 전문직에 종사했다. 이는 당시 구소련의 사회주의 체제 덕분에 가능했다. 당시 소비에트 정부는 자국의 모든 시민에게 무료교육을 제공했다. 이 시스템을 통해 고려인은 거주국에서 전문가로 인정받으면서 성공적으로 정착할 수 있었다. 그러나 이러한 성공적인 정착을 배경으로 그들은 모국어를 잊어버리는 고통을 견뎌야 했다. 학교에서, 직장에서, 그리고 공산당에 가입하기 위해 고려인은 러시아어에 중점을 두었고 시간이 지남에 따라 한국어를 잊어버렸고 후손에게도 한국어를 가르치지 않았다. 1991년 구소련 붕괴 이후 강제이주를 당한 국가에서 성공적으로 정착하기 위해 한국어를 포기할 수밖에 없었던 고려인은 다음과 같은 새로운 문제에 직면하게 되었다.

① 거주 국가의 토착민들 사이에서 민족주의 출현

고려인이 많이 거주하는 우즈베키스탄, 카자흐스탄, 키르기스스탄에서는 독립 이후 우즈베크인, 카자흐인, 키르기스인 같은 토착민을 중심으로 민족주의가 등장하기 시작했다. 이 과정에서 고려인 같은 소수민족의 지위는 과거와 달라졌다. 토착민도 소비에트체제에서 소수민족 취급을 받았기 때문에 고려인의 경우 소수민족이 경험하는 박탈감은 거의 없었다. 오히려 고려인이 모든 면에서 토착민보다 우월하다고 믿었다. 실제로 이러한 인식을 바탕으로 소수민족은 모든 분야에서 제한없이 일할 수 있었다. 그러나 독립 이후 토착민이 거주하던 국가의 주류로 떠올랐고, 고려인 같은 소수민족은 사회적 차별을 겪었다.

② 거주 국가 모국어의 공식언어 규정

우즈베키스탄, 카자흐스탄, 키르기스스탄 정부가 독립 후 헌법에 토착어를 공용어로 규정함에 따라 고려인 같은 소수민족은 우즈베크어, 카자흐어, 키르기스어 같은 언어를 구사하지 못하면 사회적으로 차별을 받았다. 과거와 달리 러시아어만 하면 학업, 취업, 승진에 문제가 없었지만, 독립 후에는 거주국의 국어를 모르면 불이익을 받게 되었다.

③ 고등교육과 전문성의 공식 파괴

거주국이 경제체제를 자본주의로 전환하고 거주국의 토착민을 중심으로 한 민족주의로 전환하면서 경제상황이 악화됐다. 특히 전문직 종사자가 많았던 고려인은 정부 지원이 사실상 사라지면서 경제적으로 큰 어려움을 겪었다. 과거 소비에트 정권에서 존재했던 무상교육과 무상의료는 독립 이후 사실상 붕괴되었고, 이 분야에서 일하는 사람들의 임금과 처우는 급격히 악화되었다. 따라서 고려인 전문직 대부분은 기존 직장에서 낮은 임금을 받았기 때문에 직업을 바꾸거나 높은 수익을 보장하는 부업을 시도했다. 전자의 경우 일반적으로 사업이었지만, 대부분 자본주의에 익숙하지 않았기 때문에 성공보다 실패가 더 많았다. 후자의 경우 부업을 하면서 시간이 부족해 자녀교육을 소홀히 할 수밖에 없었고, 어려운 상황에서 삶의 최전선에 뛰어들어야 했다. 이러한 이유로 고려인은 전문가가 되기 위한 높은 교육적 열정을 점차 잃게 되었다.

위와 같은 역사적 과정을 통해 고려인이 마지막으로 선택한 곳은 한국이었다. 그러나 한국어 문제는 한국 체류의 어려움으로 다가왔다. 설령 한국어를 배우고 싶어도 그들에게 적합한 한국어 교육제도가 구축되지 않았고, 고려인의 폐쇄된 생활은 한국어를 배우는 데 장애요인이 되었다.

고려인은 저출산과 고령화 상황이 악화되고 있는 한국의 인구문제를 해결하는 데 중요한 인적자원이 될 수 있다. 따라서 한국 정부는 고려인이 한국에 잘 적응하고 생활할 수 있도록 한국어교육을 개선해야 한다고 판단된다.

참고문헌

이진영 외. 『국내동포의 제반문제와 정부기관의 역할』. 재외동포재단, 2021.

이민 및 이민정책. 『월간통계』, 2019. 12.

이민 및 이민정책. 『월간통계』, 2022. 7.

부록: 전 세계 사회과학 분야 한국학의 현황과 사례

나동규(경희대학교)

#한국학

#사회과학

#인문학

#정치외교학

#한국어

한국에 대한 관심이 이전과는 비교할 수 없을 정도로 높아졌다는 것은 부정할 수 없는 사실이며, 이와 함께 한국학에 대한 관심도 높아졌다. 그러나 현재 제공되는 한국학 강좌의 대부분은 한국어와 한국문화, 한국 역사 등 인문학에 집중되어 있기에 더욱 체계적인 이론과 방법론을 통해 한국학을 발전시켜야 한다는 목소리가 높아지고 있다. 즉, 사회과학으로서 한국학의 발전과 확산을 통해 전 세계 대학에서 활발한 연구와 학제간 협업이 이루어지는 학문 분야의 하나로 한국학을 발전시킬 필요가 있다. 이를 위해 사회과학 분야에서 전 세계 한국학이 얼마나 그리고 어떻게 제공되고 있는지에 대한 파악이 우선되어야 할 것이다. 이에 이 장에서는 사회과학 분야에서 한국학이 제공되는 전 세계 대학의 현황을 지역별, 국가별, 대학별 그리고 제도화 측면에서 살펴보고자 한다. 또한 본 연구 저서의 핵심 목표이기도 한 "정치외교학으로서 한국학의 발전"에 부합하기 위해 전 세계 대학에서 정치외교학 관련 강좌가 제공되는 현황도 함께 살펴볼 것이다.

1. 서론

이 장에서는 전 세계 대학에서 사회과학으로서 한국학이 제공되는 현황과 사례를 이야기하고자 한다. 현재 K팝, K푸드, K드라마, K무비 등 K(케이)로 대표되는 한국 문화 콘텐츠가 전 세계를 강타하고 있다. 물론 이러한 인기가 한국인의 눈에 더욱 과장되어 비칠 수도 있을 것이며, 과도한 범람에 조롱 섞인 시선을 보내는 것도 사실이다. 그럼에도 한국에 대한 관심이 이전과는 비교할 수 없을 정도로 높아졌다는 것은 부정할 수 없는 사실이며, 이와 함께 한국학에 대한 관심도 높아졌다고 할 수 있다. 실제로 외국인과 재외국민 혹은 한국어를 모국어로 하지 않는 사람들을 대상으로 시행해오고 있는 토픽(TOPIK, Test of Proficiency in Korean)의 경우, 시행 첫해인 1997년 4개국 2,274명에 불과했던 응시자는 코로나19 이전인 2019년까지 83개국 37만 5,871명으로 증가했다(권형진, 2021). 또한 2008년 한국어를 제2외국어로 채택한 나라가 불과 5개국에 불과했던 반면, 2020년 기준 39개국 1,669개 교육기관에서 한국어를 채택하고 있다(서동철, 2011). 나아가 한국국제교류재단(2022)의 "한국학 제공 해외대학 현황"에 따르면, 2022년 7월 기준 전 세계 1,408개 대학에서 한국학을 제공하고 있으며 이는 2007년 불과 638개 대학에서 한국학을 제공하던 당시와 비교하면 상당히 증가한 수치라 할 수 있다(김성진, 2022). 그럼에도 제공되는 한국학 강좌의 대부분이 한국어와 한국문화, 한국 역사 등 인문학에 집중되어 있기에 더욱 체계적인 이론과 방법론을 통해 한국학을 발전시켜야 한다는 목소리가 점차 높아지고 있다. 즉, 사회과학으로서 한국학의 발전과 확산을 통해 전 세계 대학에서 활발한 연구와 학제간 협업이 이루어지는 학문 분야의 하나로 한국학을 발전시킬 필요가 있다. 이를 위해 사회과학 분야에서 전 세계 한국학이 얼마나 그리고 어떻게 제공되고 있는지에 대한 파악이 우선되어야 할 것이며, 이에 이 장에서는 사회과학 분야에서 한국학이 제공되는 전 세계 대학의 현황을 지역별, 국가별, 대학별 그리고 제도화 측면에서 살펴보고자 한다. 또한 본 연구 저서의 핵심 목표이기도 한 "정치외교학으로서 한국학의 발전"에 부합하기 위해 전 세계 대학에서 정치외교학 관련 강좌가 제공되는 현황에서도 살펴볼 것이다.

2. 자료 수집과 분석

전 세계 대학의 한국학 제공 현황을 파악하기 위해 공공데이터포털(https://www.data.go.kr/index.do)을 통해 한국국제교류재단에서 제공하는 "해외대학 한국학 제공 현황"에 대한 통계자료를 수집하여 분석의 대상으로 삼았다. 먼저, 2022년 7월 기준 전 세계 1,408개 대학에서 한국어를 포함한 한국학을 제공하는 것을 확인했다. 두 번째로, 1,408개 대학 중 학사·석사·박사과정이 개설된 대학과 한국학 연구센터가 자리하고 있는 대학으로 분석 대상을 좁혔는데, 이는 세미나와 특강 같은 일회성 강좌보다 적어도 한 학기 동안 지속적으로 제공되는 강좌에 분석의 초점을 맞추기 위함이다. 한국어 교육을 중점적으로 제공하는 세종학당의 경우도 이 장의 분석 대상에서 제외했으며, 그 결과 전체 590개 대학에서 한국어를 비롯한 인문학과 사회과학 관련 한국학을 제공하는 것을 확인했다. 세 번째로, 590개 대학의 홈페이지를 직접 방문하여 한국학 강좌의 내용을 확인한 결과 1차 분석에서 127개 대학에서 사회과학 관련 강좌를 제공하는 것을 확인했다. 홈페이지를 통한 분석에서 결과 도출을 위한 단계별 요건

〈표 1〉 사회과학으로서의 한국학 제공 현황 홈페이지 분석 단계별 요건

단계	요건
1단계	각 대학의 학부, 학과, 프로그램 소개에서 서술 형태는 제외
2단계	최근의 교육과정(예: 2020-2021 학기)에 명시된 강좌만 포함
3단계	강좌명은 대학에서 제공하는 공식 영문 명칭과 구글 번역기를 통해 영어로 번역하여 파악
4단계	강좌에서 소주제로 다뤄지는 한국학 관련 주제는 대상에서 제외(예: Class 4. Korean Politics in the Politics of East Asia)
5단계	강좌 제목에서 '한국'이라는 단어와 영문으로 'Korea' 혹은 'Korean'이라는 키워드는 반드시 포함

은 〈표 1〉과 같다.

분석 결과의 신뢰성과 타당성을 높이기 위해 1차 분석 과정과 동일한 단계를 거친 2차 분석을 진행했으며, 이에 더하여 전문가 리뷰를 통해 선별된 경계가 모호한 한국학 강좌들에 대해 강의계획서를 수집·분석하여 더욱 정밀한 결과를 도출하기 위해 노력했다. 즉, 강좌의 제목만으로는 판단이 모호한 '한국/북한 역사 문화에 대한 개론' 강좌들에 대해 강의계획서를 통해 강좌의 방향과 목표 그리고 강의 내용에 대한 더욱 면밀한 분석을 진행했으며, 그 결과 〈표 2〉와 같이 최종 121개 대학에서 사회과학 관련 강좌를 제공하는 것을 확인했다.

<표 2> 사회과학 관련 강좌 지역별·국가별 제공 현황

지역	국가	사회과학 관련 강좌 제공 대학 수	지역	국가	사회과학 관련 강좌 제공 대학 수
남미	칠레	1	중유럽	독일	7
북미	미국	49		폴란드	2
	캐나다	6		오스트리아	1
중미/카리브	멕시코	1		튀르키예	4
대양주	호주	5		슬로베니아	1
	뉴질랜드	1		루마니아	1
동남아	말레이시아	1		리투아니아	1
	태국	2		헝가리	1
	베트남	1		체코	1
	필리핀	1	유라시아	러시아	2
동북아	대만	1		우즈베키스탄	1
	중국	7		카자흐스탄	2
	일본	4	중동	요르단	1
서유럽	영국	4		이스라엘	2
	프랑스	3	아프리카	케냐	1
	이탈리아	1	합계		121
	스웨덴	1			
	노르웨이	1			
	덴마크	1			
	핀란드	1			
	네덜란드	1			

3. 사회과학 관련 강좌 제공 대학, 학과, 강좌명

지역별 그리고 국가별로 사회과학 관련 한국학 강좌를 제공하는 대학의 현황은 〈표 3〉과 같다.

〈표 3〉 사회과학 관련 강좌 제공 대학

지역	국가	대학교명	합계
남미	칠레	칠레센트럴대학교	1
중미/카리브	멕시코	니야리트자치대학교	1
북미	캐나다	브리티시컬럼비아대학교 토론토대학교 맥길대학교 앨버타대학교 요크대학교 워털루대학교 레니슨칼리지	6
	미국	UC버클리 UC샌디에이고 노스이스턴일리노이대학교 다트머스칼리지 듀크대학교 미주리대학교 컬럼비아캠퍼스 브라운대학교 스탠퍼드대학교 에모리대학교 예일대학교 오하이오주립대학교 올버니대학교-뉴욕주립대 워싱턴대학교 위스콘신대학교-매디슨캠퍼스 유타대학교 인디애나대학교 블루밍턴캠퍼스 조지워싱턴대학교 존스홉킨스대학교 코넬대학교	49

지역	국가	대학교명	합계
북미	미국	클레어몬트매케나칼리지 텍사스대학교 오스틴캠퍼스 펜실베이니아주립대학교 하와이대학교 마노아캠퍼스 터프츠대학교 보스턴칼리지 UC산타바바라대학교 UC어바인대학교 노스캐롤라이나대학교 채플힐캠퍼스 뉴욕대학교 미시간대학교 밴더빌트대학교 스토니브룩대학교(뉴욕주립대학교) 아이오와대학교 애리조나대학교 애리조나주립대학교 오리건대학교 웰즐리칼리지 일리노이대학교 어배너 샴페인캠퍼스 조지메이슨대학교 조지타운대학교 캘리포니아주립대학교 로스앤젤레스 컬럼비아대학교 텍사스대학교 알링턴캠퍼스 펜실베이니아대학교 펜실베이니아슬리퍼리락대학교 프린스턴대학교 피츠버그대학교 하버드대학교 샌디에이고주립대학교	49
대양주	호주	멜버른대학교 호주국립대학교 시드니대학교 그리피스대학교 웨스턴오스트레일리아대학교	5
	뉴질랜드	오클랜드대학교	1

지역	국가	대학교명	합계
동남아	말레이시아	말라야대학교	1
	태국	송클라대학교 푸켓캠퍼스 쭐랄롱꼰대학교	2
	베트남	호찌민국립인문사회과학대학교	1
	필리핀	앤드런대학교	1
동북아	대만	국립정치대학교	1
	중국	다롄외국어대학교 산둥대학교-웨이하이분교 홍콩대학교 후난이공학원 톈진외국어대학교 푸단대학교 홍콩시립대학교	7
	일본	도쿄대학교 와세다대학교 후쿠오카대학교 규슈대학교	4
서유럽	영국	SOAS런던대학교 센트럴랭커셔대학교 셰필드대학교 에딘버러대학교	4
	프랑스	국립동양어문화대학교(INALCO) 파리시테대학교 사회과학고등연구원	3
	이탈리아	로마사피엔자대학교	1
	스웨덴	스톡홀름대학교	1
	노르웨이	오슬로대학교	1
	덴마크	코펜하겐대학교	1
	핀란드	헬싱키대학교	1
	네덜란드	레이던대학교	1

지역	국가	대학교명	합계
중유럽	독일	뒤스부르크-에센대학교 베를린자유대학교 튀빙겐대학교 하이델베르크대학교 함부르크대학교 본대학교 프랑크푸르트괴테대학교	7
	폴란드	바르샤바대학교 야기엘로니안대학교	2
	오스트리아	비엔나대학교	1
	튀르키예	이스탄불대학교 중동공과대학교 앙카라대학교 보아지치대학교	4
	슬로베니아	류블랴나대학교	1
	루마니아	바베스-보여이대학교	1
	리투아니아	비타우타스마그누대학교	1
	헝가리	외트뵈시로란드대학교	1
	체코	찰스대학교	1
유라시아	러시아	러시아국립고등경제연구대학교 카잔연방대학교	2
	우즈베키스탄	타슈켄트국립동방대학교	1
	카자흐스탄	나자르바예프대학교 유라시아국립대학교	2
중동	요르단	요르단대학교	1
	이스라엘	하이파대학교 예루살렘히브리대학교	2
아프리카	케냐	나이로비대학교	1
합계			121

대학별로 사회과학 관련 한국학 강좌를 제공하는 주체의 프로그램명과 강좌명은 〈표 4〉와 같다.

〈표 4〉 사회과학 관련 프로그램 및 강좌

지역	연번	대학명	제공 학부/학과/프로그램	강좌
남미	1	칠레센트럴 대학교	한국학 석사과정 (Master in Korean Studies)	• 한국역사와 변천(History and Transformation of Korea) • 한국경제(Korean Economy) • 한국정치(Korean Politics)
중미/카리브	2	니야리트 자치대학교	사회과학 및 인문학 분야(Area of Social Sciences and Humanities)	• 한국의 지리적·민족적 맥락에 관한 세미나(Seminar of Geographical and Ethnic Context of Korea) • 한국현대문화(Korean Contemporary Culture) • 한국의 사회역사적 발전(Social Historical Development of Korea) • 멕시코와 한국의 관계(Background of Mexico-Korea Relations)
북미	3	브리티시컬럼비아대학교	아시아학과 (Department of Asian Studies)	• 전근대 동아시아 국제관계 – 한국과 일본을 중심으로(International Relations in Premodern East Asia - focusing on Korea and Japan) • 근대 동아시아 국제관계 – 한국과 일본을 중심으로(International Relations in Modern East Asia – focusing on Korea and Japan) • 한국문명의 성장(The Rise of Korean Civilization) • 현대한국인(The Korean People in Modern Times) • 현대한국문화(Contemporary Korean Culture) • 한국적 사고의 역사(History of Korean Thought)

지역	연번	대학명	제공 학부/학과/프로그램	강좌
북미	4	토론토대학교	동아시아학과(Department of East Asian Studies)	• 한국의 민주화 투쟁(Democratic Struggles in Korea) • 대한민국 정치외교 이슈(Issues in the Political Economy of South Korea) • 미디어, 문화시민권, 그리고 코리안 디아스포라(Media, Cultural Citizenship, and the Korean Diaspora) • 전후, 냉전, 그리고 분단된 한국(The Postwar, Cold War and Divided Koreas) • 한국문화연구 세미나(Korean Cultural Studies Seminar) • 역사, 일상, 그리고 북한(History, Everyday Lif, and North Korea)
	5	맥길대학교	동아시아학 – 한국학전공(East Asian Studies – Major Concentration Korean Studies)	• 한국미디어 그리고 대중문화(Korean Media & Popular Culture Global Korea) • 한국학 고급주제(Advanced Topics in Korean Studies) • 동아시아문화 소개 – 한국(Introduction: East Asian Culture: Korea)
	6	앨버타대학교	동아시아학(East Asian Studies)	• 한국 문화 속 사랑, 죽음, 그리고 식인(Love, Death, and Cannibalism in Korean Culture) • 케이팝과 한국문화(K-Pop and Korean Culture)
	7	요크대학교	언어, 문학, 언어학과 – 한국어 과정(Department of Language, Literature & Linguistics – Korean course)	• 현대한국: 정체성, 사회, 그리고 문화(Contemporary Korea: Identity, Society and Culture) • 현대한국: 한국대중문화(Contemporary Korea: Korean Pop Culture) • 한국이민경험과 문화(Korean Immigrant Experience and Culture) • 초국가적 문화현상으로서의 한국대중음악(Korean popular music as transnational cultural phenomenon) • 한국의 맛: 한국의 식생활과 문화(A Taste of Korea: Korean Foodways and Culture) • 한국문화 입문(Introduction to Korean Culture)

지역	연번	대학명	제공 학부/학과/프로그램	강좌
북미	8	워털루대학교 레니슨칼리지	동아시아학(East Asian Studies – Minor/Diplomacy)	• 한국문화와 사회(Korean Culture and Society) • 한국의 법과 사회(Korean Law and Society) • 한국대중문화(Korean Pop Culture)
	9	UC버클리	찰스, 루이스 정치외교학과(Charles and Louise Travers Department of Political Science)	• 분단한국의 정치학(Politics of Divided Korea)
			민족학과(Ethnic Studies)	• 아시아대중문화 – 한국(Topics in Asian popular culture – Korea)
	10	UC 샌디에이고	초국적 한국학(Transnational Korean Studies) (Interdisciplinary/Inter-departmental program)	• 한국경제(Economics of Korea) (Politics department) • 한국안보(Korean Security) • 한국정치(Korean Politics) • 한국경제(The Korean Economy) • 한류 속 젠더, 섹슈얼리티, 뉴미디어팬덤(Gender, Sexualit, and New Media Fandom in the Korean Wave) • 한류미디어와 문화적 변화(Korean Wave Media and Cultural Change)
	11	노스이스턴일리노이대학교	정치학과(Political Science Department)	• 남북한 정부와 정치(Government and Politics of South and North Korea)
	12	다트머스 칼리지	아시아 사회, 문화, 언어 프로그램 – 동아시아(Asian Societies, Cultures, and Languages Program – East Asia)	• 두 개의 한국 – 1948년부터 현재까지(The Two Korea, 1948-Present) • 식민지한국의 문화투쟁(Cultural Struggles in Colonial Korea)
	13	듀크대학교	아시아, 중동학과(Department of Asian and Middle Eastern Studies)	• 한국의 성과: 세계문화와 소프트파워(Korea in Performance: Global Culture and Soft Power) • 두 개의 한국: 역사, 사회, 문화(Two Koreas: History, Soceity and Culture)

지역	연번	대학명	제공 학부/학과/프로그램	강좌
북미	13	듀크대학교	아시아, 중동학과(Department of Asian and Middle Eastern Studies)	• 한국대중문화(Korean popular music, K-Pop) • 북한: 정치, 경제, 문화(North Korea: Politics, economics and culture) • 한국 속 이주와 인권: 지역적·국제적 관점(Migration and human rights in Korea: Local and global perspectives)
	14	미주리대학교 컬럼비아 캠퍼스	언어, 문학, 문화학과 – 한국어과정(School of Languages, Literatures, and Cultures – Korean)	• 한국정치: 남북한(Korean Politics: South and North Korea) • 통일한국(Korean Unification) • 한국문명(Korean civilization) • 한국경제발전(Korean economic development) • 미·일·중 코리안 디아스포라(The Korean diaspora in the US, Japan & China)
	15	브라운대학교	동아시아학(East Asian Studies)	• 한국적 논란과 절충: 국가분단의 식민주의적 기원을 넘어서(Korean Controversies and Negotiations: Moving Beyond Colonial Origins of National Division) • 두 개의 한국(Two Koreas) • 한국 청년, 정체성, 그리고 국가(Korean youth, identity, and nation) • 강남스타일을 넘어: 서울, 혼란, 공간탐색(Beyond Gangnam style: Seoul, dislocation, and the search for place) • 현대 한국의 애국자, 공산주의자, 그리고 배신자(Patriots, communists, and traitors in modern Korea) • 한국 브랜드: 국제적 맥락 속 두 한국의 대중문화, 영화, 문화 이해(The Korea 'Brand': Understanding K-Pop, film, and culture of the two Koreas in the global context) • 아시아 – 한국미디어 속 미와 폭력(Asia extreme: Beauty and violence in Korean media)

지역	연번	대학명	제공 학부/학과/프로그램	강좌
북미	16	스탠퍼드 대학교	월터 쇼렌세인 아시아-태평양연구소 – 한국프로그램(Walter H. Shorensein Asia-Pacific Research Center – Korea Program)	• 독재와 저항 – 동아시아 정치문화와 관습(Tyranny and Resistance: East Asia's Political Culture and Tradition) • 강남스타일: 케이팝과 한국 소프트파워의 세계화(Kangnam style: K-Pop and the globalization of Korean soft power) • 한국문화 속 젠더와 인종(Gender and race in South Koran culture) • 역사문화적 관점 속 북한(North Korea in a historical and cultural perspective)
	17	에모리대학교	러시아, 동아시아언어문화학과 – 동아시아학(Department of Russian and East Asian Languages and Cultures – East Asian Studies)	• 한국의 정치변화(Political Change in Korea) • 현대한국의 형성(Making of Modern Korea)
	18	예일대학교	동아시아분과(Council on East Asian Studies)	• 한국전쟁을 기억하며(Remembering the Korean War) • 미국, 중국, 그리고 한반도의 기원(The United States, China, ad the Origins of the Korean Peninsula)
	19	오하이오 주립대학교	동아시아학센터 – 지역연구(East Asian Studies Center – Area Studies)	• 한국정치와 사회에 관한 간학문적 주제(Interdisciplinary Topics in Korean Politics and Society)
	20	올버니대학교 뉴욕주립대	동아시아학 – 한국학과(East Asian Studies – Department of Korean Studies)	• 북한의 역사, 문화, 정치(North Korea History, Culture, and Politics) • 한국: 문화와 유산(Korea: Its culture and heritage)
	21	워싱턴대학교	아시아언어문학 – 한국학과(Asian Languages and Literature – Korean Department)	• 한반도와 국제정치(The Korean Peninsula and World Politics) • 분단한국의 정치학(Politics of Divided Korea)

지역	연번	대학명	제공 학부/학과/프로그램	강좌
북미	21	워싱턴대학교	아시아언어문학 – 한국학과(Asian Languages and Literature – Korean department)	• 고급국제관계 – 한국(Advanced Seminar in International Relations – Korea) • 비교정치와 한국학(Comparative Politics and Korean Studies) • 현대한국사회(Modern Korean society) • 한국문명화의 역사(History of Korean civilization)
			한국학연구소(Center for Korea Studies)	• 현대한국사회(Modern Korean society) • 정치학과 한국학(Politics and Korea studies) • 비교정치와 한국학(Comparative politics and Korea studies) • 한국사회조사(Survey of Korean society) • 현대한국 연구세미나(Research seminar: Modern Korea)
	22	위스콘신대학교 매디슨캠퍼스	아시아언어문화 – 동아시아학(Asian Languages and Cultures – East Asian Studies)	• 두 개의 한국: 한국전쟁부터 21세기까지(The Koreas: Korean War to the 21st Century) • 한국의 문화역사(Cultural history of Korea)
	23	유타대학교	세계언어문화 – 한국학(World Languages and Cultures – Korean Studies)	• 한국전쟁(The Korean War) • 한국미디어와 문화(Korean media and culture)
	24	인디애나대학교 블루밍턴캠퍼스	동아시아언어문화(East Asian Languages and Cultures)	• 남북한에 대한 이해: 정치, 사회, 그리고 미국정책(Understanding Two Koreas: Politics, Society, and US Policy) • 한국의 민속문화와 엘리트 문화(Korean folk and elite cultures) • 한국문명조사(Survey of Korean civilization)
			해밀턴루가국제학과 – 한국학센터(Hamilton Lugar School of Global and International Studies – Institute for Korean Studies)	• 한국대중문화(Korean popular culture) • 한국문명조사(Survey of Korean civilization)

지역	연번	대학명	제공 학부/학과/프로그램	강좌
북미	25	조지워싱턴 대학교	동아시아언어문학학과 – 한국어, 한국문학(Department of East Asian Languages and Literature – Korean Language and Literature)	• 남북한 정치학(Politics in the Two Koreas) • 북한사회와 문화(North Korean society and culture)
	26	존스홉킨스 대학교	정치학과(Department of Political Science)	• 민주주의, 독재, 그리고 경제발전: 한국, 인도네시아, 그리고 미얀마(Democracy, Autocracy and Economic Development: Korea, Indonesia, and Myanmar)
			동아시아학(East Asian Studies)	• 민주주의, 독재, 그리고 경제발전: 한국, 인도네시아, 그리고 미얀마(Democracy, Autocracy and Economic Development: Korea, Indonesia, and Myanmar) • 한국과 코리안 디아스포라에 관한 문학과 영화(Literatures and films of Korea and the Korean diaspora)
	27	코넬대학교	브룩공공정책학과 – 공공정책 석사과정(The Brooks School of Public Policy – Master of Public Administration)	• 비교공공정책: 한국, 서울 사례(Comparative Public Administration: The Case of Seoul, Korea)
	28	클레어몬트매케나칼리지	정부학과(Department of Government)	• 한국정치경제(Korean Politics and Economy) • 한국전쟁(The Korean War)
	29	텍사스대학교 오스틴캠퍼스	아시아학과(Department of Asian Studies)	• 전후 한국의 정치경제 발전(Political Economy of Development in Postwar Korea) • 두 개의 한국과 미국(The two Koreas and the United States) • 자본주의, 소비, 그리고 시민사회(Capitalism, consumption, and civil society in Korea)

지역	연번	대학명	제공 학부/학과/프로그램	강좌
북미	29	텍사스대학교 오스틴캠퍼스	아시아학과(Department of Asian Studies)	• 북한의 주체와 문화(Self and culture in North Korea) • 한국문화와 사회(Topics in Korean culture and society)
	30	펜실베이니아 주립대학교	아시아학과 – 한국 전공(Department of Asian Studies – Korean Major)	• 한국문화 입문(Introduction to Korean culture) • 한국대중문화(Korean popular culture) • 세계 속 한국문화(Korean cultures in a global context) • 한국미디어와 커뮤니케이션(Korean media and communication) • 한국의 음식과 식습관(Food and foodways in Korea)
	31	하와이대학교 마노아캠퍼스	정치학과(Department of Political Science)	• 아시아/태평양정치 – 한국(Topics in Asian and/or Pacific Politics – Korea) • 한국사회학(Sociology of Korea) • 영화를 통한 한국정치와 사회(Korean politics and society through film) • 한국의 법과 사회(Law and society in Korea) • 케이팝과 제이팝: 한국과 일본의 대중음악과 사회(K-Pop and J-pop: Korean and Japanese popular music and society) • 한국과 일본의 쟁점이슈(Contested issues Korea and Japan)
	32	터프츠대학교	플레처스쿨 – 국제관계대학원(The Fletcher School – The Graduate School of Global Affairs)	• 미국과 동아시아 국제관계: 1945년부터 현재까지(International Relations of the United States and East Asia: 1945 to the Present) • 한반도의 정치학: 외교, 남북관계(The Politics of the Korean Peninsula: Foreign and Inter-Korean Relations) • 북한체제와 사회(North Korean State and Society)

지역	연번	대학명	제공 학부/학과/프로그램	강좌
북미	33	보스턴칼리지	아시아학(Asian Studies)	• 일본과 한국의 정치학(Politics of Japan and Korea) • 한국의 산업화와 민주화(Industrialization and Democratization in Korea) • 한국의 인권과 민주화 이행(Human Rights and Democratic Transition in Korea) • 분단한국(Divided Korea) • 식민한국과 유산(Colonial Korea and its Legacies)
	34	UC산타바바라대학교	동아시아언어문화학과(East Asian Language and Cultural Studies Department)	• 현대한국의 인류학(Anthropology of Contemporary Korea) • 새로운 한류(The new Korean wave) • 한국방송: 드라마와 사회적 실재(Topics in Korean television: Drama and social reality) • 한국학특강(Special topics in Korean studies) • 한국유산: 경영과 발전(Korean heritage: Management and development)
	35	UC어바인대학교	동아시아학과(Department of East Asian Studies)	• 한국대중문화(Korean pop culture) • 1500년 이래 한국여성(Korean women since 1500) • 한국 다큐멘터리(Korean documentary) • 두 개의 한국(The two Koreas)
			아시안미국학과(Department of Asian American Studies)	• 재미동포연구(Korean American studies)
	36	노스캐롤라이나대학교-채플힐	아시아중동학과 – 한국학(Department of Asian and Middle Eastern Studies – Korean Studies)	• 현대한국의 역사, 기억, 실재(History, memory, and reality in contemporary Korea) • 현대한국의 교육과 사회변화(Education and social changes in contemporary Korea) • 코리안 디아스포라(Korean diaspora)

지역	연번	대학명	제공 학부/학과/프로그램	강좌
북미	37	뉴욕대학교	동아시아학과(Department of East Asian Studies)	• 한국학: 한국의 공상과학과 국제경제(Topics in Korean Studies: Korean Sci-fi and global economy: Genre and region) • 한국학: 케이팝을 통한 한국문화와 사회(Topics in Korean Studies: Korean culture and society through K-Pop) • 한국학: 한국의 자본주의(Topics in Korean Studies: Capitalism in Korea)
	38	미시간대학교	아시아언어문화(Asian Language and Culture)	• 북한: 현실과 상상(North Korea: Real and imagined) • 현대한국의 쟁점들(Controversies in contemporary Korea) • 한국문명입문(Introduction to Korean civilization)
	39	밴더빌트 대학교	아시아학과(Asian Studies Department)	• 세계 속 한국영화(Global Korean cinema) • 한국대중문화 속 음식과 가족(Food and Family in Korean Pop Culture) • 영화와 소설에서 나타나는 한국전쟁(The Korean War through Film & Fiction)
	40	스토니브룩 대학교 (뉴욕주립)	한국학센터(Center for Korean Studies)	• 한국어와 사회(Language and Society in Korea) • 한국학의 사회과학주제(Social science topics in Korean studies)
	41	아이오와 대학교	아시아슬라브언어문학학과 – 한국학(Department of Asian and Slavic Languages and Literature – Korean Studies)	• 세계 속 한국(Korea in the World) • 아시아의 문명: 한국(Civilizations of Asia: Korea) • 한국에 대한 관점(Perspectives on Korea)
	42	애리조나 대학교	동아시아학(East Asian Studies)	• 한국의 계급, 젠더, 가족(Class, gender and family in Korea) • 케이팝, 웹툰, 민족음식, 그리고 더: 한국 대중문화에 대한 이해(K-Pop, webtoons, ethnic food, and more: Understanding Korean popular culture)

지역	연번	대학명	제공 학부/학과/프로그램	강좌
북미	43	애리조나주립 대학교	세계문학과 문화학과 – 한국학(School of International Letters and Cultures – Korean Studies)	• 한국의 여성(Women of Korea) • 한국대중문화(Korean popular culture)
	44	오리건대학교	아시아학 – 한국(Asian Studies – Korea)	• 한국대중문화와 초국가주의(Korean popular culture & transnationalism) • 북한(North Korea)
	45	웰즐리칼리지	동아시아학(East Asian Studies)	• 현대한국문화 속 젠더와 언어(Gender and Language in Modern Korean culture) • 비교국제관점 속 중국, 일본, 한국(China, Japan and Korea in comparative and global perspective)
	46	일리노이 대학교 어배너-샴페인	동아시아언어문화학과(Department of East Asian Languages and Cultures)	• 한국학 세미나(Seminar in Korean Studies) • 현대한국사회(Contemporary Korean society) • 세계 코리안 디아스포라(Global Korean diaspora) • 한국의 연애, 섹스, 결혼(BTA dating, sex and marriage in South Korea)
	47	조지메이슨 대학교	현대전통언어학과(Department of Modern and Classical Languages)	• 한국문화와 사회(Korean Culture and Society) • 세계 속 한국대중문화(Korean Popular Culutre in a Global World)
	48	조지타운 대학교	동아시아언어문화학과(Department of East Asian Languages and Cultures)	• 한국현대문제(Korean current affairs) • 한국문화 속 젠더와 섹슈얼리티(Gender and sexuality in Korean culture)
	49	캘리포니아주립대학교-LA	한국학센터(Center for Korean Studies)	• 역사 속 여성: 전근대 한국(Women in History: Premodern Korea) • 한류: 한국대중문화의 세계화(Korean Wave: Globalization of South Korean popular culture)

지역	연번	대학명	제공 학부/학과/프로그램	강좌
북미	50	컬럼비아 대학교	동아시아언어문화학과(Department of East Asian Languages and Cultures)	• 지정학세미나 – 한국(Seminars on Geopolitics – Korea) • 한국역사 속 여성과 젠더(Woment and Gender in Korean History)
	51	텍사스대학교 알링턴캠퍼스	현대언어학과 – 한국어(Department of Modern Languages – Korean)	• 세계 속 한국문화(Korean culture in the world) • 한국문화와 문명(Topics in Korean culture and civilization) • 현대한국문화(Contemporary Korean culture)
	52	펜실베이니아 대학교	동아시아 언어문명(East Asian Languages and Civilization)	• 한국대중문화(Korean popular culture) • 현대 한국 미디어(Current Korean media)
	53	펜실베이니아 슬리퍼리락 대학교	*간학문적 제공(Offered by interdisciplinary)	• 현대한국문명(Modern Korean civilization)
	54	프린스턴 대학교	동아시아학과(Department of East Asian Studies)	• 한국의 과거와 현재(Korea Post Present) • 현대 한국 미디어문화(Contemporary Korean media cultures)
	55	피츠버그 대학교	동아시아언어문학학과 – 한국(Department of East Asian Languages and Literatures – Korean)	• 한국사회(World of Korea) • 현대한국문화(Contemporary Korean culture)
	56	하버드대학교	한국센터(Korean Institute)	• 세계 속 두 개의 한국(The Two Koreas in the Modern World) • 현대일본, 한국의 역사기록학(Historiography of Modern Japan and Korea: Proseminar)

지역	연번	대학명	제공 학부/학과/프로그램	강좌
북미	57	샌디에이고 주립대학교	언어학, 아시아 및 중동언어학과(Department of Linguistics and Asian/Middle Eastern Languages)	• 한국문명(Korean Civilization) • 미디어를 통한 현대한국문화(Contemporary Korean Culture through Media)
대양주	58	멜버른대학교	아시아학과 – 한국학(Faculty of Arts Asian Studies – Korean Studies)	• 한국정치와 사회(Korean Politics and Society) • 세계 속 두 개의 한국(Two Koreas in the World)
	59	호주국립 대학교	문화역사언어학과(School of Culture, History and Language)	• 현대한국의 정치와 사회(Politics and Society in Contemporary Korea) • 북한: 역사, 문화, 정치(North Korea: History, Culture, Politics) • 한국역사 속 젠더(Gender in Korean History) • 한국전쟁(The Korean War) • 현대한국의 형성(The Making of Modern Korea)
			국제관계학과(Department of International Relations)	• 한반도의 (불)안정[(In)stability on the Korean Peninsula]
	60	시드니대학교	인문사회학부 – 한국학(Faculty of Arts and Social Sciences – Korean Studies)	• 한국대중문화(Korean popular culture) • 현대한국사회와 문화(Contemporary Korean society and culture)
	61	그리피스 대학교	언어문화학과 – 한국(School of Languages and Cultures – Korean)	• 한국대중문화: 한류(Korean Popular Culture: Korean wave) • 현대한국 영화와 TV드라마 논평(Contemporary Korean Film and TV Drama Review)

지역	연번	대학명	제공 학부/학과/프로그램	강좌
대양주	62	웨스턴오스트레일리아 대학교	한국학(Korean Studies [Interdisciplinary/Inter-departmental Program)]	• 현대한국사회(Contemporary Korean society) • 고려부터 케이팝까지 한국문화(Korean culture from Koryo to K-Pop)
	63	오클랜드 대학교	한국관련전공 (Korean subject (BA) [Interdisciplinary/Inter-departmental Program)]	• 한국사회와 문화(Korean society and culture) • 초국적 아시아: 한국과 이웃 (Transnational Asia: Korea and neighbours) • 아시안 디아스포라 – 한국, 일본, 중국 (Asian diasporas – Korean, Japanese, Chinese)
동남아	64	말라야대학교	인문사회학부 (Faculty of Arts and Social Sciences)	• 한국외교정책(Foreign Policy of Korea)
	65	송클라대학교-푸켓캠퍼스	국제학부 – 한국학 (Faculty of International Studies – Korean Studies)	• 대한민국 정치 거버넌스(Politics and Governance of South Korea)
	66	쭐랄롱꼰 대학교	한국학 석사과정 [Master of Arts Korean Studies (Joint international/Interdisciplinary program)]	• 한일정치와 비교연구(Comparative Studies in Korean and Japanese Politics) • 변화하는 세계질서와 한국(Changing World Order and Korea) • 한국사회(Korean Society) • 한미관계역사(History of Korean-American Relationship) • 한국경제(Korean Economy) • 한국전쟁과 경제발전(The Korean War and Economic Development) • 근대화와 한국사회의 변화 (Modernization and Transformation of Korean Society) • 현대 한국역사와 사회(Modern Korean History and Society)

지역	연번	대학명	제공 학부/학과/프로그램	강좌
동남아	67	호찌민국립 인문사회과학 대학교	한국학과 – 한국학 석사과정(Department of Korean Studies – Master's Program in Korean Studies)	• 세계질서와 한국의 지정학(World Order and Korean Geopolitics) • 한국의 경제, 정치, 개발(Economy, Politics and Development of Korea) • 한국의 근대화과정과 사회경제적 변화(The process of modernization and socio-economic transformation in Korea) • 다문화주의와 한국사회(Multiculturalism and Korean Society) • 세계화시대 대중문화와 한국문화산업(Popular Culture and Korean Cultural Industry in the Age of Globalization)
	68	앤드런대학교	새마을연구와 경제발전학과(Department of Saemaul Studies and Economic Development)	• 새마을운동의 철학과 개념(Philosophy and Concepts of Saemaul Undong) • 현대 한국역사, 문화, 사회(Contemporary Korean History, Culture and Society)
동북아	69	국립정치 대학교	한국어문화학과(Department of Korean Language and Culture)	• 한국정부와 정치(Korean Government and Politics) • 한국의 지리학(Korean Geography) • 한국문화와 현대사회(Korean culture and modern life) • 한국경제와 무역(Economics and trade of Korea)
	70	다롄외국어 대학교	한국학과(School of Korean Studies)	• 한국정치와 민주화(Korean Politics and Diplomacy) • 한반도 이슈연구(Research on Korean peninsula issues) • 한국경제(Korean economy) • 한국여행문화(Korean tourism culture)
			아시아-아프리카언어문학 대학원과정 – 한국어[Asian-African Languages and Literature Postgraduate Program (Korean)]	• 한중정치적 외교적 관계에 대한 연구(Research on China-Korea Political and Diplomatic Relations)

지역	연번	대학명	제공 학부/학과/프로그램	강좌
동북아	71	산둥대학교 웨이하이분교	동북아시아학과 – 한국전공(School of Northest Asia Studies – Korean Major)	• 남북관계(ROK-DPRK Relations) • 한중관계(China-ROK Relations) • 남북정치와 외교(ROK-DPRK Politics and Diplomacy) • 한일관계(Korea-Japan Relations) • 한반도연구(Korean Peninsula Studies) • 현대한국사회(Contemporary Korean society)
	72	홍콩대학교	현대언어문화학과 – 한국학(School of Modern Languages and Cultures – Korean Studies)	• 북한의 사회, 문화, 정치(Society, Culture, Politics of North Korea) • 변화 속 한국정치체제와 문화(Korean Political System and Culture in Transformation) • 한국전쟁: 기원, 여파, 재건 그리고 기억(The Korean War: Origins, Aftermath, Reconstruction, and Remembrance) • 한국문화와 사회(Topics in Korean culture and society) • 근대, 현대한국: 근대성과 사회변화(Modern and contemporary Korea: Modernity and social change) • 한국의 젠더, 섹슈얼리티, 가족(Gender, sexuality, and family in Korea) • 한국사회와 사상(Society and thoughts in Korea) • 1900년 이전 한국사회(Korean society before 1900) • 전 세계 한국대중문화(Global Korean pop cultura) • 스마트폰, 케이팝, 김치: 한국, 기적을 넘어서(Samrtphones, K-Pop, and Kimchi: South Korea beyond the miracle)
	73	후난이공학원	외국어문학학과 – 한국어(School of Foreign Languages and Literature – Korean Language)	• 남·북·중관계 – 동아시아 속 한국(Relationships of China-DPRK-Korea in East Asia)

지역	연번	대학명	제공 학부/학과/프로그램	강좌
동북아	74	텐진외국어대학교	국제관계학과(School of International Relations)	• 한국정치와 외교(Korean Politics and Diplomacy)
	75	푸단대학교	국제관계, 정책학과(School of International Relations and Public Affairs)	• 동북아의 한반도이슈와 국제관계(The Korean Peninsula Issue and International Relations in Northeast Asia) • 현대한국학(정치, 경제, 외교, 안보)[Contemporary Korean Studies (Politics, Economy, Diplomacy, Security)] • 근대 한국독립운동과 한중관계에 대한 연구(Studies on the Korean Independence Movement and China-Korea Relations in Modenrn Times)
	76	홍콩시립대학교	공공, 국제학과 – 한국학(Department of Public and International Affairs – Korean Studies)	• 한국사회 입문(Introduction to Korean Society) • 현대한국대중문화(Contemporary Popular Culture of Korea)
	77	도쿄대학교	인문사회학과 – 지역학(한국학)[Department of Humanities and Social Sciences – Area Studies (Korean Studies)]	• 한국정치경제(Korean Political Economy) • 한국정치경제특강(Special Lecture on Korean Political Economy) • 한국정치경제특별세미나(Korean Political Economy Specialized Seminar) • 한국사회문화특강(Special lecture on Korean society and culture)
	78	와세다대학교	정치경제학과(School of Political Science and Economics)	• 한국정치학 이해(Reading Political Science in Korea) • 현대북한정치역사(Contemporary North Korean Political History)
			정치학대학원(Graduate School of Political Science)	• 현대한국사상과 정치(Contemporary Korean Opinion and Politics) • 정치학 속 한국자료(Korean Readings in Political Science) • 한반도 정치학(Politics of the Korean Peninsula)

지역	연번	대학명	제공 학부/학과/ 프로그램	강좌
동북아	78	와세다대학교	사회과학대학원 (Graduate School of Social Sciences)	• 한반도학(The Korean Peninsula Studies)
			아시아태평양연구 대학원(Graduate School of Asia-Pacific Studies)	• 한국정치외교연구(Studies on Politics and Diplomacy in Korea) • 현대한국학과 동북아의 국제관계(Contemporary Korean Studies, International Relations in Northeast Asia)
	79	후쿠오카 대학교	동아시아지역학과 – 한국과정 (Department of East Asian and Regional Studies – Korean Course)	• 한일·북일 관계(Japan-Korea·Japn-North Korea Relations) • 한일관계/현대한국학(Japan-Korea Relations/Contemporary Korean Studies)
	80	규슈대학교	한국학연구센터 (Research Center for Korean Studies)	• 동북아시아/한국역사와 사회(Northeast Asia/Korean History and Society)
서유럽	81	SOAS 런던대학교	동아시아언어문화 학과 – 일본/한국학 (Department of East Asian Languages and Culture – Japan and Korea section)	• 또 다른 한국: 1945년 이후 북한(The Other Korea: North Korea since 1945) • 현대한국사회(Contemporary Korean society) • 전통한국의 문화와 사회(Culture and society in traditional Korea) • K문화(K-culture)
	82	센트럴랭커셔 대학교	인문언어국제학과 – 북한학전공[The School of Humanities, Languages and Global Studies – North Korean Studies (MA)]	• 한중일삼각관계(China-Japan-Korea Trilateral Relations) • 남북관계연구(Exploring Inter-Korean Relations) • 분단조국: 분쟁, 폭력, 갈등(한국)[Divided Nations: Disputes, Violence and Conflict (Korea)] • 북한의 역사, 정치, 국제관계(History, Politics, International Relations of North Korea) • 한반도의 지속가능한 발전과 회복된 사회(Sustainable Development and Resilient Society in Korean Peninsula)

지역	연번	대학명	제공 학부/학과/프로그램	강좌
서유럽	83	셰필드대학교	동아시아학과 – 한국학(School of East Asian Studies – Korean Studies)	• 한국 정치, 경제, 사회(Politics, Economy and Society in Korea) • 현대북한이해(Understanding Contemporary North Korea) • 현대한국사회(Contemporary Korean society)
	84	에딘버러 대학교	아시아학과 – 한국학 대학원 과정(Asian Studies – Korean Studies Postgraduate Programme)	• 쓰여지진 않은 한국(Unwritten Korea: Understanding Korean Society and Culture through Contemporary Arts and Films) • 서울, 상하이 그리고 에딘버러(Seoul, Shanghai and Edinburgh: Peoples, Culture, and Spaces) • 근대 한국 일상의 정치(Politics of Every Life in Modern Korea) • 동아시아의 청년들(East Asian Youth: Space, Ecology, Technologies) • 한국발전의 정치경제학: 세계화와 불평등(Political Economy of Korea's Development: Globalisation and Inequality) • 한국정치와 국제관계(Korean politics and international relations) • 한국역사, 문화, 사회(Korean history, culture and society) • 국제도시: 서울과 비교접근(Global cities: Seoul and comparative perspective)
	85	국립동양 어문화대학교(INALCO)	한국학과[Department of Korean Studies (Bachelor's)]	• 한국의 사회정치적 역사(Sociopolitical History of Korea 1, 2) • 한국의 정치경제(Politics and Economy of Korea) • 한국인류학(Anthropology of Korea 1, 2) • 한국사회(Korean society 1, 2, 3, 4) • 대한민국 미디어(Media in South Korea) • 언론을 통한 사회분석(Analysis of society through the press)

지역	연번	대학명	제공 학부/학과/프로그램	강좌
서유럽	85	국립동양어문화대학교(INALCO)	한국학과 [Department of Korean Studies (Bachelor's)]	• 한국의 커뮤니케이션과 이미지(Communication and images in Korea) • 한국의 종교, 사회, 이주(Religion, society, migration in Korea) • 인문사회과학 속 한국문헌연구(Korean Document Studies in Humanities and Social Sciences)
			석사과정(Master's)	• 한국사회의 정치인류학 1(Political Anthropology of the Korean World 1) • 한국사회의 정치인류학 2(Political Anthropology of the Korean World 2)
	86	파리시테 대학교	외국, 지역언어, 문명 과정 – 한국학(Foreign and Regional Languages and Civilization License – Korean Studies)	• 한국정치사회학(Koran Political Sociology) • 북한(North Korea) • 한국의 지리학(Geography of Korea) • 한국의 인류학(Anthropology of Korea)
	87	사회과학고등 연구원	한국연구센터(Korea Research Center) (Centre de Recherches sur la Corée, CRC)	• 한국의 지성(Intelligences of Korea)
	88	로마사피엔자 대학교	동양언어문화(Oriental Languages and Cultures)	• 근현대 일본, 한국의 정치사회적 역사 A (Political and Social History of Modern and Contemporary Japan and Korea A) • 근현대 일본, 한국의 정치사회적 역사 B (Political and Social History of Modern and Contemporary Japan and Korea B) • 한국의 인류학(Anthropology of Korea) • 북한문화와 사회(North Korean Culture and Society) • 한국의 지적역사와 사상의 순환(Intellectual History and the Circulation of Ideas in Korea)

지역	연번	대학명	제공 학부/학과/프로그램	강좌
서유럽	89	스톡홀름 대학교	아시아중동학과 – 한국어와 문화(Department of Asian and Middle Eastern Studies – Korean Language and Culture)	• 한반도의 정치경제학(Politics and Economics on the Korean Peninsula) • 한반도의 정치적리더십(Political Leadership on the Korean Peninsula) • 남북관계(North and South Korea Relations) • 북한사회와 문화(North Korean society and culture) • 한국의 지역문화(Regional culture in Korea)
	90	오슬로대학교	문화연구, 동양언어학과 – 한국학(Department of Culture Studies and Oriental Languages – Korean Studies)	• 역사, 사회, 정치 – 한국(History, Society, Politics – Korea) • 북한: 사상, 사회, 정치(North Korea: Ideology, society and politics) • 대한민국의 대중문화(South Korea's popular culture)
	91	코펜하겐 대학교	정치학과(Department of Political Science)	• 국제안보, 외교정책, 그리고 한반도(International Security, Foreign Policy, and the Korean Peninsula) • 현대한국사회 입문(Introduction to contemporary Korean society) • 한국의 역사, 문화, 사회 입문(Introduction to Korea's history, culture, and society)
	92	헬싱키대학교	문화학(Cultural Studies)	• 현대한국: 정치, 사회, 문화(Contemporary Korea: Politics, Society and Culture)
	93	레이던대학교	한국학프로그램(Korean Studies program)	• 한국에 대한 시각(Perspectives on Korea) • 한국학에 대한 주제와 접근(Themes and approaches to Korean studies) • 한국의 경제발전과 민주화(Economic development and democratization of South Korea) • 근대한국의 사회와 문화(Society and culture in Modern Korea) • 한국의 세계와의 조우(Korean encounters the world)

지역	연번	대학명	제공 학부/학과/프로그램	강좌
서유럽	93	레이던대학교	한국학프로그램(Korean Studies program)	• 국가와 사회(State and society) • 국가브랜드의 과거와 현재(Nation branding past and present)
중유럽	94	뒤스부르크-에센대학교	동아시아센터 – 한국(Institute of East Asian Studies – Korean course)	• 한일정치체제 입문(Introduction to the Political Systems of Japan and Korea) • 한국사회와 정치(Korean Society and Politics) • 한일경제 입문(Introduction to the economy of Japan and Korea) • 한일사회 입문(Introduction to the Societies of Japan and Korea)
	95	베를린자유대학교	역사문화연구 – 동아시아, 중동 – 한국학(History and Cultural Studies – East Asia and the Middle East – Korean Studies)	• 한국학 입문: 역사, 정치, 경제(Introduction to Korean Studies: History, Politics, and Economy) • 한국학 입문: 문화와 방법론(Introduction to Korean Studies: Culture and Methods) • 심화교과: 사회과학적 접근을 통한 한국학(Specialization Module: Korean Studies from a Social Science Perspective)
	96	튀빙겐대학교	철학부 – 한국학(Faculty of Philosophy – Korean Studies)	• 한국/동아시아 국제관계(International Relations in Korea/East Asia) • 한독관계(German-Korean Relations) • 한국 정부와 공공정책결정(Government and Public Policy Making in Korea) • 대한민국의 경제역사(Economic history of South Korea) • 한국의 인류지리학(Human geography of Korea) • 한국사회: 초국적 아시아 시각을 바탕으로(Korean society: From a transnational Asia perspective) • 코리안 디아스포라 문화(Cultures of Korean diaspora) • 한국문화 최신연구(Recent research in Korean culture) • 한국과 대만사회 이해: 초국적 아시아 시각을 바탕으로(Understanding Korea and Taiwanese society: From a transnational Asia perspective)

지역	연번	대학명	제공 학부/학과/프로그램	강좌
중유럽	97	하이델베르크 대학교	동아시아센터 – 한국학 워킹그룹(Center for East Asian Studies – Korean Studies Working Group)	• 한국과 동아시아 국제관계(Korea and East Asian International Relations) • 역사적 관점에서의 동아시아국제질서: 한국과 주변국(East Asian International Order in Historical Perspective: Korea and its Neighbors) • 한국과 국제냉전(Korea and the Global Cold War) • 동아시아를 넘어 세계화, 이주, 그리고 이동(Globalization, migration and mobility in and beyond East Asia)
	98	함부르크 대학교	아시아아프리카센터 – 한국학(Asia Africa Institute – Koran Studies)	• 국제정치사회(한국)[Politics and Society in International Context (Korea)] • 문화와 미디어(한국)[Culture and Media (Korea)]
	99	본대학교	아시아학 – 한국학(Asian Studies – Korean Studies)	• 심화모듈: 한국, 일본 연구프로젝트 모듈(Focus module II: Korean and Japanese Studies project module)
	100	프랑크푸르트 괴테대학교	한국학(Korean Studies)	• 현대한국사회문화(Society and Culture of Modern Korea) • 한국과 동아시아(Korea and East Asia) • 문화와 사회 선택주제(Selected topics on culture and society)
	101	바르샤바 대학교	정치국제학부(Faculty of Political Science and International Studies) 동양학부(Faculty of Oriental Studies)	• 일본과 한국의 외교정책(Foreign Policy of Japan and the Republic of Korea) • 남북한의 최근 법적 이슈(Current issues in North Korean and South Korean Law) • 한국경제역사(History of Korean economy) • 법인류학 – 한국(Anthropolocy of law – Korea) • 한국사회문화 이슈(Socio-cultural issues of Korea) • 한반도와 인권(Korean Peninsula and Human Rights)

지역	연번	대학명	제공 학부/학과/프로그램	강좌
중유럽	102	야기엘로니안 대학교	국제정치학부 – 한국학(Faculty of International and Political Studies – Korean Studies)	• 남북관계(South-North Korea Relations) • 한국의 정치사회역사(Political and social history of Korea) • 현대한국사회(Contemporary Korean Societies) • 한국대중문화(Korean Pop Culture)
	103	비엔나대학교	동아시아학과 – 한국학[Department of East Asian Studies – Korean Studies (Bachelor's)]	• 한국의 정치, 경제, 사회(Politics, Economy and Society of Korea) • 한국의 정치, 경제, 사회 심화강좌(Advanced Courses in Politics, Economy and Society of Korea) • 한국의 역사, 근원연구, 지역연구, 문화(History, source studies, regional studies and culture of Korea) • 북한의 경제, 정치, 사회(Economy, politics and society of North Korea)
			석사과정(Master's)	• 동아시아분쟁지역: 북한의 경제, 정치, 사회(East Asian Hotspots: Economy, Politics and Society of North Korea)
	104	이스탄불 대학교	한국어문학과(Department of Korean Language and Literature)	• 한국의 국제관계(International Relations of Korea) • 한국현대정책과 경제(Korean Modern Policies and Economy)
	105	중동공과 대학교	사회과학대학원 – 아시아학(Graduate School of Social Sciences – Asian Studies)	• 한국의 사회, 경제, 정치(Society, Economy and Politics in Korea)
	106	앙카라대학교	한국어문학(Korean Language and Literature)	• 한국경제입문(Introduction to Korean Economy) • 사회언어학과 한국교육(Sociolinguistics and Korean Education)
	107	보아지치 대학교	아시아학대학원(Graduate Program in Asian Studies)	• 현대 한국역사와 문화(Topics in Modern Korean History and Culture) • 현대한국세미나(Seminar on Modern Korea)

지역	연번	대학명	제공 학부/학과/프로그램	강좌
중유럽	108	류블랴나 대학교	아시아학과 (Department of Asian Studies)	• 한국전통과 현대(Korean tradition and modern)
	109	바베스-보여이대학교	문학부 – 한국어문학 (Faculty of Letters – Korean Language and Literature)	• 한국문화와 문명(Korean culture and civilization 1, 2) • 대한민국 문화와 사회(South Korean culture and society) • 북한 문화와 사회(North Korean culture and society)
	110	비타우타스마그누대학교	동아시아국가 문화와 언어(Cultures and Languages of East Asian Countries)	• 한국문화역사(Korean cultural history)
	111	외트뵈시로란드대학교	동아시아센터 – 한국학과(The Institute of East Asian Studies – Department of Korean Studies)	• 한국국가정체성(Korean national identity) • 한국현대문화(Modern Korean culture)
	112	찰스대학교	아시아학 – 한국학전공 (Asian Studies with a specialization Korean Studies)	• 한국문화전통(Cultural traditions of Korea)
유라시아	113	러시아국립 고등경제연구대학교	세계경제, 국제현안학부 – 아시아학과(Faculty of World Economy and International Affairs – School of Asian Studies)	• 한국정치이해(Understanding Korean Politics) • 현대한국의 젠더, 가족, 사회변화(Gender, family, and social change in contemporary South Korea) • 한국경제발전(The Korean economic development) • 지역경제 – 한국(Economics of the region of specialization – Korea)

지역	연번	대학명	제공 학부/학과/프로그램	강좌
유라시아	114	카잔연방 대학교	대서양중국학과(Department of Altaic and Sinology)	• 한국대중사상(Korean Public Thought) • 한국의 사회정치적 구조(Socio-Political Structure of Korea) • 한국의 사회정치발전(Socio-Political Development of Korea) • 한국의 사회정치 교육(Socio-Political Teachings of Korea) • 한러인도주의적 프로젝트(Russian-Korean humanitarian projects)
	115	타슈켄트국립 동방대학교	역사, 문화, 정치, 경제학과(Department of Korean History, Culture, Politics and Economy)	• 한국경제(Korean Economics) • 한국정치역사(Korean Political History)
	116	나자르바예프 대학교	과학인문학과 – 한국학(School of Sciences and Humanities – Korean Studies)	• 한반도 국제정치학(International Politics of the Korean Peninsula)
	117	유라시아국립 대학교	국제관계학부 – 동양학(Faculty of International Relations – Oriental Studies)	• 국가사회발전연구 – 한국(Social development of studies country - Korea) • 국가사회변화연구 – 한국(Social process in the studies country – Korea) • 국가정치체제연구 – 한국(Political system of the studied country – Korea) • 동양의 외교덕목 – 한국(Diplomatic ethics of the East – Korea) • 국가외교정책연구 – 한국(Foreign policy of the studied country – Korea) • 국가사회정치 텍스트연구 – 한국(Analysis of the socio-political texts of the studied country – Korea) • 세계무역경제구조 속 동양 – 한국(East in the world structure of trade and economic relations – Korea) • 동양의 미디어담론 – 한국(Media discourse of Eastern countries – Korea)

지역	연번	대학명	제공 학부/학과/프로그램	강좌
중동	118	요르단대학교	아시아언어학과 – 한국어, 영어 (Department of Asian Languages – Korean and English Languages)	• 현대한국정치사회(Contemporary Korean Politics and Society) • 한국문명(Korean civilization) • 한국 미디어(Korean media)
	119	하이파대학교	아시아학과 (Department of Asian Studies)	• 한국, 일본, 그리고 그 사이 무엇인가: 관계의 역사와 정치학(Korea, Japan, and what in in between: History and Politics of Relationship) • 한국: 영화로 보는 문화와 역사(Korea: culture and history through the lens of cinema) • 철강과 강남스타일 사이: 한국산업스토리(Between steel and Gangnam Style: the story of Korean industry)
	120	예루살렘히브리대학교	아시아학과 – 한국섹션(Department of Asian Studies – Korea section)	• 한국경제기적(The Korean economic miracle) • 한국대중문화(Popular culture in South Korea)
아프리카	121	나이로비 대학교	한국학과 (Department of Korean Studies)	• 한국발전의 정치경제학(The Political Economy of Korean Development) • 한국정치 속 군대(The Military in the Politics of Korea) • 한국사회와 정치철학(Korean Social and Political Philosophy) • 한국 속 문화 간 커뮤니케이션(Intercultural communication in Korea) • 자원과 발전: 한국과 케냐 비교연구(Resources and development: A comparative analysis of Korea and Kenya) • 한국사회정치철학(Korean social and political philosophy)

4. 사회과학으로서 한국학의 제도화

사회과학 관련 한국학 강좌를 제공하는 대학 중 특정 학과 혹은 대학 정규 프로그램 차원에서 제공되지 않는 강좌들이 있다. 이러한 한국학은 강좌 차원에서 제공된다고 할 수 있으며, 이 장에서는 ① 한국학 연구소 차원에서 제공되거나, ② 특정 프로그램 혹은 특정 학과가 주체가 되어 제공되는 것이 아닌 간학문적(interdisciplinary or inter-department) 성격의 한국학 강좌를 '강좌 차원'에서 제공되는 것으로 규정했다. 또한 간학문적 성격의 프로그램에서 한국학이 제공되더라도 특정 학과가 주도적인 역할을 하고 있는 경우 한국학의 제도화가 이루어진 것으로 규정했다. 이러한 결과를 사회과학 관련 한국학 강좌로 한정할 경우, 〈표 5〉와 같이 13개 대학에서 한국학이 제도화를 이루지 못한 채 '강좌 차원'에서 진행되는 것을 확인할 수 있다.

〈표 5〉 강좌 차원 한국학 제공 현황

지역	국가	대학	제공 학부/학과/프로그램	강좌
북미	미국	UC 샌디에이고	초국적 한국학 (Transnational Korean Studies) (Interdisciplinary/Inter-departmental program)	• 한국경제(Economics of Korea) (Politics department) • 한국안보(Korean Security) • 한국정치(Korean Politics) • 한국경제(The Korean Economy) • 한류 속 젠더, 섹슈얼리티, 뉴미디어팬덤 (Gender, Sexualit, and New Media Fandom in the Korean Wave) • 한류미디어와 문화적 변화(Korean Wave Media and Cultural Change)
		스토니브룩 대학교 (뉴욕주립)	한국학센터 (Center for Korean Studies)	• 한국어와 사회(Language and Society in Korea) • 한국학의 사회과학주제(Social science topics in Korean studies)

지역	국가	대학	제공 학부/학과/ 프로그램	강좌
북미	미국	캘리포니아 주립대학교-LA	한국학센터(Center for Korean Studies)	• 역사 속 여성: 전근대한국(Women in History: Premodern Korea) • 한류: 한국대중문화의 세계화(Korean Wave: Globalization of South Korean popular culture)
		펜실베이니아 슬리퍼리락	*간학문적 제공(Offered by interdisciplinary)	• 현대한국문명(Modern Korean civilization)
		하버드대학교	한국센터(Korean Institute)	• 세계 속 두 개의 한국(The Two Koreas in the Modern World) • 현대일본, 한국의 역사기록학(Historiography of Modern Japan and Korea: Proseminar)
대양주	호주	웨스턴오스트레일리아 대학교	한국학[Korean Studies (Interdisciplinary/ Inter-departmental Program)]	• 현대한국사회(Contemporary Korean society) • 고려부터 케이팝까지 한국문화(Korean culture from Koryo to K-Pop)
	뉴질랜드	오클랜드 대학교	한국관련전공(Korean Subject (BA) [Interdisciplinary/ Inter-departmental Program)]	• 한국사회와 문화(Korean society and culture) • 초국적 아시아: 한국과 이웃(Transnational Asia: Korea and neighbours) • 아시안 디아스포라 – 한국, 일본, 중국(Asian diasporas – Korean, Japanese, Chinese)
동남아	태국	쭐랄롱꼰 대학교	한국학석사과정[Master of Arts Korean Studies (Joint international/ Interdisciplinary program)]	• 한일정치와 비교연구(Comparative Studies in Korean and Japanese Politics) • 변화하는 세계질서와 한국(Changing World Order and Korea) • 한국사회(Korean Society) • 한미관계역사(History of Korean-American Relationship) • 한국경제(Korean Economy)

지역	국가	대학	제공 학부/학과/프로그램	강좌
동남아	태국	쭐랄롱꼰 대학교	한국학석사과정 [Master of Arts Korean Studies (Joint international/Interdisciplinary program)]	• 한국전쟁과 경제발전(The Korean War and Economic Development) • 근대화와 한국사회의 변화(Modernization and Transformation of Korean Society) • 현대 한국역사와 사회(Modern Korean History and Society)
동북아	일본	규슈대학교	한국학연구센터 (Research Center for Korean Studies)	• 동북아시아/한국역사와 사회(Northeast Asia/Korean History and Society)
서유럽	프랑스	사회과학 고등연구원	한국연구센터(Korea Research Center) (Centre de Recherches sur la Corée, CRC)	• 한국의 지성(Intelligences of Korea)
	네덜란드	레이던대학교	한국학프로그램 (Korean Studies Program)	• 한국에 대한 시각(Perspectives on Korea) • 한국학에 대한 주제와 접근(Themes and approaches to Korean studies) • 한국의 경제발전과 민주화(Economic development and democratization of South Korea) • 근대한국의 사회와 문화(Society and culture in Modern Korea) • 한국의 세계와의 조우(Korean encounters the world) • 국가와 사회(State and society) • 국가브랜드의 과거와 현재(Nation branding past and present)
중유럽	독일	뒤스부르크-에센대학교	동아시아센터 – 한국(Institute of East Asian Studies – Korean course)	• 한일정치체제 입문(Introduction to the Political Systems of Japan and Korea) • 한국사회와 정치(Korean Society and Politics) • 한일경제 입문(Introduction to the economy of Japan and Korea) • 한일사회 입문(Introduction to the Societies of Japan and Korea)

지역	국가	대학	제공 학부/학과/ 프로그램	강좌
중유럽	독일	하이델베르크 대학교	동아시아센터 – 한국학워킹그룹(Center for East Asian Studies – Korean Studies Working Group)	• 한국과 동아시아 국제관계(Korea and East Asian International Relations) • 역사적 관점에서의 동아시아국제질서: 한국과 주변국(East Asian International Order in Historical Perspective: Korea and its Neighbors) • 한국과 국제냉전(Korea and the Global Cold War) • 동아시아를 넘어 세계화, 이주, 그리고 이동(Globalization, migration and mobility in and beyond East Asia)

5. 사회과학 관련 강좌 제공 주체

사회과학 관련 한국학을 제공하는 전체 121개 대학을 제공 주체별로 ① 어학/문학/문화 관련, ② 아시아/동아시아학 관련, ③ 정치외교/국제관계학 관련, ④ 한국학센터, 그리고 ⑤ 간학문적 성격의 프로그램 다섯 가지로 규정할 수 있다. 이 중 한국학과(Department of Korean Studies, School of Korean Studies, Korean Studies major 등)의 경우 아시아/동아시아학 소속으로 분류했다. 또한 한 대학에서 한국학을 제공하는 주체가 2개 이상인 칠레센트럴대학교(2), UC버클리(2), 워싱턴대학교(2), 인디애나대학교 블루밍턴캠퍼스(2), 존스홉킨스대학교(2), UC어바인대학교(2), 호주국립대학교(2), 다렌대학교(2), 와세다대학교(4), 국립동양어문화대학교(2), 비엔나대학교(2)의 경우 5개의 카테고리에서 중복으로 포함되었다. 이를 통해 〈표 6〉과 같이 전체 127개 대학이 다섯 가지 범주로 분류될 수 있었다.

〈표 6〉 한국학 강좌 제공 주체 분류

구분	대학교명	소속학부/학과/프로그램
어학/문학/문화학 범주	칠레센트럴대학교	• 한국학 석사과정(Master in Korean Studies)
	니야리트자치대학교	• 사회과학 및 인문학 분야(Area of Social Sciences and Humanities)
	요크대학교	• 언어, 문학, 언어학과 – 한국어 과정(Department of Language, Literature & Linguistics – Korean course)
	미주리대학교 컬럼비아캠퍼스	• 언어, 문학, 문화학과 – 한국어과정(School of Languages, Literatures, and Cultures – Korean)
	워싱턴대학교	• 아시아언어문학 – 한국학과(Asian Languages and Literature – Korean department)
	인디애나대학교-블루밍턴캠퍼스	• 동아시아언어문화(East Asian Languages and Cultures)
	조지워싱턴대학교	• 동아시아언어문학학과 – 한국어, 한국문학(Department of East Asian Languages and Literature – Korean Language and Literature)
	UC산타바바라 대학교	• 동아시아언어문화학과(East Asian Language and Cultural Studies department)
	미시간대학교	• 아시아언어문화(Asian Language and Culture)
	밴더빌트대학교	• 아시아학과(Asian Studies Department)
	아이오와대학교	• 아시아슬라브언어문학학과 – 한국학(Department of Asian and Slavic Languages and Literature – Korean Studies)
	애리조나 주립대학교	• 세계문학문화학과 – 한국학(School of International Letters and Cultures – Korean Studies)
	컬럼비아대학교	• 동아시아언어문화학과(Department of East Asian Languages and Cultures)
	텍사스대학교 알링턴대학교	• 현대언어학과 – 한국어(Department of Modern Languages – Korean)

구분	대학교명	소속학부/학과/프로그램
어학/ 문학/ 문화학 범주	펜실베이니아대학교	• 동아시아언어문명(East Asian Languages and Civilization)
	일리노이대학교 어배너-샴페인	• 동아시아언어문화학과(Department of East Asian Languages and Cultures)
	조지메이슨대학교	• 현대전통언어학과(Department of Modern and Classical Languages)
	조지타운대학교	• 동아시아언어문화학과(Department of East Asian Languages and Cultures)
	피츠버그대학교	• 동아시아언어문학학과 – 한국(Department of East Asian Languages and Literatures – Korean)
	샌디에이고 주립대학교	• 언어학, 아시아 및 중동언어학과(Department of Linguistics and Asian/Middle Eastern Languages)
	호주국립대학교	• 문화역사언어학과(School of Culture, History and Language)
	그리피스대학교	• 언어문화학과 – 한국(School of Languages and Cultures – Korean)
	국립정치대학교	• 한국어문화학과(Department of Korean Language and Culture)
	다롄외국어대학교	• 아시아-아프리카언어문학 대학원과정 – 한국어[Asian-African Languages and Literature Postgraduate Program (Korean)]
	홍콩대학교	• 현대언어문화학과 – 한국학(School of Modern Languages and Cultures – Korean Studies)
	후난이공학원	• 외국어문학학과 – 한국어(School of Foreign Languages and Literature – Korean Language)
	SOAS런던대학교	• 동아시아언어문화학과 – 일본/한국학(Department of East Asian Languages and Culture – Japan and Korea section)
	센트럴랭커셔대학교	• 인문언어국제학과 – 북한학전공[The School of Humanities, Languages and Global Studies – North Korean Studies (MA)]

구분	대학교명	소속학부/학과/프로그램
어학/문학/문화학 범주	에든버러대학교	• 문학, 언어, 문화학과 – 한국학 석사과정[School of Literature, Languages and Cultures – Korean Studies (Msc)]
	파리시테대학교	• 외국, 지역언어, 문명과정 – 한국학(Foreign and Regional Languages and Civilization License – Korean Studies)
	로마사피엔자대학교	• 동양언어문화(Oriental Languages and Cultures)
	스톡홀름대학교	• 아시아중동학과 – 한국어와 문화(Department of Asian and Middle Eastern Studies – Korean Language and Culture)
	오슬로대학교	• 문화연구, 동양언어학과 – 한국학(Department of Culture Studies and Oriental Languages – Korean Studies)
	헬싱키대학교	• 문화학(Cultural Studies)
	튀빙겐대학교	• 철학부 – 한국학(Faculty of Philosophy – Korean Studies)
	이스탄불대학교	• 한국어문학과(Department of Korean Language and Literature)
	앙카라대학교	• 한국어문학(Korean Language and Literature)
	바베스-보여이대학교	• 문학부 – 한국어문학(Faculty of Letters – Korean Language and Literature)
	비타우타스마그누대학교	• 동아시아국가 문화와 언어(Cultures and Languages of East Asian Countries)
	카잔연방대학교	• 대서양중국학과(Department of Altaic and Sinology)
	나자르바예프대학교	• 과학인문학과 – 한국학(School of Sciences and Humanities – Korean Studies)
	요르단대학교	• 아시아언어학과 – 한국어, 영어(Department of Asian Languages – Korean and English Languages)
계	42	

구분	대학교명	소속학부/학과/프로그램
아시아/ 동아시아학 범주	브리티시컬럼비아 대학교	• 아시아학과(Department of Asian Studies)
	토론토대학교	• 동아시아학과(Department of East Asian Studies)
	맥길대학교	• 동아시아학 – 한국학전공(East Asian Studies – Major Concentration Korean Studies)
	앨버타대학교	• 동아시아학(East Asian Studies)
	워털루대학교-레니슨칼리지	• 동아시아학(East Asian Studies – Minor/Diplomacy)
	다트머스칼리지	• 아시아 사회, 문화, 언어 프로그램 – 동아시아(Asian Societies, Cultures, and Languages Program – East Asia)
	듀크대학교	• 아시아, 중동학과(Department of Asian and Middle Eastern Studies)
	브라운대학교	• 동아시아학(East Asian Studies)
	스탠퍼드대학교	• 월터 쇼렌세인 아시아-태평양연구소 – 한국프로그램(Walter H. Shorensein Asia-Pacific Research Center – Korea Program)
	에모리대학교	• 러시아, 동아시아언어문화학과 – 동아시아학(Department of Russian and East Asian Languages and Cultures – East Asian Studies)
	예일대학교	• 동아시아분과(Council on East Asian Studies)
	오하이오주립대학교	• 동아시아학센터 – 지역연구(East Asian Studies Center – Area Studies)
	올버니대학교-뉴욕주립대	• 동아시아학 – 한국학과(East Asian Studies – Department of Korean Studies)
	위스콘신대학교 매디슨캠퍼스	• 아시아언어문화 – 동아시아학(Asian Languages and Cultures – East Asian Studies)
	유타대학교	• 세계언어문화 – 한국학(World Languages and Cultures – Korean Studies)
	텍사스대학교 오스틴캠퍼스	• 아시아학과(Department of Asian Studies)

구분	대학교명	소속학부/학과/프로그램
아시아/ 동아시아학 범주	펜실베이니아 주립대학교	• 아시아학과 – 한국전공(Department of Asian Studies – Korean Major)
	존스홉킨스대학교	• 정치학과(Department of Political Science)
	보스턴칼리지	• 아시아학(Asian Studies)
	UC어바인대학교	• 동아시아학과(Department of East Asian Studies) • 아시안미국학과(Department of Asian American Studies)
	노스캐롤라이나 대학교-채플힐	• 아시아중동학과 – 한국학(Department of Asian and Middle Eastern Studies – Korean Studies)
	뉴욕대학교	• 동아시아학과(Department of East Asian Studies)
	애리조나대학교	• 동아시아학(East Asian Studies)
	오리건대학교	• 아시아학 – 한국(Asian Studies – Korea)
	웰즐리칼리지	• 동아시아학(East Asian Studies)
	프린스턴대학교	• 동아시아학과(Department of East Asian Studies)
	멜버른대학교	• 아시아학과 – 한국학(Faculty of Arts Asian Studies – Korean Studies)
	시드니대학교	• 인문사회학부 – 한국학(Faculty of Arts and Social Sciences – Korean Studies)
	호찌민국립인문 사회과학대학교	• 한국학과 – 한국학석사과정(Department of Korean Studies – Master's Program in Korean Studies)
	다롄외국어대학교	• 한국학과(School of Korean Studies)
	산둥대학교- 웨이하이분교	• 동북아시아학과 – 한국전공(School of Northest Asia Studies – Korean Major)
	도쿄대학교	• 인문사회학과 – 지역학(한국학)[Department of Humanities and Social Sciences – Area Studies (Korean Studies)]
	후쿠오카대학교	• 동아시아지역학과 – 한국과정(Department of East Asian and Regional Studies – Korean Course)
	셰필드대학교	• 동아시아학과 – 한국학(School of East Asian Studies - Korean Studies)

구분	대학교명	소속학부/학과/프로그램
아시아/동아시아학 범주	국립동양어문화대학교(INALCO)	• 한국학과[Department of Korean Studies (Bachelor's)]
	베를린자유대학교	• 역사문화연구 – 동아시아, 중동 – 한국학(History and Cultural Studies – East Asia and the Middle East – Korean Studies)
	하이델베르크대학교	• 동아시아센터 – 한국학 워킹그룹(Center for East Asian Studies – Korean Studies Working Group)
	함부르크대학교	• 아시아아프리카센터 – 한국학(Asia Africa Institute – Koran Studies)
	본대학교	• 아시아학 – 한국학(Asian Studies – Korean Studies)
	프랑크푸르트괴테대학교	• 한국학(Korean Studies)
	비엔나대학교	• 동아시아학과 – 한국학[Department of East Asian Studies – Korean Studies (Bachelor's)]
	중동공과대학교	• 사회과학대학원 – 아시아학(Graduate School of Social Sciences – Asian Studies)
	보아지치대학교	• 아시아학대학원(Graduate Program in Asian Studies)
	류블랴나대학교	• 아시아학과(Department of Asian Studies)
	외트뵈시로란드대학교	• 동아시아센터 – 한국학과(The Institute of East Asian Studies – Department of Korean Studies)
	찰스대학교	• 아시아학 – 한국학전공(Asian Studies with a specialization Korean Studies)
	하이파대학교	• 아시아학과(Department of Asian Studies)
	예루살렘히브리대학교	• 아시아학과 – 한국섹션(Department of Asian Studies – Korea section)
	나이로비대학교	• 한국학과(Department of Korean Studies)
계	49	

구분	대학교명	소속학부/학과/프로그램
정치외교/ 국제관계학 범주	UC버클리	• 찰스, 루이스 정치외교학과(Charles and Louise Travers Department of Political Science)
	노스이스턴일리노이 대학교	• 정치학과(Political Science Department)
	인디애나대학교 블루밍턴캠퍼스	• 해밀턴루가국제학과 – 한국학센터(Hamilton Lugar School of Global and International Studies – Institute for Korean Studies)
	존스홉킨스대학교	• 정치학과(Department of Political Science)
	코넬대학교	• 브룩공공정책학과 – 공공정책 석사과정(The Brooks School of Public Policy – Master of Public Administration)
	클레어몬트매케나 칼리지	• 정부학과(Department of Government)
	하와이대학교 마노아캠퍼스	• 정치학과(Department of Political Science)
	터프츠대학교	• 플레처스쿨 – 국제관계대학원(The Fletcher School – The Graduate School of Global Affairs)
	호주국립대학교	• 문화역사언어학과(School of Culture, History and Language)
	말라야대학교	• 인문사회학부(Faculty of Arts and Social Sciences)
	송클라대학교 푸켓캠퍼스	• 국제학부 – 한국학(Faculty of International Studies – Korean Studies)
	앤드런대학교	• 새마을연구와 경제발전학과(Department of Saemaul Studies and Economic Development)
	텐진외국어대학교	• 국제관계학과(School of International Relations)
	푸단대학교	• 국제관계, 정책학과(School of International Relations and Public Affairs)
	홍콩시립대학교	• 공공, 국제학과 – 한국학(Department of Public and International Affairs – Korean Studies)

구분	대학교명	소속학부/학과/프로그램
정치외교/국제관계학 범주	와세다대학교	• 정치경제학과(School of Political Science and Economics) 정치학대학원(Graduate School of Political Science) • 사회과학대학원(Graduate School of Social Sciences) • 아시아태평양연구대학원(Graduate School of Asia-Pacific Studies)
	코펜하겐대학교	• 정치학과(Department of Political Science)
	바르샤바대학교	• 정치국제학부(Faculty of Political Science and International Studies) • 동양학부(Faculty of Oriental Studies)
	야기엘로니안대학교	• 국제정치학부 – 한국학(Faculty of International and Political Studies – Korean Studies)
	러시아국립고등경제연구대학교	• 세계경제, 국제현안학부 – 아시아학과(Faculty of World Economy and International Affairs – School of Asian Studies)
	타슈켄트국립동방대학교	• 역사, 문화, 정치, 경제학과(Department of Korean History, Culture, Politics and Economy)
	유라시아국립대학교	• 국제관계학부 – 동양학(Faculty of International Relations – Oriental Studies)
계	22	
한국학센터 범주	스토니브룩대학교(뉴욕주립)	• 한국학센터(Center for Korean Studies)
	캘리포니아 주립대학교-LA	• 한국학센터(Center for Korean Studies)
	워싱턴대학교	• 한국학연구소(Center for Korea Studies)
	하버드대학교	• 한국센터(Korean Institute)
	규슈대학교	• 한국학연구센터(Research Center for Korean Studies)
	사회과학고등연구원	• 한국연구센터(Korea Research Center) [Centre de Recherches sur la Corée, CRC]

구분	대학교명	소속학부/학과/프로그램
한국학센터 범주	하이델베르크대학교	• 동아시아센터 – 한국학워킹그룹(Center for East Asian Studies – Korean Studies Working Group)
계	7	
간학문 (Interdisciplinary/Inter-department) 범주	UC샌디에이고	• 초국적한국학(Transnational Korean Studies) [Interdisciplinary/Inter-departmental program]
	펜실베이니아 슬리퍼리락대학교	• 간학문적 제공(Offered by interdisciplinary)
	웨스턴오스트레일리아대학교	• 한국학(Korean Studies [Interdisciplinary/Inter-departmental Program)]
	오클랜드대학교	• 한국관련전공(Korean subject (BA) [Interdisciplinary/Inter-departmental Program)]
	쭐랄롱꼰대학교	• 한국학 석사과정(Master of Arts Korean Studies [Joint international/Interdisciplinary program)]
	레이던대학교	• 한국학프로그램(Korean Studies program)
	뒤스부르크-에센 대학교	• 동아시아센터 – 한국(Institute of East Asian Studies – Korean course)
계	7	

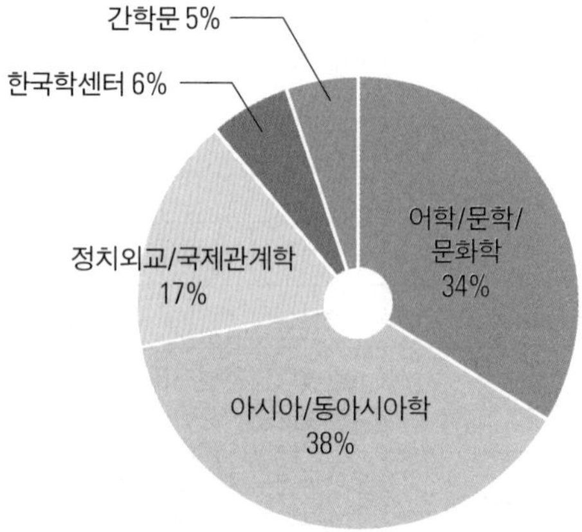

〈그림 1〉 한국학 제공 주체별 비율

6. 사회과학과 인문학 강좌 비교

한국학 제공 주체의 범주를 학사·석사·박사과정이 개설된 대학과 한국학 연구센터가 위치한 대학으로 축소하여 분석했을 경우, 전체 1,408개 대학 중 590개 대학으로 좁혀지게 되며 이 중 사회과학을 제공하는 대학은 121개 그리고 인문학을 제공하는 대학은 469개인 것으로 나타났다. 앞서 한국학 연구소에서 제공하는 강좌에 대해서는 제도화의 사례로 포함시키지 않았으나, 적어도 한국학 연구소 차원에서 제공하는 강좌의 경우 단순히 한국어뿐만 아니라 한국 문화, 역사, 예술 등 다양한 형태의 인문학적 강좌가 제공되고 있다. 이에 인문학과 사회과학 분야의 한국학 제공 현황을 비교하는 이 장에서는 한국학 연구소를 포함했다.

주목할 부분은 인문학의 범주를 한국어 강좌를 제공하는 전체 대학으로 확장했을 경우 사실상 한국학을 제공하는 전체 1,408개 대학이 모두 해당한다고 할 수 있다. 이는 학사·석사·박사과정과 한국학 연구센터가 존재하지 않는 대학의 경우에는 교양어학원을 통해서라도 한국어가 제공되고 있기 때문이다(한국어를 제공하는 교양어학원 수는 1,000개). 즉 인문학 관점에서만 한국학을 바라본다면 전체 1,408개 대학 모두 한국학을 제공한다고 할 수 있는 반면, 사회과학 측면에서만 한국학에 접근한다면 불과 121개 대학만이 한국학 강좌를 제공하고 있는 셈이다.

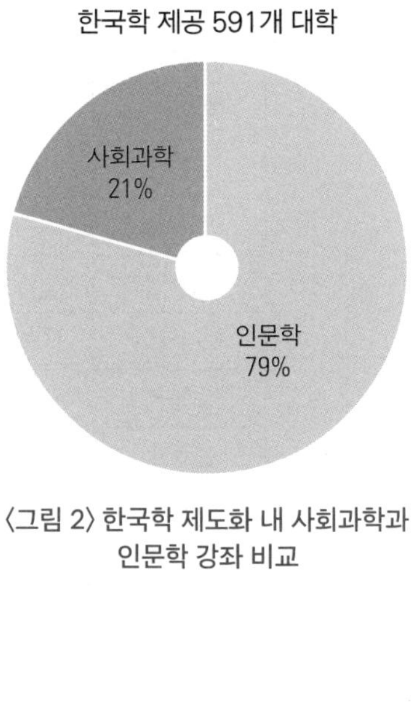

〈그림 2〉 한국학 제도화 내 사회과학과 인문학 강좌 비교

7. 정치외교학으로서의 한국학 강좌

정치외교학으로서의 한국학 관련 강좌는 전체 1,408개 대학 중 71개 대학에서 제공하고 있으며, 지역별·국가별 현황은 〈표 7〉과 같다.

〈표 7〉 정치외교학 관련 한국학 강좌 지역별·국가별 제공 현황

지역	국가	강좌 수	지역	국가	강좌 수
남미	칠레	1	중유럽	독일	5
북미	미국	24		폴란드	2
	캐나다	2		오스트리아	1
대양주	호주	2		튀르키예	2
동남아	말레이시아	1	유라시아	러시아	2
	태국	2		우즈베키스탄	1
	베트남	1		카자흐스탄	2
동북아	대만	1	중동	요르단	1
	중국	5		이스라엘	1
	일본	3	아프리카	케냐	1
서유럽	영국	3	합계		71
	프랑스	2			
	이탈리아	1			
	스웨덴	1			
	노르웨이	1			
	덴마크	1			
	핀란드	1			

〈표 8〉 정치외교학 관련 강좌 제공 대학, 학과, 강좌명

연번	대학	제공 주체	강좌
1	칠레센트럴 대학교	한국학 석사과정(Master in Korean Studies)	• 한국정치(Korean Politics)
2	멜버른대학교	아시아학과 – 한국학(Faculty of Arts Asian Studies – Korean Studies)	• 한국정치와 사회(Korean Politics and Society) • 세계 속 두 개의 한국(Two Koreas in the World)
3	호주국립대학교	문화역사언어학과(School of Culture, History and Language)	• 현대한국의 정치와 사회(Politics and Society in Contemporary Korea) • 북한: 역사, 문화, 정치(North Korea: History, Culture, Politics)
		국제관계학과(Department of International Relations)	• 한반도의 (불)안정[(In)stability on the Korean Peninsula]
4	말라야대학교	인문사회학부(Faculty of Arts and Social Sciences)	• 한국외교정책(Foreign Policy of Korea)
5	송클라대학교 푸켓캠퍼스	국제학부 – 한국학(Faculty of International Studies – Korean Studies)	• 대한민국 정치거버넌스(Politics and Governance of South Korea)
6	쭐랄롱꼰대학교	한국학 석사과정[Master of Arts Korean Studies (Joint international/ Interdisciplinary program)]	• 한일정치와 비교연구(Comparative Studies in Korean and Japanese Politics) • 변화하는 세계질서와 한국(Changing World Order and Korea)
7	호찌민국립인문사회과학대학교	한국학과 – 한국학 석사과정(Department of Korean Studies – Master's Program in Korean Studies)	• 세계질서와 한국의 지정학(World Order and Korean Geopolitics) • 한국의 경제, 정치, 개발(Economy, Politics and Development of Korea)
8	국립정치대학교	한국어문화학과(Department of Korean Language and Culture)	• 한국정부와 정치(Korean Government and Politics)
9	다롄외국어 대학교	한국학과(School of Korean Studies)	• 한국정치와 외교(Korean Politics and Diplomacy)

연번	대학	제공 주체	강좌
9	다롄외국어 대학교	아시아-아프리카언어문학 대학원과정 – 한국어[Asian-African Languages and Literature Postgraduate Program (Korean)]	· 한중정치적 외교적 관계에 대한 연구(Research on China-Korea Political and Diplomatic Relations)
10	도쿄대학교	인문사회학과 – 지역학(한국학)[Department of Humanities and Social Sciences – Area Studies (Korean Studies)]	· 한국정치경제(Korean Political Economy) · 한국정치경제특강(Special Lecture on Korean Political Economy) · 한국정치경제 특별세미나(Korean Political Economy Specialized Seminar)
11	산둥대학교 웨이하이분교	동북아시아학과 – 한국전공(School of Northest Asia Studies – Korean Major)	· 남북관계(ROK-DPRK Relations) · 한중관계(China-ROK Relations) · 남북정치와 외교(ROK-DPRK Politics and Diplomacy) · 한일관계(Korea-Japan Relations) · 한반도연구(Korean Peninsula Studies)
12	와세다대학교	정치경제학과(School of Political Science and Economics)	· 한국정치학 이해(Reading Political Science in Korea) · 현대북한 정치역사(Contemporary North Korean Political History)
		정치학대학원(Graduate School of Political Science)	· 현대한국사상과 정치(Contemporary Korean Opinion and Politics) · 정치학 속 한국자료(Korean Readings in Political Science) · 한반도 정치학(Politics of the Korean Peninsula)
		사회과학대학원(Graduate School of Social Sciences)	· 한반도학(The Korean Peninsula Studies)
		아시아태평양연구대학원(Graduate School of Asia-Pacific Studies)	· 한국정치외교연구(Studies on Politics and Diplomacy in Korea) · 현대한국학과 동북아의 국제관계(Contemporary Korean Studies, International Relations in Northeast Asia)

연번	대학	제공 주체	강좌
13	홍콩대학교	현대언어문화학과 – 한국학(School of Modern Languages and Cultures – Korean Studies)	• 북한의 사회, 문화, 정치(Society, Culture, Politics of North Korea) • 변화 속 한국정치체제와 문화(Korean Political System and Culture in Transformation) • 한국전쟁: 기원, 여파, 재건 그리고 기억(The Korean War: Origins, Aftermath, Reconstruction, and Remembrance)
14	후난이공학원	외국어문학학과 – 한국어(School of Foreign Languages and Literature – Korean Language)	• 남·북·중관계 – 동아시아 속 한국(Relationships of China-DPRK-Korea in East Asia)
15	후쿠오카대학교	동아시아지역학과 – 한국과정(Department of East Asian and Regional Studies – Korean Course)	• 한일, 북일 관계(Japan-Korea·Japn-North Korea Relations) • 한일관계/현대한국학(Japan-Korea Relations/Contemporary Korean Studies)
16	UC버클리	찰스, 루이스 정치외교학과(Charles and Louise Travers Department of Political Science)	• 분단한국의 정치학(Politics of Divided Korea)
17	UC샌디에이고	초국적 한국학(Transnational Korean Studies) (Interdisciplinary/Inter-departmental program)	• 한국경제(Economics of Korea) (Politics department) • 한국안보(Korean Security) • 한국정치(Korean Politics)
18	노스이스턴 일리노이대학교	정치학과(Political Science Department)	• 남북한 정부와 정치(Government and Politics of South and North Korea)
19	다트머스칼리지	아시아 사회, 문화, 언어 프로그램 – 동아시아(Asian Societies, Cultures, and Languages Program – East Asia)	• 두 개의 한국 – 1948년부터 현재까지(The Two Korea, 1948-Present)

연번	대학	제공 주체	강좌
20	듀크대학교	아시아, 중동학과(Department of Asian and Middle Eastern Studies)	• 한국의 성과: 세계문화와 소프트파워(Korea in Performance: Global Culture and Soft Power) • 두 개의 한국: 역사, 사회, 문화(Two Koreas: History, Soceity and Culture)
21	미주리대학교 컬럼비아캠퍼스	언어, 문학, 문화학과 – 한국어과정(School of Languages, Literatures, and Cultures – Korean)	• 한국정치: 남북한(Korean Politics: South and North Korea) • 통일한국(Korean Unification)
22	브라운대학교	동아시아학(East Asian Studies)	• 한국적 논란과 절충: 국가분단의 식민주의적 기원을 넘어서(Korean Controversies and Negotiations: Moving Beyond Colonial Origins of National Division) • 두 개의 한국(Two Koreas)
23	브리티시컬럼비아대학교	아시아학과(Department of Asian Studies)	• International Relations in Premodern East Asia (focusing on Korea and Japan) • International Relations in Modern East Asia (focusing on Korea and Japan)
24	스탠퍼드대학교	월터 쇼렌세인 아시아-태평양연구소 – 한국프로그램(Walter H. Shorensein Asia-Pacific Research Center – Korea Program)	• 독재와 저항 – 동아시아 정치문화와 관습(Tyranny and Resistance: East Asia's Political Culture and Tradition)
25	에모리대학교	러시아, 동아시아언어문화학과 – 동아시아학(Department of Russian and East Asian Languages and Cultures – East Asian Studies)	• 한국의 정치변화(Political Change in Korea)
26	예일대학교	동아시아분과(Council on East Asian Studies)	• 한국전쟁을 기억하며(Remembering the Korean War) • 미국, 중국, 그리고 한반도의 기원(The United States, China, ad the Origins of the Korean Peninsula)

연번	대학	제공 주체	강좌
27	오하이오 주립대학교	동아시아학센터 – 지역연구(East Asian Studies Center – Area Studies)	• 한국정치와 사회에 관한 간학문적 주제(Interdisciplinary Topics in Korean Politics and Society)
28	올버니대학교-뉴욕주립대	동아시아학 – 한국학과(East Asian Studies – Department of Korean Studies)	• 북한의 역사, 문화, 정치(North Korea History, Culture, and Politics)
29	워싱턴대학교	아시아언어문학 – 한국학과(Asian Languages and Literature – Korean department)	• 한반도와 국제정치(The Korean Peninsula and World Politics) • 분단한국의 정치학(Politics of Divided Korea) • 고급국제관계 – 한국(Advanced Seminar in International Relations – Korea)
30	위스콘신대학교 매디슨캠퍼스	아시아언어문화 – 동아시아학(Asian Languages and Cultures – East Asian Studies)	• 두 개의 한국: 한국전쟁부터 21세기까지(The Koreas: Korean War to the 21st Century)
31	유타대학교	세계언어문화 – 한국학(World Languages and Cultures – Korean Studies)	• 한국전쟁(The Korean War)
32	인디애나대학교 블루밍턴캠퍼스	동아시아언어문화(East Asian Languages and Cultures)	• 남북한에 대한 이해: 정치, 사회, 그리고 미국정책(Understanding Two Koreas: Politics, Society, and US Policy)
33	조지워싱턴 대학교	동아시아언어문학 – 한국어, 한국문학(Department of East Asian Languages and Literature – Korean Language and Literature)	• 남북한 정치학(Politics in the Two Koreas)
34	존스홉킨스 대학교	정치학과(Department of Political Science)	• 민주주의, 독재, 그리고 경제발전: 한국, 인도네시아, 그리고 미얀마(Democracy, Autocracy and Economic Development: Korea, Indonesia, and Myanmar)

연번	대학	제공 주체	강좌
35	코넬대학교	브룩공공정책학과 – 공공정책 석사과정(The Brooks School of Public Policy – Master of Public Administration)	• 비교공공정책: 한국, 서울 사례(Comparative Public Administration: The Case of Seoul, Korea)
36	클레어몬트매케나칼리지	정부학과(Department of Government)	• 한국정치경제(Korean Politics and Economy) • 한국전쟁(The Korean War)
37	텍사스대학교 오스틴캠퍼스	아시아학과(Department of Asian Studies)	• 전후 한국의 정치경제 발전(Political Economy of Development in Postwar Korea)
38	토론토대학교	동아시아학과(Department of East Asian Studies)	• 한국의 민주화 투쟁(Democratic Struggles in Korea) • 대한민국 정치외교 이슈(Issues in the Political Economy of South Korea)
39	펜실베이니아주립대학교	아시아학과 – 한국전공(Department of Asian Studies – Korean Major)	• 해외연구 – 한국(Foreign Studies – Korea)
40	하와이대학교 마노아캠퍼스	정치학과(Department of Political Science)	• 아시아/태평양정치 – 한국(Topics in Asian and/or Pacific Politics – Korea)
41	국립동양어문화대학교(INALCO)	한국학과[Department of Korean Studies (Bachelor's)]	• 한국의 사회정치적 역사(Sociopolitical History of Korea 1, 2) • 한국의 정치경제(Politics and Economy of Korea)
41	국립동양어문화대학교(INALCO)	석사과정(Master's)	• 한국사회의 정치인류학 1(Political Anthropology of the Korean World 1) • 한국사회의 정치인류학 2(Political Anthropology of the Korean World 2)
42	로마사피엔자대학교	동양언어문화(Oriental Languages and Cultures)	• 근현대 일본, 한국의 정치사회적 역사 A(Political and Social History of Modern and Contemporary Japan and Korea A) • 근현대 일본, 한국의 정치사회적 역사B(Political and Social History of Modern and Contemporary Japan and Korea B)

연번	대학	제공 주체	강좌
43	센트럴랭커셔 대학교	인문언어국제학과 – 북한학전공[The School of Humanities, Languages and Global Studies – North Korean Studies (MA)]	• 한중일 삼각관계(China-Japan-Korea Trilateral Relations) • 남북관계연구(Exploring Inter-Korean Relations) • 분단조국: 분쟁, 폭력, 갈등(한국)[Divided Nations: Disputes, Violence and Conflict (Korea)] • 북한의 역사, 정치, 국제관계(History, Politics, International Relations of North Korea) • 한반도의 지속가능한 발전과 회복된 사회(Sustainable Development and Resilient Society in Korean Peninsula)
44	셰필드대학교	동아시아학과 – 한국학(School of East Asian Studies – Korean Studies)	• 한국 정치, 경제, 사회(Politics, Economy and Society in Korea)
45	스톡홀름대학교	아시아중동학과 – 한국어와 문화(Department of Asian and Middle Eastern Studies – Korean Language and Culture)	• 한반도의 정치경제학(Politics and Economics on the Korean Peninsula) • 한반도의 정치적 리더십(Political Leadership on the Korean Peninsula) • 남북관계(North and South Korea Relations)
46	오슬로대학교	문화연구, 동양언어학과 – 한국학(Department of Culture Studies and Oriental Languages – Korean Studies)	• 역사, 사회, 정치 – 한국(History, Society, Politics – Korea) • 북한: 사상, 사회, 정치(North Korea: Ideology, society and politics)
47	코펜하겐대학교	정치학과(Department of Political Science)	• 국제안보, 외교정책, 그리고 한반도(International Security, Foreign Policy, and the Korean Peninsula)
48	파리시테대학교	외국, 지역언어, 문명과정 – 한국학(Foreign and Regional Languages and Civilization License – Korean Studies)	• 한국정치사회학(Koran Political Sociology) • 북한(North Korea)

연번	대학	제공 주체	강좌
49	헬싱키대학교	문화학(Cultural Studies)	• 현대한국: 정치, 사회, 문화(Contemporary Korea: Politics, Society and Culture)
50	나이로비대학교	한국학과(Department of Korean Studies)	• 한국발전의 정치경제학(The Political Economy of Korean Development) • 한국정치 속 군대(The Military in the Politics of Korea)
51	러시아국립고등경제연구대학교	세계경제, 국제현안학부 – 아시아학과(Faculty of World Economy and International Affairs – School of Asian Studies)	• 한국정치이해(Understanding Korean Politics)
52	카잔연방대학교	대서양중국학과(Department of Altaic and Sinology)	• 한국공공이해(Korean Public Thought) • 한국의 사회정치적 구조(Socio-Political Structure of Korea) • 한국의 사회정치발전(Socio-Political Development of Korea) • 한국의 사회정치 교육(Socio-Political Teachings of Korea)
53	타슈켄트국립동방대학교	역사, 문화, 정치, 경제학과(Department of Korean History, Culture, Politics and Economy)	• 한국정치역사(Korean Political History)
54	요르단대학교	아시아언어학과 – 한국어, 영어(Department of Asian Languages – Korean and English Languages)	• 현대한국 정치사회(Contemporary Korean Politics and Society)
55	하이파대학교	아시아학과(Department of Asian Studies)	• 한국, 일본, 그리고 그 사이 무엇인가: 관계의 역사와 정치학(Korea, Japan, and what in in between: History and Politics of Relationship)
56	뒤스부르크-에센대학교	동아시아센터 – 한국(Institute of East Asian Studies – Korean course)	• 한일정치체제 입문(Introduction to the Political Systems of Japan and Korea) • 한국사회와 정치(Korean Society and Politics)

연번	대학	제공 주체	강좌
57	바르샤바대학교	정치국제학부(Faculty of Political Science and International Studies)	• 일본과 한국의 외교정책(Foreign Policy of Japan and the Republic of Korea)
		동양학부(Faculty of Oriental Studies)	• 한반도와 인권(Korean Peninsula and Human Rights)
58	베를린자유대학교	역사문화연구 – 동아시아, 중동 – 한국학(History and Cultural Studies – East Asia and the Middle East – Korean Studies)	• 한국학 입문: 역사, 정치, 경제(Introduction to Korean Studies: History, Politics, and Economy)
59	비엔나대학교	동아시아학과 – 한국학[Department of East Asian Studies – Korean Studies (Bachelor's)]	• 한국의 정치, 경제, 사회(Politics, Economy and Society of Korea) • 한국의 정치, 경제, 사회 심화강좌(Advanced Courses in Politics, Economy and Society of Korea)
		석사과정(Master's)	• 동아시아분쟁지역: 북한의 경제, 정치, 사회(East Asian Hotspots: Economy, Politics and Society of North Korea)
60	야기엘로니안대학교	국제정치학부 – 한국학(Faculty of International and Political Studies – Korean Studies)	• 남북관계(South-North Korea Relations)
61	이스탄불대학교	한국어문학과(Department of Korean Language and Literature)	• 한국의 국제관계(International Relations of Korea) • 한국현대정책과 경제(Korean Modern Policies and Economy)
62	튀빙겐대학교	철학부 – 한국학(Faculty of Philosophy – Korean Studies)	• 한국/동아시아 국제관계(International Relations in Korea/East Asia) • 한독관계(German-Korean Relations) • 한국정부와 공공정책결정(Government and Public Policy Making in Korea)

연번	대학	제공 주체	강좌
63	하이델베르크 대학교	동아시아센터 – 한국학 워킹그룹(Center for East Asian Studies – Korean Studies Working Group)	• 한국과 동아시아 국제관계(Korea and East Asian International Relations) • 역사적 관점에서의 동아시아국제질서: 한국과 주변국(East Asian International Order in Historical Perspective: Korea and its Neighbors) • 한국과 국제냉전(Korea and the Global Cold War)
64	함부르크대학교	아시아-아프리카센터 – 한국(Asia Africa Institute – Koran Studies)	• 국제정치사회(한국)[Politics and Society in International Context (Korea)]
65	터프츠대학교	플레처스쿨 – 국제관계대학원(The Fletcher School – The Graduate School of Global Affairs)	• 미국과 동아시아 국제관계: 1945년부터 현재까지(International Relations of the United States and East Asia: 1945 to the Present) • 한반도의 정치학: 외교, 남북관계(The Politics of the Korean Peninsula: Foreign and Inter-Korean Relations) • 북한체제와 사회(North Korean State and Society)
66	에딘버러대학교	아시아학과 – 한국학 대학원 과정(Asian Studies – Korean Studies Postgraduate Programme)	• 근대 한국 일상의 정치(Politics of Every Life in Modern Korea) • 한국발전의 정치경제학: 세계화와 불평등(Political Economy of Korea's Development: Globalisation and Inequality)
67	나자르바예프 대학교	과학인문학과 – 한국학(School of Sciences and Humanities – Korean Studies)	• 한반도 국제정치학(International Politics of the Korean Peninsula)
68	중동공과대학교	사회과학대학원 – 아시아학(Graduate School of Social Sciences – Asian Studies)	• 한국의 사회, 경제, 정치(Society, Economy and Politics in Korea)

연번	대학	제공 주체	강좌
69	보스턴칼리지	아시아학(Asian Studies)	• 일본과 한국의 정치학(Politics of Japan and Korea) • 한국의 산업화와 민주화(Industrialization and Democratization in Korea) • 한국의 인권과 민주화 이행(Human Rights and Democratic Transition in Korea) • 분단한국(Divided Korea)
70	텐진외국어 대학교	국제관계학과(School of International Relations)	• 한국정치와 외교(Korean Politics and Diplomacy)
71	유라시아국립 대학교	국제관계학부 – 동양학 (Faculty of International Relations – Oriental Studies)	• 국가사회발전연구 – 한국(Social development of studies country – Korea) • 국가사회변화연구 – 한국(Social process in the studies country – Korea) • 국가정치체제연구 – 한국(Political system of the studied country – Korea) • 동양의 외교덕목 – 한국(Diplomatic ethics of the East – Korea) • 국가외교정책연구 – 한국(Foreign policy of the studied country – Korea) • 국가사회정치 텍스트연구 – 한국 (Analysis of the socio-political texts of the studied country – Korea) • 세계무역경제구조 속 동양 – 한국 (East in the world structure of trade and economic relations – Korea)

8. 결론

위의 분석 결과와 분석 과정에서 제기된 의문점들을 바탕으로 다음과 같은 내용을 정리해볼 수 있다. 첫째, 북미 특히 미국 대학이 가장 많은 사회과학 분야 강의를 제공하고 있다는 점이다. 이는 다른 지역이나 국가와 비교해서도 압도적으로 많은 수를 자랑하고 있으며, 내용 면에서도 한국과 관련한 다양한 사회과학적 주제를 담고 있다. 즉, 한국과 정치사회적으로 밀접한 관련을 가지는 국가가 한국의 사회과학적 주제에 대한 관심이 높다고 할 수 있다. 그러나 한국의 정치, 외교와 관련한 강좌는 중국, 일본을 대상으로 한 강좌에 비해 현저히 적었다고 할 수 있다. 일례로 미국의 정치외교학과 국제관계학의 경우 거의 모든 대학에서 중국 정치, 일본 정치와 관련한 강좌는 별도의 정규 강좌로 구성되어 제공되는 반면 한국 정치 분야 강좌는 특정 기간 혹은 특정 학기에만 제공되거나 아시아 혹은 동아시아 정치라는 좀 더 상위의 범주 속에서 제공되는 경우가 많았다.

둘째, 사회과학 분야 한국학 강좌의 상당수가 아시아 혹은 동아시아 학과(부)에서 제공되고 있었다. 가령 대부분의 중국학과 일본학이 독립된 학과와 학부로서 제도화를 이루고 정규 프로그램으로 안정적으로 제공되는 반면, 한국학은 아시아/동아시아학과 틀에서 제공되거나 심지어 일본학과 중국학의 하위 범주에서 다뤄지고 있다. 이는 모든 지역과 국가에서 공통적으로 발견되는 부분이라고 할 수 있으며, 한국학 강좌가 가장 많이 개설된 동북아시아의 경우 강좌의 대부분이 한국어 과정이며 사회과학 강좌 또한 한국어 교원에 의해 제공되고 있었다. 물론 중국학과 일본학의 제공현황에 대한 좀 더 면밀한 검토가 선행되어야 하겠으나 본 연구 과정에서 나타난 결과만을 고려했을 때, 중국학과 일본학에 비해 한국학에 대한 사회과학적 관심과 접근은 부족하다고 할 수 있다. 즉 사회과학 분야에 있어 중국학과 일본학에 비해 한국학의 제도화는 상대적으로 더딘 상황이라고 할 수 있으며, 이와 같은 문제적 상황은 오히려 사회과학 분야에 있어 한국학을 더욱 발전시켜나갈 필요성을 보여주는 것이다.

셋째, 동북아시아와 동남아시아의 경우 가장 많은 인구와 국가가 위치한 지역이라는 측면에 비추어볼 때 사회과학 분야에 대한 한국학 강좌 수는 현저히 적다고 할 수 있다. 김성진(2022)은 2022년 현재 한국학 강좌를 제공하는 전체 1,408개 대학 중 711개 대학이 동북아시아에 그리고 141개 대학이 동남아시아에 위치해 있으며, 이 중 대부분이 한국어 강좌에 편중되어 있음을 지적한다. 이는 전체 한국학 제공 현황의 60% 이상이 아시아 대학에서 제공되고 있는 현실과 달리 사회과학 분야의 비중은 14%(17/122), 그리고 정치외교학 분야는 18%(13/71)에 불과한 이 장의 결과에서도 잘 드러난다. 또한 아시아 대학에서 개설된 한국학 프로그램의 대부분은 한국어 교육을 제공할 수 있는 교원 양성과 관련한 것이며, 언어 이외의 주제와 관심도 한국 문화와 역사 같은 인문학에 편중되어 있다. 즉, 아시아 대학에서 제공되는 사회과학 분야의 한국학 강의가 한국어 교육을 위한 보조 역할에 머물러 있는 한계를 보여주는 것이라 할 수 있다.

현재까지 한국학 강좌의 양적 성장은 뚜렷하지만 '한국적'인 것의 특수성과 서구 중심적 보편성이 조화된 질적 발전은 더디다는 것을 잘 알 수 있었다. 이는 한국어 교육을 중심으로 한 인문학으로서 한국학의 발전과 비교해 사회과학적 이론과 방법을 통한 한국학의 성장과 노력은 부족했기 때문일 것이다. 지난 30년간의 한류의 성장과 인문학을 바탕으로 한 한국학의 발전 시기를 '한국학 1.0'이라고 한다면, 사회과학의 다양한 이론과 체계적 방법론을 통해 '한국적' 특수성과 보편성이 결합된 '한국학 2.0'으로 나아갈 필요가 있다. 이는 한국에 대해 언어와 문화적 측면을 넘어 정치, 경제, 사회 전반에 걸쳐 더욱 포괄적인 이해를 가능케 하는 것이며 새로운 시각과 대안적 접근을 통해 한국학을 한 단계 더 심화·발전시키는 길이 될 것이다.

참고문헌

고상두. "지역학으로서의 한국학: 개념과 실태". 한국정치학회 하계학술대회 〔정체성의 정치와 공공외교 패널〕 발표문, 2022. 8. 25.

국제교류재단. "해외대학 한국학 제공 현황". 2022. 8. 25. 2022년 11월 22일 공공데이터포털을 통해 접속. https://www.data.go.kr/data/15041591/fileData.do,

김성진. "한국학 발전과 사회과학적 접근: 정치외교학을 중심으로". 한국정치학회 하계학술대회 〔정체성의 정치와 공공외교 패널〕 발표문, 2022. 8. 25.

권형진. "13억 인도, 한국어 제2외국어로… 베트남은 제1외국어 채택." 뉴스 1. 2021년 3월 14일자. https://www.news1.kr/articles/?4240079(검색일: 2022. 11. 24)

서동철. "한국어, 제2외국어 채택국 크게 늘어". 서울경제, 2011년 9월 19일자. https://v.daum.net/v/20110916152935860(검색일: 2022. 11. 22)

집필진 소개

이진영 Jean Young LEE jeanylee@inha.ac.kr

연세대학교 정치외교학과 및 동 대학원을 졸업하고, 영국 런던정치경제대학(LSE)에서 박사학위를 받았다. 현재 인하대학교 정치외교학과 교수 겸 국제관계연구소 소장이며, Pacific Focus(SSCI)의 총 편집인이다. 한국학중앙연구원이 발주한 K학술확산연구사업의 인하대사업단(정체성의 정치와 공공외교의 한국학, https://www.k-road.kr/)의 연구책임자이다. 외교부 자문교수 및 자체평가위원(장), 재외동포재단 자문위원, (사)재외한인학회 이사장 및 회장을 역임하였고, 현재 외교부 재외동포정책위원회 민간위원 등으로 활동 중이다. 주 관심분야는 공공외교, 지구촌한인, 동포정책, 이민정책, 동아시아 국제관계이다. 저서로 『영사업무개론(공저)』(2023), 『한인회 공공외교 활동 가이드』(2023), 『지구촌한인과 공공외교』(2022), 논문으로 "Return Migration of Overseas Koreans and New Governance Making in Korea"(2024), "한국학으로서의 정치외교학의 재구성과 K-Brief의 발간방향"(2022) 등이 있다.

고상두 Sangtu Ko stko@yonsei.ac.kr

연세대학교 정치외교학과를 졸업하고, 독일 베를린자유대학교에서 정치학 석사 및 박사학위를 받았다. 현재 연세대학교 지역학협동과정 명예교수이다. 세계정치학회 연구분과위원장(RC42), 한국슬라브학회 및 한국정치정보학회 회장을 역임하였고, 연세-SERI EU센터 소장을 하였다. 주 관심분야는 지역정치, 비교정치이며, 세부적으로는 유럽과 동북아의 교차 지역 비교에 많은 관심을 가지고 있다. 저서로 『지역학의 이해와 연구방법』이 있으며, *Journal of International Migration and Integration*, *Korea Observer*, *Asia-Europe Journal*, *International Peacekeeping*, *Pacific Focus*, *Issues & Studies* 등에 논문을 출판하였다.

김성진 Seongjin KIM skimgla@duksung.ac.kr

연세대학교 정치외교학과 및 동 대학원을 졸업하고, 영국 글라스고대학교(University of Glasgow)에서 박사학위를 받았다. 현재 덕성여자대학교 정치외교학전공 교수로 재직 중이며, 동 대학교 한국학전공 전공주임을 겸임하고 있다. 한국슬라브유라시아학회 회장을 역임했으며, 주 관심분야는 러시아 외교안보정책과 연방관계, 동북아 안보문제, 유럽/CIS 지역 이주/난민문제, 여성정책 등이다. 『우크라이나 전쟁의 정치경제학과 한반도』(공저, 2024), 『21세기 뉴페미니즘』(공저, 2023) 등의 저서와 "'한국학' 발전과 사회과학적 접근: 정치학을 중심으로"(2023), "러시아-우크라이나 전쟁: 의미와 영향"(2022), "탈접촉시대 유라시아 경제협력 방향"(2022), "네트워크 사회와 시리아 난민의 이동"(2021) 등의 논문이 있다.

송석원 Seok Won SONG j60w0178@khu.ac.kr

교토(京都)대학 법학박사(정치학 전공). 일본정치 전공. 일본학술진흥회 특별연구원, 교토대학 법학부 조수, 오사카 오타니(大谷)대학·교토다치바나(京都橘)대학·하나조노(花園)대학 등의 강사를 거쳐 현재 경희대학교 정치외교학과 교수로 재직 중이며, 외교부 산하기관 평가위원, 재외동포재단 자문위원 및 재외동포 교육문화센터 전시·디지털 아카이브 실무추진단장, (사)재외한인학회 회장을 역임했으며, 현재 외교부 자문위원, 재외동포청 실무위원 및 청원위원, 충청북도 외국인 정책자문위원, 진실·화해를 위한 과거사정리위원회 보통징계위원회 위원 등으로 활동 중이다. 주요 저서로 『제국일본의 문화권력』(공저, 2011), 『근대 동아시아의 아포리아』(공저, 2014), 『제국일본의 문화권력 2: 정책, 사상, 대중문화』(공저, 2014), 『동아시아 이주민 사회와 문화 적응』(공저, 2017), *The Olympic Games: Asia Rising-London 2012 and Tokyo 2020*(공저, 2017), 『제국일본의 문화권력 3: 학지·문화매체·공연예술』(공저, 2017), 『한일관계의 긴장과 화해』(공저, 2019), 『문화권력: 제국과 포스트제국의 연속과 비연속』(공저, 2019), 『제국과 포스트제국을 넘어서』(공저, 2020), 『다문화 공생시대의 경제사회』(공저, 2022) 등이, 주요 논문으로 「사쿠마 쇼잔(佐久間象山)의 해방론(海防論)과 대 서양관: 막말에 있어서의 〈양이를 위한 개국〉의 정치사상」(2003), "The Japanese Imperial Mentality: Cultural Imperialism as Colonial Control-Chosun as Exemplar"(2018) 등이 있다.

이윤경 Yoonkyung Lee yoonkyung.lee@utoronto.ca

고려대학교에서 철학 전공으로 학부를 졸업하고, 연세대학교에서 정치학 석사, 미국 듀크대학교에서 정치학 박사를 받았다. 2006-2016년에 뉴욕주립대-빙햄튼에서 사회학과 조교수-부교수를 역임한 후, 2016년부터 토론토 대학교 사회학과 부교수-정교수로 재직하고 있다. 2019-2022년과 2023-2024년에는 토론토 대학교 한국학 연구소 소장을 맡았고, 2022년부터 *Sociology Compass*의 편집위원으로 활동하고 있다. 정치사회학자로서 주요 연구 분야는 사회운동, 노동정치, 민주주의, 신자유주의와 불평등이다. 저서로 *Militants or Partisans: Labor Unions and Democratic Politics in Korea and Taiwan* (Stanford University Press, 2011), *Between the Streets and the Assembly: Social Movements, Political Parties, and Democracy* *in Korea* (University of Hawaii Press, 2022)이 있고, 주요 논문으로 "Cold War Undercurrents: The Extreme Right Variants in East Asian Democracies" (*Politics and Society 49*(3), 2021: 403-430), "Neoliberal Methods of Labor Repression: Privatized Violence and Dispossessive Litigation in Korea" (*Journal of Contemporary Asia 51*(1), 2021: 20-37), "Labor Movements in Neoliberal Korea: Organizing Precarious Workers and Inventing New Repertoires of Contention" (*Korea Journal 61*(4), 2021: 16-46) 등이 있다.

이은정 Eun-Jeung Lee Eun-Jeung.Lee@fu-berlin.de

이화여자대학교에서 수학하고, 독일 괴팅겐대학을 졸업했다. 동 대학에서 정치학 박사를 받은 후 독일 할레대학에서 교수자격을 받았다. 현재 베를린자유대학교 한국학연구소 소장 겸 동아시아대학원 원장이며, *Korea-Europe Review*의 편집인이다. 2016년에 베를린-브란덴부르크학술원(구 프러시아 왕립학술원) 정회원으로 선출되었고, 2013년에는 유럽아카데미(아카데이미아 오이로페아) 정회원으로 선출되었다. 알렉산더폰훔볼트재단, 저팬화운데이션(2001-2002) 등 다양한 기관으로부터 펠로우십을 받았다. 2019년에는 통일 연구에 기여한 공로로 국민훈장 모란장을 받았다. 10권의 단독 저서와 100편이 넘는 연구논문을 발표했다.

김영미 Youngmi KIM Youngmi.kim@ed.ac.uk

호주의 울릉공대학교(University of Wollongong)에서 학부과정 사회학 전공, 고려대학교 정치외교학 석사, 에딘버러 대학교(University of Edinburgh) 정치학과 국제정치학 석사를 거쳐 쉐필드대학교(University of Sheffield)에서 정치학 박사를 받았다. 에딘버러대학교의 스코틀랜드 한국학연구소 소장이자 한국 중앙연구소 지원의 중핵 프로그램 책임자이기도 하다. 현재 영국의 주요 연구 지원 재단인 ESRC, AHRC, UKRI의 심사위원단(peer review college member)을 역임하고 있다. 정당정치, 인터넷 액티비즘, 포퓰리즘, 선거, 젠더 갈등, 소프트 파워, 한류, 도시 정책 등을 주제로 연구해왔다. 주요 저서로 2011 *The Politics of Coalition in Korea: Between Institutions and Culture* (Routledge, 2011; 2014 paperback edition), *Korea's quest for economic democratization: Globalization, polarization and contention* (Palgrave, 2018), 주요 논문으로 "The 2015 parliamentary and 2016 presidential elections in Myanmar" (Electoral Studies, 44, 2016; SSCI-listed, impact 1.203.), "Mandalay, Myanmar: The remaking of a South-East Asian Hub in a Country at the Crossroads" (Cities - The International Journal of Urban Policy and Planning, 72(B), 2018: 274-286; SSCI-listed, impact factor 5.8), "South Korea: Elections amid a pandemic" (The Diplomat, 65, 2020 April), "Adaptation and resistance in and around Korea: The cases of migrant workers, diasporas, labourers and online feminist activists" (*European Journal of Korean Studies, 20*(2), 2021: 1-5), "Mirroring misogyny in Hell Chosŏn. Megalia, Womad, and Korea's feminism in the age of digital populism" (*European Journal of Korean Studies, 20*(2), 2021: 101-133), "The 2022 Election in South Korea: The Politics of Resentment and Revenge Confirms Older Trends and Cleavages and Reveals New Ones" (*Georgetown Journal of Asian Affairs, 8*(1), 2022: 14-22) 등이 있다.

김희연 Hui-yeon Kim hui-yeon.kim@inalco.fr

한국외국어 대학교를 졸업하고 프랑스 파리 고등사회과학대학원(EHESS)에서 사회학 석사, 박사 학위를 받았다. 현재 프랑스국립동양학대학교(INALCO) 한국학과 소속 부교수이며 프랑스동아시아연구소(IFRAE) 소속 연구원으로 부소장직을 맡고 있다. 동시에 프랑스이민융합연구소(Institut Convergences Migrations) 소속 연구원으로도 활동 중이다. 주요 연구분야는 이민, 종교, 통합, 한국사회, 다문화, 이민정책이다. 공동저서로 『아시아의 이주민, 순환과 이주의 길(Migrant(e)s d'Asie, migrant(e)s en Asie. Circulations et trajectoires migratoires plurielles)』(Isabelle Konuma & Pauline Cherrier (dir.), 2024)이 있으며, 주요 논문으로는 "La politique d'immigration en Corée du Sud à l'épreuve de la « coréanité" (2024), "The Multiple Role of Korean Missionaries in the Making of Transnational Belonging" (2022), "Communalisation religieuse et pluralité nationale : l'accueil des migrants par les Églises protestantes en Corée du Sud" (2022) 등이 있다.

신성철 Seong-Chul Shin s.shin@unsw.edu.au

연세대학교에서 한국어교육 석사와 호주 맥쿼리(Macquarie)대학교에서 응용언어학 석사로 졸업했고, 뉴사우스웨일즈대학교(UNSW)에서 언어학 박사학위를 받았다. 현재 UNSW 인문언어학부에서 한국학 교수로 재직 중이다. 대양주한국학회(KSAA) 총무이사 등 몇몇 학회 이사를 역임했고, 현재 국제한국어교육학회(IAKLE) 등 몇몇 학회의 학회지 편집위원, 호주연구재단(ARC) 평가위원 등으로 활동 중이다. 주요 연구 분야는 응용언어학과 사회언어학 분야이며, 한국어 주제의 언어습득, 언어교육과 학습, 오류분석, 다문화 사회 언어 사용, 계승어 관련 주제 등을 주로 연구한다. 논저로 *Understanding L2 Korean Learner Errors: Description, Explanation and Implications* (2017), *Korean Language Education: Australian Practices and Perspectives* (2018), *Korean Heritage Language Maintenance, Learning and Development: Australian Practices and Perspectives* (2019) 등이 있고, 논문으로 "Korean language learning in socio-educational settings in Sydney:

Motivation, learning-styles and learning experiences" (2020), "Error Analysis" (2022), "Heritage language maintenance and education in Korean communities: Perspectives, challenges, and implications from three countries" (2023) 등이 있다.

최경희 Kyung Hee CHOI kalli@snu.ac.kr

인천대학교 생물학과를 졸업하고, 한국외국어대학교에서 정치외교학 석사와 박사 학위를 받았다. 현재 서울대학교 아시아연구소에서 HK연구교수로 재직 중이다. 한국동남아학회 이사, 한국국제정치학회 편집위원, K-콘텐츠 아카데미포럼 이사 등을 맡고 있다. "한국 속 '동남아현상' 연구: 근원과 경로", "동남아 민주주의 심화와 헌정공학: 권력공유와 책임성을 중심으로", "동남아의 이슬람화: 이상과 현실", "'문화에 민감한' 시장진출 전략과 지속가능한 경제협력: 말레이-이슬람문화권의 인도네시아와 말레이시아 사례연구", "이슬람금융은 대안적 금융인가? 동남아 이슬람금융의 원리와 실천" 등 다양한 연구주제로 동남아 지역연구를 수행했다. 가장 최근에는 『봄의 혁명: '새로운 미얀마'를 향한 담대한 행보』(공저, 2024)를 출간하였다. 특히 2023년 한국과 인도네시아 수교수립 50주년을 맞이하여, 『한-인도네시아 포괄적 미래 협력방안연구』(공저, 2022)와 "인도네시아 한류의 수용과 수행에 나타난 문화경제적 상호작용 연구"(2023) 등을 통하여 양국의 발전 관계를 조명하였다. 앞으로도 한국에서의 인도네시아학, 인도네시아에서의 한국학 발전에 기여하고자 한다.

김금현 Keum Hyun KIM kimkh2289@gmail.com

한국외국어대학교 말레이 인도네시아어과를 졸업하고, 국립 말라야대학교에서 사회·문화학으로 석사와 박사를 취득했다. 현재 국립 말라야대학교 아시아유럽학과 교수 겸 말레이시아-한국 연구소 소장이다. 동남아 한국학학회의 창립 회원이며, 한국학 중앙연구원의 씨앗형 프로젝트의 연구 책임자, 말레이시아 한국 교육원과 한국 교육부 국립국제교육원의 자문, 한국 국비장학생 선발 평가위원 등을 역임하였고, 현재 국제한국어교육학회 국제이사, 말레이시아 정부 연구 프로젝트 평가위원, 말레이시아 한국학학회, SSCI 국제학술지의 편집 위원 등으로 활동 중이다. 주 관심분야는 한국과 말레이시아의 비교 연구로, 사회인류학적, 사회언어학적 접근으로 한-마 지역 개발, 한류와 이슬람, 동방정책과 한마 인적자원 협력, 문학과 여성, 한마 관계 등이다. 주요 저서로 *Korean Wave in Islamic Southeast Asia :Exploring Current Issues* (공저, 2022), *Dilema Pekerja Melayu dalam Budaya Syarikat Multinasional Korea di Malaysia* (2017), *The Dynamics of South Korea's relations with Asia-Pacific* (공저, 2016), 논문으로 "Impacts of the Korean Wave and Conundrum of Malaysian Young Female Muslims" (2023),

"The Cultural and Religious Conflict between Korean Wave and Islamic Values" (2022), "Female Stereotyping and Gender Socialization through Proverbs and Idioms: A Comparative Study of Malaysia and Korea" (2019), "Variation of Asian Collectivistic Values: A study on a Korean company operating in Malaysia" (2018) 등이 있다.

류승완 Seung Wan RYU ryu@unikl.edu.my

한국외국어대학교 아랍어과를 졸업하고 아랍문학 석사학위를 받았다. 말레이시아 국제이슬람대학 이슬람 석사과정 후 말레이시아 국립대학교 이슬람대학 박사 논문학기에 있다. 현재 말레이시아 국립대학교, 세종학당 학당장이며 쿠알라 룸푸르대학교 한국어교육원 교수로 재직 중이다. 말레이시아에서의 한국어능력시험(TOPIK)을 2005년부터 담당하고 있다. 말레이시아 한국국제학교 설립 추진위원장 이후 한국국제학교 교육재단 설립자이자, 초대 이사장을 역임했다. 비영리 단체인 말레이시아 한국인학교 교장으로 재외동포자녀 교육 분야에서도 활동 중이다. 주 관심분야는 이슬람 사회, 문화 및 한국어 교육 분야이다. 저서로 *Korean Wave in Islamic Southeast Asia : Exploring Current Issues* (공저, 2022), 『한국-말레이시아 교육 문화 교류』(공저, 2015), 『말레이시아인을 위한 한국어』(2004), 논문으로 "Impacts of the Korean Wave and Conundrum of Malaysian Young Female Muslims" (2023), "The Cultural and Religious Conflict between Korean Wave and Islamic Values" (2022), "Social Media Translational Action: Translation Activities by K-Pop Fans in Twittera" (2019) 등이 있다.

박룡 Long Piao piaolong@sjtu.edu.cn

베이징대학교(Peking University) 정부관리학원 정책학과를 졸업하고, 서울대학교에서 정책학 석사 및 박사 학위를 받았다. 2019년 가을학기부터 난징대학교(Nanjing University)에서 행정학과 교수로 재직했고, 2023년부터 상하이교통대학교(Shanghai Jiao Tong University) 행정학과 교수로 재임 중이며, 옌볜대학교(Yanbian University) 인문사회과학학원 석좌교수로 겸직 중이다. 주요 관심분야는 경제정책, 정치경제, 정책평가, 동아시아 국제관계이다. *Asian Survey*, *Journal of Asian and African Studies*, *Armed Forces & Society* 등 SSCI 학술지에 10여 편의 논문을 발표하였으며, 대표 연구로 "Political Uncertainty and Corporate Investment: Evidence from the Chinese Private Companies" (2023), "The Effect of the Xi Jinping Administration's Anticorruption Campaign on the Performance of State-Owned Enterprises" (2021) 등이 있다.

성동기 Dongki Sung 214168@inha.ac.kr

고려대학교 노어노문학과를 졸업하고, 우즈베키스탄 과학아카데미(Academy of Science) 역사연구소에서 박사학위를 받았다. 현재 인하대학교 프런티어학부대학 교수 겸 국제관계연구소 부소장이다. 한국학중앙연구원이 발주한 K학술확산연구사업의 인하대사업단(정체성의 정치와 공공외교의 한국학, https://www.k-road.kr/)의 공동연구원이다. 2022년 11월부터 현재까지 외교부 유럽국 민간자문위원으로, 그리고 2023년 2월부터 현재까지 국가안보실 정책자문위원으로 활동 중이다. 주 관심분야는 유라시아 정치와 외교, 한국과 중앙아시아 국가들과의 경제 및 문화교류, 고려인, 동포정책이다. 저서로 『우즈베키스탄의 역사』(2021), 『미중 전략 경쟁시대의 유라시아』(공저, 2022), 논문으로 「우즈베키스탄 독재체제의 지속가능성 원인 분석: 정치문화 이론을 중심으로」(2023), 「유목문화가 카자흐스탄과 투르크메니스탄 독재체제 형성에 미친 영향 분석」(2022) 등이 있다.

나동규 Dongkyu Na ndk8438@gmail.com

경북대학교 정치외교학과 및 성균관대학교 스포츠과학 대학원을 졸업하고, 캐나다 오타와대학교(Universtiy of Ottawa)에서 스포츠사회학으로 박사학위를 받았다. 오타와대학교 연구조교, 중동공과대학교 교환강사, 인하대학교 국제관계연구소 전임연구원 등을 거쳐 현재 경희대학교 아시아태평양연구소 선임연구위원이다. 캐나다한인과학기술자협회 청년분과 회장, 오타와청년한인과학기술자협회 회장, 오타와한인청년회 부회장 등을 거치며 한인사회의 발전과 재외동포문제에 관심을 기울이게 되었다. 주 관심분야는 스포츠와 개발, 공공외교, 국제개발협력이며, 현재 Emerald Publishing의 *Sport in Korea: Culture, Politics, and Policy*와 Routledge의 *Global South Voice on Sport for Development and Peace* 저서 작업에 참여 중이다. 논문으로 "The Dual Nature of Constraints on Foreign Worker Participation in Sports and Physical Activity in South Korea during the COVID-19" (2023), "The Forthright Political Stance of Sport for Development in Korean Official Development (2022), The Diplomatic Roles of Korean State-Run Sport for Development Programs (2022) 등이 있다.